Meryl Streep

MICHAEL SCHULMAN

Meryl Streep

DE GEBOORTE VAN EEN ICOON

Vertaald door Marike Groot en Sander Brink

Kosmos Uitgevers, Utrecht/Antwerpen

KOSMOS

www.kosmosuitgevers.nl
 kosmos.uitgevers
 kosmosuitgevers

Oorspronkelijke titel: *Her Again: Becoming Meryl Streep*
Oorspronkelijke uitgever: HarperCollins Publishers,
New York, Verenigde Staten
© 2016 Michael Schulman
© 2016 Kosmos Uitgevers, Utrecht/Antwerpen

Vertaling: Marike Groot & Sander Brink, GrootenBrink Vertalingen
Omslagfoto: Getty Images
Omslagontwerp: DPS Design, Davy van der Elsken
Vormgeving binnenwerk: www.intertext.be

ISBN 978 90 215 6276 6
ISBN e-book 978 90 215 6277 3
NUR 672

Alle rechten voorbehouden / All rights reserved
Niets uit deze uitgave mag worden verveelvoudigd en/of openbaar gemaakt door middel van druk, fotokopie, microfilm of op welke andere wijze en/of door welk ander medium ook, zonder voorafgaande schriftelijke toestemming van de uitgever.

Deze uitgave is met de grootst mogelijke zorgvuldigheid samengesteld. Noch de maker, noch de uitgever stelt zich echter aansprakelijk voor eventuele schade als gevolg van eventuele onjuistheden en/of onvolledigheden in deze uitgave.

Inhoud

Proloog 9

Mary 19

Julie 41

Constance 73

Isabella 119

Fredo 155

Linda 185

Joanna 231

Bijrollen 291

Dankwoord 299

Noten 303

Register 327

Verantwoording 335

Over de auteur 336

Voor Jaime

'Mag ik even iets zeggen? Er bestaat niet zoiets als de béste actrice. Er bestaat niet zoiets als de grootste nog lévende actrice. Ik bevind me in een positie waar ik toegang heb tot geheime informatie, begrijpt u, waardoor ik weet dat dit waar is.'

Meryl Streep, 2009

Proloog

Niet alle filmsterren zijn hetzelfde. Als je heel Hollywood in barnsteen zou vangen en zou bestuderen, als een oeroud ecosysteem begraven onder vele lagen sediment en gesteente, zou je een rasterwerk aantreffen van onuitgesproken hiërarchieën, gedwarsboomde ambities en compromissen vermomd als carrièrestappen. Het beste moment en de beste plaats om zo'n archeologisch onderzoek uit te voeren zou ongetwijfeld aan het einde van de winter zijn, op Hollywood Boulevard nummer 6801, waar de Oscars worden uitgereikt.

Tegenwoordig worden de Oscaruitreikingen natuurlijk net zo druk bevolkt door filmsterren als door mensen die eromheen hangen: publicitcitsagenten, stilisten, rode-loperjournalisten, en stilisten en publiciteitsagenten van rode-loperjournalisten. De genomineerde is als een scheepsromp die een kleine gemeenschap van zeepokken met zich meedraagt. Zich een weg banend door hordes fotografen, persvoorlichters en assistenten die uit beeld proberen te blijven, heeft ze maanden van zakenlunches, voorvertoningen en speculatie doorstaan. En nu zal een vertrouwde publiciteitsagent haar door de menigte loodsen, de zaal in waar haar lot in een envelop ligt te wachten.

De 84ste Oscaruitreikingen zijn daarop geen uitzondering. Het is 26 februari 2012, en het schouwspel buiten het Kodak Theatre is een chaos van ontelbare gemicromanagede delen. Gillende toeschouwers op tribunes wachten aan één kant van de triomfboog waardoor de kandidaten in een strak georkestreerde volgorde zullen aankomen.

Gladgestreken televisiepersoonlijkheden wachten hen op met vragen: Zijn ze zenuwachtig? Is dit de eerste keer dat ze hier zijn? En, in het verwarrende jargon dat bij dit soort evenementen hoort: wie hebben ze aan? Er zijn filmsterren die al naam hebben gemaakt (Gwyneth Paltrow, in een witte cape van Tom Ford) en pas gelanceerde sterretjes (Emma Stone, met een rode halsstrik van Giambattista Valli die groter is dan haar hoofd). Als je de moeite neemt erop te letten, zie je dat er ook mannen zijn: Brad Pitt, Tom Hanks en George Clooney. Om de een of andere reden is er ook nog een non.

Maar de meeste aandacht gaat uit naar de vrouwen, en degene die zijn genomineerd voor Beste actrice ondergaan een extra aandachtige inspectie. Daar is Michelle Williams, met een beetje een mannenkopje in een glanzende, rode jurk van Louis Vuitton. Rooney Mara, een punkprinses in haar witte japon van Givenchy en haar onheilspellende zwarte pony. Viola Davis, in een glanzende, groene Vera Wang. En Glenn Close, genomineerd voor *Albert Nobbs*, die er slinks androgyn uitziet in een japon van Zac Posen met bijpassend smokingjasje.

Maar het is de vijfde genomineerde die hun allemaal het nakijken geeft, en wanneer zij aankomt, als een vorstin die is gekomen om haar onderdanen te groeten, voorspelt haar verschijning haar zege al.

Meryl Streep is in het goud.

Om precies te zijn: ze draagt een goudlamé-japon van Lanvin, om haar gestalte gedrapeerd als de toga van een Griekse godin. De accessoires zijn al net zo vernuftig: lange gouden oorhangers, een parelmoeren minaudière en goudkleurige, hagedissenleren sandalen van Salvatore Ferragamo. Zoals verschillende waarnemers opmerken, heeft ze zelf tamelijk veel weg van een Oscar. Eén modeblog vraagt: 'Bent u het ermee eens dat ze er nog nooit zo goed uit heeft gezien?'¹ De onuitgesproken suggestie: niet slecht voor een drieënzestigjarige.

De goudkleurige outfit straalt vooral één ding uit: Dit is mijn jaar. Maar is dat ook zo?

Laten we eens kijken hoe haar kansen liggen. Ja, ze heeft al twee Oscars gewonnen, maar de laatste keer was in 1983. En hoewel ze het recordaantal van zeventien nominaties op haar naam heeft, heeft ze ook het recordaantal van veertien keer verlies op haar naam, wat haar in één categorie brengt met een actrice als Susan Lucci.* Meryl Streep is het gewend om bij Oscaruitreikingen te verliezen.

En dan de film. Niemand vindt dat *The Iron Lady*, waarin ze een brallende Margaret Thatcher speelt, filmtechnisch briljant is. Hoewel haar optreden alle kenmerken van Oscarmateriaal heeft – historisch personage, leeftijdsveranderende make-up, een ander accent – zijn dat wel dezelfde kwaliteiten als waar ze al tientallen jaren om bekendstaat. In zijn recensie in *The New York Times* verwoordde A.O. Scott het zo: 'Stram en langzaam bewegend, achter een ruime hoeveelheid op discrete wijze aangebrachte geriatrische make-up, levert mevrouw Streep wederom een technisch foutloze imitatie die ook de innerlijke essentie van een bekend persoon lijkt te onthullen.'[2] Allemaal vriendelijke woorden, maar zo achter elkaar bekeken lijkt er een luchtje van vermoeidheid aan te zitten.

Terwijl ze haar echtgenoot, Don Gummer, over de rode loper meetrekt, duwt een entertainmentverslaggever een microfoon in haar gezicht.

'Bent u ooit zenuwachtig op tapijten als deze, zelfs al bent u zo'n professional?'

'Ja, u zou mijn hart eens moeten voelen – maar dat mag u niet,' antwoordt ze droog.

'Hebt u nog iets bij u wat geluk brengt?' dringt de verslaggever aan.

'Ja,' zegt ze, een beetje ongeduldig. 'Ik heb schoenen aan die gemaakt zijn door Ferragamo; want hij heeft al Margaret Thatchers schoenen gemaakt.'[3]

Ze draait zich naar de tribune en doet een danspasje, en de menigte juicht van verrukking. Dan pakt ze de hand van haar echtgenoot en loopt naar binnen.

Het zouden de Oscaruitreikingen niet zijn als ze niet eindeloos zouden duren. Voordat ze erachter kan komen of ze de Beste actrice

---

* Noot van de vertalers: Susan Lucci is een actrice in een soapserie van het televisienetwerk ABC, *All My Children,* die pas in 1999, na 18 verloren nominaties, een Emmy won.

van dit jaar is, zal ze een aantal formaliteiten moeten doorstaan. Billy Crystal zal zijn nummertje opvoeren. ('Niets kan zo goed de angel uit de economische problemen in de wereld halen, als kijken naar miljonairs die elkaar gouden beeldjes geven.') Christopher Plummer zal op zijn tweeëntachtigste de oudste persoon worden die voor Beste mannelijke bijrol wordt gekozen. ('Toen ik uit mijn moeders baarmoeder kwam, was ik mijn toespraak voor de Oscaruitreikingen al aan het oefenen.') Cirque du Soleil zal een acrobatisch eerbetoon geven aan de magie van de cinema.

Dan komt eindelijk Colin Firth naar voren om de prijs voor Beste actrice uit te reiken. Terwijl hij de namen van de genomineerden opleest, haalt ze zo diep en oppeppend adem dat haar gouden oorhangers ervan trillen boven haar schouders. Er wordt een kort filmpje afgespeeld van Thatcher die een Amerikaanse hoogwaardigheidsbekleder een standje geeft ('Zal ik voor moeder spelen? Wil je thee, Al?'), en dan maakt Firth de envelop open en begint hij te grijnzen.

'En de Oscar gaat naar Meryl Streep.'

De bedankspeech van Meryl Streep is een kunstvorm op zich: tegelijk spontaan en voorbereid, nederig en hooghartig, dankbaar en blasé. Natuurlijk is een deel van de grap dat het er zo veel zijn. Wie anders dan Meryl Streep heeft zo veel prijzen gewonnen dat de nonchalance waarmee ze zichzelf omlaaghaalt zelf ook weer een langlopende grap is geworden? Tegenwoordig lijkt het wel alsof de titel 'Grootste nog levende actrice' al net zo lang aan haar kleeft als Elizabeth II koningin van Engeland is. Superlatieven blijven aan haar vastzitten als punaises: ze is een god onder acteurs en in staat op te gaan in elk personage, in elk genre uit te blinken, en ook nog eens elk accent tot in de puntjes onder de knie te krijgen. Anders dan gebruikelijk voor sterren van boven de vijftig is ze absoluut niet in de vergetelheid geraakt; integendeel, ze heeft de rekensommetjes van Hollywood getrotseerd en een nieuw hoogtepunt in haar carrière bereikt. Geen andere actrice die voor 1960 geboren is, kan zelfs maar een rol kríjgen tenzij Meryl hem eerst heeft afgewezen.

Al vanaf haar doorbraakrollen aan het eind van de jaren zeventig, is ze geroemd om de oneindig genuanceerde penseelstreken van haar karakteriseringen. In de jaren tachtig was ze de bereisde heldin van dramatische epossen als *Sophie's Choice* en *Out of Africa*. De jaren negentig, beweert ze zelf, waren een slappe tijd. (Ze werd vier keer genomineerd voor een Oscar.) Het jaar waarin ze veertig werd, kreeg ze, zoals ze zelf graag opmerkt, in drie verschillende films de mogelijkheid geboden een heks te spelen. In 2002 speelde ze de hoofdrol in het niet in één categorie onder te brengen *Adaptation* van Spike Jonze. Die film leek haar te bevrijden van de tijdelijke sleur waar ze in vastzat. Plotseling kon ze doen waar ze zin in had en het doen voorkomen alsof het allemaal maar een lolletje was. Toen ze het jaar daarop een Golden Globe won, leek ze bijna verbluft. 'O, maar ik heb niets voorbereid,' zei ze, terwijl ze met haar vingers door haar bezwete pony ging, 'want ik heb al sinds zo ongeveer het pleistoceen niets meer gewonnen.'[4]

Tegen het jaar 2004, toen ze een Emmy won voor Mike Nichols' televisiebewerking van *Angels in America*, was haar nederigheid ongemerkt overgegaan in schalkse overmoed ('Er zijn dagen dat ik zelf vind dat ik word overschat... maar vandaag niet'[5]). De successen – en de ironische bedankspeeches – bleven maar komen: een Golden Globe voor *The Devil Wears Prada* ('Volgens mij heb ik met iedereen in de zaal wel eens gewerkt'[6]), een SAG (Screen Actors Guild) Award voor *Doubt* ('Ik heb niet eens een jurk gekocht!'[7]). Ze maakte zich al snel de kunst meester om de draak te steken met haar eigen hype, waarbij ze haar vermeende superioriteit aan de ene kant ondermijnde maar tegelijk volop in de etalage zette.

Dus wanneer Colin Firth haar naam roept in het Kodak Theatre, is dat een thuiskomst die al dertig jaar in de maak is, een teken dat het carrièreherstel dat was begonnen met *Adaptation* zijn hoogtepunt heeft bereikt. Als ze hoort wie de winnaar is, slaat ze haar hand voor haar mond en schudt ze vol ongeloof haar hoofd. Terwijl het publiek is gaan staan, kust ze Don twee keer, pakt ze haar derde Oscar vast en hervat ze de eeuwenoude traditie van zichzelf op haar plaats zetten.

'O mijn god. O kom óp, zeg,' begint ze om het publiek tot stilte te manen. Ze lacht in zichzelf. 'Toen ze mijn naam noemden, had ik het gevoel alsof ik half Amerika kon horen zeggen: "O nee hè? O, kom op zeg – waarom nou? Zíj weer." Begrijpt u wat ik bedoel?'[8]

Heel even lijkt ze echt gekwetst te zijn door het idee dat half Amerika teleurgesteld is. Dan lacht ze spottend.

'Maar ach... jammer dan.'

Nu ze de spanning heeft gebroken met een vlekkeloze schijnbeweging, komt ze ter zake met de dankbetuigingen.

'Ten eerste wil ik Don bedanken,' zegt ze warm. 'Want als je je echtgenoot pas aan het einde van je speech bedankt, doen ze hem uitgeleide met muziek eronder, en ik wil dat je weet dat alles wat ik het hoogst waardeer in ons leven, jij me hebt gegeven.' De camera zoomt in op Don, die op zijn hart klopt.

'En dan nu, ten tweede, mijn andere partner. Zevenendertig jaar geleden, bij mijn eerste toneelstuk in New York, ontmoette ik de geweldige haarstilist en make-upartiest Roy Helland, en we hebben vrijwel voortdurend met elkaar samengewerkt sinds die dag dat we elkaar voor het eerst zagen. Zijn eerste film met mij was *Sophie's Choice*, en helemaal tot en met vanavond' – haar stem breekt heel even – 'nu hij heeft gewonnen vanwege zijn prachtige werk in *The Iron Lady*, dertig jaar later.' Met thatcheriaanse overtuiging onderstreept ze elk woord met een karateklap: 'Elke... film... er... tussen.'

Ze verandert weer van toon en gaat verder: 'Ik wil eigenlijk alleen Roy maar bedanken, maar ook – want ik begrijp echt wel dat ik hier nooit meer zal staan...' (Daarbij kijkt ze heel even bijna onmerkbaar opzij waarmee ze wil zeggen: *Nou, dat zullen we nog wel eens zien...*) 'Ik wil heel graag al mijn collega's en al mijn vrienden bedanken. Ik kijk naar jullie en ik zie mijn hele leven voor mijn ogen: mijn oude vrienden, mijn nieuwe vrienden.'

Haar stem wordt emotioneler als ze op weg gaat naar de grote finale: 'Echt, dit is zo'n grote eer, maar wat voor mij het meeste telt, zijn de vriendschappen, de liefde en het pure plezier dat we hebben gehad met elkaar terwijl we samen films maakten. Mijn vrienden, dank jullie wel, jullie allemaal, degenen die niet meer onder ons zijn en degenen die hier zijn, voor deze, nou ja, onbeschrijflijk mooie carrière.'

Bij 'niet meer onder ons' kijkt ze omhoog en heft ze haar hand naar de hemel – of tenminste naar de lampenbatterij van het Kodak Theatre, waar de geesten van de showbusiness rondwaren. Ze zou een heel aantal geesten in gedachten kunnen hebben gehad. Haar moeder, Mary Wolf, die overleed in 2001. Haar vader, Harry, die twee jaar later overleed. Haar regisseurs: Karel Reisz, die haar een rol gaf in *The French Lieutenant's Woman*; Alan J. Pakula, die haar tot de ster van *Sophie's Choice* maakte. Ongetwijfeld dacht ze aan Joseph Papp, de legendarische theaterproducer die haar uit de anonimiteit haalde, slechts een paar maanden nadat ze van de toneelschool afkwam.

Maar op dit moment, nu ze haar carrière alweer een hoogtepunt ziet beleven, is het moeilijk voor te stellen dat ze niet terugdacht aan het begin ervan. En het begin ervan was volledig verbonden met John Cazale.

Het is vierendertig jaar geleden dat ze hem voor het laatst heeft gezien. Zesendertig jaar geleden sinds ze elkaar hadden ontmoet, toen ze Angelo en Isabella speelden in een Shakespeare in the Park-productie van *Measure for Measure*. Avond na avond, in de broeierige zomerwarmte, smeekte ze hem medelijden te hebben met haar veroordeelde broer: 'O, spaar hem, spaar hem toch! Hij is nog op de dood niet voorbereid.'[9]

John Cazale was een van de grote karakteracteurs van zijn generatie, en een die het meest stelselmatig over het hoofd werd gezien. Voor altijd Fredo uit de *Godfather*-films, was hij haar eerste echte liefde, en haar eerste verwoestende verlies. Als hij ouder was geworden dan tweeënveertig, zou zijn naam net zo bekend kunnen zijn geworden als die van De Niro of Pacino. Maar er was zoveel wat hij nooit heeft kunnen zien. Hij had Meryl niet twee Oscars zien winnen tegen de tijd dat ze drieëndertig was. Hij had haar niet zien rijpen tot een actrice met vorstelijke zelfbeheersing. Hij had haar niet Joanna, Sophie, Karen, Lindy, Francesca, Miranda, Julia of Maggie zien spelen.

John Cazale leefde niet lang genoeg om haar nu op het podium te zien staan, waar ze haar vrienden, al haar vrienden, bedankt voor deze 'onbeschrijflijk mooie carrière'. Na een laatste 'dank je wel' neem ze wuivend afscheid en loopt ze naar de coulissen. Ze heeft haar reputatie weer eens opgepoetst. Meryl Streep, de IJzeren Dame onder de acteurs: onbedwingbaar, onzinkbaar, onontkoombaar.

Maar zo is het niet altijd geweest.

Tweeënveertig jaar eerder was Meryl Streep een scherpzinnige Vassar-studente die net de aantrekkingskracht van het toneel begon te ontdekken. Haar buitengewone talent was duidelijk voor iedereen die haar kende, maar ze zag er zelf niet veel toekomst in. Hoewel ze een heel eigen schoonheid bezat, zag ze zichzelf nooit als een ingénue, de rol van een naïef onschuldig meisje. Haar onzekerheid werkte in haar voordeel: in plaats van zichzelf in het hokje van traditioneel vrouwelijke rollen te zetten, kon ze zichzelf een andere nationaliteit aanmeten, of spelen dat ze gestoord was, of gewoontjes, en opgaan in levens die ver buiten haar jeugd in een voorstadje in New Jersey lagen. Ze was noch een klassieke schoonheid van het kaliber Elizabeth Taylor, noch een alledaags type als Debbie Reynolds; ze was het allemaal en toch ook niets van dat alles; een kameleon. Eén ding was ze niet, wist ze: een filmster.

Wat er daarna gebeurde was een serie kansen waar iedere actrice op aarde van droomt, hoewel er maar weinig het rauwe talent hebben om die ook aan te grijpen. Tegen het einde van de jaren zeventig was ze de uitblinkster van de Yale School of Drama; had ze hoofdrollen gespeeld op Broadway en in Shakespeare in the Park; had ze de liefde van haar leven, John Cazale, gevonden en weer verloren; had ze de tweede liefde van haar leven, Don Gummer, gevonden en was ze met hem getrouwd; en had ze de hoofdrol gespeeld in *Kramer vs. Kramer*, waarvoor ze haar eerste Oscar zou winnen. Allemaal binnen het bestek van tien duizelingwekkende jaren.

Hoe is ze daar gekomen? Waar heeft ze geleerd te doen wat ze doet? Kan dat zelfs wel worden geleerd? De vragen staan niet op zichzelf: hetzelfde decennium dat van Meryl Streep een ster heeft gemaakt, vertegenwoordigde een bedwelmende, baanbrekende periode in het acteren in Amerikaanse films. Maar de grootste namen ervan waren mannen: Al Pacino, Robert De Niro, Dustin Hoffman. Tegen haar intuïtie in sloot ze zich aan bij de cast van *The Deer Hunter* om bij de zieke Cazale te kunnen zijn, en brak daarmee in in het *Godfather*-clubje. Maar het waren de nuancering en het dramatische vernuft van haar acteerwerk waarmee ze haar eigen plek daar veroverde. Ze blonk uit in de gemoedstoestanden die overal tussenin zaten: ambivalentie, ontkenning, spijt. Make-up en accenten maakten haar onherkenbaar, en toch zat er in elk optreden een innerlijk ongenoegen, een weigering om een emotie zomaar te vertolken zonder die te kleuren met de tegengestelde emotie. Haar innerlijke leven was dialectisch.

'Voor mij is het als naar de kerk gaan,' zei ze ooit, voordat ze struikelde over de vraag waar ze naartoe gaat als ze acteert. 'Het is als naar het altaar lopen. Ik heb het gevoel dat als je meer praat over wat het precies is, er iets zal verdwijnen. Ik bedoel, er komt veel bijgeloof bij kijken. Maar ik weet wel dat ik me vrijer, ontvankelijker voel, en minder probeer alles in de hand te houden.'[10] Haar enorme vakmanschap had ook zijn criticasters. In 1982 schreef Pauline Kael, de non-conformistische filmrecensent van *The New Yorker*, over haar optreden in *Sophie's Choice*: 'Ze heeft, zoals gewoonlijk, veel nagedacht en tijd en moeite gestoken in haar werk. Maar er is iets vreemds aan haar: nadat ik haar in een film heb gezien, kan ik me geen voorstelling meer maken van hoe ze eruitziet vanaf de hals naar beneden.'[11]

Dat zinnetje bleef hangen, evenals het idee dat Meryl Streep 'technisch' is. Maar, is ze er als de kippen bij om uit te leggen, ze werkt meer vanuit intuïtie dan vanuit een of andere systematische techniek. Ze maakt dan wel deel uit van een generatie die is grootgebracht met *method acting*, geworteld in het idee dat een acteur persoonlijke emoties en ervaringen op een personage kan projecteren, maar ze is altijd sceptisch geweest over de zelf-bestraffende eisen die het stelt aan de acteur. Ze is, onder andere, een collagekunstenares; haar geest is als een algoritme dat accenten, gebaren en stembuigingen kan oproepen en ze samenvoegen tot een personage. Soms weet ze niet van wat of wie ze iets heeft geleend tot ze het op het scherm ziet.

Volwassen geworden tijdens de opkomst van de Tweede feministische golf, was haar ontdekking van het acteren onlosmakelijk verbonden met het hele gedoe van een vrouw worden. Tijdens haar dagen als cheerleader op Bernards High School nam ze de meisjes die ze in damesbladen zag als haar voorbeeld. In 1967 opende haar wereld zich op Vassar College, dat in die tijd alleen voor vrouwen was. Tegen de tijd dat ze afstudeerde, had het de studentenhuizen opengesteld voor mannen, en had zij op intuïtie haar eerste grote theaterrol gespeeld, in August Strindbergs *Miss Julie*. Tien jaar later speelde ze de hoofdrol in *Kramer vs. Kramer*, als jonge moeder die het lef heeft haar echtgenoot en kind in de steek te laten, om later weer op te duiken en de voogdij op te eisen. De film was, in zekere zin, een reactionaire steek onder water tegen de vrouwenbeweging. Maar Streep wilde per se dat Joanna Kramer niet werd afgeschilderd als feeks, maar als een complexe vrouw met gerechtvaardigde verlangens en twijfels, en daarbij gijzelde ze bijna de hele film.

'Vrouwen,' heeft ze weleens gezegd, 'kunnen beter acteren dan mannen. Waarom? Omdat we wel moeten. Als het een overlevingsstrategie is om iemand die groter is dan jij te overtuigen van iets wat hij niet wil weten, dan is dat hoe vrouwen duizenden jaren lang hebben overleefd. Je anders voordoen dan je bent is niet alleen maar een spel. Je anders voordoen betekent dat je je mogelijkheden kunt voorstellen. Je anders voordoen of acteren is een zeer waardevolle vaardigheid in het leven, en we doen het de hele tijd. We willen er niet op worden betrapt dat we het doen, maar evengoed maakt het deel uit van het aanpassingsvermogen van onze soort. We veranderen wie we zijn om ons aan te passen aan de eisen van onze tijd.'[12]

De jaren die Meryl Streep veranderden van een bekoorlijke cheerleader in de onstuitbare ster van *The French Lieutenant's Woman* en *Sophie's Choice* stelden allemaal hun eigen eisen, eisen die ook Amerika, vrouwen en films veranderden. Het verhaal van haar opkomst is ook het verhaal van de mannen die haar probeerden te vormen, of lief probeerden te hebben, of op een voetstuk probeerden te plaatsen. De meeste van hen is dat niet gelukt. Een ster worden – wat nooit hoog op haar prioriteitenlijstje stond –, zou ze doen op haar eigen voorwaarden, waarbij ze alleen haar talent en haar bovenaardse zelfverzekerdheid de weg voor haar liet vrijmaken. Zoals ze in haar eerste jaar op de universiteit aan een ex-vriendje schreef: 'Ik sta op de rand van iets heel beangstigends maar ook heel moois.'[13]

Mary

Op de eerste zaterdag in november waren alle studenten van Bernards High School verzameld voor een heilige ceremonie.[14] Homecoming: de bekrachtiging van een zwaarbevochten tiener-hiërarchie. Op een prachtig, vers gemaaid groen American-footballveld dat beschut achter een methodistenkerk lag, trapten de Bernards Mountaineers, die erom bekendstonden dat ze kansloos waren, af tegen hun rivalen uit Dunellen, een gemeente in New Jersey die niet veel verschilde van hun eigen gemeente. Tijdens de rust gingen de spelers van het veld. Toen was het tijd om de homecoming-koningin van 1966 te kronen.

Iedereen op school kende de winnares van dit jaar, een blond meisje met blauwe ogen uit het laatste jaar, dat op Old Fort Road nummer 21 woonde. Ze was zo'n meisje dat alles voor elkaar leek te hebben: ze was intelligent, zag er goed uit, en haar vriendje zat in het footballteam. Ze hadden haar gezien in de cheerleaderploeg. En in het koor. En in de schooltoneelstukken: ze kreeg altijd de hoofdrol. Terwijl de voorzitter van de studentenraad, met zijn vlinderdasje, haar het veld op begeleidde, vielen de ogen van Bernardsville op haar scherpzinnige, bijzondere gezicht.

Ze was mooi. Dat wist iedereen, behalve zij. Een huid als van albast. Hoge jukbeenderen die wel gebeeldhouwd leken. Halfgesloten ogen, een klein beetje te dicht bij elkaar. Haar met de kleur van de vezels die om een maïskolf zitten. Een neus die zo lang en gevorkt was dat hij bijna een belevenis was.

Ze was bij lange na niet knap genoeg om een filmster te worden, dacht ze. Filmsterren waren meisjesachtig, voluptueus of zedig. Dat waren Audrey Hepburn of Ann-Margret of Jane Fonda. Filmsterren waren knap. En hoeveel jongens ook over elkaar struikelden om haar genegenheid te winnen, zij was niet knap, zei ze tegen zichzelf. Niet met die neus.

Pauline Kael zou het zo verwoorden: 'Streep, met haar heldere ogen en haar blonde haar, heeft de knapheid van een Walkure; het feit dat haar neus een beetje langer is, geeft haar een voornaam voorkomen waardoor ze het niveau van "knap" ontstijgt en tot de categorie van de ware schoonheid toetreedt.'[15] Dat Kael haar meest uitgesproken criticaster zou worden, doet er verder niet toe. Ze had gelijk: Meryl Streep was niet knap. Ze was van een heel andere orde. Iets interessanters, of in elk geval moeilijker in een categorie onder te brengen. Als ze een wenkbrauw optrok of een lip vertrok, kon ze iedereen zijn: een aristocrate, een bedelares, een minnares of een clown. Ze kon Scandinavisch zijn, of Engels, of Slavisch. Op dit moment wilde ze alleen maar doorsnee Amerikaans zijn.

De homecoming-koningin van vorig jaar, June Reeves, was van haar vervolgopleiding teruggekeerd om haar laatste taak te verrichten: een flonkerende diadeem op het hoofd van haar opvolgster zetten. De pas gekroonde koningin stapte aan boord van een met bloemen overdekte praalwagen, geflankeerd door haar homecoming-hofhouding: Joann Bocchino, Ann Buonopane, Ann Miller en Peggy Finn, allemaal met breed uitwaaierend geföhnd haar en met corsages. Terwijl de praalwagen het veld overstak, zwaaide ze naar de menigte en glimlachte, pronkend met een witte handschoen. Ze had er hard voor gewerkt om de koningin te worden; ze had zich opgedoft, haar haar geblondeerd en zichzelf getransformeerd tot de persoon die ze vastbesloten was te zijn.

Geen van haar onderdanen wist hoe slecht ze zich op haar plek voelde. Wat ze zagen, was de rol die ze speelde, tot en met de laatste goudkleurige haar op haar hoofd. Zelfs haar gegichel was gemaakt: ze had het geoefend tot het luchtig en elegant was, precies zoals de jongens het willen. Ze zou het geen acteren hebben genoemd, maar dat was het wel. Met niet-aflatende ijver was ze haar hele middelbareschooltijd in een rol ondergedompeld geweest. Maar toch, hoe goed ze die rol ook kon spelen, er zouden altijd scheurtjes in de façade te zien zijn. Ze zag er niet uit als de vrouwen die ze in de tijdschriften zag, niet echt. Ze had deze mensen voor de gek gehouden, of in elk geval de meesten. De meisjes keken dwars door haar heen.

Zwaaiend naar de menigte bleef ze in haar rol. Het was een fijn gevoel om aanbeden te worden, al was het misschien een beetje eenzaam. Boven op die praalwagen stond zij op haar eigen platform, een paar centimeter dichter bij de novemberhemel dan haar zogenaamde hofdames. Kon June of Peggy of haar beste vriendin, Sue, maar bij haar komen staan. Maar er was maar één koningin, en het was haar taak om de beste te zijn. Misschien voor het eerst, en zeker niet voor het laatst, leerde Meryl Streep dat perfectie een gevangenis kon zijn.

Ze was zeventien jaar.

Ze zou al snel leren dat gedaanteverandering, niet schoonheid, haar visitekaartje was. Dat had ze vanaf het begin al in zich gehad. Je kunt het 'de zone' noemen. Je kunt het 'de kerk' noemen. Het was een plek waar ze naartoe ging voordat ze wist hoe ze het moest omschrijven, al is ze er nooit echt achter gekomen hoe.

'Toen ik zes was, trok ik mijn moeders onderrok over mijn hoofd als voorbereiding op het spelen van de maagd Maria in onze woonkamer. Terwijl ik mijn Betsy Wetsy-pop inbakerde, voelde ik me gekalmeerd, heilig zelfs, en mijn getransformeerde gezicht en volkomen andere manier van doen, vastgelegd op Super-8 door mijn vader, trok mijn broertjes – Harry van vier die Jozef speelde en Dana van twee die een boerderijdier speelde – mee in de trance. Ze werden werkelijk deze kleine kerstvoorstelling binnengetrokken door de intensiteit van mijn concentratie, op een manier die ik met mijn gebruikelijke tactiek om hen te laten doen wat ik wilde, namelijk tegen hen tekeergaan, nooit voor elkaar had gekregen.'[16]

Zo was ze toen ze zes was. En zo toen ze negen was:

'Ik weet nog dat ik mijn moeders wenkbrauwpotlood had gepakt en voorzichtig streepjes op mijn gezicht tekende, de rimpels nabootsend die ik in mijn geheugen had geprent op het gezicht van mijn oma, op wie ik dol was. Ik liet mijn moeder een foto nemen, en als ik er nu naar kijk, zie ik er natuurlijk uit zoals ik zelf nu ben, en als mijn oma toen. Maar ik herinner me echt, ergens diep vanbinnen, dat ik die dag kon voelen hoe het was om zo oud te zijn. Ik liep met een kromme rug, ik voelde me alsof ik een last droeg, maar op een vrolijke manier, weet je wel. Ik voelde me alsof ik haar was.'[17]

De maagd Maria was een voor de hand liggende eerste rol: Meryl kwam uit een lange lijn van vrouwen die Mary (de Engelse vorm van Maria) heetten. Haar moeder heette Mary Wolf Wilkinson, en haar oma heette Mary Agnes, wat werd verkort tot Mamie. Toen Mary Wolfs eerste kind op 22 juni 1949 in Summit, New Jersey, werd geboren, noemde ze de baby Mary Louise. Maar drie Mary's in de familie was wel wat veel, en voordat Mary Louise had geleerd haar naam uit te spreken, was haar moeder haar al Meryl begonnen te noemen.

Als kind wist ze weinig van haar voorouders. Van haar moeders kant stamde ze af van quakers, teruggaand tot de Amerikaanse Onafhankelijkheidsoorlog. Er gingen verhalen dat er iemand in Philadelphia was opgehangen voor paardendiefstal. Eén grootmoeder molesteerde kroegen, in de tijd van de geheelonthoudersbeweging. Haar grootvader Harry Rockafellow Wilkinson, die door zijn kleinkinderen 'Harry Pop' werd genoemd, was een grappenmaker, die altijd veel gebaren maakte. In Meryls jeugd gebruikten haar grootouders van moederskant nog altijd de ouderwetse aanspreekvormen *thee* en *thou*.[18]

Mary Wolf had een breed, vriendelijk gezicht en een opgewekt gevoel voor humor dat ze van haar vader had geërfd; jaren later, toen ze Julia Child speelde, zou Meryl zich laten inspireren door haar moeders enorme 'levenslust'.[19] Mary Wolf werd geboren in 1915, in Brooklyn. Tijdens de Tweede Wereldoorlog werkte ze als grafisch vormgever bij Bell Labs, en later studeerde ze aan de Art Students League, een kunstacademie in New York. Net zoals de meeste vrouwen om haar heen, gaf Mary het werk dat ze in oorlogstijd had gedaan op om voltijds huisvrouw en moeder te worden: het soort vrouw dat Betty Friedan wilde aansporen met de publicatie, in 1963, van *The Feminine*

Mystique.* Maar Mary leed niet onder de malaise die Friedan bij zo veel huisvrouwen zag, misschien omdat ze haar artistieke bezigheden nooit opgaf. Terwijl ze de kinderen grootbracht, werkte ze in een atelier op de veranda achter het huis als een commerciële kunstenares en tekende illustraties voor plaatselijke krantjes en bedrijven. Als ze deel had uitgemaakt van de generatie van haar dochter, had ze er misschien carrière in gemaakt. Maar ook nu hield ze een vinger in de pap, en het extra inkomen was nooit weg.

Meryls familie van vaderskant had niets van die uitbundigheid. 'Streep' was een Duitse naam, hoewel ze heel lang heeft gedacht dat hij Nederlands was. Haar vader, Harry Streep Jr., was enig kind. (De namen Harry en Henry kwamen al net zo vaak voor in haar familie als Mary.) Zijn bijnaam was 'Buddy', en hij werd in 1910 in Newark geboren. Hij kreeg een beurs om te studeren aan de Brown-universiteit.** Na een jaar sloeg de Grote Depressie toe en was hij gedwongen met zijn studie te stoppen. Dertig jaar lang werkte hij op de personeelsafdeling van het grote farmaceutische bedrijf Merck & Co. Zijn baan bestond voornamelijk uit het aannemen en ontslaan van mensen. Meryl bemerkte wel een zekere melancholie in haar vader, die hij mogelijk had geërfd van zijn moeder, Helena, die opgenomen was geweest voor klinische depressie. Helena's echtgenoot, Harry William Streep, was een handelsreiziger die haar een groot gedeelte van de tijd alleen liet met hun zoon. Als oudere man kwam Meryls vader kijken naar zijn kleinzoon, Henry Wolfe Gummer, in een opvoering op de middelbare school van *Death of a Salesman*, en toen zei hij huilend: 'Dat was mijn vader.'

Als Meryl op bezoek kwam in de flat van haar grootouders van vaderskant, voelde ze een overal aanwezige droefheid. De gordijnen waren dicht zodat ze maar een reepje zonlicht binnenlieten; heel anders dan het hartelijke huis van de Wilkinsons. Haar oma herge-

---

* Noot van de vertalers: vertaald onder de titel *Het misverstand vrouw* in 1971 en *De mystieke vrouw* in 1985.
** Noot van de vertalers: Brown, gevestigd in Rhode Island, is een van de zogenaamde Ivy League-universiteiten, de acht meest gerenommeerde universiteiten van de Verenigde Staten.

bruikte echt alles. Ze bewaarde stukjes zilverpapier en propte ze op tot een bal, die ze onder de gootsteen bewaarde en die steeds groter werd, wat Meryl mateloos fascineerde.

In de naoorlogse roes lag er een rooskleurige, kleinburgerlijke Amerikaanse droom binnen handbereik voor gezinnen als de Streeps. Ze verhuisden een aantal keer binnen centraal New Jersey terwijl het gezin groter werd, eerst naar Basking Ridge en toen naar Bernardsville. Na Meryl kwam Harry Streep III, bijgenaamd 'Third'. Daarna kwam er nog een jongen, Dana, een magere grappenmaker met sproeten. Meryls ouders namen haar mee als ze naar haar broertjes gingen kijken als die moesten honkballen, maar ze was net zo onstuimig en sportief als zij, en misschien wel nog meer.

In Bernardsville woonden ze in een met bomen omzoomde straat boven op een heuveltje, slechts een klein stukje lopen van de openbare middelbare school. Het stadje lag in New Jerseys 'rijkeluiszone', ongeveer zeventig kilometer ten westen van de stad New York. In 1872 had een nieuwe spoorlijn het omgevormd van een verzameling vredige plattelandshuisjes tot een slaapstad voor welvarende New Yorkers, die zomerhuisjes ver weg van het stadsrumoer bouwden. De chicsten onder hen trokken landhuizen op op Bernardsville Mountain. Het 'bergvolk', zoals sommigen in het dal hen noemden, stuurde zijn kinderen naar kostscholen en reed rond op paarden. In later jaren bevonden zich onder hen onder anderen Aristoteles en Jacqueline Kennedy Onassis, die een landgoed van vier hectare in Bernardsville bezaten.

De spoorlijn deelde de rest van het stadje in tweeën: de protestantse middenklasse aan de ene kant; aan de andere kant Italiaanse arbeiders, waarvan er vele de kost verdienden met het bouwen van de huizen van het bergvolk. Er waren maar weinig plaatselijke industrieën, op Meadowbrook Inventions na, dat glitter maakte. Afgezien van de paardrijdende toplaag leek het stadje op veel van zijn soortgenoten langs de spoorlijn tussen Erie en Lackawanna: een plaatsje waar iedereen elkaar kende, waar bankiers en verzekeringsmedewerkers elke ochtend de trein naar de stad namen, hun vrouw en kinderen achterlatend in hun lommerrijke, huiselijke idylle.

Als leden van Bernardsvilles aan de aarde gebonden middenklasse leken de Streeps totaal niet op het bergvolk. Ze bezaten geen paarden en stuurden hun kinderen niet naar particuliere scholen. Anders dan de huizen in koloniale stijl die populair waren in het stadje, was dat van hen modern, met een Japans kamerscherm in de woonkamer en een piano waar meneer Streep 's avonds op speelde. Buiten was een gazon waarop de Streep-kinderen de zomermiddagen konden doorbrengen.

Harry had hoge verwachtingen van zijn kinderen, van wie hij verlangde dat ze op het rechte pad zouden blijven; en in Bernardsville was het rechte pad behoorlijk recht. Mary benaderde het iets luchtiger, en ook met wat meer baldadige humor. Naast hun verjaardagen kregen de kinderen 'speciale dagen'[20], waarop ze mochten doen wat ze maar wilden. Een tijd lang koos Meryl voor de dierentuin of het circus, maar algauw werden haar speciale dagen alleen nog maar gewijd aan voorstellingen op Broadway: *Oliver!*, *Kismet* en Ethel Merman in *Annie Get Your Gun*. Meryl was dol op musicals, die, voor zover zij wist, het enige theater waren dat er bestond. Bij een middagvoorstelling van *Man of La Mancha* zat zij op de voorste rij 'stralend te genieten'[21], zoals haar moeder zich zou herinneren.

Ze speelde de baas over haar broertjes en dwong hen mee te doen met fantasierijke spelletjes, of ze nu wilden of niet. Ze waren tenslotte haar enige tegenspelers. Third berustte erin en beschreef haar later als 'best wel een kreng toen ze klein was'[22]. Maar de andere kinderen in de buurt waren niet zo gemakkelijk te manipuleren. 'Ik had geen zogenaamd gelukkige jeugd,' zei ze in 1979. 'Ten eerste dacht ik dat niemand me leuk vond [...] Eigenlijk zou ik zeggen dat ik daar vrij overtuigend bewijs voor had. De kinderen joegen me een boom in en sloegen dan met stokken op mijn benen tot ze begonnen te bloeden. En daarnaast was ik nog lelijk ook.'[23]

Ze was niet afzichtelijk, maar ze was zeker niet meisjesachtig. Als ze keek hoe het kindsterretje Annette Funicello van het televisieprogramma *The Mickey Mouse Club* rondingen begon te ontwikkelen, zag ze een wildebrasachtige schattigheid die haar volkomen ontging. Met haar vlinderbril en haar bruine permanentje tot in haar nek zag Meryl eruit als een secretaresse van middelbare leeftijd. Sommige kinderen op school dachten dat ze een lerares was.

Toen ze twaalf was, kwam ze op bij een kerstconcert op school en zong een solo-uitvoering van 'O heil'ge nacht' in het Frans. Het publiek sprong op, misschien omdat het verbluft was om de schrik van de buurt zo'n hoog, puur geluid te horen voortbrengen. Het was de eerste keer dat ze de roes van het applaus voelde. Onder de mensen die verrast waren, bevonden zich ook haar ouders. Waar had Meryl al die tijd haar coloratuur verborgen gehouden?

Iemand zei tegen hen dat ze haar naar zangles moesten laten gaan, en dus deden ze dat. Elke zaterdagochtend nam ze de trein naar New York om naar Estelle Liebling te gaan. Juf Liebling, zoals haar leerlingen haar aanspraken, vormde een schakel naar een verdwenen wereld. Haar vader had les gehad van Franz Liszt, en zij was de laatste nog levende leerling van de grote Parijse zangpedagoge Mathilde Marchesi. Juf Liebling had de rol van Musetta in *La Bohème* gezongen in de Metropolitan Opera en was in twee werelddelen op tournee geweest met John Philip Sousa. Nu was ze in de tachtig, een chique matrone op hoge hakken en met vuurrode lippenstift, indrukwekkend ondanks haar tengere postuur. Ze kende iedereen in de operawereld, en het leek wel of ze net zo snel uitblinkende sopranen opleidde als de Metropolitan ze kon aannemen.[24]

Met zo'n indrukwekkende lerares was er niets wat de jonge Meryl ervan kon weerhouden om een wereldberoemde sopraan te worden. Niet dat ze nou zo gek was op opera; ze gaf de voorkeur aan The Beatles en Bob Dylan. Maar die stem was te goed om te verspillen. Weekend na weekend ging ze naar juf Lieblings studio bij Carnegie Hall, staand naast de piano terwijl de stokoude lerares haar toonladders en arpeggio's liet zingen. Ze leerde Meryl ademtechniek. Ze leerde haar dat ademhalen driedimensionaal is, waarbij ze haar eraan herinnerde: 'Er is ruimte achterin!'[25]

Terwijl ze buiten Juf Lieblings studio wachtte voor haar les van halftwaalf, galmde er uit de ruimte een schitterend geluid. Het was de leerlinge van halfelf, Beverly Sills. Sills, een sprankelende roodharige van begin dertig, kwam al sinds haar zevende bij Estelle. Meryl vond dat Beverly goed was, maar dat was ze zelf ook. En van Beverly had ook nog nooit iemand gehoord.

Dat was natuurlijk niet helemaal waar: Sills zong al sinds 1955 bij de New York City Opera, en was maar een paar jaar verwijderd van de rol waarmee ze doorbrak: Cleopatra in Händels *Giulio Cesare*. 'Juf Liebling was heel streng en formeel tegen me,' schreef Sills in haar autobiografie. 'Als ze aan de piano zat, liet ze me nooit de muziek meelezen over haar schouder, en ze raakte héél geïrriteerd als ik een heel enkele keer onvoorbereid naar de les kwam. Een van juf Lieblings favoriete aansporingen aan me was "Tekst! Tekst! Tekst!", wat ze altijd zei als ze het gevoel had dat ik alleen maar noten aan het zingen was en geen aandacht besteedde aan de betekenis van de woorden. Juf Liebling wilde dat ik zong zoals Laurence Olivier acteerde, dat ik wat ik zong op zodanige manier voordroeg dat mijn publiek emotioneel zou reageren.'[26]

Juf Liebling had nog een ander mantra: 'Verbergen! Verbergen! Verbergen!'[27] Ze had het over de passaggio, die lastige stemovergang tussen een lager en een hoger register. Voor sommige zangers was het een mijnenveld. Verberg het, zei Juf Liebling tegen haar pupillen, alleen maar met bepaalde klinkers: een '*oe*' of een '*ôh*', nooit een wijd open '*aa*'. Zorg ervoor dat de overgang naadloos is. Voor een onnozele puber met een beugel en bruin haar vol klitten moest het idee een zekere aantrekkingskracht hebben gehad: verberg de overgang. Zorg ervoor dat die naadloos is.

In het najaar van 1962 brachten Meryls ouders haar naar City Center, de thuishaven van de New York City Opera. Sills debuteerde er als Milly Theale in Douglas Moores *The Wings of the Dove*.[28] Het was de eerste opera die Meryl ooit zag, en ze was in vervoering. Tot dat moment was Beverly de aardige dame geweest die vóór haar les had. Nu ze haar op het toneel zag, begreep Meryl waar al die oefeningen op zaterdagochtend voor waren: de roem die al die slopende uren van arbeid bekroonde.

En ze realiseerde zich die avond nog iets: ze had geen stem als die van Beverly, en ze zou nooit operazangeres worden.

Na vier jaar stopte ze met haar lessen bij juf Liebling. De reden was niet alleen maar dat ze haar droom had opgegeven om ooit te debuteren in de Metropolitan. Meryl was door de passaggio van de puberteit

gekomen, en wat er aan de andere kant lag, was veel verleidelijker dan Verdi: ze had de jongens ontdekt.
   Het was tijd voor een metamorfose.

   Toen ze veertien was, deed Meryl Streep haar beugel uit. Ze dumpte haar bril en begon contactlenzen te dragen. Ze sprenkelde citroensap en waterstofperoxide op haar haar tot het glansde als goud. 's Nachts droeg ze krulspelden; het was een marteling, maar als ze wakker werd, had ze een zwierige 'flip'. Terwijl Meryl zich urenlang opdirkte voor de badkamerspiegel, ongetwijfeld tot ergernis van haar jongere broers, ontdekte ze dat schoonheid haar status en kracht gaf. Maar, zoals de meeste tienermeisjes die niet kunnen wachten tot ze een vrouw zijn, was ze zich nauwelijks bewust van wat ze achterliet.
   'Empathie,' zei ze, 'is de kern van de kunst van een acteur. En op de middelbare school werd ik gegrepen door een andere vorm van acteren. Ik wilde leren hoe ik aantrekkelijk kon zijn. Dus bestudeerde ik het personage dat ik me inbeeldde dat ik wilde zijn, namelijk dat van het schoolmeisje dat door iedereen knap gevonden wordt.'[29] Ze probeerde de vrouwen in de *Mademoiselle*, de *Seventeen* en de *Vogue* na te bootsen en kopieerde hun wimpers, hun kleding en lippenstift. Ze at een appel per dag, en niet veel meer. Ze smeekte haar moeder om merkkleding voor haar te kopen, wat werd geweigerd. Ze perfectioneerde haar gegiechel.
   Ze werkte er dag en nacht aan, zich er niet van bewust dat ze zichzelf een rol had toebedeeld die haar helemaal niet paste. Ze bestudeerde wat jongens leuk vonden, en wat meisjes nog zouden accepteren, en prentte in haar geheugen waar die twee elkaar overlapten: een 'lastig compromis'[30]. Ze merkte dat ze het gedrag van anderen met vlekkeloze precisie na kon doen, zoals een marsman die zich voordoet als een aardbewoner. 'Ik werkte harder aan dit personage, eigenlijk, dan aan elk ander dat ik daarna ooit heb gedaan,'[31] herinnerde ze zich. Verdwenen was het lelijke eendje, de verwaande kleine pestkop van Old Fort Road. Tegen de tijd dat ze vijftien was, was die Meryl verdwenen. In haar plaats was 'de perfecte spetter uit de *Seventeen*'[32] gekomen.
   Ze was een uitstekende bedrieger.

Nieuws over de jaren zestig leek Bernardsville niet te bereiken, ook al vatte de tegencultuur overal elders wel vlam. Tuurlijk, haar vrienden luisterden naar The Beatles en naar 'Light My Fire', maar overtredingen bestonden uit een biertje, niet uit een joint. Het plaatsje zag er een beetje uit als iets uit de film *Bye Bye Birdie*. Meisjes droegen jurken in de vorm van een A die tot de knieën kwamen, met een Peter Pan-kraagje dat werd vastgemaakt met een buttontje. Jongens droegen kakibroeken en jasjes van geruite zijde, en hadden een scheiding in hun haar. De conrector kwam langs met een liniaal om hun bakkebaard te meten: was die te lang, dan werden ze naar huis gestuurd.

Hun vermaak bestond uit een hamburger in de snackbar in het centrum, of een film in de plaatselijke bioscoop. Bij het 'Babybal' verkleedden de eerstejaars zich in mutsjes en luiers. Het volgende jaar was het 'Truienbal'. Daarna kwam de *junior prom*, het schoolbal voor de klas vóór het eindexamenjaar, met als thema 'In de goede oude tijd'. Het was een passend thema. 'We hadden het gevoel alsof we in een cocon zaten, dat we beschermd werden en dat alles daar veilig zou zijn,'[33] zei Debbie Bozack (geboren Welsh), die net als Meryl in september 1963, twee maanden voor de moord op Kennedy, in de derde klas kwam.

Debbie ontmoette Meryl op een van de eerste schooldagen. Op Debbies vorige school hadden er maar vijf leerlingen in haar klas gezeten, en de drukke gangen op Bernards High School benauwden haar. Evenals het vooruitzicht dat ze zich zou moeten omkleden voor gym. Meryl leek echter vol zelfvertrouwen en onbevreesd. Ze hadden veel dezelfde vakken, dus volgde Debbie haar als een discipel.

Als nieuwe aanhangster van het Amerikaanse tienerconformisme verlangde Meryl ernaar om bij de cheerleaderploeg te horen. Debbie ook. Maar Debbie kon nog geen radslag doen als haar leven ervan afhing. Meryl, die niet alleen veel zelfvertrouwen had maar ook nog sportief was, was een kei. Op sommige dagen volgde Debbie Meryl na school naar huis, waar Meryl haar probeerde te leren hoe ze een radslag moest doen op het gazon. Terwijl Meryl haar benen boven haar hoofd begeleidde, schuurden Debbies handen over de kiezels die omhoogkwamen als het had geregend. Uiteindelijk was het allemaal voor niets. Debbie mocht niet bij de ploeg. Meryl uiteraard wel.

In weekends in de herfst kwam het gros van de leerlingen samen bij de footballwedstrijden. Met uitzondering van de studiebollen en de vetkuiven kwam iedereen ernaartoe. Iedereen had zijn eigen stek. Je had de majorettes. Je had de vaandelzwaaiers, waar Debbie een plaatsje vond. Je had de fanfare, die vrij goed was, mede dankzij een vroegrijpe laatstejaars die John Geils heette en die een paar jaar later zijn trompet in zou ruilen voor een gitaar en de J. Geils Band zou oprichten.

Maar de cheerleaders, of 'cheeries', stonden op een afstandje van de rest. Niet dat ze kwaadaardig waren, maar ze vormden een hecht clubje, en hadden een band vanwege hun knappe uiterlijk en hun populariteit. Met de letter 'B' op hun tenue aangebracht scandeerden ze *'Thunder, thunder, thunderation!'* Meryl werd beste vriendinnen met haar mede-cheerleader Sue Castrilli, die werkte bij de Dairy Queen, een fastfoodrestaurant- en ijssalonketen. Er was niet veel te doen in Bernardsville behalve een rondje rijden over snelweg 202 tussen de Dairy Queen en het treinstation, en weer terug. Als Sue dienst had, gaf ze haar vriendinnen een extra schepje.

In de klas lette Meryl op als het haar zo uitkwam. Ze had een talenknobbel, voor de accenten tenminste. Als ze de leraar niet mocht, haalde ze net voldoendes. Ze was doodsbang voor de wiskundeleraar, die de leerlingen *Fang* ('Slagtand') noemden. Nog erger was biologie. 'Je hoeft alleen maar aan biologie en aan het biologie-examen te denken, en je zult nooit meer kunnen slapen,' had een jongen in haar jaarboek van het tweede jaar op highschool geschreven. 'Ik weet niet wat je zou moeten als ik je niet alle antwoorden voorzegde,'[34] schreef een ander.

Als zus van twee broers voelde ze zich op haar gemak met jongens, misschien wel meer dan met meisjes. Ze was dol op de jongens die achter in de klas zaten, want die waren grappig; van hen pikte ze lessen in komedie op die ze pas veel later zou gebruiken. Voorlopig stelde Meryl zich er tevreden mee om hun publiek te zijn en zorgde ze er wel voor dat ze niet uit haar rol viel. Thuis was er tijdens het avondeten aan tafel altijd een luidruchtige uitwisseling van ideeën. Maar meningen, zo leerde Meryl al snel, bezorgden je geen tweede afspraakje; jongens hielden er niet van om tegengesproken te worden. Meningen werden voorlopig even in de koelkast gezet.[35]

In het voorjaar van 1964, toen Meryl in de derde klas zat, leerde ze Mike Booth kennen.[36] Ze was een of twee keer uit geweest met J.D., zijn neef Mike zat in de vierde klas en had vrij lang haar en een grijns waarbij er veel tanden te zien waren. Hij droeg shetlandwollen truien waarvan de mouwen halverwege afgeknipt waren – dichter dan dat kwam Bernards High niet bij rebellie. Zijn vader vond dat hij een mislukkeling was, en Mike bevestigde het gelijk van zijn pa door te drinken en in vechtpartijen verzeild te raken. Hij was maar net overgegaan naar de vierde.

'Bevalt het je hier op Bernards High?' vroeg Meryl, toen J.D. hen aan elkaar voorstelde.

'Nu wel.'

Mike vond Meryl geweldig. 'Haar ogen waren ontzettend stralend,' herinnerde hij zich. 'Haar glimlach was echt. Ze lachte niet aanstellerig en holde niet achter de meute aan, zoals zo veel meisjes. Maar ze had ook altijd iets onhandigs, alsof ze zeker wist dat haar jurk er niet goed uitzag, of haar schoenen niet pasten, of dat ze gewoon lelijk was.'

Mike begon met haar mee naar huis te lopen na school; hij had geen rijbewijs. Tijdens de zomer gingen ze naar het huis van zijn tante Lala om te picknicken en in de vijver te zwemmen, of te honkballen. 's Avonds gingen ze naar feestjes of naar de bioscoop van Bernardsville, waarna ze zich naar huis haastten om op tijd te zijn voor Meryls avondklok van elf uur. Mike schreef gedichten voor haar, en zij gaf hem een bundel met moderne Amerikaanse en Britse poëzie, een kerstcadeau van haar vader.

Midden in de zomer begon Mike met footballtraining, en Meryl begon te oefenen met de cheerleaders. Ze spraken met elkaar af om te lunchen; Meryl gaf hem een van haar boterhammen met pindakaas en jam, haar handelsmerk, die ze wegspoelden met een TaB-cola en een brownie of een stukje taart dat nog over was, en waarvan Meryl bij wijze van grap zei dat het 'de rijpheid had van een uitgelezen kaas'. Mike hield van haar humor vol zelfspot, die ze gebruikte om alles weg te wuiven wat haar dwarszat. Soms deed ze imitaties voor hem; hij vond dat ze dat 'geweldig goed kon'. Als hij haar vroeg of ze zin had om te zwemmen, schakelde ze over op een Jersey-accent en zei: 'Duh, ja', spande haar biceps en zei opschepperig: 'Ik ben echt best atletisch – voor een meisje.'

Tijdens hun wandeling naar het gemeentelijke zwembad zagen ze een keer een weggegooide ring liggen die aan de kant van de weg lag te glinsteren. Het was een reclame-item van American Airlines, met een metalen adelaar met daaromheen de woorden JUNIOR PILOT. Mike deed hem aan Meryls vinger. Ze hadden vaste verkering.

Harry Streep vond het maar niks. In het begin mocht Meryl Mike maar één keer per week zien. Toen was het eens per twee weken. Toen stond hij erop dat ze uit zou gaan met andere jongens, omdat ze te jong was om vaste verkering te hebben. Op een dag in het zwembad won Meryl een race bij een zwemwedstrijd, en toen ze uit het bad kwam, gaf Mike haar een kus op haar wang. Het nieuws daarover bereikte meneer Streep, die zijn dochter een standje gaf voor haar openbare vertoning van genegenheid.

Uiteindelijk verbood hij het haar helemaal om Mike te zien. Ze spraken stiekem met elkaar af op een pad door de bossen tussen hun huizen, die anderhalve kilometer van elkaar vandaan lagen. Mike gaf haar een liefdesgedicht. Meryls ogen waren rood van het huilen. Ze ging die avond naar huis en waarschuwde haar vader: als je me nu niet een beetje vrijheid geeft, word ik zo'n meisje dat helemaal de beest uithangt als ze eenmaal op de universiteit zit. Hij bond in.

In haar briefjes aan Mike dagdroomde Meryl over hun toekomst samen. Na de middelbare school zouden ze trouwen en verhuizen naar een afgelegen eiland waar ze zich zouden aansluiten bij het Peace Corps, dat in ontwikkelingslanden vrijwilligerswerk deed, en 'de inboorlingen beschaving bijbrengen'. Daarna zou Meryl naar Sarah Lawrence College gaan, of misschien naar Bard College, terwijl Mike meester in de rechten en parttime schrijver werd. Hij zou de Pulitzer Prize winnen. Zij zou de hoofdrol in een stuk op Broadway accepteren en meteen rijk en beroemd worden. Ze zouden een villa kopen op een eiland voor de kust van Nice – in vroeg-Amerikaanse stijl, uiteraard – en elk weekend twee keer een feestje geven.

Meneer Streep volgde Mike met argusogen. Desalniettemin merkte

Mike op: 'Er werden constant grappen en plagerige opmerkingen gemaakt die heen en weer gingen tussen Meryl, haar moeder en haar broers. Ze namen elkaar op de hak, maar op een leuke manier. Ik herinner me dat ik dacht: Jemig, deze mensen hebben echt lol met elkaar.'

Mike en het cheerleaderschap overheersten dan misschien haar leven, maar ze namen haar niet volledig in beslag. Gesterkt door dezelfde voortvarendheid als haar vader raasde ze door highschool in een waas van buitenschoolse activiteiten. In de derde klas was ze klassenpenningmeester. Ze deed aan turnen en werd secretaris van de Franse Club. Ze was het hoofd van de omroepers, die elke ochtend het lunchmenu omriepen via de luidspreker. Ze maakte tekeningen voor het jaarboek. Ze zwom.

Intussen hield ze ook het zingen bij. Ze ging bij het koor, dat optrad in statige gewaden. Een keer tijdens een kerstconcert mocht ze een solo zingen in Vivaldi's *Gloria*, dat werd uitgevoerd in de Short Hills Mall, een luxe winkelcentrum in Short Hills, zo'n vijfentwintig kilometer van Bernardsville. In de editie uit 1965 van het *Bernardian*-jaarboek staat een foto van haar in een trui en met een 'flip', met het onderschrift: 'Een stem die het waard is opgemerkt te worden.'

Maar Meryl was niet zo overtuigd van haar vocale vaardigheden. Ze bekende aan Mike dat ze haar stem 'scherp en schril' vond. Hij vond hem prachtig. Als ze bij haar huis kwamen, kondigde ze zichzelf altijd aan door 'Oeoe ieie! Oeoe ieie!' te loeien. Juf Liebling zou haar hebben vermoord.

'Ik ga je wurgen, Meryl mijn liefje, als ik die falsetstem nog één keer hoor!' riep haar moeder dan terug terwijl ze haar handen over haar oren hield.

Het kwam gedeeltelijk doordat ze zo gek was op activiteiten dat Meryl auditie deed, in de vierde klas, voor *The Music Man*. Op Broadway had ze Barbara Cook de rol van Marian de bibliothecaresse zien spelen. Nu verraste ze de halve school door de rol voor zichzelf op te eisen. Third, die in de derde klas zat, speelde haar slissende broertje, Winthrop. Toen de grote voorstelling daar was, zong ze 'Goodnight, My Someone' met een stem zo licht en hoog als een veertje. Ze zei tegen Mike dat hij die 'someone' was.

Zelfs de scheikundeleraar begon haar 'Zangvogeltje'[37] te noemen. In april van het volgende jaar speelde ze Daisy Mae in *Li'l Abner*, waarbij ze zong en danste in een rafelige, afgeknipte rok. Enkele dagen nadat het doek was gevallen, straalde ze nog steeds. 'Bijna elke dag in de afgelopen twee maanden is een "Typical Day" in Dogpatch* geweest, zoals in de tekst van het liedje staat,' vertelde zestienjarige Meryl aan de schoolkrant, waarbij ze eraan toevoegde: 'Het is best moeilijk om het zo snel al weer uit je hoofd te zetten.'[38] In het volgende jaar was ze Laurey in *Oklahoma!* Haar beste vriendin, Sue Castrilli, speelde ook mee, evenals Third. Als ze deze bevallige ingénues speelde, dacht ze niet na over het acteren. 'Ik dacht alleen maar aan het zingen,' zei ze later, 'aan het uitsloven, en aan het dansen.'[39]

Het was een manier om zich bemind te voelen, iets waarvan ze zich nog steeds niet echt had overtuigd dat ze het werd. 'Ik dacht dat als ik er leuk uitzag en alle "dingen die je hoort te doen" deed, iedereen me leuk zou vinden,' zei ze over zichzelf als de tiener die ze later zou afdanken. 'Ik had maar twee vriendinnen op de middelbare school, en een daarvan was mijn nichtje, dus dat telde niet. En dan had je nog die vreselijke concurrentiestrijd gebaseerd op puberachtige rivaliteit om jongens. Ik werd er vreselijk ongelukkig van. Mijn belangrijkste beslissing van de dag was altijd wat ik aan zou trekken naar school. Het was belachelijk.'[40]

Een ander deel van haar probeerde zich een weg naar buiten te werken. 's Middags na schooltijd kwam ze vaak thuis en dan zette ze de platen van Barbra Streisand van haar ouders op, waarbij ze elke ademhaling, elk crescendo nadeed.[41] Ze merkte dat ze niet alleen de emoties van het nummer kon uitdrukken, maar ook de andere gevoelens die ze had, de gevoelens die niet pasten bij het personage dat ze speelde. Zelfs terwijl ze met haar lippen meebewoog met de gemeenplaats dat *'people who need people are the luckiest people in the world'* ('mensen die andere mensen nodig hebben zijn de gelukkigste mensen op aarde'), was de ironie ervan duidelijk: op school werd ze omringd

---

* Noot van de vertalers: Dogpatch is het fictieve stadje waar het verhaal van *Li'l Abner*, dat oorspronkelijk een krantenstrip was, zich afspeelt.

door mensen, maar ze voelde zich niet gelukkig. Ze voelde zich een bedrieger.

'Als je succes hebt op een bepaald vlak, verhindert dat vaak dat je succesvol wordt op een ander vlak,' zou ze later zeggen. 'En naast al mijn uiterlijke keuzes werkte ik aan mijn innerlijke afstelling, zoals acteurs dat noemen. Ik stelde mijn natuurlijke temperament bij, dat de neiging had – heeft – om een beetje bazig te zijn, een beetje vooringenomen, luidruchtig (een beetje luidruchtig), vol uitspraken en geestdrift. En ik heb weloverwogen mildheid, meegaandheid, en een levendig, natuurlijk soort lieftalligheid gecultiveerd, en zelfs een zekere verlegenheid, als het ware. En het werkte heel, heel, heel, heel, héél effectief bij de jongens. Maar de meisjes trapten er niet in. Die mochten me niet; ze roken het van een kilometer afstand, het acteren. En ze hadden waarschijnlijk gelijk. Maar ik was vastbesloten. Dit was absoluut geen cynische oefening. Dit was een primitieve, noodzakelijke hofmakerijvaardigheid die ik me eigen probeerde te maken.'[42]

Mike Booth leek het niet op te merken. De 'lichtelijke onhandigheid' die hij had opgemerkt toen ze elkaar net hadden leren kennen, was verdwenen, en in de plaats daarvan was 'uitbundigheid' gekomen, zoals hij het zich herinnerde. 'Op de een of andere manier was ze nog knapper geworden dan het jaar daarvoor.'

Meryl was begonnen te tekenen en gaf hem haar karikatuurtekeningen, waarvan de meeste ten koste van haarzelf waren. Ze tekende zichzelf met harige armen en een extra lange neus, nog altijd in haar cheerleaderstenue, of als een badmeester met uitpuilende spieren en een snor. Haar onzekerheden smeekten er bijna om opgemerkt te worden, maar het enige wat Mike zag was talent, waarvan hij vond dat hij het absoluut niet had. Toen hij zeventien was, was hij gemiddeld in sport en nog slechter in leren.

In mei nam Mike Meryl mee naar het eindexamenbal in Florham Park. Met haar witte handschoenen en corsage was ze een 'visioen van glimlachend licht', vond hij. Ze hadden al meer dan een jaar verkering. In augustus van dat jaar nam Mike haar mee naar het optreden van The Beatles in Shea Stadium. De band was nauwelijks hoorbaar boven al het gegil uit. Gelukkig kenden ze alle nummers uit hun hoofd. Hun favoriete nummer was 'If I Fell', dat ze 'ons liedje' noemden. Het vertelde hun wat ze al wisten: dat liefde meer was dan alleen maar elkaars hand vasthouden.

Het footballteam van Bernards High was gewend aan vernederende nederlagen tegen de grotere, gemenere spelers uit de rest van New Jersey. Maar de eerste wedstrijd van het seizoen in het najaar van 1965, tegen Bound Brook, was anders. Dankzij een geweldige *run over 50 yards* door een vijfdeklasser genaamd Bruce Thomson (vrijgezet door een cruciale *block* van Mike Booth, de linker *guard*), behaalden de Mountaineers een zeldzame overwinning. Mike zag Meryl aan de zijlijn staan terwijl ze de longen uit haar lijf schreeuwde in haar rood-met-witte cheerleaderspakje.

Maar Meryls aandacht dwaalde af. Ze had haar zinnen gezet op Bruce Thomson, die de Mountaineers hun kortstondige moment van roem had geschonken. Bruce was een bink met rossig haar en brede schouders, en een bijpassend ego. Zijn vriendinnetje was aanvoerder van de vaandelzwaaiers. Ze zat in het eindexamenjaar, net als Mike, en was Meryl beginnen te wantrouwen. Sommige andere meisjes deden dat ook. Meryl was iemand die kreeg wat ze wilde. En ze wilde Bruce.

Mike was plannen aan het maken om met de auto naar het zuiden te gaan met een vriend van hem, een laatste zorgeloos moment voordat ze zouden worden opgeslokt door de grote, boze wereld. De avond voordat ze weggingen, ging hij naar een dansfeest en zag hij Meryl en Bruce in elkaars armen. Hij kon het alleen zichzelf maar verwijten. Een paar weken daarvoor had hij het uitgemaakt met Meryl. Hij wilde niet gebonden zijn nu hij een vluchtige kans op vrijheid had. Hij had Meryl laten ontglippen, misschien wel voorgoed. Een paar maanden later nam hij dienst in het Amerikaanse leger als hospitaalsoldaat.

In het najaar van haar laatste jaar op high school werd Meryl verkozen tot homecoming-koningin. Niemand was verrast. Tegen die tijd had ze een coalitie van voorzichtige aanbidders opgebouwd: de cheerleaders, de koormeisjes, de jongens die haar aan het giechelen konden krijgen en naar wie ze steelse blikken wierp. 'Het was zo van: oké,' herinnerde Debbie zich dat ze dacht, 'we weten wel dat Meryl het zal worden.'

MARY

Zij weer.

Daar was ze, bij de belangrijke footballwedstrijd tegen Dunellen, de koningin van het eindexamenjaar van Bernards High. Bruce Thomson was haar nieuwe vrijer geworden, en ze zagen er goed uit samen: de homecoming-koningin en de football-ster, traditioneel een machtig koppel op high school. Vanaf de praalwagen keek ze neer op haar onderdanen: de majorettes, de vaandelzwaaiers, de sportievelingen, de lolbroeken die achter in de klas zaten; allemaal ingedeeld volgens een vaste tienertaxonomie. Het plan dat ze in werking had gezet op de dag dat ze haar ouwe-vrouwenbril had afgedaan, was compleet. Het was haar gelukt, bijna té goed.

'Ik bereikte een punt in het laatste jaar dat de aanpassing die ik had gedaan, voelde als mezelf,' herinnerde ze zich. 'Ik had mezelf er daadwerkelijk van weten te overtuigen dat ik die persoon was en zij mij: knap, getalenteerd, maar niet verwaand. Je weet wel: een meisje dat veel lachte om alle stomme dingetjes die alle jongens zeiden en dat op het juiste moment haar ogen neersloeg en het hoofd boog, dat leerde het hoofd te buigen als de jongens het gesprek overnamen. Ik herinner me dit allemaal zo goed, en ik kon zien dat het werkte. Ik was veel minder irritant voor de jongens dan ik daarvoor was geweest. Ze vonden me leuker en dat vond ik weer leuk. Het was allemaal bewust, maar tegelijkertijd had ik er goede redenen voor en voelde ik het ook heel sterk. Dit was echt, echt acteren.'[43]

Kon ze maar verder kijken, voorbij Bernardsville, verder dan de eindexamenbals, de pompons, de diademen en de 'Goodnight, My Someone's'. Op achttienjarige leeftijd ging ze voor het eerst met het vliegtuig. Toen ze over Bernardsville vloog, keek ze omlaag en zag ze haar hele leven onder zich: alle straten die ze kende, haar school, haar huis. Het paste allemaal in de ruimte die ze met twee vingers kon omlijsten. Ze besefte hoe klein haar wereldje was geweest.[44]

Op high school was er maar één spel geweest om te spelen, dus speelde ze het mee. Aan de editie van 1967 van het *Bernardian*-jaarboek was te zien hoe beperkt de mogelijkheden eigenlijk waren. Onder elk keurig gekapt en gekamd portret van een zesdeklasser stond een beschrijving van de gediplomeerde, en samen waren ze te lezen als de collectieve ambities van een generatie, een handboek voor wat jonge mannen en vrouwen verondersteld werden te zijn. Tussen de geslachten liep een dikke lijn die niet overschreden mocht worden.

Kijk alleen maar naar de jongens, met de gel in hun haar en hun jasjes:

'Knappe *quarterback* van ons footballteam... groot sportman... houdt van poolbiljarten... valt op blondines... wordt gewoonlijk gezien met Barbara... Groot liefhebber van motoren... houdt van auto's en eraan sleutelen... dol op dragracen... is geïnteresseerd in Amerikaanse geschiedenis... wiskundetalent... toekomst in de muziek... toekomstige ingenieur... toekomstige wiskundige... toekomstige architect... kijkt uit naar een militaire carrière... zal hoogstwaarschijnlijk slagen...'

Vergelijk dat eens met de meisjes, miniatuur-Doris Days met parelkettingen:

'Wil verpleegster worden... aanvoerster van de cheerleaders... houdt het gezellig in de Dairy Queen... een sprankelende brunette... wat een mooie ogen... Steve, Steve, Steve... houdt van naaien... Is een heel goede majorette... een wonder op de naaimachine... Schattige glimlach... houdt van steno... toekomst als secretaresse... Toekomstig verpleegster... giechelt heel veel...'

Tussen deze toekomstige architecten en toekomstige secretaresses wordt het oog nauwelijks naar Mary Louise Streep getrokken, die vier jaar lang heeft geprobeerd zich conformiteit eigen te maken en daarin is geslaagd. Onder haar stralende portret staat een zwaarbevochten resumé:

'Knappe blondine... levendige cheerleader... onze homecomingkoningin... veel talenten... waar de jongens zijn.'[45]

In de zuidwesthoek van Vermont zat Meryl Streep voor een streng kijkende administratrice in het toelatingskantoor van Bennington College.[46] Haar vader wachtte buiten.

'Welke boeken heb je in de zomer gelezen?' vroeg de vrouw.

Meryl knipperde met haar ogen. Boeken? *In de zomer?* Ze zat in de zwemploeg, verdorie nog aan toe!

Ze dacht terug: die regenachtige dag in de bibliotheek, toen ze dat ene boek helemaal had uitgelezen. Iets over dromen, van Carl Jung.

Maar toen ze de naam van de schrijver zei, begon de vrouw te steigeren.

'Alsjeblieft zeg!' snoof ze. '*Jóéng.*'

Meryl verschrompelde op haar stoel. Van iedereen die ze kende – iedereen van het zwemteam, tenminste – had zij die zomer het dikste boek gelezen, en deze vrouw ging moeilijk doen omdat ze de naam van de schrijver verkeerd uitsprak?

Ze trof haar vader buiten aan. 'Pap, breng me naar huis.' En dat deed hij.

Dus oké, Bennington had ze misschien verknald. Maar er waren nog meer mogelijkheden. Ze was, in haar eigen ogen, 'een leuke meid, knap, sportief, en ik had in vier jaar op high school misschien zeven boeken gelezen. Ik las *The New Yorker* en de *Seventeen*, had een grote woordenschat en totaal geen benul van wiskunde en natuurkunde. Ik kon de spraak van mensen zodanig nabootsen dat ik bij Frans werd toegelaten voor het gevorderdenprogramma, terwijl ik eigenlijk niets van de grammatica wist. Ik was niet echt een natuurtalent op school.'[47]

Toch wist ze dat ze meer wilde dan een secretaresseopleiding, waar Debbie en een paar andere meisjes naartoe gingen. Ze hield van talen, genoeg om net te doen alsof ze een beetje Frans sprak. Misschien kon ze tolk worden bij de Verenigde Naties?

Het rechte pad, zo zou blijken, leidde uiteindelijk naar Poughkeepsie. In het najaar van 1967 maakte ze de reis van anderhalf uur vanaf Bernardsville voor haar eerste semester op Vassar College. En deze keer wist ze wel hoe ze 'Carl Jung' moest uitspreken.

Julie

'Puurheid en wijsheid' was het motto van Vassar College, al was het allang van de schoolinsignes verdwenen. Vassar, dat in 1861 werd opgericht, was de eerste van de Seven Sisters-scholen die als universiteit werd erkend, met als doel het aanbieden van een opleiding in de vrije kunsten aan jonge vrouwen die gelijkwaardig was aan wat Harvard of Yale jonge mannen bood.

Tegen 1967 was puurheid echter zwaar uit de mode, en het verfijnde leven van de geheel vrouwelijke campus leek wel iets uit een andere eeuw. De verwachtingen waren duidelijk: Vassar-vrouwen werden geacht een goede partij te trouwen en een gezin te stichten, en misschien vrijwilligerswerk te doen of een parttime-carrière na te streven als ze daar tijd voor hadden. Sarah Blanding, in 1961 directrice van Vassar, verzekerde haar publiek tijdens een lunch dat de school 'succesvol was in het voorbereiden van jonge vrouwen op hun aandeel in het creëren van gelukkige gezinnen, vooruitkijkende gemeenschappen, standvastige staten en behulpzame landen'.⁴⁸

Stap 1 bij het creëren van een gelukkig gezin: ga een gelukkig partnerschap aan, bij voorkeur met een jongen van een van de Ivy League-universiteiten.* In het weekend persten de dames van Vassar zich in bussen met als bestemming gemengde feestjes op Princeton of Yale.

---

* Noot van de vertalers: De Ivy League-universiteiten zijn de acht meest gerenommeerde universiteiten van de Verenigde Staten.

(Als je de bus had gemist, waren de mededelingenborden altijd nog behangen met oproepen voor lifters.) Terwijl de bussen de campus van de mannen opreden, verdrongen jongens met stropdassen zich eromheen om de nieuwste vangst te bekijken. Als je geluk had, danste je met een jongen uit het Whiffenpoof-a-cappellakoor, en als je daar het type meisje voor was, werd je de volgende ochtend wakker in het Taft Hotel. En dan ging je weer met de bus terug naar Poughkeepsie.

Tien jaar later zou Meryl de hoofdrol spelen in een televisieversie van *Uncommon Women and Others*, een toneelstuk van Wendy Wasserstein, haar klasgenote op de toneelschool. Het toneelstuk, gebaseerd op Wassersteins ervaringen op Mount Holyoke, een andere Seven Sisters-school, legde de verdwijnende wereld van de opleiding in de vrije kunsten voor vrouwen uit het midden van de eeuw vast. Een wereld waarin jongedames met hoofdbanden en plooirokken worden getraind in 'een verfijnd leven' door de matrone-achtige huismoeder, Mrs. Plumm. Tijdens 'Vader-en-dochter-weekend' zingen ze:

> *Though we have had our chances*
> *For overnight romances*
> *With the Harvard and the Dartmouth male,*
> *And though we've had a bunch in*
> *Tow from Princeton Junction,*
> *We're saving ourselves for Yale.*

> *(Al hebben we kansen genoeg gehad*
> *Op romances voor één nacht*
> *Met de mannen van Harvard en van Dartmouth,*
> *En al loopt er een heel stel*
> *Uit Princeton Junction achter ons aan*
> *We sparen onszelf voor Yale.)*[49]

Uiteraard waren niet alle vrouwen van 1967 gekomen om de titel 'mevrouw' in de wacht te slepen. Het jaar ervoor had de pas opgerichte National Organization for Women haar doelstelling geformuleerd, waarin Betty Friedan 'een volledig gelijk partnerschap der seksen' verlangde, en de progressievere eerstejaars van Vassar dachten er net zo over.

In *Uncommon Women* beschrijft een personage haar conflict tussen het zoeken naar de ware en de neteliger eisen van het moderne vrouwzijn. 'Het is vast geen heel indrukwekkend standpunt,' zegt ze tegen een vriendin, 'maar ik zou heel graag mijn prins ontmoeten. Zelfs een paar prinsen. En dan zou ik evengoed een persoon zijn. Ik zou nog steeds alle belangrijke data in de kunstgeschiedenis kennen. Ik begrijp alleen niet waarom er nu plotseling van me wordt verwacht dat ik weet wat ik wil worden.'[50]

Meryl arriveerde op de campus, zich totaal niet bewust van de kentering. 'Als je me toen ik Vassar binnenkwam, had gevraagd wat feminisme was, had ik gedacht dat het iets te maken had met het hebben van mooie nagels en schoon haar,'[51] zei ze later.

Ze was verrukt door de tradities van de school, van de trots ervan – niet het gejoel en geschreeuw dat ze had gekend als cheerleader, maar het verheven karakter van de academische wereld. Een paar dagen na het begin van haar eerste semester verzamelden de studenten zich voor de convocatie-ceremonie, die het einde van de oriëntatieperiode en het begin van het herfstsemester inluidde. Deze werd laat in de middag gehouden op de heuvels rond Sunset Lake, een kunstmatige vijver waar Vassar-meisjes traditioneel met hun afspraakje naartoe gingen. Nu was iedereen in het wit, en de gehele faculteit zat in toga's op een platform. 'In esthetisch opzicht een zeer ontroerend decor, toch?' schreef Meryl in een brief aan haar vroegere vriendje van de middelbare school Mike Booth. 'Nee dus. Maar wat ik echt gaaf vond, was gewoon het idee dat sommige van de grootste denkers ter wereld daar voor me zaten. Kleine Meryl Streep, en ze waren daadwerkelijk bereid om míj een op een te ontmoeten bij een werkgroep. Wauw. Dat is genoeg om je ego tot op het bot kaal te strippen.'

Het klikte met haar kamergenootje, Liz, en ze hingen rond in het café op de campus en speelden gitaar. Het repertoire: Eddie Floyds 'Knock on Wood', Simon and Garfunkels 'The Dangling Conversation', 'In My Life' van The Beatles, 'Hold On, I'm Comin'' van Sam and

Dave, 'Here, There and Everywhere' (opnieuw The Beatles), een paar nummers van Otis Redding. Meryl krabbelde een tekening van zichzelf en Liz die zaten te spelen op een bank. Boven Liz schreef ze: 'sexy donkere stem, Joods, Brooklyn, pot, beat, kralen, leuk, attent.' Boven zichzelf schreef ze: 'Mary Louise Streep, 18 jaar en vijf maanden, gemiddelde tot hoge wiebelstem, WASP*, Bernardsville, gematigd, onzeker, JM' – voor Johnny Mathis – 'nog altijd liefdevol, haakneus net als Baez, hart van goud.'[52]

Als ze in een bedachtzame bui was, schreef ze aan Mike. Hij was gestationeerd in Duitsland, een tussenstop op weg naar Vietnam. Misschien dat de afstand het gemakkelijker maakte voor Meryl om haar angsten op te biechten, evenals haar geestdrift. 'Ik vond het heel spannend om hiernaartoe te gaan,' schreef ze aan hem, 'maar er zijn zo veel verschillende mensen dat ik me geen zorgen had hoeven maken dat ik tussen de snobs en de arbeiders gegooid zou worden. Er zijn er hier veel van allebei de groepen. Sommigen horen bij beide categorieën, maar er zijn ettelijke mengvormen zoals ik.'

Ze koos toneelkunst en Engels als vakken, en 'gewoon voor de lol' Italiaans voor beginners. Er waren geen jongens in de buurt voor wie ze zich mooi zou moeten aankleden of om voor te vechten met andere meiden. De paaigronden – 'waar de jongens zijn' – waren een rit met de bus daarvandaan, en dat was zo ver weg dat ze eindelijk uit kon blazen. Ze bleven de hele nacht op, sigaretten rokend en discussiërend over feminisme, ras en bewustzijn. Meryl las *Soul on Ice*, Eldridge Cleavers relaas van hoe het is om zwart te zijn en in de gevangenis te zitten in Amerika; wie had zelfs maar ooit gehoord van de Black Panthers in Bernardsville? Ze kon weken achter elkaar dezelfde coltrui dragen, haar haar opsteken in een haastig knotje, Turkse dansen doen in de studentenhuizen. Het kon niemand iets schelen. Voor één keer was vrouwelijke vriendschap niet besmet door concurrentie of afgunst.

---

* Noot van de vertalers: afkorting van White Anglo-Saxon Protestant, een benaming voor de blanke, protestantse bovenklasse in de Verenigde Staten.

'Ik kreeg al snel een paar vrienden, maar ze waren uitdagend en ze waren voor het leven,' zei ze later. 'En met hun hulp, zonder enige concurrentiestrijd om jongens, werden mijn hersenen wakker. Ik stapte buiten mezelf en vond mezelf weer terug. Ik hoefde niet te doen alsof. Ik kon gek doen, hartstochtelijk, agressief, en slonzig en open en grappig en taai, en mijn vrienden lieten me begaan. Ik heb eens drie weken mijn haar niet gewassen. Ze accepteerden me, net als het Fluwelen Konijn.* Ik werd echt, in plaats van dat ik een ingebeeld speelgoedkonijntje was.'[53]

Niet dat jongens helemaal uit zicht waren verdwenen. Ze begon om te gaan met een derdejaars van Yale die Bob Levin heette, de *fullback* van het footballteam; 'mijn nieuwe vlam op Yale' noemde ze hem. Haar kamergenootje had een blind date voor hen geregeld. Ze moedigde hem aan bij footballwedstrijden, waaronder een beruchte wedstrijd van Yale tegen Harvard die gelijk eindigde in 29-29. (Tommy Lee Jones was een van de guards van Harvard.) In de weekends ging ze met Bob naar feestjes in de studentenclub DKE, waar een van zijn medecorpsleden George W. Bush was. Aan het einde van zijn laatste jaar probeerde Bush Bob voor zijn geheime genootschap, Skull and Bones, te werven, maar Bob bedankte, omdat hij de voorkeur gaf aan de informelere Elihu Club. Op zondagavonden was Meryl zijn disgenoot in Elihu. Daar zei ze niet veel, nog altijd onzeker over de plaats van een meisje in de *old boys*-club.[54]

Haar smaak wat mannen betreft was niet veel veranderd sinds de middelbare school, maar haar idee van hoe belangrijk ze waren, was aan het afkalven. Op Vassar bestond er een onuitgesproken regel: als je plannen maakte met een medestudente voor het weekend – bijvoorbeeld een concert in Skinner Hall – werden die plannen ogenblikkelijk terzijde geschoven als een van de meisjes een afspraakje had weten te scoren. De jongen had voorrang. 'Ik weet nog dat ik in het tweede jaar zat of zoiets, en dat iemand aanvoerde dat dat eigenlijk onbeschoft, raar en wreed was, en dat vriendinnen net zo belangrijk waren

---

* Noot van de vertalers: Dit is een verwijzing naar *The Velveteen Rabbit* (*Het fluwelen konijn*) van Margery Williams, een kinderboek.

als jongens,' herinnerde Meryl zich. 'Dat was een nieuw concept, een heel nieuw concept.'[55]

Ze reageerde intens op kunst, boeken en muziek. Ze ging een keer in een weekend naar Dartmouth College voor een optreden van Simon and Garfunkel. Toen Garfunkel 'For Emily, Whenever I May Find Her' zong, was ze helemaal in vervoering. Vooral de laatste zin, Garfunkels weeklagende, zoekende liefdesverklaring, ontroerde haar om redenen die ze moeilijk onder woorden kon brengen. Het is een 'understatement', schreef ze aan Mike, in een brief waar ze een gedroogd oranje esdoornblad bij had gedaan, 'maar op een of andere manier was het, toen hij die woorden zong, bijna net als dat heerlijke gevoel dat je krijgt wanneer iemand voor het eerst hetzelfde tegen je zegt. Ik begrijp niet hoe hij het, nadat hij het zo veel keren heeft gezongen, nog steeds zo wereldschokkend kan laten klinken.'

Het was een les in hoe je iets moest voordragen. Een les in emotionele waarheid.

Op een avond zat ze in bed in haar studentenhuis *Een portret van de kunstenaar als jongeman* van James Joyce te lezen. Toen ze bij de laatste bladzijde kwam, deed ze het boek dicht, met de woorden nog nagalmend in haar oren: 'Welkom, O leven! Ik ga voor de miljoenste maal om de werkelijkheid der ervaring tegemoet te treden en in de smidse van mijn ziel het ongeschapen gewetensbewustzijn van mijn ras te smeden.'[56]

Meryl dacht dat ze een 'ernstige identiteitscrisis' had. Ze liep de gang door en vroeg aan een meisje of ze koorts had, alleen maar om de hand van een ander op haar voorhoofd te voelen. Het boek had haar in verwarring gebracht, maar op een manier die ondraaglijk opwindend voelde. Al het andere leek nu onbeduidend: het inhoudsloze geklets in de hal van de studentenverblijven aan de andere kant van haar deur, de intellectuele discussies die ze voerde met Bob. Ze wilde iets wat echt was, iets wat een klap in haar gezicht was en haar uit haar voortdurende obsessie met zichzelf zou schudden. Maar wat was 'echt'? Wat probeerde Joyce haar te vertellen? Het was net of hij haar in een richting probeerde te dwingen waar ze nog niet klaar voor was, of nog geen zin in had.

Ze begon een brief aan Mike, die zo ver weg was, te schrijven: 'Ik heb nu echter steeds de neiging, misschien vanwege de afstand (fysiek/spiritueel?), om jou, "Mike", te maken tot waar ik naar op zoek ben, of iets wat jij voor mij vertegenwoordigt, iets wat ik boven alles stel. Ik zou zo graag willen dat je hier altijd was. Ik mis je aanwezigheid of ten minste je woord. James Joyce heeft me echt in hogere sferen gebracht. Zijn "Portret", je weet wel, een soort autobiografie, is zo ontzettend persoonlijk. Ik zie jou erin, en mij, iedereen. Er is zo veel in zijn werk wat ik niet begrijp.' Ze sloot af in het Italiaans: *Te aspetto e le tue parole come sempre.*

Ik zie jou en je woorden tegemoet, als altijd.

Om twee uur 's nachts werd Mike Booth gewekt in zijn barak en werd hem gezegd dat hij zich moest melden op de eerstehulpafdeling. De herrie van dalende helikopters verdreef het laatste beetje slaap. De Vietcong hadden een basis aan de kust onder de voet gelopen, en nu waren de artsen bezig bloedende soldaten een voor een uit de helikopters te slepen.

Het 91st Evacuation Hospital, in Tuy Hòa, behandelde normaal gesproken Vietnamese burgers, maar als er zoiets gebeurde, maakte men een uitzondering. Mike snelde heen en weer tussen de gewonde soldaten en knipte hun uniformen open met een schaar. Sommigen van hen hadden tourniquets nodig, en hard ook; ze raakten misschien een ledemaat kwijt, maar het was hun enige kans om het er levend af te brengen. Tegen de tijd dat het licht werd, waren er negen Amerikanen dood.

Wat een onzinnige oorlog, dacht Mike bij zichzelf. *Hij zou sowieso helemaal niet gevoerd moeten worden.*

Mike had niet gewacht tot hij werd opgeroepen, of geprobeerd eronderuit te komen zoals sommige van zijn vrienden. Hij was zelf in dienst gegaan, hopend op een groot avontuur. Net als veel mensen thuis had hij zo zijn twijfels over de oorlog, maar hij besloot dat als hij hospitaalsoldaat werd, hij toch iets zou hebben om trots op te zijn, wat er ook gebeurde. Na drie maanden basistraining en drie maanden medische training werd hij verscheept naar Duitsland, waar hij op een medische hulppost werkte en ambulancechauffeur werd.

De meeste jongens waren opgetogen om in Duitsland gestationeerd te zijn, maar Mike wilde naar het heetst van de strijd. Een vriend van hem had gevraagd of hij mocht worden overgeplaatst naar Vietnam, en het leger had zijn verzoek maar al te graag ingewilligd. Na een nacht vol bier besloot Mike hetzelfde te doen. Binnen enkele weken ontving hij zijn orders en vloog hij naar de luchtbasis in Guam.

Drie keer per dag ging Mike naar het vervangingscentrum, waar namen en dienstnummers werden afgeroepen als bij een spelletje bingo. *Soldaat Die-en-die! Je gaat naar Da Nang! Melden bij officier Die-en-die!* Als iemand werd uitgezonden naar een van de 'slechte plekken', gingen de anderen met hun rug naar hem toe staan, alsof hij een ziekte had. Mike belandde in Tuy Hòa: midden in de actie. Vanuit het vliegtuig keek hij uit op de kustlijn van Vietnam: een en al weelderige jungle en kronkelende stranden, net zo vreemd voor hem als een landschap op Mars. Eindelijk zou hij zijn avontuur krijgen.

Hij reed achter op een vrachtwagen naar het ziekenhuis, zich er vaag van bewust dat hij een doelwit vormde voor scherpschutters. Toen hij bij de barakken aankwam, liet hij zijn plunjezak op zijn nieuwe bed vallen en ging op weg om de andere mannen van zijn eenheid te ontmoeten. Buiten vond hij twintig à dertig jongens die keihard muziek aan het spelen waren op een cassettedeck en hasj rookten alsof morgen de wereld verging. Achter het prikkeldraad stonden een artillerie-eenheid en een vrachtwagen, en daarachter zand en cactussen zover het oog reikte.

De volgende dag meldde hij zich in het ziekenhuis, waar er meer patiënten waren dan bedden. Hij begon diensten van twaalf uur achter elkaar te draaien, zes dagen per week. Hij zag traumatische amputaties, schotwonden, wonden als gevolg van fragmentatiebommen, vrouwen, kinderen, Vietnamese soldaten. Sommigen hadden derdegraadsverbrandingen over hun hele lichaam als gevolg van napalm. Het was afschuwelijk, maar hij vond dat hij geluk had gehad. Als hij naar de frontlinie was gestuurd als veldhospik, was hij een wandelend doelwit geweest.

Op vrije dagen reden de jongens in een vrachtwagen naar een sloppenwijk, waar er meisjes voorhanden waren en je pakjes sigaretten kon krijgen die volgestopt waren met marihuana. Mike maakte dan wandelingen naar het platteland en kuierde boeddhistische tempels binnen, waar de monniken thee voor hem inschonken. Soms huurden hij en een vriend motorfietsen en reden ze ermee naar de rand van de stad, waar ze over afgronden jumpten alsof ze Steve McQueen waren. Op andere dagen lag hij in de barak en las hij boeken uit de kampbibliotheek. 'Ik voelde me zo'n loser dat ik in Vietnam was,' herinnerde hij zich, 'maar ik zei tegen mezelf: "Oké, dan ga ik wel lezen. Ik ga mijn geest ontwikkelen." En dus las ik ontzettend veel filosofische en existentialistische boeken: Dostojevski, Camus, Sartre. Veel poëzie: Baudelaire, Rilke, Rimbaud, Yeats. Boeken over boeddhisme en Oosterse filosofie.'

Hij wist dat hij van alles misliep: studeren, rock-'n-roll, zelfs de anti-oorlogsdemonstraties waar hij in de krant over las. Toen hij twintig werd, kreeg hij een brief van Meryl. Ze was net naar Yale geweest om de schrijver William Manchester te horen spreken. 'Ik ga niet zakken voor mijn tentamens,' schreef ze. 'Het is helemaal niet moeilijk. Het lezen is geweldig. Lees Joyce, *Portret van de kunstenaar als jongeman*, en ook heel, heel goed is Richard Rubinsteins *After Auschwitz*.'

In Bernardsville had Mike altijd met Meryl over boeken gepraat, maar nu zorgden al deze ademloze overpeinzingen over Joyce, kamergenootjes en Simon and Garfunkel er alleen maar voor dat zij – en thuis – nog verder weg leken. 'Ik had het gevoel,' herinnerde hij zich, 'alsof ik aan de andere kant van de wereld was.'[57]

Die eerste twee jaar op Vassar liep ze over de campus rond in een waas van bevrijding. Maar het zou niet eeuwig duren. De geheel vrouwelijke veilige haven die Meryl Streep had geëmancipeerd, werd bedreigd. Net als zijzelf maakte de school een ernstige identiteitscrisis door.

Overal in de Verenigde Staten begonnen niet-gemengde opleidingen uit de gratie te raken. In 1967 kwam bijna twee derde van alle studenten op Vassar van gemengde scholen zoals die van Meryl, en het idee dat je de jongens vaarwel moest zeggen werd (welke voordelen het verder ook had) steeds moeilijker te accepteren.[58] Alan Simpson, de in Oxford opgeleide historicus die in 1964 directeur van Vassar was geworden, geloofde rotsvast in universiteiten voor vrouwen op het gebied van de vrije kunsten. Maar er kwamen steeds minder aanvragen. Anders dan de andere Seven Sisters-scholen, die dicht bij hun mannelijke tegenhangers gevestigd waren, lag Vassar betrekkelijk afgelegen, en de opleiding oefende steeds minder aantrekkingskracht uit op jonge vrouwen die zeven dagen per week met mannen om wilden gaan.

In het najaar van 1966 vormde directeur Simpson de Committee on New Dimensions, die plannen moest maken voor de toekomst van Vassar. Bij de eerste vergadering merkte hij op dat Hamilton een college voor vrouwen aan het oprichten was, en dat Wesleyan en Yale dat waarschijnlijk zouden navolgen. Er werden ideeën aangedragen: misschien kon Vassar een gelijkwaardig college voor mannen oprichten, of zich aansluiten bij een bestaand college in de buurt? De commissie begon mogelijke 'danspartners' te onderzoeken.

Wat de commissie niet wist, was dat Simpson een veel verdergaand plan overwoog. In december had hij een afspraak met Kingman Brewster, de directeur van Yale, om een mogelijke fusie van de twee universiteiten te bespreken. Vassar zou zijn campus in Poughkeepsie verkopen en verhuizen naar New Haven, waar Yale was. Hij hield het plan stil, want hij wist dat het nieuws enorme opschudding zou veroorzaken in de academische wereld.

Maar het plan lekte uit, en het nieuws over een aanstaand 'koninklijk huwelijk' bracht de oud-studentes van Vassar bijna tot hysterie. 'Hoe ondenkbaar is het,' schreef er een naar het tijdschrift voor oud-studentes, 'om deze rustige en prachtige atmosfeer in te ruilen voor een enorm stadscomplex met zijn spanningen en druk.'[59] Professoren waren al net zo gekant tegen het plan, bang als ze waren dat ze zouden worden overschaduwd of vervangen door hun tegenhangers van Yale. Een kop in het tijdschrift *Life* gaf het groeiende sentiment weer: 'Hoe durven ze?'

De nog niet afgestudeerde studentes waren echter geïntrigeerd. Oké, ze zouden hun identiteit als Vassar-studentes misschien kwijtraken. Maar het 'we sparen onszelf voor Yale' zou nu een makkie zijn, nu de heen- en terugreis van drie uur eraf ging. Sommigen begonnen

'Boola Boola', het strijdlied van Yale, te zingen op de binnenplaats. In een onderzoek in het voorjaar van 1967 werd aan de studentes gevraagd: 'Zou de aanwezigheid van mannen in de klas de kwaliteit van de discussies verhogen?' en 'Denk je dat de afwezigheid van mannen in de klassen op Vassar een belangrijk gemis in inzicht betekent?' Achtenzestig procent antwoordde 'ja' op beide vragen.[60]

Zoals vrijwel iedereen op Vassar volgde Meryl het gekrakeel op de voet. Slechts weinig studentes geloofden dat de fusie met Yale werkelijk door zou gaan. De verhuizing zou kostbaar zijn, en die oud-studentes met hun parelkettingen zouden Vassar weleens uit hun testament kunnen schrappen, ten nadele van de studentes met een beurs. Toch vonden de meesten het idee wel leuk, waaronder Meryl.

'Ik vind echt dat we naar New Haven moeten verhuizen als we bij willen blijven met, of misschien net zo relaxt willen worden als bijvoorbeeld Antioch of zelfs Swarthmore,' schreef ze aan Mike. 'Het is eigenlijk zo onnatuurlijk, vooral de sociale relaties. Hectisch, uitzinnig, gehaast, enzovoort, enzovoort. Nu hebben ze banden tussen bepaalde colleges op Yale en huizen hier op Vassar. Dat zorgt voor een makkelijkere manier om, nou ja, vriendjes te hebben die ook echt je vriend zijn, in plaats van onenightstands.'

Op 12 november 1967 informeerde directeur Simpson directeur Brewster dat het onderzoek naar een gecombineerd Vassar-Yale kansloos was. Hij zette zijn geknakte enthousiasme van zich af en verkondigde: 'Volle kracht vooruit in Poughkeepsie!'

Maar hoe dan? Het idee om een gelijkwaardig college voor mannen op te richten gonsde nog steeds rond. Toen kwam er een dramatische ommekeer: op 30 mei 1968 stemde de faculteit met 102 stemmen tegen 3 voor het toelaten van mannen op Vassar. Deze mogelijkheid had slechts minimale aandacht gekregen, maar nu leek dit het minst apocalyptische scenario. Als Simpson de fusie met Yale niet met zo veel animo had nagestreefd, hadden de bestuurders van Vassar misschien nooit gemengd onderwijs overwogen. Op 11 juli, terwijl de studentes genoten van de zomer van '68, stemde de raad van commissarissen in met het plan. Te beginnen in het najaar van 1970 zou Vassar voor het eerst sinds de Tweede Wereldoorlog mannen toelaten.

'Vassar zal volledig gemengd onderwijs nastreven; methode en kosten nog in beraad'[61] kopte de voorpagina van de *Miscellany News*, de studentenkrant van Vassar. Toen in 1968 het herfstsemester begon, gonsde het onder de studentes van de opwinding, angstgevoelens en zelfs een vreemd soort nieuwsgierigheid. In een column in de *Miscellany News* met de titel 'Vassar-mannen – Er staat hun een komisch noodlot te wachten' fantaseerde studente Susan Casteras over het leven voor de aankomende mannen. Hoe zou een 'gespierde superman van een meter achtentachtig' passen in een 'voor vrouwen op maat gemaakt bed'? Zouden de badkuipen aangepast moeten worden tot meer 'amazone-achtige formaten'? 'Maaltijden zouden ook heroverwogen moeten worden om te voorkomen dat het een beeld opriep van een hongerdieet. Eén subtiel schepje kwark op twee verlepte slablaadjes, een stukje vlees ter grootte van een bierviltje, een wiebelige plak rode gelatinepudding en een glas ijsthee (met of zonder citroen) zijn niet het spul waar supersterke mannen van gemaakt zijn.'[62]

Terwijl 1968 overging in 1969 maakten de vrouwen van Vassar zich op voor de komende jongensinvasie. Maar mannen waren bij lange na niet Meryls prioriteit. Ze was nu tweedejaars, en ze was druk bezig met het verwerven van 'een authentiek identiteitsgevoel'.[63] En een deel van die identiteit was het vermogen iemand anders te worden. Ze begon het acteren te ontdekken, en de sectie Toneelkunst stond op het punt haar te ontdekken.

Alweer een metamorfose.

Mike Booth begon ertegen op te zien om naar huis te gaan. Hij wist dat iedereen anders naar hem zou kijken. Het maakte niet uit dat hij tegen de oorlog was, of dat hij hospitaalsoldaat was geweest: hij zou gebrandmerkt worden als 'babymoordenaar'. En bovendien: hij was gewend geraakt aan avontuur. Tuy Hòa begon aan te voelen als de plek waar hij thuishoorde, als hij al ergens thuishoorde.

Eind juli 1969 was hij op een tussenstop ergens tussen Vietnam en thuis. Hij was langsgegaan in Fort Lewis, in de staat Washington, voor een schoon uniform, een vliegtuigvoucher en een laatste, afgrijselijke leger-knipbeurt. De televisies op de luchthavens lieten nog steeds beelden zien van Neil Armstrong die op de maan landde. Maar Mike was niet zo euforisch als de rest van het land.

'Het zei me niets, behalve dat ik me net zo voelde als die astronaut,' herinnerde hij zich. 'Nadat ik anderhalf jaar in Vietnam was geweest, bevond ik me in een vreemde wereld. Alleen zat ik, in plaats van in een ruimtepak, gevangen in al mijn herinneringen.' *Mijn god*, dacht hij, *ik vraag me af of ik ooit weer wat ze 'normaal' noemen, zal worden.*

Hij had zijn familie niet verteld op welke dag hij zou aankomen, omdat hij geen welkomstfeest wilde. Toen zijn moeder hem bij de voordeur zag, was ze helemaal van haar stuk. Ze zei dat hij moest gaan zitten en begon al de roddels van de stad te vertellen: wie er ziek was, wie er zwanger was, wie er geldproblemen had. Mike, die een jetlag had, stond op het punt in slaap te vallen toen ze zei: 'O, en nog één dingetje.'

'Wat dan?'

'Meryl heeft elke dag gebeld en vraagt zich af wanneer je thuiskomt.'

Toen ze door de deur kwam, was hij verbijsterd. Er waren drie jaar voorbijgegaan sinds ze elkaar voor het laatst hadden gezien. Haar uiterlijk was bohemien geworden: ringen in haar oren, spijkerbroek, sandalen en een blouse in Indiase stijl met blote rug, met haar stroblonde haar nu tot aan haar middel.

Allemachtig, dacht hij, *ze is geen meisje meer.*

Hij vertelde haar over het ziekenhuis en de boeddhistische tempels en de motortochten. Zij vertelde hem over Vassar, de toneellessen en welke boeken ze aan het lezen was. Hij kon er niet over uit hoe mooi ze was, hoe zelfverzekerd en evenwichtig. Tot zijn verrassing gedroeg ze zich alsof ze nooit uit elkaar waren gegaan. Ze begonnen om de paar dagen met elkaar af te spreken, en dan reden ze wat rond in Bernardsville naar hun oude stekken. Achter in zijn hoofd bleef hij denken: *Wat moet ze in godsnaam met een gozer als ik?*

Het was alsof er niets was veranderd. Maar dat was wel zo. In hun brieven hadden ze hun diepste verlangens met elkaar gedeeld. Maar nu ze elkaar in levenden lijve zagen, voelden ze een afstandelijkheid. Mike was rusteloos, onzeker over wat hij met zichzelf aan moest. De meeste mensen durfden hem niet naar Vietnam te vragen, en als ze het deden, wist hij niet goed wat hij moest zeggen. De jongere kinderen in het stadje keken hem wantrouwig aan. De oudere generatie – de mannen die in de Tweede Wereldoorlog hadden gevochten – klopten hem op de schouders. Maar dat voelde ook niet goed.

Meryl was ook veranderd. In gesprekken had ze het terloops over de jongens van de universiteit met wie ze uit was geweest, zoals Bob Levin. Mike begreep niet waarom. Hij wist alleen dat ze terughoudend was, en dat was hij ook. Na een tijdje vroeg hij waarom ze hem op bleef zoeken, om hem dan te vertellen over haar andere vriendjes. Ze zei tegen hem dat ze niet wist wat hij werkelijk dacht; hij had het met haar uitgemaakt, en hij had haar nauwelijks geschreven terwijl hij weg was, ondanks al haar brieven. 'Ik realiseerde me hoe laf ik was geweest tegenover haar,' herinnerde hij zich, 'omdat ik er niet echt voor uitkwam en haar echt vertelde wat ik van haar vond. Ze speelde zo ongeveer hetzelfde spelletje met mij als ik met haar.'

Mike moest weg uit het stadje. Het maakte niet uit waarheen, maar het huis van zijn ouders was te stil, en Bernardsville was te klein. Omdat hij de *Summer of Love** was misgelopen, besloot hij naar San Francisco te liften. Misschien kon hij er nog iets van meekrijgen, of er op zijn minst weer een nieuw avontuur beleven. Aan het einde van de zomer bracht Meryl hem een uur op weg over Route 22, tot aan Easton, Pennsylvania. Hij gaf haar een paar dingetjes die hij had gekregen tijdens een maand verlof in India: zijdebrokaat en een ivoren beeldje van Shiva.

Voordat hij uitstapte, gaf ze hem een kus en zei ze: 'Vergeet niet te schrijven als je daar bent.'

'Tuurlijk,' zei hij. Maar hij wist dat hij het niet zou doen.

---

* Noot van de vertalers: De *Summer of Love* was de zomer van 1967, waarin grote groepen hippiejongeren zich verzamelden in de wijk Haight-Ashbury in San Francisco, waar ze diverse feesten, happenings en festivals bijwoonden.

Op een dag tijdens toneelles droeg Meryl een monoloog van Blanche DuBois voor uit *A Streetcar Named Desire*. Een gezette man met een borstelsnor kwam naar voren rennen van achter in de klas. Het was de leraar, Clint Atkinson.

'Je bent goed! Je bent goed!' zei hij tegen de verbluffe jonge Blanche.

Hij gaf haar een script. 'Lees *Miss Julie* eens,'[64] zei hij.

Ze keek omlaag naar de woorden van August Strindbergs meesterwerk uit 1888. Oké, ze had de hoofdrollen gekregen in de musicals op de middelbare school. Maar dit was andere koek dan Marian de bibliothecaresse. Geen enkele van haar ervaringen leek op die van Strindbergs heldin, een gekwelde Zweedse aristocrate. Tenminste, niet in het begin. Maar terwijl Meryl voordroeg, werden Atkinsons ogen steeds groter. Hij zag iets in deze bevallige twintigjarige, iets wat ze zelf nog niet in zichzelf gezien had. Hij had zijn Miss Julie gevonden.

Hij ging naar het hoofd van de afdeling, Evert Sprinchorn, en zei tegen hem dat hij *Miss Julie* wilde doen. Sprinchorn steigerde: 'Dat kan niet!'[65] Anders dan Atkinson, die in het dagelijks leven ook regisseur was, was Sprinchorn een academicus, en bovendien een volgeling van Strindberg. Atkinsons contract moest binnenkort hernieuwd worden, en Sprinchorn was ervan overtuigd dat hij een wit voetje bij hem probeerde te halen door een stuk van Strindberg voor te stellen.

Maar hij wist dat het niet zou werken. Ten eerste, zei hij tegen Atkinson, waren er maar drie personages. Om aan de behoefte van de studenten te voldoen, zouden ze iets moeten hebben met minstens vijf of zes rollen. Bovendien was de rol veel te veeleisend. Miss Julie is een psychologisch mijnenveld, een vrouw die zichzelf slachtoffert om te ontsnappen aan de druk die haar klasse haar oplegt en aan het vuur in haar hart. Spelletjes spelend met haar eigen geloofwaardigheid verleidt ze – of wordt ze verleid door – de bediende van haar vader, Jean. Miss Julie is een rebel, een dame, een minnares en een probleemgeval. En ze moet het hele stuk dragen. Welke studente zou dat voor elkaar krijgen?

Atkinson smeekte: 'Waarom kom je vanavond niet naar een voordracht en kijk je wat je ervan vindt?' Sprinchorn ging akkoord. Een paar uur later zaten hij en Atkinson naast elkaar in de artiestenfoyer van de studenten en keken naar Meryl Streep die de rol van Miss Julie voorlas.

Binnen tien minuten boog Sprinchorn zijn hoofd naar Atkinson: 'Ga er maar mee door.'

De lichten gaan aan in de keuken van een Zweeds landhuis. Het is een zomeravond, en Miss Julie is als gewoonlijk een schandaal aan het veroorzaken op een dansfeest in de buurt. Wachtend tussen de coulissen om haar entree te maken, keek Meryl naar de twee acteurs die de lakei en de kok speelden, roddelend over de vrouw des huizes. ('Ze is weer wild vanavond. Miss Julie is absoluut wild!'[66]) Haar handen rustten op haar met ruches afgezette blauwe japon, met een weelderige strik boven op de wijd uitstaande achterkant van haar rok. Haar citroenkleurige haar was opgestoken. Het was het eerste serieuze toneelstuk dat ze ooit had gezien, en zij speelde de hoofdrol erin.

In het studententheater had ooit een manege gezeten, en als het regende, roken sommige kleedkamers nog altijd naar de stallen. In de aanloop naar het toneelstuk had Atkinson een paar Vassar-meisjes gevraagd om naar New York te gaan en seringen te kopen voor het decor. Aangezien het in feite niet hartje zomer, maar hartje winter was, was dat hun niet gelukt. Dus was hij met een spuitbus met seringengeur door het theater gegaan, net genoeg om de paardengeur te verdoezelen. Toen Meryl haar signaalwoord hoorde, stapte ze in het licht. Een lichte seringenmist sloeg neer op haar voorhoofd.[67]

Sommige van de laatstejaarstoneelstudentes, die vele uren hadden geoefend, hadden geprotesteerd tegen de rolbezetting. Het leek Meryl niet te deren. 'Ze leek gewoon veel volwassener dan ik,' zei Judy Ringer (geboren Metskas), die Christine, de kokkin, speelde. 'En ik geloof dat ze dat in veel opzichten ook was. Maar wat betreft haar acteerstijl en haar vermogen haar emoties aan te spreken, was ze veel volwassener dan wie ook op dat gebied. En wie weet waar dat vandaan kwam; ik heb geen idee.'[68]

Oppervlakkig bezien kwam ze nonchalant over. 'Ik kan me niet herinneren dat ze er heel erg mee bezig was,' herinnerde Lee Devin zich, de jonge assistent die Jean speelde. Jongens werden nog niet toegelaten op Vassar, en zoals gewoonlijk werden de mannelijke rollen gespeeld door leraren of ingehuurde professionals. Op het toneel was Devin haar verleider, bediende en kwelgeest. Buiten het toneel probeerde hij professortje te spelen, maar ze was niet geïnteresseerd in intellectueel geklets. 'Mijn buitenissige, belerende, opgeblazen houding was aan haar niet besteed,' zei hij. 'Ze deed het gewoon.'[69]

Maar het stuk leek een vreemde, betoverende uitwerking op haar te hebben. 'Het was een heel serieus stuk, en ik had geen idee wat ik aan het doen was, echt geen flauw idee,' zei ze later. 'Maar o mijn god, het was de perfecte gelegenheid om allerlei soorten gevoelens aan te boren waarvan ik denk dat ik ze nooit aan mezelf had toegegeven, of zin had om ermee te pronken voor een groep mensen.'[70]

Het was alsof Miss Julies emotionele spectrum dat van Meryl zelf had ontsloten en het van zwart-wit had omgezet in Technicolor. Strindbergs heldin doorloopt het hele psychologische gamma: hooghartigheid, lust, geldingsdrang, walging, zelfverachting, zelfhaat, smeken, weeklagen, dromen, paniek – allemaal voordat ze weer terug de nacht in loopt in een suïcidale trance, met Jeans scheermes in haar hand. 'Ze is de ultieme neuroot, met haar innerlijke zelf dat strijdt tegen de uiterlijke huls van fatsoen, en die uiteindelijk ook vernietigt,' schreef de *Poughkeepsie Journal* op 13 december 1969 in zijn jubelrecensie. 'Een zware opgave voor welke actrice dan ook... maar die juffrouw Streep met verbluffend gemak afgaat.'[71]

Ze was weer terug in 'de zone', in de kerk, de plek waar ze naartoe was gegaan toen ze als kind de maagd Maria had gespeeld.

'Hoe wist je hoe je dat moest doen?' vroegen haar vriendinnen.

Ze had geen idee.

Evert Sprinchorn had een theorie over waarom het stuk zo'n metamorfose teweeg had gebracht bij de hoofdrolspeelster. 'Meryl Streep, of ze zich er nu van bewust was of niet, vereenzelvigde zich met het personage,' zei hij. 'Miss Julie haat mannen als het ware. Nou, dat is ook een aspect van Meryl Streep; ze rebelleert tegen de mannengemeenschap.'

'Ik hield van mijn vader,' vertelt Miss Julie aan Jean, 'maar ik koos partij voor mijn moeder omdat ik niet het hele verhaal kende. Ze had me geleerd alle mannen te haten – je hebt gehoord hoezeer ze mannen haatte – en ik bezwoer haar dat ik nooit de slavin van welke man dan ook zou worden.'[72] In *Miss Julie* schreef Strindberg over een verdwijnende wereld, waarin de oude elite uit elkaar aan het vallen was in het kielzog van een nieuwe arbeidersklasse. Julie en Jean zijn, volgens de schrijver, 'moderne personages die in een overgangsperiode leven'[73], een periode die aristocraat en bediende dwingt tot een dodelijke *danse macabre*.

Met andere woorden: het verschilde niet veel van de universiteitscampus waar het stuk werd opgevoerd. Het was december 1969, de vooravond van een nieuw decennium, de vooravond van een nieuw Vassar. Binnenkort zouden er mannen in de klassen zijn, in de studentenhuizen, zelfs in de toiletten. Inderdaad, het zou afgelopen zijn met de vernederende weekendfeestjes. Maar wat zou er nog meer verloren gaan? Zouden de vrouwen van Vassar nog steeds praten in de klas als er jongens achterin zaten? Zouden ze nog steeds hun haar ongewassen laten?

Voor die eerste mannelijke studenten die voet zetten op de Vassarcampus, stond de wereld op zijn kop. Vrouwen waren eraan gewend op plekken te komen waar ze niet gewenst waren. Nu waren mannen de nieuwigheid. Mannen vormden de minderheid. Zelden waren ze een wereld tegengekomen die zo onvoorbereid was op hun bestaan. Er waren geen urinoirs in de toiletten. Er hingen chintz-bloemetjesgordijnen in de woonkamer van Raymond House. (Twee dagen na het begin van het semester waren ze op mysterieuze wijze verdwenen.) Een student die de ambitie had om bodybuilder te worden, trainde zijn deadlift met een gewicht van 225 kilo in zijn studentenkamer, tot er een plekje voor hem werd gevonden in de kelder. Jeff Silverman, van de klas die in 1972 eindexamen deed, kwam van een school met alleen mannelijke studenten, dromend van een hormonaal avontuur. 'De enige man te zijn – in de klas, aan de eettafel, of gewoon als we over de binnenplaats wandelden – was iets waar we allemaal aan moesten wennen, net zoals we eraan moesten wennen om 's ochtends krulspelden te zien en 's avonds nachtjaponnen, zonder dat we daar een probleem van maakten,' herinnerde hij zich. 'De regels moesten nog geschreven worden. De juiste gedragscode werd gaandeweg opgesteld. In het begin wist niemand wat hij om 8 uur 's ochtends moest zeggen tegen de vrouw die naast hem zat aan de ontbijttafel. Maar we leerden al snel dat "Wil je de suiker even aangeven, alsjeblieft?" een goed begin was.'[74]

Intussen moesten de vrouwen wennen aan het geluid van mannelijke voetstappen in de eetzalen. Voor Meryl Streep was de verandering groot. 'De mannen kwamen toen ik in het derde en vierde jaar zat,' herinnerde ze zich. 'Ik woonde eerst in Davison House en toen in het hoofdgebouw, en zij trokken bij ons in: de kleinere koffiekopjes, de kledingvoorschriften en de bezoekregels verdwenen allemaal. Maar ook sommige subtielere buitenissigheden. Die gingen ondergronds verder, denk ik. Ik herinner me het eerste gemengde jaar, toen het plotseling leek alsof alle redacteurs van het literaire tijdschrift en van de krant, en alle klassenvoorzitters, en alle leiders van de toentertijd heel belangrijke studentenbewegingen, allemaal mannen waren. Ik denk dat dat een tijdelijk gebaar jegens de gasten was. Het egalitarisme overwon uiteindelijk. Vassar ontwikkelde zich geleidelijk. En wij ook. Ik denk wel dat we klaar voor hen waren, voor de mannen, maar ik weet wel dat ik persoonlijk dankbaar was dat ik een onderbreking van twee jaar in de seksuele wedloop heb gehad.'[75]

In *Miss Julie* herinnert Jean zich hoe hij opgroeide in een schuur met zeven broertjes en zusjes en een varken. Vanuit zijn raam, vertelt hij aan Miss Julie, kon hij de muur van haar vaders tuin zien, met appelbomen die erboven uitstaken. 'Dat was de Tuin van Eden voor mij, en erboven stonden een heleboel boze engelen met vlammende zwaarden op wacht. Maar ondanks al die engelen vonden ik en de andere jongens een pad naar de Boom des Levens... Ik wil wedden dat u me veracht.'

Miss Julie haalt haar schouders op en zegt: 'Alle jongens stelen appels.'[76]

Mike Booth was nog steeds rusteloos. Hij was helemaal naar Californië gelift. Op de terugweg maakte hij een trektocht door de Grand Canyon. Een tijdje werkte hij in een restaurant in North Carolina.

Toen kreeg hij een baantje als chauffeur van een cementauto. Niets beklijfde.

Zijn moeder had zijn rapport van de middelbare school naar een plaatsingsbureau voor universiteiten gestuurd, en elke keer dat hij terugkwam, overlaadde ze hem met catalogi.

'Kijk! Hiram Scott College, helemaal in Nebraska!'

'Ik dacht het niet, mam.'

Op een regenachtige avond kwam president Nixon een keer naar Morristown, niet ver van Bernardsville, om campagne te voeren voor een gouverneurskandidaat. Mike en een vriend gingen erheen om te protesteren. Toen Nixons autocolonne aankwam, stond hij vooraan 'One, two, three, four, we don't want your fucking war!' te schreeuwen. Nixon maakte een overwinningsteken met zijn vingers en dook het hotel in. Toen hij een halfuur later naar buiten kwam, waren de demonstranten zelfs nog bozer. Nixon liep naar zijn limousine en de menigte drong naar voren, waardoor Mike gekatapulteerd werd tot hij anderhalve meter van de president vandaan was. Hij keek Nixon in de ogen en scandeerde uit volle borst.

Zodra Nixon weg was, hoorde Mike iemand zeggen: 'Dat is hem!' Plotseling kwamen er drie mannen in pak naar hem toe en werkten hem tegen de grond. Ze maakten zijn zakken leeg en sleepten hem toen een leeg kantoor binnen voor een ondervraging.

'Voor wie werk je? De Communistische Partij?' vroeg een van hen.

Mike begon te lachen. 'Ben je gek? Ik ben een veteraan die net terug is van de oorlog, en ik keur absoluut niet goed wat er daar aan de gang is.'

Ze vroegen wat hij deed bij de demonstratie.

'Ik probeerde alleen maar zijn handtekening te krijgen,' snauwde hij terug. 'Ik ben bezig een plaatselijke afdeling van de Tricky Dick*-fanclub op te zetten.'

Het incident haalde de plaatselijke kranten. Toen journalisten naar zijn huis belden, zei zijn vader, die zich doodschaamde, dat hij ver-

---

* Noot van de vertalers: *Tricky Dick* ('Linke Dick') was de bijnaam van Richard Nixon.

trokken was naar de universiteit in Colorado. Uiteraard was dat niet zo. Hij was gewoon thuis, al leek hij zich wel in een heel andere wereld te bevinden. De ene week zei hij tegen zijn ouders dat hij een trektocht ging maken over de Appalachian Trail. De week daarop dat hij naar Taiwan wilde gaan om Chinees te studeren. Hij wist alleen maar dat hij niet stil kon zitten.

Toen realiseerde hij zich wat er aan de hand was: hij miste Vietnam. Hij miste de opwinding. Hij verlangde ernaar de stad binnen te rijden achter in een vrachtwagen te midden van de moessonregen.

Meryl bleef maar vragen wanneer hij eens op bezoek kwam op Vassar, en uiteindelijk nam hij de trein naar Poughkeepsie. Hij bracht tijd door met haar vrienden van de universiteit, waar nu ook mannen onder waren. Hij dronk wijn; te veel, waarschijnlijk. Hij was zenuwachtig. Ze praatten over poëzie, en toen Mike Ezra Pound begon te prijzen, reageerde een van de jongens door te zeggen dat Pound een antisemiet was.

'Dat weet ik, maar hij is ook een geweldige dichter!' zei Mike, waarna hij verkondigde dat 'Ballad of the Goodly Fere' een van de beste gedichten was die ooit waren geschreven. Maar wat wist hij er nou van? Hij had nooit gestudeerd.

Voordat hij vertrok, zei Meryl tegen hem dat hij zou moeten overwegen op Vassar te gaan studeren, nu het opengesteld was voor mannen.

Maar Mike wist dat het nooit zou gebeuren. 'Als veteraan voelde ik me zo niet op mijn plaats tussen al die geprivilegieerde jongeren,' herinnerde hij zich. 'Misschien was ik gewoon onzeker, maar ik wist dat Vassar niets voor mij was.'

In het eerste semester van haar laatste jaar deed Meryl wel het laatste wat je zou verwachten van iemand die treurt om een instortend matriarchaat. Ze bracht het semester door op Dartmouth College, dat alleen mannen toeliet, als onderdeel van een uitwisselingsprogramma waar twaalf scholen aan deelnamen. Ze was een van de zestig vrouwen op een campus van bijna vierduizend studenten. Het was precies het tegenovergestelde van Vassar.

Toen ze eind 1970 op de campus aankwam, kreeg ze door wat haar te wachten stond. Net als de mannen op Vassar waren de vrouwen die waren neergestort in Hanover, New Hampshire, een nieuwigheid, en vaak een ongewenste. 'Ze wilden ons daar helemaal niet,' herinnerde ze zich. 'Er hing echt een sfeer van "wij tegen hen" op de campus.'[77]

Op een dag waren Meryl en een vriendin aan het studeren in de galerij van de Baker-bibliotheek en moesten ze naar het toilet, dat aan de andere kant van de zaal was. Ze konden de ogen van de mannelijke studenten gewoon voelen, dus wachtten ze en wachtten ze, tot ze het niet langer uithielden. Terwijl ze de bibliotheek overstaken, begonnen de jongens met hun tenen te tikken in het ritme van hun voetstappen. Toen begonnen ze met hun handen op de bureaus te slaan. 'Het was ontzettend vijandig,' zei Meryl.

Het sociale gebeuren op Dartmouth werd gedomineerd door de corpsgebouwen op Webster Avenue. Op een keer zag Meryls klasgenoot Carol Dudley 's nachts een bureau uit een raam lazeren. Een ogenblik later kwamen er twee mannen in een dronken knokpartij drie trappen afrollen en belandden in de sneeuw, met niets anders aan dan boxershorts.[78] Meryl had bezwaar tegen de vrouwen die 'die huizen gewoon maar binnenvielen als vee naar de slachtbank', minachtend over de onwrikbare sekserollen die ze juist pasgeleden had leren overstijgen op Vassar.

Het academische leven leverde al net zoveel wrijving op. 'Ik haalde allemaal tienen. Ik keek er scheel van toen ik de uitdraai kreeg,' herinnerde ze zich. 'Op Vassar werd er een feestje gehouden toen de eerste tien in twintig jaar werd uitgedeeld. Op Dartmouth, zo leek het mij, werden tienen heel gemakkelijk en met onverschilligheid gegeven. "Aha," zei ik tegen mezelf, "dat is het verschil tussen de mannen- en de vrouwenuniversiteiten." Wij haalden tienen op de ouderwetse manier. We verdienden ze. Op de mannenscholen leken het wel smeermiddelen in de druk die werd opgelegd door de rechtenstudie, en een liefhebbende universiteit wilde graag zien dat haar jongens het goed deden.'[79]

Toch was op Dartmouth de tegencultuur beter zichtbaar dan op Vassar het geval was geweest. De jongens droegen hun haar lang; het zag eruit als 'Vassar van achteren', herinnerde Meryl zich. Afgetrapte kleding was in, en 'het sociale leven was ongelooflijk open', zei Dudley, 'want iedereen kon zich oude T-shirts of wat dan ook van de legerdump veroorloven. Iedereen had een aftandse auto. En het was helemaal geen probleem als je niets uitgaf behalve voor drankjes in de studentenhuizen, en daar vroegen ze vijftig dollarcent of een dollar voor een biertje.'

Geïsoleerd als ze was, vond Meryl troost in de schoonheid van de Upper Valley. Als ze niet aan het werk was als serveerster in de Hanover Inn, zat ze te lezen aan de oevers van de rivier de Connecticut, of ging ze naar Rollins Chapel om voor zichzelf te zingen. Die was altijd leeg. Daarom vond ze het er zo fijn. Ze deed auditie voor een toneelstuk, maar verloor de enige vrouwelijke rol aan haar beste vriendin. Ze was de enige vrouw in haar dansklas. Bij het vak toneelschrijven, dat werd gegeven door een professor uit Trinidad, Errol Hill, schreef ze feministische drama's: 'zeer symbolische, metaforische, serieuze maar toch grappige'[80] verhandelingen over de vrouwenbeweging.

Misschien had ze een deel van haar vuur te danken aan Gloria Steinem, die dat voorjaar de afstudeertoespraak had gehouden op Vassar. In een rede met de titel 'De revolutie leven' vertelde Steinem aan de klas die afstudeerde in 1970: 'Er wordt altijd naar de jagersactiviteiten van mannen gewezen als bewijs van hun superioriteit bij de in stamverband levende mens. Maar terwijl zij weg waren om te jagen, bouwden de vrouwen huizen, bewerkten de akkers, ontwikkelden de veeteelt en perfectioneerden ze de taal. Mannen, die geïsoleerd waren van elkaar daarbuiten in de rimboe, ontwikkelden zich vaak tot wezens die wel hard konden rennen, maar niet erg slim waren.'[81]

Meryls scriptie op Dartmouth ging over kostuumontwerp. Ze bracht uren door op de linoleumvloer van haar studentenkamer in het eerstejaarsstudentenhuis The Choates, terwijl ze kostuums tekende uit verschillende periodes van de theatergeschiedenis: kniebroeken, petticoats, korsetten en tournures. Tegen de tijd dat het winter werd, had ze een portfolio dat eeuwen omspande; spookverschijningen van vrouwen die ze had kunnen zijn, of zou kunnen worden.

Carol Dudley had gemerkt dat er verschil was tussen de stijl van lesgeven van Vassar en die van Dartmouth. 'De vrouwen op Vassar waren geneigd aantekeningen te maken en dingen te herhalen,' herinnerde ze zich. 'Maar bij de mannen vond ik dat hun denkrichting veel vrijer was, dat ze meer ideeën hadden die van henzelf waren en dat ze bereid waren die te verdedigen.' Niet dat de mannen slimmer waren. Ze waren ertoe aangezet om zich uit te spreken en de discussie aan te gaan in de klas, terwijl om de Seven Sisters-scholen nog steeds een zweem van 'verfijnd leven' hing.

Meryl merkte het ook op. 'Ik weet nog dat ik dacht: op Vassar bleven mensen rustig zitten en gaven ze op vragen kritische, bedachtzame antwoorden waar lang over nagedacht was,' zei ze. Op Dartmouth kon een professor niet beginnen een vraag te stellen, of vijf jongens probeerden al te antwoorden. 'Het was heel inspirerend. Het was iets wat ik niet in me had,' zei ze. 'De sfeer en de verwachting waren ingesteld op proactieve mensen.'

Toen 1970 overging in 1971, pakte Meryl haar koffers en ging ze weer terug naar Poughkeepsie. Het was niet eenvoudig geweest om zo in de minderheid te zijn ten opzichte van de mannen, maar die paar maanden in Hanover hadden haar gesterkt. In de les deed ze de doortastendheid na die ze had gezien op Dartmouth. Voordat haar professoren zelfs klaar waren met het stellen van een vraag, stak ze haar hand al op en zei ze: 'Volgens mij is die vraag niet eens gegrónd.'[82] Het maakte niet uit dat ze geen idee had wat de vraag was. Ze had beide kanten van de seksespiegel gezien, en zoals elke Alice in Wonderland weet, wordt alles altijd alleen maar raarder en raarder.*

Professor Atkinson bleef haar maar in toneelstukken zetten: *The Good Person of Szechwan* van Brecht, Molières *The Miser* (De vrek). In maart van haar laatste semester speelde ze in *The London Merchant*, George Lillo's tragedie uit 1731. Atkinson koos het stuk deels omdat er een mooie rol in zat voor Meryl: Sarah Millwood, een prostituee die haar

---

* Noot van de vertalers: 'Raarder en raarder' komt uit de vertaling van Alfred Kossmann.

minnaar ertoe dwingt voor haar te stelen. Uiteindelijk vermoordt hij zijn oom, en het paar wordt tot de galg veroordeeld.

Opnieuw vormde de actie op het toneel een afspiegeling van de oorlog tussen de seksen in de studentenhuizen. In diskrediet gebracht als een 'bedrieglijke, wrede, bloeddorstige vrouw' spuwt Millwood haar gal over het mannelijk geslacht: 'Mannen van alle rangen en standen, en alle beroepen, heb ik gekend, maar ik vond geen verschil behalve wat hun verscheidene capaciteiten betrof; allemaal waren ze zo verdorven als maar in hun macht lag.'[83]

Meryl boorde de woede aan die ze ook had laten zien in *Miss Julie*. Misschien dacht ze aan de jongens op Dartmouth die met hun vuisten op de bureaus hadden gebonkt toen ze op weg was naar het toilet in de bibliotheek. Of misschien had de tijd haar ingehaald. In april van het jaar daarvoor had president Nixon de invasie van Cambodja goedgekeurd, en over die escalatie werd vurig gedebatteerd op de campus. Meryl had een voorproefje van de anti-oorlogsbeweging gekregen op Yale, waar zij en Bob Levin spandoeken met de tekst 'We gaan niet!' ophingen terwijl studenten hen uitjouwden vanuit de ramen van hun studentenhuizen. Maar op Vassar raakte ze gedesillusioneerd door de bijeenkomsten en de vreugdevuren; het leek wel of ze allemaal werden gedomineerd door jongens, die nog altijd in de minderheid waren. Toen Meryl hen betogen zag houden op de binnenplaats, leek het wel alsof ze de bekende anarchistische anti-oorlogsactivist Abbie Hoffman probeerden na te doen voor een horde bewonderende meisjes. Het was theater, maar niet van het goede soort.

Wat het ook was dat haar aanspoorde, het barstte eruit als lava tijdens haar eindrede in *The London Merchant*. 'Het publiek was aan het juichen alsof het een aria in een opera was,' zei Evert Sprinchorn, die de koopman Thorowgood speelde. 'Wanneer ik beschrijvingen van negentiende-eeuwse toneelstukken lees, staat er soms, als er een keer met veel bravoure geacteerd wordt: "Het publiek ging op stoelen en banken staan voor haar." Nou, toen ik op het toneel stond met Meryl Streep was het precies zo: het publiek dat op stoelen en banken ging staan voor ons.'

De *Miscellany News* was het ermee eens: 'Meryl Streep koert, manipuleert, huilt en schreeuwt haar personage tot leven,' jubelde het. 'Het is een rol die juffrouw Streep vertrouwd is. Via haar optredens als Miss Julie, Molières Frosine van *The Miser* en nu als Millwood, begint juffrouw Streep een imago te verwerven.'[84]

Ondanks de lof bleef Meryl zich afvragen of acteren een aanvaardbare manier was om de kost te verdienen; een tijdlang kon ze niet besluiten of ze toneelkunst als hoofdvak zou doen, of economie. Maar Atkinson geloofde in haar, zozeer dat hij haar naar New York haalde voordat ze kans kreeg om af te studeren. In april 1971 maakte ze haar professionele debuut, in Atkinsons opvoering van Tirso de Molina's *The Playboy of Seville*, een vroege Spaanse dramatisering van de verleidingen van Don Juan. Meryl speelde het boerenmeisje Tisbea, een van zijn veroveringen.

Het stuk werd opgevoerd in het Cubicolo Theater, een ondergronds theater met vijfenzeventig stoelen dat de bijnaam 'The Cube' (De Kubus) had, op 51st Street vlak bij 9th Avenue. Het was niet het chicste gedeelte van de stad, maar het was wel New York. Atkinson had een handjevol Vassar-meisjes meegenomen voor hun voorjaarsvakantie, de getalenteerden zoals Meryl die hun mannetje konden staan tegenover de professionals.

Philip LeStrange was een acteur uit New York die Catalinon speelde. Hij had samen met Meryl gespeeld op Vassar, in *The Miser*, en ze kwam op hem over als iemand die zich nergens zorgen over maakte. In de kleedkamer hielden de meisjes bij hoeveel er van avond tot avond om hen werd gelachen; een van hen hield zelfs een heel schema bij dat ze afstreepte tijdens de scènes. Maar Meryl was niet aan het tellen. Meryl was aan het kijken. Datzelfde gold voor *The Playboy of Seville*. 'Zelfs tijdens de productie,' zei LeStrange, 'stond zij altijd ergens op een plek waar ze uitzicht had en waar ze dan, alweer, stond toe te kijken.'[85]

Wat zag ze? Onder andere zag ze Michael Moriarty, de dertigjarige acteur die de titelrol speelde. De excentrieke, knappe Moriarty, met zijn hoge voorhoofd en doordringende ogen, had een bevende stem die ergens anders vandaan leek te komen, alsof hij op instorten stond. Hij speelde Don Juan als een koude kikker, bijna alsof hij zich doodverveelde.

JULIE

Hij haalde het einde van de looptijd van drie weken niet. Halverwege werd hij gecast in een Broadway-voorstelling en stopte hij ermee. Anders dan *The Playboy of Seville* was dat een betaald optreden. Atkinson ging naarstig op zoek naar een andere Don Juan en vond er een, zij het met een volkomen andere benadering van de rol. Voor Meryl was het een glimp van het reilen en zeilen in de showbusiness, en het was bij lange na niet de laatste keer dat ze Moriarty zou tegenkomen.

Ze keerde terug naar Vassar, nog altijd onzeker over wat ze met haar leven zou doen. Ze wist dat ze goed kon acteren: haar vriendinnen op de tweede rij bij *Miss Julie* hadden haar dat verteld. Maar als ze aan haar heiligste momenten op het toneel dacht, gingen haar gedachten elke keer naar de lessen 'spreken in het openbaar' van Sondra Green.

Meryl was een van Greens meest geliefde studenten geworden op Vassar. Ze was een van de vijf studenten die Green zelf had uitgekozen voor haar les in 'de grondbeginselen van spreken in het openbaar' voor gevorderden. Green hield niet van improvisaties, maar ze was benieuwd wat Meryl zou doen met de opdracht die ze in gedachten had.

'Ik had hem daarvoor nog nooit aan iemand gegeven en ik heb hem sindsdien ook nooit meer gegeven,' herinnerde ze zich. 'Ik zei tegen alle studenten dat ik mijn post ging ophalen en dat ik over vijf minuten terug zou zijn, dus hadden ze zoveel tijd om zich voor te bereiden op de improvisaties die ik hun zou aanwijzen. Het doet er niet toe wat ik tegen de andere studenten zei. Bij Meryl zei ik dat ze gewoon het toneel op moest komen en dat ze haar laatste slotapplaus kreeg na vijftig jaar in het theater.'[86] Denk maar aan Helen Hayes[*], zei Green tegen haar.

Toen ze terugkwam, liet ze Meryl achter een gordijn op het toneel staan. Ze instrueerde de andere studenten om wild te applaudisseren en 'Brava!' te roepen. Het gordijn ging open en daar stond een meisje van niet ouder dan eenentwintig. Maar ze gedroeg zich als een vrouw

---

[*] Noot van de vertalers: Helen Hayes was een Amerikaanse actrice die een carrière van bijna zeventig jaar had.

van zestig jaar of ouder, iemand die talloze keren een slotapplaus had meegemaakt op talloze podia.

Ze stapte naar voren, sloeg haar handen ineen en boog als een vorstin naar haar publiek dat uit vijf man bestond. Toen deed ze haar armen uit elkaar en hield een toespraak.

'Dit is net zozeer jullie slotapplaus als dat van mij,' zei ze grootmoedig. 'We hebben dit samen gedaan, al deze vele fantastische jaren...'

Green was in vervoering. Evenals Meryl, die in tranen was.

'Ik had mezelf nog nooit aan het huilen gemaakt, zelfs niet als ik het probeerde, je weet wel, om iets te krijgen toen ik klein was,' herinnerde Meryl zich, vele jaren en vele slotapplauzen later. 'Ik had dat nooit gekund, maar dit overweldigde me echt... Het was een soort glimp van een fantasierijke sprong waardoor ik dacht: oei, je kunt je hier echt helemaal in verliezen.'[87]

Ze was teruggegaan naar de kerk van het doen-alsof en ontdekte zichzelf, vijftig jaar in de toekomst.

Mike Booth had eindelijk een ander avontuur gevonden. Zijn moeder, in haar koppige poging hem zover te krijgen dat hij zijn leven weer zou oppakken, had hem een catalogus laten zien van de University of the Americas, in Mexico. Op de omslag stond een foto van twee met sneeuw bedekte vulkanen, Popocatepetl en Iztaccihuatl. Het was prachtig. Het zag eruit als een plek waar hij zou kunnen ontsnappen aan het verleden.

Toen hij weer thuis was tijdens een vakantie, vond hij een baantje in een schoenenwinkel in het centrum van Bernardsville. Een paar dagen nadat hij daar was begonnen, kwam Meryl door de deur. Met haar sjaal en haar lange jas zag ze er op de een of andere manier wereldwijzer uit. Haar dartele cheerleadershuppeltje had plaatsgemaakt voor een zwierige pas.

Ze spraken een paar keer met elkaar af, gewoon als vrienden. Mike voelde zich niet meer de trieste figuur die hij was geweest toen hij net terugkwam. Nu was hij een avonturier, een globetrotter. En hij had een meisje leren kennen in Mexico. Hij zorgde er wel voor dat hij haar naam noemde tegen Meryl toen ze bij hem thuis waren.

JULIE

'Ze is heel mooi, en ze is half-Mexicaans,' zei hij, terugdenkend aan de zomer toen ze had opgeschept over haar vrijers van de Ivy League.

'Echt waar?' vroeg Meryl, misschien met een zweempje spijt. Ze hadden elkaar zien veranderen tijdens die vakanties in Bernardsville, waarbij ze elke keer verder van elkaar afdreven. Op de middelbare school was hun wereld zo klein en veilig geweest. Nu begrepen ze elkaar niet meer. De jongen aan wie ze ooit had verteld wat ze bij James Joyce voelde, had een nieuw stuk van de wereld gevonden om in te verdwalen.

Maar zij had ook iets gevonden, iets wat net zo verrukkelijk was, en het was helemaal van haarzelf. Tijdens een van hun vakanties had ze hem opgewonden verteld: 'Ik heb eindelijk geacteerd op Vassar.'

'Dat meen je niet.'

Meryl zei dat ze in een stuk had gestaan dat *Miss Julie* heette. Ze was overgoten met nepkanariebloed, en al haar vriendinnen waren gekomen en hadden zich een beroerte gelachen.

'Zal ik een scène voor je spelen?'

Mike was er ineens met zijn volle aandacht bij toen Meryl veranderde in Miss Julie op haar allervernietigendst, nadat Jean haar heeft onteerd: 'Lakei die je bent! Schoenenpoetser! Sta op als ik tegen je praat!'[88]

Achteraf vroeg Mike zich af of ze die scène om een bepaalde reden had uitgekozen. Was een deel van Miss Julies woede gericht tegen hem; een sluimerende boosheid of teleurstelling over hoe het allemaal was gelopen tussen hen? Terwijl hij toekeek, stond hij niet stil bij waar haar emoties vandaan kwamen. Hij was alleen maar verbaasd. Hij had haar niet meer zien acteren sinds Daisy Mae. Volkomen anders dan dit.

Jemig, dacht hij, *wat is ze ver gekomen.*

Op 30 mei 1971 studeerde ze af van Vassar. De afstudeertoespraak werd gehouden door Eleanor Holmes Norton, de zwarte, feministische leidster en toekomstig congreslid. Terwijl ze zich nog steeds afvroeg of ze zich moest inschrijven voor een rechtenstudie, keerde Meryl terug naar de Upper Valley. Een paar vrienden van haar waren in New Hampshire een theatergezelschap begonnen. Ze stond op het punt zich bij hen aan te sluiten, totdat ze een beter aanbod kreeg.

Op een dag zaten zij en haar vriend Peter Maeck, die op Dartmouth bij haar in de klas had gezeten bij het vak toneelschrijven, door de campuskrant te bladeren toen ze een advertentie voor een nieuw zomertheatergezelschap zagen dat de Green Mountain Guild heette. Ze boden 48 dollar per week; niet slecht. Peter en Meryl reden naar Woodstock in Vermont om auditie te doen. Ze werden allebei aangenomen.

De oprichter was Robert O'Neill-Butler, een theaterprofessor die het gezelschap leidde met zijn jongere vrouw, Marjorie. O'Neill-Butler was nogal zelfingenomen en tamelijk tiranniek. De acteurs, die hem 'O-B' noemden, kwamen er maar niet achter of hij nou Engels was of niet. Als ze niet op het podium stond, zong Meryl jazz-standards die ze van haar moeder had geleerd en speelde ze met O-B's zoontje van zes maanden, die ze de bijnaam Crazy Legs gaf.[89]

Ze reisden van stadje naar stadje en deden optredens in Stowe, Killington en Quechee, waarbij ze sliepen in herbergen en slaapzalen. Iedereen sliep bij elkaar, als in een commune. Op een avond toen ze allemaal naar bed gingen, zei Maeck droog: 'Dus dit is nou het theater.' Ze lagen allemaal dubbel van het lachen, in het pikkedonker.

Het voelde allemaal niet serieus, vooral het acteren niet. In John Van Drutens *The Voice of the Turtle* moesten Meryl en Peter Maeck melk met koekjes eten. Midden in een scène rende Meryl het toneel af, kwam toen doodkalm weer op en zei: 'Sorry, er bleef een koekje hangen in mijn keel. Goed, waar waren we gebleven?'

O-B wees hun *Affairs of State* toe, een afgezaagde boulevardkomedie uit 1950. Peter Parnell, nog een vriend van Dartmouth, speelde een politicus die verliefd wordt op zijn secretaresse. Meryl speelde de secretaresse, een rol die voor het eerst op Broadway was gespeeld door Celeste Holm. De jonge acteurs, die aan zichzelf overgeleverd waren, vonden het script zo ouderwets dat ze het stiekem herschreven als een kitscherige genreparodie, waarin Peter Parnell Cary Grant nadeed en Meryl deed of ze een nuffige secretaresse was die zich ontpopt tot lekkere stoot. Toen O-B bij de première kwam opdagen, was hij ontzet; maar te laat om hen nog tegen te houden.[90]

JULIE

Toen het kouder begon te worden, vormde O-B het zomergezelschap om tot wintergezelschap. Meryl en drie andere acteurs betrokken een oude hoeve in Woodstock met een oprijlaan van anderhalve kilometer. Als het sneeuwde, wat bijna voortdurend het geval was, voelde de plek aan als een koloniale hofstede, iets uit een sprookje. 'Het was eigenlijk best idyllisch,' herinnerde Maeck zich. 'We repeteerden gewoon in het huis, kookten voor elkaar en kregen vrienden op bezoek. Het was geen slecht leventje.'[91]

Ze traden op in skihutten, schuren en omgebouwde restaurants, waar ze hun rekwisieten bewaarden op ongebruikte dienbladenrekken of wat er ook maar voorhanden was. De mensen in het publiek waren moe en door de zon verbrand na een dag op de skihellingen. Soms hoorde Meryl gesnurk in het donker. Ze verkocht advertenties voor de programmaboekjes en schreef toneelstukken, die ze aan niemand liet zien. Ze speelde de hoofdrol in *Candida* van Shaw, in een prachtige oude schuur, en haar ouders kwamen over uit New Jersey om het te zien. Op oudejaarsavond kwamen er een paar vrienden van Dartmouth uit Boston in twee Volkswagen Kevers. Op de eerste dag van 1972 werden ze wakker met slaperige ogen, maar gelukkig.

Maar ze had een rusteloos gevoel. Hoe leuk haar 'amateurgroepje'[92] ook was, ze wist wel dat het betere theater ergens anders werd gemaakt. Ze was er klaar voor om een echte actrice te worden, wat dat ook inhield. Op een vrije dag gingen zij en Maeck naar New York zodat Meryl auditie kon doen voor de National Shakespeare Company, een rondreizend gezelschap dat het Cubiculo, waar ze *The Playboy of Seville* had gedaan, beheerde. Ze dacht dat de auditie goed ging, maar ze wezen haar af, 'wat ze gewoon absurd en ongelooflijk vond', zei Maeck.

Ze begreep dat als ze wilde acteren – echt acteren, niet een beetje aanklooien in skihutten – ze acteerles zou moeten nemen. Ze bekeek aanvraagformulieren voor de twee top-toneelscholen in het land, Juilliard en Yale. De inschrijfkosten voor Yale bedroegen 15 dollar. Voor Juilliard 50 dollar, meer dan ze in een week verdiende. Meryl schreef een brief aan Juilliard die vol belerend taalgebruik stond, iets in de trant van: 'Dit toont alleen maar aan wat voor dwarsdoorsnede van de bevolking jullie op je school krijgen.'[93]

Dan bleef Yale over. Zoals meestal het geval was, moest je voor de toneelschool bij wijze van auditie twee monologen doen, een moderne en een klassieke. Voor de moderne koos ze een ouwe getrouwe: Blanche DuBois, *A Streetcar Named Desire*. Voor de klassieke auditie koos ze iets statigs: Portia uit *The Merchant of Venice*. 'Genade dwingt men niet, zij schenkt zichzelf. Als milde regen valt zij uit de hemel...'[94]

In die met sneeuw bedekte hoeve stampte ze de monologen in haar hoofd. Ze vond het opwindend om tussen de stukken heen en weer te schakelen. Het ene moment was ze neurotisch en seksueel gefrustreerd, zwetend in de hitte van New Orleans. Het volgende was ze intelligent en koel, orakelend over de goede eigenschap van genade. Wat er zo opwindend aan was, was de metamorfose. Dat kon ze wel.

Van Woodstock ging het linea recta naar het zuiden, naar New Haven. Eind februari begonnen de torenspitsen van Yale net te ontdooien in de terugkerende zon. Ze droeg een lange jurk toen ze daar werd begroet door Chuck Levin, een eerstejaarsstudent op de toneelschool. Hij was de broer van Bob Levin, haar ex-vriendje van Yale. Meryl en Bob hadden het uitgemaakt toen hij was afgestudeerd en naar North Carolina verhuisde. Ze hadden het vaag gehad over trouwen (samenwonen was geen optie), maar opnieuw had Meryls vader haar op het rechte pad gehouden. Hij stelde Bob een ultimatum: 'Wil je haar onderhouden? Betaal dan maar voor haar laatste twee jaar op school.'[95] Dat was het laatste wat erover gehoord werd.

Op Yale leidde Chuck haar naar een voormalig gebouw van een studentencorps dat was overgenomen door de toneelschool. Boven aan een muffe trap was een repetitieruimte met een klein, houten podium. Terwijl Chuck buiten wachtte, stond Meryl voor een panel van professoren. Ze liet hun Venetië zien. Ze liet hun New Orleans zien.

Peter Maeck stond uit het raam van de hoeve te staren toen hij Meryls Nash Rambler de besneeuwde oprijlaan op zag puffen. Ze sprong uit de auto en klom de trap op. Ze paradeerde bijna. Ze fixeerde haar stralende ogen op hem en glimlachte.

'Ik heb ze eens even een poepie laten ruiken.'

Constance

Sigourney Weaver. Christopher Durang. Wendy Wasserstein. Meryl Streep. De talenten die van 1972 tot en met 1975 samenkwamen op de Yale School of Drama zouden die jaren smeden tot de onbetwiste gouden tijd van de school. Ze zouden decennialang samen blijven werken, zelfs al werden hun carrières door Broadway, kaskrakers en Pulitzer-prijzen tot grote hoogten gekatapulteerd. Nu waren het nog sprankelende jonge acteurs en actrices, toneelschrijvers en excentriekelingen, die hun kostuums naaiden en hakkelend Tsjechov voordroegen tussen de met klimop begroeide muren van Yale.

Klinkt dat goed? Het was een hel.

'Mijn intuïtie zegt dat een school, of een plek die beweert een school te zijn, moeite zou moeten doen om niet zo willekeurig te oordelen,' zou Sigourney Weaver zeggen. 'Het was allemaal politiek. Ik weet nog steeds niet wat ze van me wilden. Ik denk nog steeds dat ze waarschijnlijk een of ander platonisch ideaal van een hoofdrolspeelster hadden waar ik nooit aan heb kunnen voldoen. En ook nooit zou willen voldoen.'[96]

'Door het eerste jaar moest ik in therapie,' zei Kate McGregor-Stewart, van de afstudeerlichting van 1974. 'Ik deed mijn best om te bewijzen wat ik waard was en om daar te mogen blijven, want een heleboel mensen werden aan het eind van het eerste jaar weggestuurd. Ik geloof dat we van achttien naar twaalf gingen.'[97]

Linda Atkinson, van de lichting 1975: 'Ze namen niet je sterke punten om die verder uit te werken. De bedoeling was om dat allemaal te vernietigen en dan iets anders te vinden om in je op te bouwen. Dat is nogal dom, toch? Je hebt een zeker talent voor iets, en dan zegt Die-en-die: "Gooi dat maar uit het raam."'[98]

Wendy Wasserstein noemde het de Yale School of Trauma.

'Toen ik op de toneelschool zat, was ik bang,' zou Meryl zich herinneren. 'Het was de eerste keer dat ik besefte dat dit niet gewoon maar iets leuks was, maar dat er een duister kantje aan zat.' Yale 'was net een trainingskamp van mariniers, waar ze je hoofd kaalscheren. Je werd er nederig van. Een groot gedeelte ervan bestond uit proberen je wil te breken, en vanuit je overlevingsinstinct ga je dan verzamelen wat belangrijk is.'[99]

Niets van dit alles was nog duidelijk toen ze in het najaar van 1972 in New Haven aankwam, nadat ze via een beurs was aangenomen. Ze wist dat ze van acteren, van tekenen en van de natuur hield, en ze vertelde haar nieuwe klasgenoten dat haar lievelingsplek op aarde de Laurentiden waren, een gebergte ten noorden van Montreal. Ze was net drieëntwintig geworden.

Ze verhuisde naar een geel victoriaans huis met twee verdiepingen op Chapel Street, dezelfde straat als het Yale Repertory Theatre. Voor die tijd was het huis gebruikt door de Anonieme Alcoholisten, en af en toe keek er iemand door de ramen, op zoek naar een bijeenkomst. Nu was dit het soort plek waar studenten aan kwamen waaien om er een paar maanden te wonen, of een semester, of een paar semesters. Op de eerste avond kwamen de huisgenoten bijeen in de keuken om de huisregels te bespreken. Iedereen zou zijn naam op het eten in de voorraadkast schrijven, besloten ze. Meryl zou de begane grond delen met een student theaterregie die Barry Marshall heette, samen met zijn vrouw en hun corgi, die Little Dog heette.

Op de eerste verdieping woonde William Ivey Long, een dandyachtige jongen uit North Carolina die nog nooit zo ver noordelijk was geweest. Na renaissance- en barokarchitectuur te hebben gestudeerd aan het College of William and Mary, was hij pasgeleden gestopt met een doctoraalopleiding in Chapel Hill (onderwerp van zijn scriptie: bruiloftsfestivals bij de de'Medici) om aan Yale decorontwerp te gaan studeren onder leermeester Ming Cho Lee. Hij had het laatste strookje van een 'kamergenoot gevraagd'-flyer gescheurd en sliep nog steeds op een veldbed.

Later in het semester zouden ze nog een huisgenoot krijgen: een lange, aristocratisch ogende schoonheid die Susan Weaver heette, en die op haar dertiende had besloten dat een langere naam beter bij haar paste en zich Sigourney begon te noemen. Iedereen wist dat haar vader Sylvester Weaver was, de voormalig directeur van het televisienetwerk NBC, maar dat zou je niet aflezen aan haar chaotische gevoel voor mode: versleten hippiekleren en motorjacks, uitgekozen uit op kleur gesorteerde hopen die door haar kamer lagen als bergen afval. Ze zag eruit als Pallas Athene die zich had vermomd als zwerver. Op Stanford University had ze een tijdje in een boomhut gewoond. Toen Christopher Durang haar leerde kennen, droeg ze een groene pyjamabroek met pompons, die volgens haar deel uitmaakte van haar 'elvenkostuum'.[100]

Nu zat Sigourney in het tweede jaar, en verbijsterde ze de faculteit nog steeds. Ze zagen haar als een hoofdrolspeelster. Zij zag zichzelf als een comédienne. Ze zeurden over haar uiterlijk en vergeleken het met een onopgemaakt bed. Bij een evaluatie zeiden ze dat ze er lusteloos had uitgezien in de gangen. 'Ik ben lusteloos in de gangen omdat ik nergens een rol in krijg toebedeeld!' reageerde ze boos. Toen ze de volgende dag bij haar spraakles kwam opdagen in een witte blouse met parelketting, sneerde de leraar: 'Weet je, Sigourney, je hoeft niet door iedereen aardig gevonden te worden.' Voor haar volgende beoordelingsgesprek zocht ze een stukje mousseline bij de kostuumafdeling, tekende er een enorme schietschijf op en speldde hem op haar jasje – een symbool van haar vervolging op kledinggebied. 'Schiet maar,' zei ze.[101]

Gedesillusioneerd verhuisde ze van de campus vandaan om wat afstand te scheppen met de school, en ze kwam op dezelfde verdieping terecht als William Ivey Long. 'O, je moet komen kijken naar het Cabaret,' zei ze tegen hem op zijn eerste avond in New Haven. 'Mijn vrienden spelen erin mee.' Niet veel later zat hij aan een tafel met chiantiflessen en een geruit tafelkleed, en keek hij naar de vreemdste voorstelling die hij ooit had gezien. Die werd uitgevoerd door twee tweedejaarsstudenten toneelschrijven: Albert Innaurato, die was uitgedost als de moeder-overste uit *The Sound of Music*, en Christopher Durang, in een blauwe kamerjas van tafzijde. Na de voorstelling kwam er een academicus met een hangsnor bij hen zitten en begon te orakelen over kunst en theater. Het was Michael Feingold, die de belangrijkste toneelrecensent bij *The Village Voice* zou worden.

'Ik had geen idee wat er gebeurde,' herinnerde Long zich. 'Ik begreep het theater dat zij deden niet.' Hij stond op het punt zijn tassen te pakken en naar huis te gaan.[102]

De volgende dag stond hij in zijn keuken te staren naar een 'blonde godin' die zichzelf Meryl Streep noemde. Toen ze hoorde dat Long decorontwerp studeerde, vroeg ze: 'Wil je mijn kostuumschetsen eens zien?' Toen liet ze hem haar schetsen zien, schitterend verbeeld en getekend. *O mijn god*, dacht hij. *Ze is een actrice en ze tekent als in een droom.* Nu was hij echt klaar om ervandoor te gaan.

'Elke klas op de toneelschool denkt dat iemand er per abuis is toegelaten,' zei Walt Jones, een student regie in Meryls klas. 'En ik dacht dat ik dat was.'[103] Natuurlijk dachten de meesten hetzelfde. Maar wie zou het toegeven? Het was beter om je klasgenoten in de gaten te houden en te proberen uit te vogelen wie er niet bij hoorde. Want als het niet een van hen was, zou je het zelf weleens kunnen zijn.

Toneelscholen zijn gebaseerd op een gevaarlijke rekenmethode. Trek theatrale persoonlijkheden aan, op een leeftijd dat hun ambitie veel groter is dan hun ervaring, en zet hen in een gemeenschap die zo klein en geïsoleerd is dat de waardevolste grondstoffen – aandacht, lof, rollen – permanent schaars zijn. De Yale School of Drama hield zich echter in leven met een heel eigen speciale vorm van gekte, en dat was te danken aan één man: Robert Brustein.

Met zijn bulderende stem en zijn onbuigzame idealen oefende Brustein het gezag uit over de toneelschool alsof het zijn eigen domein was. Hij had naam gemaakt als de strijdlustige toneelrecensent voor *The New Republic*, en hij geloofde in Artauds principe 'geen meesterwerken meer': theater moest uitdagend, politiek en spiksplinternieuw zijn. Hij verachtte de naturalistische tragedies van Arthur Miller en hemelde het epische theater van Bertolt Brecht op. Tussen de semesters bracht hij zijn zomers door op Martha's Vineyard, waar hij omging met mensen als Lillian Hellman, William Styron en Joseph Heller. Zijn beroemdste boek was *The Theatre of Revolt*.

Jaren voordat hij er decaan werd, had Brustein als acteur op de Yale Drama School gezeten. Hij vond de manier van lesgeven archaïsch. In fonetieklessen werd de studenten geleerd hun *a*'s langer te maken en hun *r*'s te laten rollen. Ze luisterden naar opnamen van John Gielgud en leerden hun regels op te zeggen met een 'mid-Atlantisch accent', waarvan Brustein concludeerde dat het ongeschikt was voor het toneel, aangezien er niemand in het midden van de Atlantische Oceaan woont behalve vissen. 'Het was een en al waaiers, gefladder, buiginkjes, kliekjes en stukken uit de tijd van de Restauratie,'[104] zei hij. Hij ging na een jaar van school.

Dus toen Kingman Brewster, de directeur van Yale, hem in 1966 vroeg het programma over te nemen, weigerde hij. Wat hem betrof was de Yale School of Drama een van die 'stilstaande poelen'[105] waar het theater heen ging om te sterven. Als hij al akkoord zou gaan, zou hij de bevoegdheid moeten krijgen ingrijpende veranderingen door te voeren: een nieuwe staf, een nieuw curriculum, alles nieuw. 'Mijn plan was de school om te vormen van een universiteit die erop gericht was te voldoen aan de eisen en diploma's uit te reiken, tot een professionele toneelschool die zich bezighield met het ontwikkelen van kunstenaars voor de Amerikaanse podia,' schreef hij in *Making Scenes*, zijn memoires over de 'turbulente jaren op Yale'.[106]

Toen Brustein het daaropvolgende semester in New Haven aankwam, was hij 'de liberaal op het witte paard'[107], volgens zijn eerste assistent-decaan, Gordon Rogoff. De nieuwe Yale School of Drama zou geen 'persoonlijkheden' voortbrengen van het soort dat je in films ziet. Het zou professionals smeden op het gebied van repertoiretheater, die alles aankonden van Aeschylus tot Ionesco. 'Ik wilde een acteur ontwikkelen die elke rol die ooit was geschreven, zou kunnen spelen,' schreef Brustein, 'van de Grieken tot de meest experimentele postmodernisten.'[108] Denk je zijn afgrijzen eens in toen een veelbelovende jonge acteur van de lichting van 1970, Henry Winkler, later Fonzie in *Happy Days* werd.

Wezenlijk aan zijn visie was de oprichting van het Yale Repertory Theatre, een professionele schouwburg die met de school zou samenwerken. Studenten zouden optreden naast ingehuurde acteurs, in gedurfde, genre-overschrijdende producties die de spot dreven met de burgerlijke smaak. Zo was er Brusteins productie van *Macbeth*, waarin de heksen buitenaardse wezens waren die landden met vliegende schotels. Je had Molières *Don Juan*, dat begon met een 'godslasterlijk ritueel offer'[109]; godslasterlijk omdat het Yale Repertory Theatre was gehuisvest in de voormalige Calvary Baptist Church. 'De burgers van de middenklasse verkeerden in shock,' zei Rogoff.

Toen hij op Yale aankwam, zwoer Brustein dat hij de school als een groepsdemocratie zou leiden. Maar de turbulente jaren – radicalisme, Black Power, sit-ins – veranderden hem, net als Robespierre, in een autocraat. In 1969 sprak de *Yale Daily News*, die Brusteins 'open, tolerante benadering van afwijkende meningen' ooit had toegejuicht, zijn afkeer uit van zijn 'autoritaire, repressieve beleid' en vroeg om zijn ontslag. Brustein ging ertegen in. 'Ik had geprobeerd een relaxte, redelijke bestuurder te zijn, maar ik had leiding moeten geven aan revoltes, ordeverstoringen en opzeggingen,' schreef hij. 'Ik voelde me niet erg vaderlijk meer.'[110]

Tegen de tijd dat Meryl aankwam, had hij zich van vrijwel iedereen vervreemd. Studenten op Yale vonden dat hij hen tekortdeed door hun geen toegang te verlenen tot postdoctorale lessen. Publiek dat bij voorstellingen kwam kijken was verbijsterd door zijn experimentele programmering. De postdoctorale studenten rebelleerden voortdurend. 'Ken je die slogan van Sara Lee in de tv-reclames: "Iedereen houdt wel ergens niet van, maar niemand houdt niet van Sara Lee"?' zei een student tegen *The New York Times Magazine*. 'Nou, hier zou je dat kunnen parafraseren als "Iedereen heeft wel iemand aan wie hij een hekel heeft, maar niemand heeft geen hekel aan Robert Brustein."'[111]

De pasgevormde klas die in 1975 zou afstuderen, wist tot op zekere hoogte dat ze een persoonlijkheidscultus binnenstapten. Maar dat was juist het gekke: toen ze voor hun eerste semester op de campus aankwamen, was Brustein verdwenen. Uitgeput door acht jaar onrust had hij een jaar vrijaf genomen om gastrecensent te worden van *The London Observer*. In zijn plaats kwam een kader van bekrompen tirannen, die Meryl Streeps eerste jaar op Yale tot een marteling zouden maken.

Op woensdag 13 september liep Meryl door Chapel Street om aan haar eerste lesdag te beginnen. Van haar negenendertig klasgenoten deden er negen mee aan het toneelprogramma: vier mannen en vijf vrouwen.

Het curriculum zou, volgens het officiële bulletin van de Drama School, bestaan uit een 'zeer gedisciplineerde trainingsperiode, waarbij alle studenten de positie van leerling bekleden. Het is tijdens deze periode dat de ontwikkeling van hun talent, hun toename in visie en hun artistieke bijdragen aan het theater worden beoordeeld.'[112] Als de beoordeling misging, konden en zouden er studenten voorwaardelijk geschorst worden, de eerste stap naar helemaal van school getrapt worden.

Twee keer per week verzamelden ze zich in het universiteitstheater voor Drama 1: 'Inleiding in het Yale-toneel'. Het werd gegeven door Howard Stein, die door Brustein tot waarnemend decaan was benoemd. Stein was alom geliefd; hij was Brusteins buffer, de glimlachende, moed insprekende *good cop* naar wie je toe kon gaan als je in de knoei zat.

Op maandag-, woensdag- en vrijdagochtend was er Drama 128: 'Stemtraining', met onderricht in 'correct ademhalen, toonproductie, articulatie en correctief werk in werkgroepen'. Op dinsdag en donderdag was er Drama 138: 'Podiumbeweging', voor oefening in 'acrobatiek, mime en onderzoek naar expressiviteit van gebaar en lichaamsconfiguratie'. Dit was het domein van Moni Yakim en Carmen de Lavallade, een voormalig prima ballerina die bij het Repertory was gekomen in de hoop zichzelf opnieuw uit te vinden als actrice.

Meryl genoot van deze lessen, met hun pragmatische focus. 'De dingen waar ik nu echt aan denk en waar ik op vertrouw, zijn lichamelijke dingen,' zei ze later. Bij bewegingsleer leerden ze over ontspanning en kracht. Bij stemleer droegen ze sonnetten voor en leerden ze dat de gedachte een ademhaling en een ademhaling een gedachte is. 'Bij zangles, waar de mensen geen zangers waren, zei Betsy Parrish:

"Het maakt niet uit. Zingen is een manier van uitdrukken, het is onverdund, niet gehinderd door je brein en al je neurosen. Het is puur. Het is muziek. Het komt voort uit je centrum." Ik heb al die dingen geleerd. Maar acteren daarentegen, ik weet niet hoe mensen acteren onderwijzen.'[113]

En toch werd acteren onderwezen, in Drama 118 – het vak waar Meryl als een berg tegen op zou gaan zien. Elke dinsdag-, woensdag- en donderdagmiddag kwamen de studenten Vernon Hall binnen, het omgebouwde gebouw van een studentencorps waar ze haar auditie had gedaan. In de kelder zat het Yale Cabaret, een geliefde, rommelige, zwarte doos waar de toneelstudenten zich konden laten gaan en hun eigen werk konden opvoeren, ongeacht hoe bij elkaar geraapt of bizar het was. Recht erboven zat een grote studio met houten vloeren en zwak zonlicht, bezaaid met klapstoelen en kostuumrekken. Dit was waar Drama 118 zich verzamelde, met het doel 'een werkbenadering voor het Ensemble vast te stellen' en gespecialiseerde vaardigheden bij te schaven zoals 'improvisatie, het instuderen van een scène, circus, elementaire tekstanalyse en maskers', met als instructeur Thomas Haas.

'Tom Haas was Meryls nemesis,' zei Brustein. 'Hij was ook mijn nemesis, zoals later zou blijken. Hij was een heel jammerlijk persoon die het vermogen had de meest getalenteerde mensen in de klas eruit te pikken en hen eruit te willen schoppen omdat ze talent hadden.'[114] Anderen hadden een warmere opvatting over hem. Meryls klasgenoot Steve Rowe noemde hem 'een van de uitblinkers'[115]; zo briljant dat Rowe hem volgde van Yale naar Cornell University, waar de vierendertigjarige Haas een deel van zijn doctoraalscriptie had gedaan. Maar de lichting van 1975 botste vanaf het begin met hem. Onder elkaar maakten ze grappen over het feit dat hij scheel was: het ene [oog] keek de ene kant op, het andere de andere kant. Het gerucht ging dat zijn vrouw bij hem was weggegaan om zich aan te sluiten bij de vrouwenbeweging, waarbij ze hem had laten zitten met twee zoontjes: het soort nieuwerwetse gezinsdynamiek dat de inspiratie zou vormen voor *Kramer vs. Kramer*.

Zijn persoonlijke problemen hebben zijn humeur misschien nadelig beïnvloed in de repetitiestudio in Vernon Hall, waar Haas leidinggaf aan de eerstejaarsstudenten met geïmproviseerde toneelspelletjes. Zo was er de metro-oefening, waar je een metrowagon in moest lopen en onmiddellijk moest bepalen wie je was en waar je naartoe ging. Je had de schilder-oefening, waar je een klassiek schilderij moest uitbeelden. Op die eerste dag gaf Haas de klas hun openingsopdracht: hun eigen dood improviseren. 'Hij zei dat de meeste mensen niet goed genoeg stierven,' herinnerde Linda Atkinson zich.

Om de eerste ronde sterfgevallen te beginnen, riep Haas een verwaande toneelstudent naar voren die Alan Rosenberg heette. Rosenberg had twee studies gedaan, theater en politicologie, op Case Western Reserve University. Zijn ouders, die een warenhuis in New Jersey bezaten, hadden hem een paar honderd dollar gegeven om zich in te schrijven bij doctoraalopleidingen, maar hij had het meeste ervan verloren met pokeren. Met slechts genoeg geld over voor één enkele inschrijving had hij auditie gedaan voor de Yale School of Drama, en op de een of andere manier was hij toegelaten. Net als iedereen dacht hij dat hij de vergissing was.

Toen hij de studio in liep, zag Rosenberg een beeldschone jonge vrouw op een klapstoel zitten. 'Ik was helemaal van mijn stuk,' herinnerde hij zich. 'Ik keek naar haar en ik kon niet ophouden met naar haar kijken.' Meryl had een schoonheid die hij niet helemaal kon definiëren, 'als een kunstwerk waar je eeuwig over kunt mijmeren'.[116]

Helaas voor hem had ze een vriendje: Philip Casnoff, die in de zomer van 1972 bij de Green Mountain Guild was gekomen. Meryl en Phil hadden de hoofdrollen gespeeld in een stuk van Peter Maeck, waar ze om de avond ieder dezelfde sekseneutrale rol speelden. Na de zomer had hij een rol gekregen in *Godspell*, waarmee hij door het hele land toerde, maar als hij vrij had, kwam hij langs in New Haven. Phil had golvend haar en het gezicht van een droomprins. Net als met Bruce Thompson op de middelbare school en met Bob Levin op de universiteit, zagen Meryl en hij er samen goed uit.

Rosenberg stond op om zijn sterfscène te doen, waarbij hij zijn onzekerheid achter een dun laagje gekkigheid verborg. Hij deed een pantomime van een vent die over straat loopt en wordt aangevallen door een zwerm moordlustige bijen. De studenten lachten. Succes?

Hij ging weer zitten en keek naar de anderen. Eén student deed alsof hij zichzelf in brand stak. Een ander schoot zich in zijn mond en bloedde langzaam dood. Toen was het Meryls beurt. Haar verscheiden was er een dat maar weinigen in de zaal zouden vergeten: ze voerde een abortus uit op zichzelf. Niet alleen was dit verontrustend om naar te kijken – en nogal een manier om een eerste indruk achter te laten –, het was ook een mooie timing. *Roe vs. Wade* werd nog steeds voor het Hooggerechtshof betwist en zou pas in januari van het volgende jaar worden beslist.* In de tussentijd werden vrouwen gedwongen zelf een oplossing te bedenken voor hun zwangerschap, vaak met tragische gevolgen.

Eén ding was duidelijk: Meryls toewijding aan haar werk was ongeëvenaard in die ruimte. Het was 'ongelooflijk intens', herinnerde Rosenberg zich. Hij merkte op dat haar gezicht van kleur veranderde als ze op het toneel stond; zo diep zat ze in haar personage. Rosenberg had zich er daarentegen gemakkelijk vanaf gemaakt. Nadat iedereen aan de beurt was geweest om zichzelf te gronde te richten, zei Haas: 'Ik geloof niet dat Alan helemaal heeft begrepen waar de opdracht over ging.'

Toen Rosenberg naar huis liep, was hij tegelijk uitgelaten en bezorgd. Aan de ene kant had hij de vrouw van zijn dromen ontmoet. Aan de andere kant had Haas hem gevraagd om wat 'specifieker' te zijn, en toen had hij met zijn mond vol tanden gestaan. Hij belde een vriend die arts was en vroeg naar een specifieke manier om te sterven. De vriend zei: beenmergembolie. Terug in de klas riep Haas Rosenberg naar voren voor een tweede poging. Hij deed een pantomime van een vent die autorijdt en een lekke band krijgt. Hij stopt en probeert het wiel te verwisselen, maar de krik breekt in tweeën en hij breekt zijn been. Binnen twintig seconden is hij dood. Het was nog steeds nogal gemakkelijk, maar het was beter dan de bijensteken. En ook al zou Haas er niet van onder de indruk raken, Meryl misschien wel. Hoe

---

* Noot van de vertalers: Met het geruchtmakende arrest van het Amerikaanse Hooggerechtshof werd verklaard dat de toen geldende strenge abortuswetten in strijd waren met de grondwet.

dan ook, liet Haas weten, zou de klas tot en met Thanksgiving* sterfscènes blijven oefenen.

Langzaam maar zeker begonnen de studenten te beseffen dat Meryl Streep hen in vrijwel alles kon overtreffen. 'Ze was leniger, wendbaarder, ze had een betere beheersing over haar lichaam dan de rest van ons,'[117] zei haar klasgenoot Ralph Redpath. Ze danste. Ze kon drie baantjes zwemmen in het zwembad zonder adem te halen. Ze maakte heerlijke soufflés met gruyèrekaas. Bij turnlessen met Don Tonry, die aan de Olympische Spelen had meegedaan, verbaasde ze iedereen door uit stand een handstand-overslag achterover te doen. Bij de schermlessen, gegeven door de Hongaarse schermer Katalin Piros, hanteerde ze haar floret als Errol Flynn. Iemand vroeg of ze al eerder had geschermd, en ze antwoordde: 'Niet vaak.' Wie wás deze persoon?

Tijdens improvisatielessen was ze inventiever, alsof er tientallen mogelijkheden door haar hoofd gingen waar één al volstond. Op een gegeven moment zei Haas dat ze door een nepdeur moesten lopen en zonder woorden moesten overbrengen waar ze vandaan kwamen en waar ze naartoe gingen. Ze mochten hun gezicht niet gebruiken, alleen hun lichaam. Meryl droeg een lange kaftan met een kap. Terwijl ze voor de deur stond, trok ze haar armen naar binnen en draaide ze de kaftan om zodat de kap haar gezicht bedekte. Niet alleen was haar gezicht uitdrukkingsloos, het was ook verborgen. 'Zelfs in de manier waarop ze de oefening deed, versloeg ze ons,' zei Walt Jones.

Bij de bewegingsles van Moni Yakim kregen de studenten opdracht door de zaal te waaien als bladeren in de wind. De acteurs dwarrelden in het rond, met de handen in hun zij, en probeerden geen oogcontact met elkaar te maken om niet in lachen uit te barsten. 'We werden allemaal door die zaal geblazen en zetten onszelf voor schut, maar zij stond in wat eruitzag als een moderne-danshouding tegen een muur,' herinnerde Jones zich. Een andere student waaide langs en vroeg:

---

* Noot van de vertalers: Thanksgiving wordt gevierd op de vierde donderdag in november.

'Wat is er met jou?' Meryl antwoordde droog: 'Ik ben blijven haken aan een twijgje.'

Er kwam een nieuwe uitdrukking in omloop: *'to Streep it up'*. William Ivey Long definieerde het zo: 'Kom het toneel op. Maak je je personage eigen. Zorg ervoor dat we naar je kijken.' Of ze het wilden of niet, zij was nu de standaard voor haar eigen klasgenoten.

Ze ondergroef haar snelgroeiende reputatie met speelse humor. Op een dag waren zij en Jones een keer na de repetities aan het loltrappen aan de piano. Jones deed alsof hij haar begeleidde in een nachtclub-act terwijl zij 'The First Time Ever I Saw You Face' van Roberta Flack zong. 'Hoelang denk je dat ik die noot kan aanhouden?' vroeg ze hem. Hij speelde de regel 'the first *tiiime*'. Terwijl Meryl de noot aanhield, rende Jones naar de hal en deed hij alsof hij aan het bellen was. Toen hij terugkwam, was zij nog steeds *'tiiime'* aan het zingen. Hij ging zitten, speelde het volgende akkoord, en het nummer ging verder. 'We deden het voor onszelf,' zei hij. 'Er was verder niemand bij.'

Nadat hij de studenten weken achter elkaar sterfscènes had laten oefenen, ging Haas eindelijk verder. Ze zouden Tsjechovs *Three Sisters* uitvoeren, maar met een paar veranderingen. Iedere acteur zou de naam van een personage uit de hoed trekken, ongeacht welke sekse. Meryl kreeg Masja, de middelste zus. In hun scènes mochten ze alleen in getallen praten of moesten ze één woord uit elke regel kiezen en dat steeds weer herhalen. Het idee was om de kracht binnen de poëzie te vinden, om onder de taal te duiken en terug te komen met pareltjes aan onderliggende tekst.

Alan Rosenberg speelde Soljony, de lompe legerkapitein. In een bepaalde scène verkondigt hij dat als vrouwen filosoferen, het resultaat ervan 'niets' is. Masja snauwt terug: 'Wat bedoelt u, akelige man?'[118] Meryl reduceerde de zin tot het woord 'wat', dat ze naar Rosenbergs hoofd slingerde als een salvo pijlen. 'Wat.' 'Wat?' 'WAT.' 'Het moest wel dertig keer zijn geweest,' herinnerde Jones zich. 'En Alan zakte zo'n beetje door de vloer.'

Eigenlijk zonk hij in werkelijkheid weg in een hevige verliefdheid. 'Ik had een liefde opgevat voor Meryl die pijnlijk onbeantwoord bleef,' zei Rosenberg. Aangezien ze allebei in New Jersey woonden, reisden ze samen tijdens vakanties. Hij kwam met Kerstmis bij haar op bezoek en ontmoette haar ouders. In sommige weekends gingen ze naar New York. Om de nieuwste film van Ingmar Bergman te zien of misschien gewoon bij een vriend te blijven logeren, waar ze gitaar speelden en zongen en vergaten om naar buiten te gaan. Rosenberg nam de improvisatiespelletjes van Haas niet serieus, en Meryl nam iets van zijn oneerbiedigheid over. 'Soms werd ze een beetje een stout meisje als ze met mij was,' herinnerde hij zich. In januari 1973 gingen ze naar Washington om te protesteren tegen Nixons tweede inhuldiging. Meryl was niet zo politiek georiënteerd als Rosenberg, maar ze spijbelde van school om erheen te gaan. De faculteit merkte haar afwezigheid op.

Het probleem, voor Rosenberg tenminste, was Phil Casnoff. Als hij tijdens verlofdagen van *Godspell* op bezoek kwam, merkten de andere studenten zijn knappe verschijning op. Niet alleen was Meryl de perfecte schermster, turnster, zangeres en improvisator: ze had ook nog een vriendje dat er perfect uitzag. Maar Phil was er vrijwel nooit, en zelfs als hij er was, hing hij er maar een beetje bij rond het hechte, stressvolle wereldje van de toneelstudenten. Meryl dreef dichter naar Rosenberg toe, en hield diverse ballen tegelijk in de lucht met de hofmakerijen van twee heel verschillende vrijers: de prins op het witte paard en de hofnar.

Intussen bereikte de oefening met *Three Sisters* het hoogtepunt: een voorstelling van drie uur voor de leden van de faculteit. Michael Posnick, een docent toneelregie, herinnerde zich: 'Midden op het toneel stond een bank. Op de bank was Meryl, in de rol van Masja met een boek. Ze lag op de bank met het boek in haar hand te lezen. En ik werd me ervan bewust dat ze de bank aan het neuken was. En plotseling zag ik iets aan Masja dat ik nooit eerder had begrepen of gezien.'[119]

Posnick was, net als de anderen, tot het besef gekomen dat Meryl iets veel ambitieuzers van plan was dan haar klasgenoten. Ze nam meer risico's, maakte vreemdere keuzes. Tegen de tijd dat het voorjaarssemester begon, noemden de eerstejaarsstudenten zich de Meryl Streep-klas, hoewel er misschien een klein beetje rancune in die term verscholen zat. En toen deed Haas iets wat niemand had verwacht: hij schorste haar voorwaardelijk.

85

Het sloeg nergens op. 'Onze klas noemt zich de Meryl Streep-klas, en dan schorst die klootzak degene naar wie de klas is vernoemd voorwaardelijk!' zei William Ivey Long. 'Natuurlijk gingen we er allemaal van uit dat hij jaloers op haar was. Iedereen walgde van hem om wat hij had gedaan.' Rosenberg maakte zich zorgen dat het kwam doordat ze te veel tijd met hem doorbracht. Hij kreeg nooit een waarschuwing, omdat niemand toch iets van hem verwachtte. Maar bij haar was dat anders.

'Wat Tom tegen ons zei was dat er niets was wat ze niet kon, maar dat ze niet genoeg haar best deed,' zei Walt Jones, die had gezien dat Haas in tranen was aan het eind van *Three Sisters*. 'En ik weet nog dat ik dat echt onzin vond. Ik bedoel: hoe kon je nou meer doen dan wat zij deed?'

Zelfs het bestuur begreep er niets van. Tijdens een vergadering van de faculteit zei Haas over haar talent: 'Nee, ik vertrouw het niet. Het lijkt geen potentieel voor de toekomst te hebben.' Posnick geloofde zijn oren niet: het was alsof je voor het Empire State Building stond en dan ging klagen dat het de zon tegenhield.

'Hij zei dat ik mijn talent voor me hield uit angst te concurreren met mijn medestudenten,' herinnerde Meryl zich. 'Daar zat een kern van waarheid in, maar er was geen reden om me te schorsen. Ik probeerde gewoon aardig te zijn, mijn diploma te halen en de toneelschool vaarwel te zeggen.' Bovendien begon ze te twijfelen aan Haas' hele opvatting over personage. 'Hij zei: "Vanaf het moment dat je in een stuk een ruimte binnenkomt, moet het publiek weten wie je bent." Ik vind dat zodra je de ruimte verlaat, de helft van het publiek moet weten wie je bent, en de andere helft het daar totaal niet mee eens moet zijn.'[120]

Nu ze voor het eerst van haar leven tot probleemgeval was gebrandmerkt, begroef Meryl zich in haar werk. De toneelstudenten waren *The Lower Depths* van Gorki aan het repeteren, dat zich afspeelde in een Russisch daklozentehuis. Dit was de eerste keer dat de oudere klassen van de toneelschool de eerstejaars aan het werk zouden zien. Albert Innaurato, die op dat moment tweedejaarsstudent toneelschrijven was, ging kijken in de verwachting – en misschien zelfs in de hoop

– dat het een grote puinhoop zou worden. 'Iedereen zei: "ze zijn vreselijk slecht, ze hebben niemand kunnen vinden die een beetje goed was. En het knappe meisje is echt afgrijselijk. Zij is ontzettend slecht."'[121]

Het 'knappe meisje' was Meryl Streep, die de vrouw van de beheerder speelde. Tijdens de climax van het derde bedrijf valt ze met een jaloerse woede haar eigen zus aan, duwt haar van de trap en gooit een emmer heet water over haar heen, waardoor haar huid verbrandt. Na de voorstelling werd er in de hal gepraat over de 'charmante' actrice die Vassilisa speelde, ondanks het geweld dat ze zojuist op het podium had ontketend. 'Ik wist dat dit meisje overduidelijk bestemd was voor iets groots,' zei Michael Feingold, 'want als je dat kunt doen en iedereen het er naderhand over heeft hoe charmant je bent, heb je duidelijk een bepaalde greep op een publiek.'[122]

Zelfs Brustein kreeg iets mee van Meryls vaardigheden. In december kwam hij voor acht dagen over uit Londen. Op de middag van de laatste schooldag vierde de school kerstfeest in het Cabaret. Er stond jus d'orange en wodka op de tafels, en studenten deden spottende interpretaties van popliedjes uit de jaren vijftig. Na een lang semester was het een welkome gelegenheid om stoom af te blazen. Voor de eerstejaarsstudenten was het echter alweer een soort auditie: hun kans om indruk te maken op de oppermachtige decaan. In zijn memoires schreef Brustein: 'Een heel mooie en getalenteerde eerstejaarsactrice van Vassar, die Meryl Streep heette, viel me in het bijzonder op.'[123] Hij had eindelijk iemand gevonden met de 'zwoele seksuele kwaliteiten in combinatie met een gevoel voor komedie'[124] om Lulu te spelen in Frank Wedekinds *Earth Spirit*, hoewel hij haar nooit te zien heeft gekregen in die rol. Hij wist niet hoe weinig Haas ophad met haar vermeende talenten.

Een zekere vorm van opluchting kwam in het voorjaar, toen Haas werd weggeroepen om een stuk van Brecht te regisseren in het Yale Repertory. Allan Miller, een professor in acteren, kwam in plaats van hem de eerstejaars leiden. Niemand was er rouwig om Haas te zien vertrekken, maar ze waren wel nerveus. Want Haas was een academicus, maar Miller was veel meer 'van de straat'. Hij was een vent uit

Brooklyn die geen onzin duldde, en hij gaf de voorkeur aan het instuderen van scènes boven improvisaties. Het was een volkomen andere aanpak.

Miller was mentor geweest van de jonge Barbra Streisand toen ze pas vijftien was, en had haar later gecoacht tijdens de repetities voor *Funny Girl*. Toen hij op Yale kwam, vond hij de toneelschoolstudenten 'behoorlijk intelligent' maar 'vrijwel nooit intuïtief'.[125] Hij was bot in zijn kritiek, en trots op het feit dat hij zijn meningen niet filterde of tactisch bracht. Ook was pasgeleden zijn huwelijk na achttien jaar stukgelopen. Meryl was nogal onthutst toen hij haar op een dag vroeg of ze met hem uit wilde. Het was een vrijdagavond en hij ging kijken bij een uitvoering in het Yale Repertory. Had ze zin om mee te gaan? 'Ze was een beetje beduusd en zei nee,' zei Rosenberg. Ze zei tegen hem dat ze al plannen had met haar vriendje uit New York. De afgewezen Miller vroeg Meryls klasgenootje Laura Zucker mee uit, en die accepteerde wel.

Naarmate het semester vorderde, merkten de studenten dat Miller en Zucker een stelletje waren. Intussen werd de manier waarop hij Meryl behandelde, steeds harder. 'Haar talent stond buiten kijf; soms was ze briljant, maar kil,' zei Miller. Hij begon haar bij faculteitsvergaderingen de IJsprinses te noemen. In de klas beschuldigde hij haar ervan dat ze niet hard genoeg haar best deed. Misschien was dat in zekere zin ook zo. Maar de studenten verdachten Miller en Zucker ervan dat ze onder één hoedje speelden tegen Meryl. 'In het begin uitten ze hun luidruchtige en wraakzuchtige gevoelens passief,' zei Walt Jones, 'maar ze werden steeds sterker.'[126]

Het semester kwam tot een hoogtepunt met de opvoering van *Major Barbara* van Shaw. Miller dacht dat Meryls 'enorme, gierende enthousiasme' perfect zou zijn voor de titelrol van het moralistische meisje van het Leger des Heils dat het aan de stok heeft met haar vader, een wapenfabrikant. Hij wees Zucker aan als Barbara's moeder. Tijdens repetities keek ze kwaad naar Meryl met een blik die zei: 'Zo geweldig is ze nou óók weer niet.' 's Avonds zat ze Miller te stangen: 'Hoe kan het dat ik met de regisseur naar bed ga en ik toch niet de rol van Barbara krijg?'[127]

Miller zette de studenten ertoe aan om Shaws uitspraken uit te spreken met woede, walging of zelfvertwijfeling. Maar hoe hard Meryl het ook probeerde, ze kon Miller niet tevredenstellen. 'Ze maakte een ongelukkige periode door dankzij hem,' zei Walt Jones. 'Ze begreep niet wat hij nou eigenlijk tegen haar wilde zeggen. Ze deed alles wat ze kon, maar hij bleef haar maar pushen alsof dat niet zo was.' De andere studenten hadden het ook moeilijk. Eén acteur raakte zo opgefokt van Miller dat hij zijn vuist naar hem ophief, maar op het laatste moment de muur een dreun gaf in plaats van het gezicht van de regisseur.

Tijdens een van de improvisaties gaf Miller een aanwijzing en zag hij hoe Meryl die van zich afschudde als een naar luchtje en haar rug naar hem toedraaide. 'Kom op, Meryl, gooi het er maar uit,' spoorde hij haar aan. 'Ze draaide zich als door een wesp gestoken naar me om met een geweldige blik waar tegelijk verlangen en pijn in lag, en toen stopte ze,' herinnerde Miller zich. 'Ze hield de emotionele stroom tegen. Ze wilde niet kwetsbaar zijn, en daarom was haar bijnaam de IJsprinses.'

Meryl vond Millers tactieken 'manipulatief'. Ze was sceptisch over het idee dat ze haar eigen pijn moest uitbuiten, want ze was ervan overtuigd dat ellende niet relevant was voor artisticiteit. Wat haar leraren zagen als luiheid of ontwijkingsgedrag was een groeiende intellectuele weerstand tegen de orthodoxie van method acting, die de voorgaande generatie acteurs had gevormd. Ze was niet bereid haar persoonlijke demonen op te graven om die van majoor Barbara van brandstof te voorzien. Ze gaf de voorkeur aan verbeeldingskracht, en vond dat Millers aanpak 'allemaal gelul' was. 'Hij groef in privélevens op een manier die ik afschuwelijk vond,'[128] zei ze later. Aan de andere kant: misschien hield ze wel écht iets achter.

Volgens de meeste mensen was Meryls majoor Barbara echter bij uitstek een les in *'to Streep it up'*. 'Ze hadden de gekunsteldheid afgeworpen,' zei Feingold. 'Dit gold in het algemeen, maar niemand in de klas deed het met zo veel vuur als Meryl.'

De maandag na de uitvoering verzamelden de acteurs zich in de studio voor een formele evaluatie. (De studenten waren begonnen ze 'devaluaties' te noemen.) Een voor een uitten de faculteitsleden kritiek op de acteurs, te beginnen met de bijrollen en omhoogwerkend naar de hoofdrollen. De bewegingsleraar verklaarde met overdreven Brits accent: 'O, jij kunt écht niet goed bewegen.' De stemleraar zei met rollende 'r': 'Je accent was afgrrrijselijk!'

'Het was een slachting,' zei Walt Jones, die Barbara's vader speelde. 'We werden allemaal stevig aangepakt, maar Meryl kreeg het het hardst te verduren. Een laatste dosis van de vitriool die Allan haar gedurende het hele semester had gegeven.'[129]

Tegen het einde was ze tegen haar tranen aan het vechten. Maar dat gold voor iedereen.

De studenten waren verbijsterd. Het gemakkelijkste doelwit, zo redeneerden ze, was het meest onlogische doelwit. Meryl had iets afgeleverd wat Miller niet herkende, en waar hij al helemaal geen eer voor kon opeisen. Dus kon hij het maar beter neerhalen, publiekelijk.

Aan het einde van het semester verliet Allan Miller Yale. Laura Zucker deed hetzelfde. Niet lang daarna verhuisden ze samen naar Los Angeles en trouwden ze. De toneelklas had één leerling minder.

Meryl stond in tweestrijd over de vraag of er op Yale wel plaats voor haar was. Ze had er vrienden, waaronder de smoorverliefde Alan Rosenberg. Maar haar leraren waren in het gunstigste geval laatdunkend, en in het ongunstigste geval autoritair geweest. Het meeste hiervan kwam oorspronkelijk bij Brustein vandaan en was omlaag gesijpeld naar de leraren onder hem. 'Ze waren erg beïnvloed door Roberts eigenmachtigheid en gemeenheid,' zei Innaurato. Bij het ontbreken van een coherente machtsstructuur hadden de studenten solidariteit bij elkaar gevonden. 'We mochten ons betrokken voelen bij onze tijd, bij ons jaar,' herinnerde William Ivey Long zich.

In de keuken van hun gele victoriaanse huis stortte Meryl haar grieven uit tegen Long, die ze liefkozend 'Wi'm' noemde. Als ze echt zo'n slechte actrice was als ze beweerden, waarom zou ze dan blijven? Aan de andere kant: als ze echt zo getalenteerd was als haar klasgenoten schenen te geloven, waarom zou ze dan opgeven?

Als ze iets had opgestoken van haar eerste jaar, dan was het wel vasthoudendheid. Misschien dat als ze hard zou werken – nog harder dan ze aan *Major Barbara* had gewerkt – iemand met macht haar talent zou herkennen.

En toen kwam Robert Brustein terug.

Op 5 september 1973 verzamelde de Yale School of Drama zich in het University Theatre. De man die het podium opkwam, was alleen bekend bij de derdejaarsstudenten, waaronder nu Sigourney Weaver en Christopher Durang. Voor de rest van de studenten was hij alleen maar iemand uit een legende: de onverzettelijke Robert Brustein, die hier was om zijn welkomsttoespraak te houden.

'Het is een vreemde gewaarwording om zo veel onbekende gezichten bij elkaar te zien in dit auditorium,' zei hij vanaf het podium. 'Voor het eerst sinds ik decaan ben, voel ik de noodzaak om me niet alleen aan de nieuwe leerlingen, maar ook aan de tweedejaars voor te stellen.' Hij keek uit over die gezichten, waaronder dat van Meryl Streep. 'Maar toch,' ging hij verder, 'kunnen jullie ervan verzekerd zijn, gezien de geringe grootte van de school en de intieme aard van het werk, dat we elkaar allemaal vrij snel zullen leren kennen.'

Voor degenen die het nog niet wisten, etaleerde Brustein zijn idealen – en zijn teleurstelling als er niet aan werd voldaan. 'Ik vind het nog steeds verbazingwekkend dat een artiest een reeks uitdagende rollen in opwindende toneelstukken naast zich neer kan leggen, waarbij hij of zij een redelijk loon kan verdienen te midden van een gemeenschap van artiesten, voor een kans in een televisieserie, een film of een bijrol in een of ander commercieel theaterstuk,' verklaarde hij. 'Het is een beetje als een schrijver die zijn hele leven zijn best doet romanschrijver te zijn, en als zijn uitgever hem eindelijk een contract aanbiedt voor een boek, het aanbod afwijst ten gunste van een beter betaald baantje in de reclamewereld.'

Tijdens de zomer was Brustein geobsedeerd geraakt door het zich ontvouwende Watergate-schandaal. Hij deed zelfs een perfecte imitatie van Nixon. Als iemand die zijn eigen koninkrijkje regeerde met ijzeren vuist was hij geamuseerd door de grillen van de machthebbers. Maar het schandaal verontrustte hem.

'Een aantal jaren geleden,' ging hij verder, 'had je Amerikanen die, in een stemming van optimistische vernieuwing, verkondigden dat we een Woodstock-natie waren. Vanuit dit gezichtspunt lijkt het treffender om ons een Watergate-natie te noemen. Wij allemaal – jong en oud, cultuur en tegencultuur, mannen en vrouwen, politici en artiesten – moeten de smet van die gebeurtenis dragen.'

Tot besluit zei hij: 'Het Amerikaanse toneel stelt ons karakter nu op de proef, en de rol die wij erin spelen zal bepalend zijn voor de toekomst ervan. Als ons vakgebied faalt voor de test, voegt het zich bij de Watergate-natie en helpt het mee het land aan zijn verraders uit te leveren. Om het aangezicht van het theater dus te veranderen, moeten we onze eigen aangezichten veranderen, er vertrouwen in houden en proberen het licht weer aan te wakkeren dat ooit onze harten in vuur en vlam zette.'[130]

Verheven woorden, maar niet iedereen was overtuigd. 'Hij kwam aan in een rode Mercedes die hij vanuit Londen had meegenomen,' herinnerde een van de toneelstudenten zich. 'En toen hield hij een gewichtige redevoering over dat we nooit het theater in moesten gaan om het geld. Ik kijk naar die rode Mercedes, ik kijk naar die vent, en ik denk bij mezelf: wie ís die kerel?'

Brustein had besloten het hele acteerschoolprogramma grondig onder handen te nemen, omdat hij vond dat het 'stijf stond van partijzucht, concurrentie en achterklap'[131]. Later schreef hij: 'Mijn vastberadenheid werd nog vergroot toen ik, kort nadat ik uit Engeland terugkwam, ontdekte dat de actrice waar ik het jaar daarvoor zo van onder de indruk was geweest, Meryl Streep, voorwaardelijk geschorst was.'

Zijn voornaamste zorg was de afwezigheid van een leidende filosofie. Daarvoor had hij Bobby Lewis binnengehaald als 'meester-leraar'. Lewis was een legende binnen het vakgebied. Als oorspronkelijk lid van het Group Theatre, samen met Harold Clurman, Stella Adler en Lee Strasberg, had hij method acting populair helpen maken binnen het Amerikaanse acteren. In Hollywood had hij geacteerd naast Charlie Chaplin en Katharine Hepburn.

Sommige studenten vonden Lewis (en method acting) ouderwets. 'Er hing een aura van traditie om hem heen die ons gedateerd aandeed,' zei Walt Jones, 'maar ik weet niet wie we wel dachten dat we waren.' Opnieuw kregen ze er in instructionele zin van langs. 'Elk jaar was er wel een staatsgreep,' herinnerde Meryl zich. 'Dan kwam de nieuwe man binnen en zei: "Wat jullie vorig jaar hebben geleerd, daar hoeven jullie je niet druk over te maken. Van nu af aan gaan we het heel anders aanpakken."'[132]

Toch bleef het moeilijk om weerstand te bieden aan Lewis' stem, die leek op die van Elmer Fudd, een personage uit de tekenfilmpjes en strips van de Looney Tunes ('Ik ben mijn memwáwes aan het schwijven'), of aan zijn excentrieke manier van lesgeven. Met zijn golden retriever, Caesar, aan zijn zijde, spuide hij anekdotes over zichzelf en de groten: Marlon Brando, Charlie Chaplin. Daarna vertelde hij dezelfde verhalen nog een keer, en nog eens. Het was een wonder dat er nog aan acteren werd toegekomen.

En toch werd dat er, af en toe. Tijdens een les deden Meryl en Franchelle Stewart Dorn een scène uit Jean Genets *The Maids*. Ze bevonden zich in een dansstudio die de studenten de 'spiegelzaal' noemden, en de twee actrices gebruikten de spiegels om de scène te herinterpreteren door hun spiegelbeeld als tweede ik te gebruiken. Niemand in de klas begreep echt wat het betekende, maar Lewis was verrukt.

Bewust of onbewust stelde Meryl haar personages samen uit mensen in haar leven: een stembuiging hier, een gebaar daar. Toen ze werd gecast als een excentrieke oude vrouw in een stuk van Richard Lees nam ze er een rare lichamelijke tic in op, waarbij ze met haar hand trok alsof ze een harp bespeelde. Naderhand vertelde ze haar klasgenoten dat ze die had geleend van haar tante. De stem was van haar oma.[133]

In november deed de tweede klas een uitvoering van Brechts *Edward II* in het Experimental Theatre (het 'Ex'), een benauwde ruimte onder in het University Theatre. Steve Rowe speelde de titelrol, en Meryl was Queen Anne. Ze behield haar focus, zelfs toen de *Yale Daily News* een bijschrift afdrukte waarin ze 'Meryl Sheep' werd genoemd.[134]

Christopher Durang kreeg de rol van haar zoon. 'We repeteerden het een aantal weken, maar het liep niet lekker,' herinnerde hij zich.

'Nu was het zo dat de regisseur had gezegd dat hij een circusanalogie wilde gebruiken bij de mise-en-scène, maar tijdens de kostuumparade was Meryl gekleed als trapezeartieste: ze had belletjes op haar borst en belletjes op haar kruis, en ze maakten de hele tijd geluid als ze liep. Nou, Meryl trok het aan en wierp een vernietigende blik op de regisseur. Ze zei dat ze van haar leven niet in die outfit zou optreden.'[135] De belletjes werden geschrapt.

Meryl was vastbesloten zich te bewijzen aan de mensen die ertoe deden. Op een avond kwam William Ivey Long langs om in haar kleedkamer een kostuum af te geven, en zag hij bloed in de wasbak. Door alle druk die ze zichzelf oplegde had Meryl vreselijk last van haar maag gekregen; ze maakte zich zorgen dat ze een maagzweer kreeg. Vóór de uitvoering had ze overgegeven.

Ze keek hem aan. 'Wi'm,' zei ze. 'Niet doorvertellen.'

Hoewel ze haar reputatie van 'het knappe meisje' had overwonnen, was Meryl toch een stralende verschijning op de campus. Klasgenoten zagen haar al van ver aankomen terwijl ze haar citroengele haar achterovergooide – een uitbarsting van kleur te midden van de namaakgotische gevels. Des te opmerkelijker was het dat haar doorbraakrol op Yale er een was waarvoor ze zich afgrijselijk lelijk maakte.

Het stuk werd opgevoerd met dank aan de grapjassen van de school, Christopher Durang en Albert Innaurato. Chris was opgegroeid op katholieke scholen voordat hij aan Harvard Engels ging studeren. Hij was op Yale gekomen op grond van een absurdistisch toneelstuk dat *The Nature and Purpose of the Universe* heette. Albert, ook een afvallige katholiek, kwam uit Philadelphia. Allebei waren ze homoseksueel, en allebei waren ze op de vlucht voor een religieuze achtergrond waar er geen plaats voor hen was. Ze zochten hun toevlucht in pesterijen. (Ze hadden de neiging toneelstukken te schrijven over boosaardige nonnen.) Chris kwam op de eerste lesdag te laat opdagen, hevig met zijn been trekkend. Albert zag meteen dat hij deed alsof. Ze werden onafscheidelijk.

Anders dan sommige van hun klasgenoten waren ze veel te flamboyant om hun seksualiteit te verbergen. 'We waren net kerstbomen die met lichtjes en al over straat liepen,' zei Innaurato. Maar waar Albert openlijk kattig was, was Chris vals, met het gezicht van een engeltje en de humor van een adder. Brustein, die hem meteen mocht, noemde hem een 'dodelijke piranha met de manieren van een elitaire-kostschooljongen en de onschuld van een koorknaap'.¹³⁶

Toen een galerie op Yale een tentoonstelling hield over William Blake en Thomas Gray, werd hun gevraagd een scène te schrijven en uit te voeren. Ze verkleedden zich als priesters en propten vijftig toneelstukken samen in vijf minuten. De ene minuut was Chris Laura uit *The Glass Menagerie*. De volgende minuut was Albert Eleanor Roosevelt in *Sunrise at Campobello*. Daarna zongen ze de mis op de melodie van 'Willkommen' uit *Cabaret*. Halverwege zei een vrouw in het publiek tegen een andere vrouw: 'Kom, Edith!' en ze verlieten nijdig de zaal. Maar Howard Stein, de waarnemend decaan, vond de voorstelling hilarisch en spoorde het duo aan deze op te voeren in het Cabaret.

Hun samenwerking ging verder met een dwaze parodie op *The Brothers Karamazov*, uitgevoerd in Silliman, een van de colleges van Yale. Het stuk was doorzeefd met dubbelzinnige vrolijkheid: Dostojevski *meets* The Three Stooges*, met gastoptredens van Djuna Barnes en Anaïs Nin. Ze kondigden het aan als 'The Brothers Karamazov, met in de hoofdrol Dame Edith Evans als Constance Garnett, de beroemde Britse vertaalster van Russische klassieken'. Toen het publiek arriveerde, hoorde het dat 'Dame Edith Evans' haar heup had gebroken en dat de tachtigjarige 'translatrix' gespeeld zou worden door Albert met snor en fleurige hoed. Opnieuw bracht hun kattenkwaad geld in het laatje: ondanks protesten boekte Howard Stein het voor het voorjaar in het Ex.

Maar er werden veranderingen aangebracht. Het stuk werd omgedoopt tot *The Idiots Karamazov*, en de vrouwelijke personages zouden worden gespeeld door vrouwen. Dat betekende dat er opnieuw nage-

---

* Noot van de vertalers: The Three Stooges waren een Amerikaanse komische act van drie slapstickacteurs die in de jaren dertig, veertig en vijftig ongeveer 190 korte films hebben gemaakt.

dacht moest worden over de rol van Constance Garnett. De schrijvers hadden haar bedacht als een heksachtige, seksueel gefrustreerde feeks in een rolstoel, die dienstdeed als verstrooide verteller. Als ze niet een monocle aan het kapotslaan was of tegen haar butler, Ernest Hemingway, schreeuwde, probeerde ze tevergeefs wijs te worden uit de gebeurtenissen:

Constance:
De Gebroeders Karamazov. Dit is een van de grootste romans die ooit in een taal zijn geschreven. Hij gaat over de onverbiddelijke ellende van de *condition humaine*. Honger, zwangerschap, dorst, liefde, honger, zwangerschap, slavernij, ziekte, gezondheid en het lichaam; laten we het lichaam niet vergeten. *(Huivert wellustig.)*[137]

Wie zou deze groteske krachttoer aankunnen? Het antwoord was net zo briljant als pervers: het knappe meisje, Meryl Streep. In *The Lower Depths* had ze laten zien dat wreedheid charmant kon zijn. Kon ze het ook grappig maken?

Het addertje onder het gras: de regisseur was de gevreesde Tom Haas. Toen Chris en Albert voorstelden om Meryl te nemen voor de rol van Constance, steigerde hij: 'Hebben jullie ooit gezíén dat Meryl goed was?'[138]

De jonge toneelschrijvers hielden vol, en hun wens werd vervuld.

Meryl wierp zich op de rol en gooide alle ijdelheid van zich af. Ook al schreven Chris en Albert steeds krankzinniger monologen voor haar, Haas zette haar niet op het schema van de repetities. De rol van Constance mocht dan maf zijn, het was wel een enorme rol, en ze had tijd nodig om het personage te verkennen. Was de regisseur haar aan het saboteren?

Op een dag zette Meryl Albert klem in de Hall of Graduate Studies. Hij, Chris en Sigourney Weaver spraken daar meestal af om te eten, grappen op elkaar uit te proberen of te mopperen over het beleid van de school. Sigourney, die nu in het derde jaar zat, kreeg nog steeds geen fatsoenlijke rollen in het Repertory. In plaats daarvan vond ze haar eigen weg en speelde ze de hoofdrol in elke absurdistische janboel die Chris en Albert in het Cabaret opvoerden.

En ja hoor, Meryl trof hen in de eetzaal aan. 'Kan ik je even privé spreken?' vroeg ze aan Albert en trok hem opzij. 'Kun je ervoor zorgen dat ik naar de repetities kan komen? Tom wil me er niet bij laten.'

Albert antwoordde dat Haas hem en Chris ook had buitengesloten. De regisseur was begonnen hun pakkende zinnen te schrappen en het tempo te verlagen, terwijl hij de acteurs instrueerde om hun scènes met dodelijke ernst te spelen. Verontrust gingen de toneelschrijvers naar Howard Stein en smeekten hem om toegelaten te worden bij de repetities voor hun eigen toneelstuk. Ze bevonden niet in een positie om ook voor Meryl te lobbyen. Toen ze het wel ter sprake brachten, beweerde Haas dat Meryl alleen maar slechter werd naarmate ze meer repeteerde; het was beter om haar met rust te laten.

Een paar weken later zag Albert Meryl in het steegje dat het University Theatre verbond met het Cabaret. Ze was zichtbaar ontdaan.

'Wat is er?' vroeg hij.

Meryl uitte haar frustratie: 'Hij roept me niet bij de repetities. Ik ben naar hem toe gegaan om het aan hem te vragen, maar hij wilde me niet eens aankijken.' Haar monologen zaten, behalve dat ze lang waren, ook nog eens vol met academische verwijzingen, en ze snapte haar eigen grappen nauwelijks. 'Ik moet er echt aan werken,' zei ze.

'Je weet dat ik de rol ook heb gespeeld, hè?' zei Albert.

Ze was het bijna vergeten. 'Hoe heb je dat gedaan?'

Toen barstte Albert uit in zijn imitatie van de verheven Edith Evans: '*Nouou*,' bazuinde hij als een dronken Lady Bracknell*, 'ik praatte gewoon *zzooo*.'

Ze maakte een omslag in haar denken. 'Dat is eigenlijk heel bruikbaar,' zei ze. Ze ging naar huis en liet het goed tot zich doordringen: hoe kon ze zich deze theatrale karikatuur eigen maken?

Toen ze eindelijk voor een repetitie werd uitgenodigd, kwam Meryl binnen met een volledig ontwikkeld komisch personage: de

---

* Noot van de vertalers: Lady Bracknell is een afschrikwekkend personage uit *The Importance of Being Ernest* van Oscar Wilde.

zelfingenomen, grillige, excentrieke Constance Garnett. Ze vervaardigde zelfs haar eigen kriebelige pruik en prothetische neus, met een uitpuilende moedervlek op het puntje ervan. Ze zag eruit als de Boze Heks uit het Westen, uit *The Wizard of Oz*.

Algauw domineerde Constance – de raamvertelling – het stuk. In het eerste bedrijf zongen de Karamazovs een variéténummer dat 'O We Gotta Get to Moscow' heette. Op een avond viel Meryl in met een tegenmelodie. Het was zo grappig en onverwacht dat het in de voorstelling werd geschreven. 'Je wist meer doordat ze dat deed,' zei Walt Jones, die de muziek had geschreven. 'Je kwam meer te weten over dat personage, hoe belangrijk ze was voor die gebeurtenis, dat zij ervoor zorgde dat dit stuk werd opgevoerd in haar verwarde, geschifte geest.'

Haas kon het niet waarderen. Hij 'had het nog steeds op Meryl gemunt', zei Durang. 'Haas vond ook dat Meryl aan het eind te veel aandacht wegtrok van de monoloog van een ander personage; Haas zei dat ze minder moest doen. Dus deed ze dat.'[139] Een paar dagen voor de technische doorloop bezorgde het lot haar een oppepper: Haas kreeg griep en liet het tweede bedrijf over aan zijn assistenten, die de oorspronkelijke, maffe sfeer in ere herstelden.

Tegen de tijd dat Haas was hersteld, leek hij het nieuwe hoge tempo wél te snappen. Tijdens een van de doorlopen zat hij in het publiek en knipte met zijn vingers – *Sneller! Sneller!* – terwijl de acteurs hun best deden om het bij te houden. Toen ze naar buiten kwamen voor een verslag zei Meryl zodat iedereen het kon horen: 'Dat was het akeligste wat ik tot nu toe ooit heb meegemaakt in het theater.'

Haas keek haar uitdrukkingsloos aan. 'Oké,' zei hij, 'Hier zijn de aantekeningen.'[140]

Het stuk ging in het voorjaar van 1974 in première. Hoe mesjokke en cryptisch het ook was, de studenten gaven het, met de oneerbiedige ontvankelijkheid die ze hadden ontwikkeld in het Cabaret, de erkenning van een hit van eigen bodem. Precies midden in de actie – of liever gezegd, er heel snel omheen draaiend – was Meryl Streep. Aan het eind, om redenen die alleen bekend zijn aan de schrijvers van het stuk, transformeert Constance in Miss Havisham uit *Great Expectations*. In een ragfijne trouwjurk die was ontworpen door William Ivey Long ('Het was de allereerste keer dat ik met tule van zijde werkte'), rolde ze een roze schijnwerper binnen en bracht ze een klaagzang:

You may ask,
Does she cry,
Unassuming translatrix,
Could it be she's the matrix,
The star of the show,
If so, you know
She'll never let it go... [141]

Niet alleen had de karikatuur zich verdiept tot pathos; ook demonstreerde ze haar vocale lenigheid door van een typisch Broadwaygeschal onmerkbaar over te gaan in een breekbare, zwevende hoge noot op 'let it go', dat wegpruttelde als een leeglopende ballon. Sommige mensen dachten dat ze een echtgenote van een faculteitslid was, een actrice van vijftig of zestig jaar, op zijn minst.

De eerste paar avonden reed ze, terwijl het publiek uitzinnig joelde, bij het slotapplaus naar voren en porde ze met haar wandelstok naar de eerste rij, 'Ga toch weg! Ga toch weg!' roepend. De schrijvers van het stuk vonden de improvisatie geweldig, maar Haas zei dat ze ermee op moest houden. Dus de volgende avond beeldde ze een hartaanval uit en stierf ze op dramatische wijze. 'We wisten dat ze Tom zat te stangen,' zei Durang.

Meryls optreden, zei Michael Feingold, combineerde 'buitensporige extravagantie met een volkomen geloofwaardigheid'. Niets was nep. Niets was overdreven geacteerd. De waanvoorstellingen van Constance waren volkomen geloofwaardig voor haarzelf, en dat maakte ze des te grappiger. Bobby Lewis vond het het fantasierijkste kluchtige optreden dat hij ooit had gezien.

Maar het belangrijkste was dat ze indruk had weten te maken op de persoon wiens mening er echt toe deed: Robert Brustein. Het stuk vervulde zijn visie van anti-naturalistisch, brechtiaans theater, en de hoofdrolspeelster zelf ook. 'Meryl was helemaal vermomd in deze rol,' herinnerde hij zich in *Making Scenes*. 'Haar haviksneus was omgevormd tot de kokkerd van een heks met een wrat op de punt, haar lodderige ogen glansden van de drab en haar lieflijke stem kraakte met een woeste autoriteit. Dit optreden duidde er meteen op dat ze een groot actrice was.'[142] Hij schreef in zijn dagboek: 'Meryl Streep, een ware vondst.'

Hij was extatisch en zette *The Idiots Karamazov* voor het komend najaar op het rooster van het Repertory.

Net toen Meryl erkenning op het podium vond, begon haar liefdesleven ingewikkeld te worden. Haar twee vrijers, Phil Casnoff en Alan Rosenberg, waren zich terdege bewust van elkaars bestaan. Haar relatie met Alan was vaag: iets wat meer was dan vriendschap maar minder dan een romance. Dat was genoeg om Phil te irriteren, die de rol van Teen Angel had gekregen in de Broadway-musical *Grease*.

Het kwam allemaal tot uitbarsting op een avond in hartje winter, toen beide mannen zich bij Meryl thuis bevonden. Phil was vrij plotseling naar de stad gekomen in de hoop wat tijd te kunnen doorbrengen met zijn vriendinnetje. Maar zij had al plannen gemaakt met Alan. Toen ze die afzegde, kwam hij woedend langs. De rivalen begonnen om het hardst tegen elkaar te schreeuwen.

'Wat moet jíj hier, verdomme?'

'Ík zou iets met haar gaan doen vanavond!'

Voordat het tot een vechtpartij kwam, beseften ze dat Meryl er niet meer was. Hun machogedrag zat, was ze zonder jas naar buiten geglipt. Niet alleen vroor het, maar de straten van New Haven waren ook gevaarlijk na zonsondergang, en de studenten moesten de hele tijd straatrovers zien te ontlopen na lange uren in de repetitieruimte. Alan en Phil gingen naar buiten om Meryl te zoeken, terwijl ze voortdurend ruzie bleven maken. Maar het had geen zin: ze was verdwenen in de nacht van New Haven.

Zij en Phil waren meer dan een jaar met elkaar, en Alan wist dat hij in het nadeel was. Maar aan de andere kant: hij was vaak bij haar in de buurt, en Phil niet. Ze gingen weekendjes weg naar Cape Cod, en hij kocht cadeautjes voor haar: glazen kralen, een kerstbord uit het warenhuis van zijn ouders. Meryl biechtte hem haar angsten op: ze had nachtmerries dat ze zou mislukken in haar beroep, wat Alan haar 'eeuwige faalangst' noemde. Ze was geobsedeerd door het boek *The Limits of Growth* (*De grenzen aan de groei*)[143], over hoe de beschaving ooit de grondstoffen van de aarde zou uitputten. Haar slaapkamer keek uit op een rustig plein, maar ze miste de bossen van Bernardsville. 'Later kwam ik erachter dat dit het rustigste plekje van New Haven was,' zou ze zich herinneren. 'Het punt is dat ik dacht dat het de luidruchtigste uithoek ter wereld was, zo luidruchtig dat ik er 's nachts niet van kon slapen.'[144]

Alan besloot alles of niets te spelen. Op een dag, toen Meryl een beetje lag te luieren in zijn appartement, deed hij haar een huwelijksaanzoek. Hij wist dat de kans klein was dat ze zou accepteren, dus deed hij alsof het voor de vuist weg was: hij knielde niet en hij had geen ring. Maar hij meende het wel. 'Ik denk dat we fantastische dingen kunnen doen samen,' vertelde hij haar.

Ze praatten er een beetje over en lachten. Op de een of andere manier ging het gesprek over op een ander onderwerp. Ze had hem geen ja of nee gegeven, wat in feite neerkwam op nee. Alan wist dat ze hem niet au sérieux nam, niet zoals hij haar. Phil was nog in beeld en bovendien was ze er hoe dan ook nog niet aan toe om te gaan settelen met iemand.

In februari deelde Bobby Lewis de klas in tweeën: de ene helft zou *The Balcony* van Genet opvoeren, de andere helft *The Last Analysis* van Saul Bellow. Meryl kreeg de rol van de Pony Girl in *The Balcony*, een klein, kinky rolletje waarvoor ze een korset, rijglaarzen, netkousen en een paardenstaart droeg. Alan had de hoofdrol in *The Last Analysis*, een rol die Bellow oorspronkelijk had geschreven voor Zero Mostel (die hem had afgewezen ten gunste van *Fiddler on the Roof*). De rol intimideerde Alan nogal; hij was een jonge man, geen pompeuze hansworst in Joods-Amerikaanse stijl. Zijn nervositeit uitte zich, net als bij Meryl, lichamelijk. Hij raakte ernstig uitgedroogd, en Meryl moest hem naar het campusziekenhuis brengen. Na een paar dagen bedrust was hij op tijd terug om op te treden. Na de voorstelling verzamelden zijn vrienden zich in de kleedkamer en feliciteerden hem met het feit dat hij het onmogelijke had gepresteerd. Maar ze vertelden ook dat Bobby Lewis in de pauze was weggegaan. Rosenberg was buiten zinnen. In de volgende les gaf Lewis een gedetailleerde kritische bespreking van het eerste bedrijf. Toen hij wat algemenere opmerkingen begon te maken over het tweede bedrijf, stak Alan zijn hand op.

'Sorry,' zei hij, 'maar ik heb gehoord dat je was weggelopen bij het stuk na het eerste bedrijf. Dus waarom heb je het over het tweede bedrijf?'

Lewis gaf het toe. De regie had hem niet aangestaan.

Alan kreeg een rood hoofd. 'Bobby, we hebben allemaal een boel geld betaald om naar deze school te kunnen,' zei hij. 'Als de manier waarop het was geregisseerd door een van de studenten toneelregie je niet aanstond, dan had je misschien moeten blijven en naar het stuk moeten kijken. Misschien hadden we je hulp wel kunnen gebruiken!'

Nadat Alan verontwaardigd de klas uit was gestoven, ging hij naar Howard Stein en zei hij tegen hem dat hij zich terugtrok uit het programma. Twee dagen later trok hij uit zijn appartement. Er was geen tijd om afscheid te nemen, zelfs niet van Meryl. En toch wist hij dat de uitbarsting met Lewis maar een façade was. Als Meryl zijn aanzoek had geaccepteerd, had hij alle druk, alle ego's en alle gelul aangekund. Maar wat had het allemaal voor zin zonder haar?

'Waar ik eigenlijk voor op de loop ging,' zei hij, 'was zij. En mijn gevoelens voor haar.'

De toneelklas had twee leerlingen minder.

In het Yale Repertory eindigde het lenteseizoen met een *kwaak*. In Londen had Brustein Broadway-regisseur Burt Shevelove gevraagd om een muzikale versie van Aristophanes' *The Frogs* (*Kikkers*) op touw te zetten, in het zwembad van de Payne Whitney Gym. De voorstelling zou dienstdoen als een frivool lolletje voor na het schoolseizoen, en als een kans om gemakkelijk wat geld te verdienen voor het Repertory.

Om de liedjes te componeren nam Shevelove Stephen Sondheim in de arm, met wie hij *A Funny Thing Happened on the Way to the Forum* had geschreven. Met zijn vierenveertig jaar was Sondheim halverwege een reeks indrukwekkende musicals, waaronder *Company* en *Follies*. Met Sondheim kwam ook zijn arrangeur, Jonathan Tunick, mee, en met Tunick kwam een heel orkest mee. Algauw werd het frivole lolletje voor na het schoolseizoen een opzichtige, spectaculaire voorstelling met een cast van achtenzestig mannen en vrouwen, onder wie eenentwintig zwemmers in kikkerkostuums en visnet-suspensoirs die ze hadden geleend van het zwemteam van Yale.

Om het koor vol te krijgen nam Brustein alle toneelstudenten die hij kon vinden, onder wie Christopher Durang, Sigourney Weaver en Meryl Streep. Niemand wist precies wat de bedoeling was. 'Ik weet nog dat ik binnenkwam, naast Chris Durang ging staan en vroeg: "Wat gaat er gebeuren?"' herinnerde Kate McGregor-Stewart zich. 'Hij zei: "Ik weet het niet!"' Verveeld en geamuseerd maakten de koorleden grappen over dat ze Sondheim in het zwembad zouden gooien. Ralph Redpath, die Ernest Hemingway had gespeeld in *The Idiots Karamazov*, wist Meryl zover te krijgen dat ze hem de vlinderslag leerde.

Sondheim, die het allemaal vernederend onprofessioneel vond, zag Brustein als een saracastische academicus zonder enige kennis van productie.[145] (Daarbij werkte het feit dat Brustein Sondheims werk in een publicatie had afgekraakt niet in zijn voordeel.) Aan de andere kant was Brustein vol afschuw over hoe overdadig de voorstelling was geworden, compleet met een clownsauto vol ego's van Broadway-formaat. Op een dag bedankte hij tijdens een repetitie in het openbaar het gezelschap en de crew voor hun harde werk. Naderhand kafferde Sondheim hem uit omdat hij de muzikanten niet had bedankt. Daar kwam nog bij dat de akoestiek van het zwembad belabberd was, zo erg zelfs dat Sondheim een regel tekst aan het openingsnummer toevoegde: 'De echo duurt soms dagen... dagen... dagen... dagen...'[146]

Op de avond van de première streek er een chique Broadway-kliek, onder wie Leonard Bernstein en Harold Prince, neer in New Haven, met een pandemonium van luchtkusjes en gekibbel over stoelen. Tot Sondheims onaangename verrassing had Brustein de recensenten uit New York uitgenodigd, onder wie Mel Gussow van *The New York Times*, die de voorstelling in gunstige zin vergeleek met een 'opzichtig

MGM-epos'[147]. Als hij zijn aandacht had gericht op de stellage aan de linkerkant, dan had hij een slanke blondine opgemerkt die gekleed was als een Griekse muze, voor een van de laatste keren van haar leven toegewezen aan het koor.

Ondanks jubelende recensies oogstte *The Frogs* ook verzet. Een neuroloog van de medische faculteit schreef Brustein een boze brief waarin hij klaagde dat de 'karige' kostuums de achtersten van de zwemmers bloot lieten. 'In uw verontwaardiging en gêne over de blote billen van de zwemmers,' antwoordde Brustein, 'hebt u blijkbaar niet opgemerkt dat er ook een ontblote borst van een van de actrices in het stuk voorkwam. Waar uw voorkeur ook naar uitgaat, naar mannelijke achterwerken of naar vrouwelijke borsten, ik hoop dat u het met me eens bent dat, in deze tijd van gelijke rechten voor vrouwen, het feit dat u dit niet hebt opgemerkt een belediging is voor de vrouwelijke sekse.' Intussen klaagde het New Haven Women's Liberation Center dat de show vrouwen behandelde als 'seksobjecten'. Brustein reageerde met: 'Ik vind uw satire over de humorloosheid van de extremistische elementen in onze samenleving kostelijk.'

De spottende toon was kenmerkend voor Brusteins mening over de Tweede feministische golf. Zijn automatische reactie was er een van minachting. Toen het tijdschrift *Ms.* hem een enquête stuurde met vragen als 'Hoeveel toneelstukken over vrouwen zijn er in uw theater uitgevoerd?' en 'Hoeveel toneelstukken in uw theater zijn geschreven of geregisseerd door vrouwen?' stuurde Brustein een spottende enquête van zichzelf terug: Hoeveel artikelen van of over mannen hadden ze gepubliceerd? Hoeveel van hun redacteuren waren mannen?[148]

Brusteins minachting maakte het leven zwaar voor een eerstejaarsstudente toneelschrijven die Wendy Wasserstein heette en die in het najaar van 1973 was aangekomen. Wasserstein, het product van een Joods middenklassegezin uit Brooklyn, had dicht krullend haar, en ze was mollig en uitbundig. Nadat ze op Mount Holyoke geschiedenis had gestudeerd, wilde ze graag toneelstukken schrijven over vrouwenlevens, maar haar schertsende, naturalistische stijl botste met de avant-garde-idealen van Brustein. Hij trok haar toelating tot de school openlijk in twijfel en noemde haar werk 'pedant' – dat Christopher Durang, wiens werk overduidelijk pedant was, een van zijn favorieten was, deed er niet toe. In de klas verging het haar al niet veel beter. Bij de eerste lezing van wat *Uncommon Women and Others* zou worden, zei een van de mannen: 'Ik kan maar niet geboeid raken door al dat meidengedoe.'[149]

Wendy verborg haar onzekerheid – over haar gewicht, over haar talent – achter meisjesachtig gegiechel. Terwijl haar moeder haar elke dag om zeven uur 's ochtends belde om te vragen of ze al een echtgenoot had gevonden, was ze juist nonchalant wat haar persoonlijke hygiëne betrof en had ze soms weken achter elkaar dezelfde jurk aan met een geborduurde roos op de boezem. Net als Sigourney had ze geen interesse (en was ze niet in staat) om zich te kleden zoals van haar werd verwacht.

Ze was het meest op haar gemak bij homoseksuele mannen als Chris, met wie ze meteen een band had. Ze hadden samen een schrijfwerkgroep, en Chris merkte dat Wendy afgeleid raakte tijdens de les. 'Je ziet er zo verveeld uit, dat je wel heel slim moet zijn,' zei hij na de les tegen haar. (Tientallen jaren later stopte ze de tekstregel in haar toneelstuk *The Heidi Chronicles*, waarvoor ze een Pulitzer-prijs won.) Ze begonnen verhalen uit te wisselen over hun gestoorde families. 'Ze had haar eigen triestheid in zich,' zei Durang, 'maar dat zag ik toen nog niet.'

Vrouwen waren zenuwachtig bij haar in de buurt: alles waar ze bang voor waren bij zichzelf, liet zij openlijk zien. 'Wendy had iets wat ik heel beangstigend vond,' zei Sigourney tegen Wendy's biograaf. 'Ze was een naaktere versie van de kwetsbaarheid die ik zelf voelde.'[150]

Meryl was precies het soort vrouw dat Wendy haar hele leven had geprobeerd te vermijden: de lange, slanke, blonde, niet-Joodse godin die alles aan kwam waaien in het leven. Ze was geneigd zulke vrouwen te wantrouwen en beeldde zich in dat ze niets met haar te maken wilden hebben. Maar Meryl was aardig, en Wendy zou haar later op plaats 8 zetten van haar lijst van 'Perfecte vrouwen die te pruimen zijn'. 'Ze zal je nooit een vergiftigde appel geven,' schreef ze. 'Meryl is gewoon met haar eigen ding bezig.'[151]

Tijdens kostuumdienst, verplicht voor alle toneelstudenten, herstelden Meryl en Wendy jurken en gaven ze elkaar de slappe lach. Maar er was iets aan het lachen wat Meryl verontrustte: het leek niet zozeer een oprechte bevrijding, als wel een geforceerde bijdrage aan de algemene vrolijke sfeer. 'Op mij kwam ze altijd eenzaam over,' zou Meryl zich herinneren, 'en hoe vrolijker ze was en hoe enthousiaster haar glimlach, des te eenzamer ze leek.'[152]

Meryl bleef in New Haven voor het openingsseizoen van het Summer Cabaret, een uitvloeisel van het door studenten geleide theater buiten het seizoen. Degenen die bleven, voerden tien (nauwelijks gerepeteerde) toneelstukken op in tien weken. De ene week was Meryl Lady Cynthia Muldoon in Tom Stoppards *The Real Inspector Hound*. De volgende week was ze Beatrice in *Much Ado About Nothing*, of de verbitterde zuster in Durangs *The Marriage of Bette & Boo*, waarvoor het Cabaret werd omgedoopt in 'Our Lady of Perpetual Agony Catholic Church and Bingo Hall' (Katholieke Kerk en Bingozaal van Onze Lieve Vrouwe van Eeuwigdurende Pijn). De kostuums bestonden uit alle rommel die William Ivey Long nog had rondslingeren, en de decors werden bij elkaar gehouden met spuug en een beetje geluk. Voor een uitvoering van *Dracula Lives* raakte de rookmachine leeg, en de groep verving het door paraffineolie van de drogist, waardoor het hele theater veranderde in een vettig, bijtend moeras.

Zonder airconditioning was het bloedheet in het Cabaret. Desalniettemin sliepen sommige leden van het gezelschap op de tweede verdieping, tot ze eruit werden getrapt door de campuspolitie. Elke zaterdag maakte Meryl voor iedereen wentelteefjes in haar appartement buiten de campus. Voor de voorstellingen dienden ze kwarktaart van Junior's* en frisdrank op, waarbij ze stiekem de kakkerlakken van de borden veegden voor ze die neerzette. Daarna bleven ze nog tot laat op om schoon te maken voor de volgende dag. In hun favoriete kroeg op Chapel Street oefenden ze de *'Yale stretch'*: wanneer ze van plan waren iets slechts over iemand te zeggen, draaiden ze hun hoofd alle mogelijke kanten op om te kijken wie het misschien zou kunnen horen.

Eén week was het gezelschap zo uitgeput dat ze besloten iets op te

---

* Noot van de vertalers: Junior's is een keten van fastfoodrestaurants.

voeren wat helemaal geïmproviseerd was. Het resultaat was *The 1940's Radio Hour*, een oorlogsparodie. Met gleufhoeden op en bontjassen aan (waardoor ze bijna een hitteberoerte opliepen) verzonnen de spelers de voorstelling gaandeweg, terwijl ze spraken in vintage RCA-microfoons en verkruimeld piepschuim over zich heen gooiden dat sneeuw moest voorstellen. Meryls solo was de klassieker uit 1938, 'You Go to My Head'. 'Je smolt als je het hoorde,' zei Walt Jones, die de voorstelling uiteindelijk naar Broadway zou halen, zonder Meryl. De tweede avond stond er een rij tot om de hoek. Niemand wist hoe het nieuws zo snel de ronde had gedaan.[153]

Te midden van alle lol keek Meryl vooruit. Bobby Lewis had haar niet veel bijgebracht over acteren, maar hij had wel een agent voor haar gevonden bij het pas opgerichte ICM[*]: Sheila Robinson, een van de weinige Afro-Amerikaanse vertegenwoordigers van het bedrijf. Intussen kreeg ze via Alvin Epstein, een oudgediende acteur bij het Yale Repertory, haar eerste professionele voice-overopdracht. Het animatieteam bestaande uit het getrouwde koppel John en Faith Hubley, had Erik Eriksons theorie over de acht stadia van psychosociale ontwikkeling bewerkt tot een serie tekenfilms die *Everybody Rides the Carousel* heette. Meryl en haar klasgenoot Chuck Levin waren ingehuurd voor 'Stadium 6: Jongvolwassenheid'.

De twee acteurs gingen naar een opnamestudio in New York, waar ze een storyboard te zien kregen en waar hun werd gevraagd een scène te improviseren die het conflict 'intimiteit versus isolatie' uitbeeldde. Ze improviseerden een charmante scène van zeven minuten over een jong paartje in een roeiboot. Als de man een splinter in zijn vinger krijgt, verwijdert de vrouw die teder met een veiligheidsspeld. Terwijl ze wegvaren, veranderen hun gezichten in maskers met twee gezichten. Ze vragen zich ieder voor zich af: Zullen ze over twee jaar nog wel samen zijn? De vraag moet hebben nagegalmd in Meryls hoofd, terwijl ze haar ambities afwoog tegen de hofmakerijen van jongens als Alan en Phil.

---

[*] Noot van de vertalers: ICM staat voor International Creative Management, een van 's werelds grootste talentagentschappen.

Tijdens een ander tripje naar New York zag ze Liza Minnelli in het Winter Garden Theater. Het 'zuivere, ongegeneerde acteren'[154] – mijlenver verwijderd van de scènestudies die ze in de les deed – deden haar nog eens nadenken over haar aannames over acteren.

'Als ik niet werd beschermd door een toneelstuk, zou ik doodgaan,' zei ze later. 'Maar ik heb iets geleerd van kijken naar Liza Minnelli. Contact maken met mensen en de waarheid verkondigen zijn de eerste stappen van acteren. Maar er is nog een verdere sprong nodig om het belang van schittering, fonkeling en opwinding te begrijpen. "Optreden" is het glanzende laagje dat het compleet maakt. Het is een middel om het publiek zich aangetrokken te laten voelen tot je personage.'[155]

In haar derde jaar sloot Meryl zich aan bij het Yale Repertory als lid van het gezelschap, waarvoor ze haar lidmaatschapskaart van de Acteursvakbond kreeg. Brustein, die zich intussen goed bewust was van haar talenten, gaf haar een rol in de eerste voorstelling van het seizoen. Dit betrof een bewerking van Dostojevski's *The Possessed*, dat zou worden geregisseerd door de Poolse filmer Andrzej Wajda. Voor de rol van Stavrogin huurde hij de pezige, jonge acteur Christopher Lloyd in.

Wajda sprak via een tolk – niemand wist precies hoe goed hij Engels verstond. Maar hij was in zijn schik met Meryl en Christopher Lloyd, en voegde zelfs extra dialoog voor hen toe. Hij vertelde aan Feingold, de literair manager van het Repertory: 'Ik heb scène uitgeknipt in Krakau, maar hier heb ik teruggezet omdat jullie acteurs zijn zo veel beter.'[156]

Met Wajda mee kwam de Poolse filmster Elzbieta Czyzewska, een bannelinge uit haar vaderland omdat haar echtgenoot, de Amerikaanse journalist David Halberstam, het land uit was gezet wegens kritiek op het communistische regime.[157] Czyzewska had een excentrieke manier van werken die Meryl fascineerde. Ze eindigde het eerste bedrijf door over de grond te kronkelen en tegen Lloyd te schreeuwen – *'Antichrist! Antichrist!'* – met een felheid die het theater op zijn grondvesten leek te doen schudden.

Maar het belang van Meryls ontmoeting met Czyzewska zou pas

jaren later blijken. Toen Brusteins vriend William Styron zijn roman *Sophie's Choice* schreef, liet hij zich inspireren door Czyzewska's manier van spreken. Jaren later, toen Meryl Sophie speelde in de film, merkten haar klasgenoten van Yale iets wonderbaarlijks op: daar was Czyzewska, of tenminste elementen van haar, in stukjes gebroken door zowel Styron als Streep.

Na Dostojevski richtte het Repertory zich op een Dostojevski-parodie: de opvoering op het hoofdpodium van *The Idiots Karamazov*. Meryl nam haar rol als Constance Garnett weer op; zonder de regie van Tom Haas, die Brustein op aandringen van sommige studenten had ontslagen.[158] Toch liepen de spanningen hoog op toen de repetities een aanvang namen. Christopher Durang en Albert Innaurato, de ondeugende Jut en Jul van Yale, waren uit elkaar gegroeid. De oorzaak daarvan was Wendy Wasserstein.

Albert walgde van Wendy's verliefdheid op Chris, en hij had het gevoel alsof hij werd ingeruild. Hij merkte dat Wendy na de les op Chris stond te wachten als een verliefd schoolmeisje, overduidelijk aan het verkeerde adres. In Alberts hoofd had Wendy zijn vriend 'vergiftigd' en misbruik gemaakt van zijn onzekerheden. 'Als je een hekel hebt aan jezelf, en er komt iemand en die houdt van je juist om de dingen waarom je een hekel hebt aan jezelf, dan is het heel moeilijk daar niet op in te gaan,' zei hij later.

Brustein zwaaide de scepter over de repetities en dreef de spelers tot wanhoop. Zelfs voor de neus van Chris, die Aljosja speelde, bemoeide Brustein zich nog met het script; Chris raakte zo gestrest dat hij uitslag kreeg over zijn hele borst. Toen Linda Atkinson, die mevrouw Karamazov speelde, protesteerde nadat Brustein een van haar regels had geschrapt, riep hij uit: 'Je kunt vertrekken uit mijn school!' '*Mooi zo!*' riep ze terug vanaf het toneel. (De regel in kwestie was: 'Ja.')[159]

Zelfs de beschaafde William Ivey Long, die de kostuums deed, bereikte zijn breekpunt. Hij had een haveloos gevalletje van zwart-kant-op-magenta ontworpen voor Groesjenka, de prostituee. 'Ze moet een hoer voorstellen,' zei Brustein tegen hem. 'Ze ziet eruit als een hertogin!'

'Maar, decaan Brustein...'
'Verander het!'

Terwijl Brustein wegliep, kon William zich niet inhouden en riep hij: 'Fuck you, Bob!' Brustein draaide zich om en liet een duivelse grijns zien.[160]

Meryl moest intussen de humoristische magie van het vorige jaar opnieuw zien te creëren, deze keer op een veel groter podium. Het podium liep steil af, en Meryl moest voortdurend oppassen dat haar rolstoel er niet met haar vandoor ging. Op een avond moest Durang zijn hand uitsteken en haar vastpakken zodat ze niet de eerste rij in kukelde. Toch vond ze het heerlijk om in de rolstoel te acteren: 'Je bent beperkt, en dat bevrijdt je.'[161]

Het Repertory trok publiek van heinde en verre, ver buiten de toneelschool, waaronder recensenten van elke krant binnen een straal die te rijden was met de auto. Meryls halvegare Constance Garnett, die ontegenzeggelijk het stuk had overgenomen, werd haar officiële debuut. Er kwamen jubelrecensies in de *Stratford News* en de *Hartford Courant*. Zelfs Mel Gussow, van *The New York Times*, toonde interesse: 'De sterrenrol is die van de vertaalster, Constance Garnett. Zoals geportretteerd door Meryl Streep is ze een maffe oude heks (het stuk is ook maf) in een rolstoel, bediend door een butler die Ernest heet en die uiteindelijk een kogel door zijn kop jaagt.'[162]

Als het Brustein eerder nog niet duidelijk was, was het dat nu wel: Meryl was zijn geheime wapen. De rest van het seizoen zou het alleen maar Streep zijn, de hele tijd, of ze dat nu wilde of niet.

Het is zwaar om een verschoppeling te zijn, maar soms net zo moeilijk om een aanwinst zijn. Wendy en Sigourney wisten hoe het was om in de schaduw te werken, in elk geval wat Brustein betrof. Meryl bevond zich nu stevig aan de andere kant, de hoofdrolspeelster van een professioneel gezelschap. In het seizoen 1974-1975 zou ze in zes van de zeven voorstellingen in het Yale Repertory spelen. Ze was er doodongelukkig onder.

Onder Bobby Lewis was de toneelafdeling steeds onhandelbaarder geworden. De tweedejaarsstudenten kwamen in opstand toen hij drie leraren ontsloeg. Eén student stelde voor dat híj auditie zou doen. Studenten waren knorrig of kwamen gewoon niet naar de les. Toen Lewis een briefje ophing waarin hij hen eraan herinnerde dat het verplicht was om naar de les te komen, haalde iemand het weg. Vanwege haar slopende repetitierooster in het Repertory miste ook Meryl lessen, maar Lewis aarzelde om haar een reprimande te geven. Aan Brustein werd de 'vervelende taak'[163] overgelaten om haar in zijn kantoor te roepen en haar te zeggen dat ze regelmatig naar de les zou moeten gaan als ze haar diploma wilde halen.

Het was al moeilijk genoeg om alle ballen van haar verschillende rollen tegelijk in de lucht te houden. In het Repertory verscheen ze in een soap-satire die *The Shaft of Love* heette. Op een avond miste Norma Brustein – de vrouw van de decaan, die haar psychiater speelde – een opkomst. Om tijd te rekken kuierde Meryl door het kantoor van de psychiater, waar ze de rekwisieten bekeek. Uiteindelijk keek ze naar een van de Rorschach-inktvlekken aan de muur en, terwijl ze deed alsof haar personage er een of andere vreselijke waarheid in had ontdekt, barstte ze in tranen uit.

In de musical *Happy End* van Brecht en Weill was Meryl gecast in het gezelschap. Haar enige regel, die ze door het gekeuvel van de menigte heen gilde, was: '*Waar is Lillian?*' 'De bijtendheid van het moment sloeg mensen altijd weer met stomheid,' zei Feingold. Midden in de reeks voorstellingen verloor de sopraan van de muziekschool die Lillian speelde, haar stem. Met slechts een middag om te repeteren, viel Meryl in. In plaats van even uit te blazen in een kleine rol, was ze nu de hoofdrolspeelster. De eerste keer dat ze opkwam, zat Brustein op de voorste rij met een felrode stropdas. In de pauze stuurde Meryl hem een urgente boodschap: de rode stropdas maakte haar zenuwachtig en hij moest ophoepelen als hij wilde dat ze het middagprogramma af kon maken.[164]

Zelfs nog stressvoller was een voorstelling van Strindbergs *The Father*, met in de hoofdrol Rip Torn. Meryl speelde zijn dochter, Bertha. Torn was berucht om zijn grilligheid en leefde zich zo in zijn personage in dat de cast continu in angst werkte. Hij legde de repetities stil om moeilijk te doen over een onbelangrijk kostuumelement of een rekwisiet. Tijdens een technische doorloop kondigde hij aan dat hij de deur op het decor weg wilde halen. Nadat hij hem uit zijn scharnieren had gerukt, verklaarde hij: 'Meer weerstand. Het is te makkelijk.'[165]

Elzbieta Czyzewska speelde zijn vrouw, en Torn 'had de neiging om haar buiten het podium met dezelfde wrede minachting te behandelen als waarmee hij haar in het stuk bejegende',[166] herinnerde Brustein zich. 'Jij wilt alleen maar dat *The New York Times* je kont likt,' zei hij dan, waarop zij reageerde met: 'Als je dit stuk zo belangrijk vindt, hoe kan het dan dat je verdomme je eigen tekst niet eens weet?'[167] Meryl zat tussen hen gevangen, als een shuttle bij badminton.

Een dramaturgiestudent die een dagboek bijhield van de repetities legde het tumult vast. Uit 1 februari: 'Torn maakt iedereen bang door bijna Elybieta [sic] uit het raam te gooien.' 12 Februari: 'Torn begint zijn scène met Elybieta in het tweede bedrijf door haar op de grond te gooien.' 19 Februari: 'Torn geobsedeerd door de pistolen. Vindt dat kapitein geen oude pistolenverzameling zou moeten hebben.' Meryl, schreef hij, 'heeft moeite met Bertha omdat ze, terecht, het idee heeft dat hoewel Bertha een tiener is, de tekstregels zijn geschreven voor een veel jonger kind'.[168]

Intussen zorgde Meryls status in het Repertory ervoor dat haar relaties met haar klasgenoten verslechterden. De vrouwen in haar klas hadden jaren gezwoegd, in de verwachting een kans te krijgen om te mogen acteren op het toneel van het Repertory. En nu kreeg Meryl alle rollen. Hoewel ze haar haar talent niet misgunden, waren ze toch gedemotiveerd. Eén actrice stapte zelfs naar Kingman Brewster, de directeur van Yale, en zei tegen hem: 'Weet u, er zijn mensen die betalen om naar deze school te kunnen, en ze krijgen nooit zelfs maar de kans om te actéren.'

Aan het einde van het herfstsemester hield het Cabaret opnieuw een kerstvoorstelling. Deze keer stak Meryl de draak met haar eigen alomtegenwoordigheid door een knipogende versie van Randy Newmans 'Lonely at the Top' te zingen. 'De sfeer in de zaal veranderde op slag,' herinnerde Walt Jones zich. 'Het werd ijzig.' Ze was weer terug op haar homecoming-praalwagen, geïsoleerd door haar eigen succes.

'De concurrentie in het acteerprogramma was erg slopend,' zou ze zich herinneren. 'Ik moest altijd concurreren met mijn vrienden, om elk stuk. En casten op basis van een gelijke verdeling werd niet toegestaan. Aangezien iedere student regie of toneelschrijven de cast voor zijn of haar eigen afstudeerproject samenstelde, mochten ze eigenlijk zo ongeveer helemaal zelf bepalen aan wie ze de rollen gaven. Dus werden sommige mensen steeds maar weer gecast en anderen helemaal nooit. Het was oneerlijk. Het was de boze buitenwereld in het klein.'[169]

Dat zij zich aan de zonzijde bevond, maakte de druk er niet minder op. Integendeel, zei ze: 'Ik werd er gek van. Het was niet dat ik geen rollen kreeg. Die kreeg ik wel, steeds maar weer. Maar ik voelde me schuldig. Ik had het gevoel dat ik iets afpakte van mensen die ik kende, mijn vrienden. Ik was daar met een beurs en sommigen hadden veel geld betaald om daar te zijn.'

Ze was uitgeput. Haar co-ster was wispelturig. Haar acteerleraar bekritiseerde haar. De stress kolkte in haar maag. En haar klasgenoten waren boos over het feit dat ze zo veel tijd op het toneel kreeg; niet dat zij daar iets over te zeggen had.

Uiteindelijk ging ze naar het kantoor van Brustein en zei: 'Ik sta onder te grote druk. Ik wil bevrijd worden van een paar van deze verplichtingen.'

'Nou,' zei Brustein, 'je zou je voorwaardelijk kunnen laten schorsen.' Maar dat was eerder een dreigement dan een compromis; ze wilde niet van school getrapt worden.[170]

Meryl had de rol gekregen van Helena in *A Midsummer Night's Dream*, de laatste voorstelling van het seizoen. Kon ze daaronderuit komen? Brustein verbleekte: hij wist dat ze er perfect voor zou zijn. Als ze nu eens in plaats daarvan, stelde hij voor, wel de rol van Helena aannam en haar doublure haar rol in *The Father* liet overnemen?

'Onmogelijk!' zei Meryl. 'Dat zou Rip nooit pikken. Hij denkt echt dat ik zijn dochter bén. Als er iemand in mijn plaats op zou komen, zelfs als je het hem van tevoren zou vertellen, zou hij de voorstelling meteen stilleggen en zeggen: "Waar is Bertha?"'[171]

Ze zaten in een patstelling. Ze verliet het kantoor, nog altijd volgeboekt tot en met het einde van het seizoen.

Van streek als ze was, ging ze naar de schoolpsycholoog, die tegen haar zei: 'Weet je? Over elf weken studeer je af, en zul je nooit meer hoeven concurreren met vijf vrouwen. Je zult concurreren met vijfduizend vrouwen en dat zal een opluchting zijn. Het zal beter of slechter zijn, maar het zal in elk geval anders zijn dan dit.'[172]

Maar ja, het waren wel elf lange weken, en de sfeer op school was rancuneuzer dan ooit. Tijdens de kerstdagen had Bobby Lewis een hartaanval gehad, waarvoor de druk van het runnen van de toneelafdeling de katalysator was geweest. Hij vroeg of Norma Brustein, die zijn klassenassistente was geweest, het van hem kon overnemen. De tweedejaars waren woedend dat de vrouw van de decaan hun leraar was geworden zonder dat zij daarbij geraadpleegd waren. Ze stuurden een telegram naar de bedlegerige Lewis, waarin ze hun 'verbazing' en 'teleurstelling'[173] uitdrukten. De *Yale Daily News* had als kop: 'Verschil van mening zorgt voor beroering op toneelschool.'

Brustein had er schoon genoeg van. 'Jaloezie en zelfzuchtigheid overheersen in de school,' schreef hij. 'Ik geloof dat ik nog liever een revolutie had gehad.' Hij verzamelde alle tweedejaarsacteurs in het Ex en begon lege opzegformulieren uit te delen. Als iemand ontevreden was, vertelde hij hun, stond het hun vrij om de formulieren in te vullen en te vertrekken. Niemand ging op het aanbod in.[174]

Wat gaf het dat Brustein, in zijn eigen woorden, een 'Genghis Khan was die de scepter zwaait over een stalinistische tirannie'?[175] Hij moest een school leiden. Hij fantaseerde over ontslag nemen of het hele programma ontbinden, maar Norma verscheurde steeds zijn ontslagbrieven. Met Pesach dat jaar nodigde hij Meryl en Chuck Levin uit voor de rituele maaltijd, de seder, en praatten ze over de beroering in het acteerprogramma, waarbij hij hen duidelijk uitkoos als studenten die hij vertrouwde.

Ze had nog één productie te gaan: *A Midsummer Night's Dream*, met Christopher Lloyd als Oberon. Ondanks het feit dat ze uitgeput was, was de rol van Helena onweerstaanbaar: prachtig maar ook krankzinnig, kluchtig maar toch melancholiek. De regisseur, Alvin Epstein, had een romantische visie en vermengde Shakespeares tekst met Henry Purcells muziek voor *The Fairy-Queen*. Het decor bestond onder andere uit een gigantische schitterende maan gemaakt van popcorn, en de ruziemakende geliefden – Helena, Hermia, Demetrius en Lysander – trokken hun kostuums uit naarmate het stuk vorderde, alsof ze versmolten met de bosrijke omgeving.

Epstein was voortdurend aan het ruziën met de dirigent, Otto-Werner Mueller, waardoor er weinig tijd overbleef om te focussen op de geliefden. Daar maakten de vier acteurs zich zorgen om, want zij moesten een van de ingewikkeldste komische scènes in Shakespeare opvoeren. 'Alvin wilde de scène nooit regisseren,' zei Steve Rowe, die Demetrius speelde. 'Hij zei: "Zoek maar een ruimte en werk het met elkaar uit." En dat deden we. We kwamen terug en lieten het aan hem zien. En dan zei hij iets als: "Oké, het begint erop te lijken, maar ik vind dat jullie eruitzien als varkens aan de trog. Ga maar terug en werk het nog wat verder uit!"'

Robert Marx, de dramaturgiestudent die aan de voorstelling was toegewezen, legde de oplopende spanningen vast in zijn logboek van de repetities. 21 April 1975: 'geliefden willen meer repetitietijd; het drukke rooster heeft geleid tot onsamenhangende karakteriseringen... heeft gespannen discussie met Alvin tot gevolg... algemeen gevoel van nutteloosheid van "praat"-sessies over het stuk vóór de repetities... acteurs: te veel scènes blijven "onopgelost" voor hen.'

29 April: 'avond: geplande doorloop afgelast... uitbarsting met Otto: beweert dat hij niet genoeg tijd heeft om de muziek voor te bereiden en te integreren... Alvin wil de tijd gebruiken om de koorscènes te ensceneren... orkest vervroegd naar huis gestuurd... Otto dreigt ontslag te nemen, maar doet het niet... Podiumtijd benut voor het koor.'

6 Mei: 'eerste volledige doorloop met livemuziek... Koor beweegt zich als levende doden – ze hebben geen vrijheid van beweging of houding (en de kostuums staan afschuwelijk); de formulering is belabberd; solozangers zingen meestal vals... nog steeds vragen over hoe de muziek geïntegreerd zal worden met de tekst... feeënkostuums zijn onhandig zonder dat ze extravagant zijn – het lijkt wel of de grootse feeënscènes gevangen zijn in een victoriaanse sfeer... Meryl Streep (Helena) timet haar melodrama ontzettend goed, maar ze lijkt te mooi voor de rol; ze zou Hermia moeten spelen.'

Tegen de tijd dat 9 mei aanbrak – de avond van de première – viel alles op de een of andere manier op zijn plek: 'wild-enthousiast publiek... alles valt samen: boertjes, geliefden, gevechten, feeën... overgangen naadloos uitgevoerd, hoewel de voorstelling nog altijd meer dan drie uur duurt... koor beweegt iets beter; orkest redelijk gelijkgestemd... enig gemopper hier en daar in het publiek over de vraag of het stuk voldoende vanuit intellectueel oogpunt is benaderd; ook vragen bij het gebruik van muziek... algemene consensus: een succes.'[176]

Vrijwel iedereen was het daarmee eens. Brustein noemde de voorstelling 'het hoogtepunt van alles wat we ooit hadden gedaan'.[177] Linda Atkinson, die Puck speelde, zei dat het 'een hoge vlucht nam, als een vliegend tapijt'. Mel Gussow, van *The New York Times*, vond het 'indrukwekkend' en 'luisterrijk', al voegde hij eraan toe: 'De voorstelling hapert een beetje bij de door het lot niet gunstig gezinde geliefden. Afgezien van Meryl Streep (die duidelijk een van de veelzijdigste leden van het Yale-gezelschap is) als Helena, zijn ze niet echt speels genoeg.'[178]

Het nieuws deed de ronde dat *A Midsummer Night's Dream* het grappigste was wat er in New Haven te zien was, vooral de scène van Pyramus en Thisbe, geleid door Meryls vriend Joe 'Grifo' Grifasi als Flute. Het publiek verdrong zich om het te zien. 'De manager van het gebouw moest mensen wegduwen, want hij was een gepensioneerde brandweercommandant en dit vormde een gevaarlijke situatie bij brand,' herinnerde Feingold zich. Als Helena maakte Meryl een onhandige, wankelende sufferd van zichzelf, iemand die zich niet bewust was van haar stralende schoonheid. Te midden van de illusie had de val van Saigon, op 30 april, de Vietnamoorlog tot een einde gebracht, waarmee een nachtmerrieachtig hoofdstuk voor het land werd dichtgeslagen. De sfeer op de campus, opgekrikt door het bedwelmende *A Midsummer Night's Dream*, was er een van verlate opluchting.

Toen de datum van het afstuderen naderde, maakte Meryl de balans op van haar ervaringen op Yale. Wat had ze er precies geleerd? Er was geen samenhangende training geweest, alleen maar een mengelmoesje van technieken. 'Zo'n grabbelton van willekeurig gekozen lessen is van onschatbare waarde, maar alleen omdat het je leert van de nood een deugd te maken,' zei ze later. 'De helft van de tijd denk je: zo zou ik het niet doen, die vent lult uit zijn nek, maar in zekere zin is dat hoe je opbouwt waar je in gelooft. Toch hebben die jaren me wel moe, gek en zenuwachtig gemaakt. Ik moest de hele tijd overgeven.'[179]

Ze had een agent in New York en beheerste diverse theaterstijlen vloeiend: Brusteins ideaal van de repertoireacteur. Maar er waren ook donkerder lessen geweest. De pijn om niet opgemerkt te worden voor je prestaties. De bittere smaak van de concurrentiestrijd, zelfs als je wint. Ze had geleerd wat er gebeurt als je zwicht voor machtige mannen en toestaat dat ze je kracht van je afpakken.

En ze had geleerd dat ze goed was. Echt goed.

Brustein smeekte haar om bij het gezelschap te blijven na haar afstuderen. Hij wist wat hij aan haar had en wilde niet dat ze haar talent opofferde aan zoiets banaals als beroemdheid. Drie dagen nadat ze zesentwintig was geworden, schreef ze een brief aan Brustein waarin ze zich verontschuldigde dat ze zo lang had gewacht met haar beslissing. 'Het Repertory is mijn thuis,' schreef ze. 'Ik ben geen ondankbaar iemand, en je hebt me mogelijkheden en aanmoedigingen gegeven die de basis vormen van mijn vertrouwen in en mijn toewijding aan het toneel.' Echter, ging ze verder, 'op dit moment wil ik met heel mijn hart wat ik in New Haven heb geleerd uitproberen op een andere plek dan New Haven. Ik moet gewoon weten hoe het is'.[180]

Op 19 mei marcheerde de lichting van 1975 de Oude Campus op in baretten en toga's. Te midden van de zee van zwart viel één vrouw op als een uitbarsting van licht. Het was Meryl Streep, in een helderwitte zomerjurk. Vanuit de hemel van Connecticut moest ze eruit hebben gezien als een diamant die glinsterde in de modder. Opnieuw had Meryl de anderen overtroffen.

'Alle andere vrouwen in de klas dachten: "Trut,"' herinnerde William Ivey Long zich. '"Waarom heb ik daar niet aan gedacht?"'

Isabella

De zomer van 1975 was een meedogenloze tijd om een acteurscarrière te beginnen, en bij degenen die net van de Yale School of Drama waren afgestudeerd, was dat er goed ingehamerd. Het land had zich door een recessie geworsteld die de entertainmentindustrie en de hele stad New York met zich mee had gesleurd. Times Square was afgegleden tot een woestenij van afval en striptenten. De theaters van Broadway waren leeg, of werden omgevormd tot hotels. Zelfs normale banen waren moeilijk te krijgen. Zoals Linda Atkinson verzuchtte tegen de *New Haven Register*, kort nadat ze was afgestudeerd: 'Helaas worden de baantjes als handschoenenverkoper bij Macy's al net zo moeilijk te krijgen als werk als acteur.'[181]

De cijfers waren ontmoedigend: er waren in het hele land zesduizend toneelkunstdiploma's meer uitgereikt dan het jaar daarvoor. De cast van *A Midsummer Night's Dream* zou al spoedig ondergaan in een zee van aspirant-Pucks en -Hermia's, ieder gewapend met een stapel glanzende promotiefoto's op A4-formaat. Velen van hen zouden hun geluk beproeven in New York, terwijl anderen uitzwermden naar regionale theaters. Eén Yale-acteur vertrok naar Massachusetts om een vliegerwinkel te bestieren.

En waar was Meryl Streep, de onbetwiste ster van de lichting van 1975? Meryl Streep, die twee diploma's, vierduizend dollar aan studentenleningen en bijna geen professionele verdiensten op haar naam had staan? Ze zat vast in het verkeer op de snelweg uit Connecticut, een uur te laat voor haar afspraak met Joseph Papp, een van de grootste producers in New York. *Ik ben zesentwintig,* had ze tegen zichzelf gezegd. *Ik ga aan mijn carrière beginnen. Ik kan er maar beter voor zorgen dat ik volgend jaar iets heb bereikt.*[182]

Hier hing veel van af, omdat ze het al een keer had verpest. Voordat ze afstudeerde, hadden de toneelstudenten een reisje naar New York ondernomen om auditie te doen voor de Theatre Communications Group, die jonge acteurs plaatste bij regionale theaters verspreid over het hele land. De TCG-auditie was zo belangrijk dat Yale er een speciale les in aanbood. De toneelstudenten zouden moeten concurreren met hun tegenhangers van Juilliard en de New York University, en wie de ronde in New York overleefde, zou naar de finales in Chicago worden gestuurd. Als je indruk maakte op het panel, werd je misschien aangenomen om bij een gezelschap in Louisville of Minneapolis te komen spelen. Het was geen New York, het was geen Hollywood, maar het was wel werk.

Meryl overnachtte de avond voor de auditie in New York. Toen ze de volgende ochtend wakker werd, keek ze naar de klok en ging ze weer slapen. Ze ging gewoon niet. Ze kon het idee niet verdragen om opnieuw tegen dezelfde zeven of acht mensen te concurreren. En misschien wist ze ook wel dat ze niet thuishoorde in Louisville. Toen ze weer in slaap viel, hoorde ze in gedachten de stemmen van haar klasgenoten: 'Jemig, waar is Meryl? O man, nu heeft ze het echt verkloot voor zichzelf!'[183]

Was het nu bekeken voor haar? Niet echt. Want niet lang daarna belde Milton Goldman, het hoofd van de theaterdivisie bij ICM, Rosemarie Tichler, de castingdirector bij het Public Theater.

'Ik wil iemand aan je voorstellen,' zei hij tegen haar. 'Robert Lewis, de toneelleraar aan Yale, zei dat ze een van de meest buitengewone mensen is aan wie hij ooit heeft lesgegeven.'[184]

'Als Robert Lewis dat zegt, wil ik haar graag ontmoeten,' antwoordde Tichler vanuit haar kantoor in East Village. Uiteraard zou Milton best eens kunnen overdrijven, zei ze tegen zichzelf.

Een paar dagen later stond Meryl op het podium op de tweede verdieping van het Public, een doolhofachtig rood gebouw dat ooit de

Astor Library had gehuisvest. Nu was dit het middelpunt van de theaterwereld van Downtown Manhattan, de plek waar *Hair* was ontstaan en waar *A Chorus Line* dat jaar in april voor het eerst was opgevoerd en extatische recensies had gekregen.

Zoals de meeste castingdirectors vroeg Tichler om een klassieke en een moderne monoloog. Meryl begon met de oorlogszuchtige Queen Margaret uit *Henry VI, Part 3*, die de gevangengenomen Duke of York kwelt:

Neem hem de kroon af en meteen zijn hoofd
Dan is het zonnelicht van York gedoofd.[185]

Tichler keek vanuit de zaal toe en glimlachte. Meryl had niet alleen de wreedheid van Margaret weergegeven, maar ook het leedvermaak waarmee ze haar politieke rivaal martelt. 'Ze was,' zo herinnert Tichler zich, 'een prachtig monster.'

Daarna veranderde Meryl van houding en werd ze meisjesachtig, sexy en gespeeld ingetogen. Haar stem ging ongemerkt over in een wellustig, lijzig Texaans accent. Nu was ze Southern Comfort, een flirterige, vrijgevochten meid van in de twintig, uit Terrence McNally's *Whiskey*.

'Ik ben hier in Houston opgegroeid,' kirde ze. 'Ik was knap, ik was nationaal kampioene twirlen en al mijn vriendjes waren Americanfootballspelers. Klinkt dat bekend?'[186]

Voor de actrice op het podium was het dat zeker; dit was haar middelbareschoolpersona, het karakter dat ze tot in den treure had gespeeld in Bernardsville, nu in de rol van een del uit het Zuiden.

Vervolgens beschreef ze, als Southern Comfort, alle sporters met wie ze het had gedaan: Bobby Barton, op de achterbank van zijn vaders Ford Fairlane; Tiny Walker, die een bloedrode Plymouth Fury had met twee carburatoren. Alle jongens waren overleden op het veld kort nadat ze met haar naar bed waren geweest, maar ze beschreef de affaires met hen met genoegen; vooral de auto's.

Tichler kwam niet meer bij van het lachen. 'Als ze het had over dat ze met hen naar bed ging, ging het altijd over de auto,' herinnerde ze zich. Meryl had iets van haar kameleontische talent laten zien, maar Tichler kende de volledig omvang ervan niet. 'Ik wist gewoon dat ze enorm veel schoonheid bezat, ze had een luchtige stijl,' zei ze. 'Ze had charme.'

Een paar weken later deed Tichler de casting voor *Trelawny of the 'Wells'*, een victoriaanse komedie van Arthur Wing Pinero, over de ingénue van een theatergezelschap die het toneel opgeeft om te gaan trouwen. De voorstelling zou opgevoerd worden in het Vivian Beaumont Theatre, dat onderdeel was van het Lincoln Center, dat onlangs een buitenpost was geworden van het New York Shakespeare Festival, een veelomvattende aangelegenheid waar ook het Public Theater en Shakespeare in the Park deel van uitmaakten. Tichler was op zoek naar iemand die Miss Imogen Parrott kon spelen, een actrice die tegelijkertijd theatermanager was. Ze moest charmant maar autoritair zijn, goed met geld kunnen omgaan en mensen goed kunnen vertellen wat ze moesten doen. Tichler herinnerde zich de Yale-actrice die die spetterende Queen Margaret had gedaan en riep haar binnen voor de regisseur, A.J. Antoon.

Maar Antoon was niet meteen verkocht. Hij vond Meryl goed, maar hij vond ook andere mensen goed. Bij haar tweede auditie in het Public had hij niet gezien wat Tichler had gezien: dat speciale wat je maar eens in de honderd jaar meemaakt. Tichler bleef aandringen, maar de mening van Antoon was niet de doorslaggevende. De persoon die er echt toe deed, was Joe Papp, de man die het New York Shakespeare Festival had opgericht, het Public bestuurde en bijna de helft van de acteurs, toneelschrijvers en regisseurs van New York in dienst had.

Meryl was nog in Connecticut en haalde de gebruikelijke auditietijden niet, dus lieten Tichler en Antoon haar buiten kantooruren voor Papp verschijnen. Het werd zeven uur, het werd acht uur, en nog steeds was er geen Meryl Streep. Papp begon rusteloos te worden – geduld was niet zijn sterkste punt – en het werd al donker. Terwijl hij aan het ijsberen was, hield Tichler hem zenuwachtig aan de praat. Ze wilde dat hij die jonge vrouw zag. Waar was ze toch in godsnaam?

In bepaalde opzichten had Joe Papp veel weg van Robert Brustein. Beiden waren machtige, strijdlustige mannen die theaters oprichtten, ruziemaakten en uittorenden boven een leger artiesten aan wie ze eeuwige trouw wisten te ontlokken. Beiden waren Joden uit New York die op een openbare school hadden gezeten, en beiden dachten ze dat het toneel de wereld kon veranderen. Vanuit New York en New Haven concurreerden ze met elkaar op toneelstukken en acteurs, en onderhielden een (over het algemeen) vriendelijke rivaliteit.

En dat was waar de overeenkomsten grotendeels ophielden. Terwijl Brustein te werk ging vanuit de ivoren toren, had Papp nooit een hogere opleiding gevolgd. Brustein bracht zijn zomers door op Martha's Vineyard; Papp huurde huisjes aan de kust van New Jersey. Geboren als Joseph Papirofsky, uit straatarme Oost-Europese immigranten, had hij als tiener op Coney Island als klantenlokker gewerkt en tomaten en pretzels verkocht vanaf een duwkarretje. Nadat hij in de Tweede Wereldoorlog in het leger had gediend, had hij zich aangesloten bij het Actors' Lab in Los Angeles, waar hij zijn populistische ideologie had ontwikkeld: theater was voor iedereen, niet alleen voor de elite. Ook al vocht hij zich een weg naar de top van de New Yorkse toneelwereld, hij voelde zich er niet op zijn plek, als Jood uit de arbeidersklasse in een witteboordenuniversum.

Net als Shakespeares beste personages was hij een lopende, brullende tegenstelling. De critici konden nooit beslissen of hij nu een cultuurvoorvechter of een autodidactische straatventer was. Hij sprak met dickensiaans plezier over zijn armoedige jeugd in Brooklyn en toch verkeerden twee van zijn vier achtereenvolgende echtgenoten in de veronderstelling dat hij een Poolse katholiek was. Toen hij vijftien was, sloot hij zich aan bij de Young Communist League en bleef ermee verbonden tot hij begin dertig was. Hij sprak daar echter zelden over, uit vrees de financiering van zijn theater op het spel te zetten. Als hij door de hallen van het Public stormde, drentelde er een gevolg van assistenten achter hem aan dat zijn tegenstrijdige uitspraken probeerde te begrijpen. Hij maakte veel woordgrapjes en sprak in dubbelzinnigheden. Toen er iemand zijn kantoor binnenstormde om hem te vertellen dat er een acteur gewond was geraakt tijdens het repeteren van *Hamlet*, reageerde hij prompt: 'Ach, je kunt geen *Hamlet*[*] maken zonder benen te breken.'[187]

Met weinig meer dan gotspe (waar hij bakkenvol van had) had Papp een imperium opgebouwd. In 1954 bracht hij *Romeo and Juliet* op het toneel in een kerk in Avenue D, het begin van wat hij het New York Shakespeare Festival zou noemen. Het was zijn droom een thuisbasis te bouwen voor gratis Shakespeare in Central Park, waardoor hij in een ruzieachtige impasse verzeild raakte met de almachtige ambtenaar voor de parken Robert Moses, die over de zeventig was en niet van plan te buigen voor de wil van een 'onverantwoordelijke communist'.[188] De daaropvolgende strijd maakte Papp tot een beroemdheid in de gemeente New York, een vechtlustige showbizz-Robin Hood die de grote, boze ambtenaar uitdaagde en de hogere kunsten naar het gewone volk bracht.

Uiteindelijk liet Moses de plannen voor een amfitheater in Central Park doorgang vinden, en in 1962, toen Meryl Streep dertien was, werd het Delacorte Theater geopend. De eerste productie van Shakespeare in the Park was *The Merchant of Venice*, met in de hoofdrollen James Earl Jones en George C. Scott. Vier jaar later opende Papp het Public Theater, in East Village, waar hij stoutmoedige nieuwe toneelstukken produceerde van schrijvers als David Rabe, die hij als een surrogaatzoon behandelde.

Het is altijd deel van zijn missie geweest om een Amerikaanse stijl van shakespeareaans acteren te smeden: krachtig en rauw, heel anders dan de geaffecteerde Britse retoriek van Laurence Olivier. 'We zijn op zoek naar bloed-zweet-en-tranen-acteurs [...] acteurs die het stempel van waarheid hebben op alles wat ze doen of zeggen,' schreef hij. 'Dit maakt de taal menselijk en vervangt het oplezen van versregels en de eentonige voordracht – het kenmerk van ouderwets klassiek acteren – door een begrijpelijke, levendige spraak.'[189] Zijn acteurs zouden eruitzien en klinken als New York zelf: multicultureel, realistisch en stoer.

---

[*] Noot van de vertalers: Deze onvertaalbare grap is een woordgrapje op de uitdrukking *You cannot make an omelette without breaking eggs*, wat overeenkomt met 'Waar gehakt wordt, vallen spaanders'.

Hoewel Papp een imago hooghield van onstuitbare bravoure, werd hij geplaagd door zorgen, meestal over de voortdurende geldproblemen van het festival. Zijn instelling was: doe nu iets groots, en betaal er later voor. 'Hij had altijd het gevoel dat hij onder druk stond en in conflict verwikkeld was,'[190] zei Gail Merrifield Papp, die de afdeling voor toneelontwikkeling leidde en in 1976 de vierde en laatste mevrouw Papp werd. Het festival had voortdurend schulden, en de belastingproblemen van de jaren zeventig maakten de crisis existentieel. Toen kwam er een deus ex machina: *A Chorus Line*, de revolutionaire musical gebaseerd op de verhalen en verwikkelingen van Broadway-dansers. De voorstelling ging in april 1975 in Downtown Manhattan in première, en werd in juli van dat jaar overgebracht naar Broadway. De succesvolle looptijd zou de kas van het festival jarenlang spekken en het Delacorte open en vrij toegankelijk houden voor de massa, en zorgde ervoor dat Papp met gekke plannen kon blijven komen.

Eén plan in het bijzonder baarde hem zorgen. In 1972 had het management van het Lincoln Center, het enorme culturele complex dat het zuidelijk deel van de Upper West Side in Manhattan nieuw leven had ingeblazen, hem gevraagd te adviseren bij het vinden van een nieuwe directeur voor zijn toneelafdeling. Hoe meer hij adviseerde, hoe meer hij besefte dat hij de perfecte kandidaat had: hijzelf. Hij vond het een vreselijk idee om in Uptown Manhattan in de behoeften van welgestelde matineedames te moeten voorzien, maar het festival had meer dan een miljoen dollar schuld. Als hij het Vivian Beaumont overnam, de enorme theaterzaal met elfhonderd zitplaatsen in het Lincoln Center, zou hij toegang krijgen tot een kasgeldenstroom die bij het Public niet mogelijk was. En ondertussen kon hij zijn kroost van dappere, jonge toneelschrijvers een nationaal platform geven.

Door het Lincoln Center als zijn nieuwe filiaal toe te voegen, kreeg hij een ongeëvenaard bereik, met buitenposten in Downtown Manhattan, Uptown Manhattan, in Central Park en op Broadway. Bernard Gersten, sinds lange tijd zijn assistent-producer, noemde het Papps 'expansionistische periode'[191]. Een cartoon in *The New Yorker* uit 1972 beeldde heel New York af als een Joseph Papp-productie. Maar hij voelde zich niet op zijn gemak in het Lincoln Center, dat voor hem de gevestigde orde vertegenwoordigde waartegen hij zich zijn hele leven had afgezet. Het Vivian Beaumont deed hem denken aan een mausoleum. Hij hield er niet eens een kantoor aan.

De abonnees van het Lincoln Center waren al net zo laatdunkend over hem. Toen hij het programma voor zijn openingsseizoen aankondigde – een rockmusical, een 'zwart' toneelstuk en een arbeidersdrama van David Rabe – vluchtten ze en masse. Eén vrouw, die zichzelf omschreef als 'een van de lelieblanke abonnees van wie ik denk dat u ze toch wel wilt laten vallen', zei tegen hem: 'Ik ben niet geïnteresseerd in zwarte toneelschrijvers. Ik ben geïnteresseerd in goede toneelschrijvers.'[192] 'We kregen zakkenvol post,' herinnerde Gail Papp zich. 'Mensen die protesteerden tegen de opvoering van zwarte toneelstukken op het hoofdpodium. Echt post vol haat.' Binnen een jaar daalde het aantal abonnees van 27.000 naar 22.000. In plaats van een goudmijn te zijn, veranderde het Lincoln Center in een financieel moeras.

Uiteindelijk deed Papp water bij de wijn. Het Vivian Beaumont zou nu de klassieken huisvesten. Hij vloog naar Oslo om de Noorse filmster Liv Ullman over te halen de rol van Nora te spelen in *A Doll's House*, dat zijn première beleefde met een volle bak. Hij boekte Ruth Gordon en Lynn Redgrave om te schitteren in *Mrs. Warren's Profession* van Shaw. Maar hij knarsetandde de hele tijd. Dit was allemaal niet de reden waarom hij het theater was ingegaan. In Downtown Manhattan bracht hij baanbrekende stukken in première zoals *for colored girls who have considered suicide/when the rainbow is enuf* van Ntozake Shange. In Uptown Manhattan trok hij weliswaar volle zalen, maar daarbij kreeg hij het gevoel alsof hij zichzelf verloochende.

Het seizoen van 1975-'76 in het Vivian Beaumont stelde hij gehaast samen. Naast *Mrs. Warren's Profession* zou hij de populaire productie van *Hamlet*, met in de hoofdrol Sam Waterston, van het Delacorte overbrengen naar het Vivian Beamont, gevolgd door *Peer Gynt* van Ibsen. Het seizoen zou worden geopend met *Trelawny of the 'Wells'*, de bij het publiek populaire zedenkomedie van Pinero. Op 13 juli, minder dan twee weken voordat *A Chorus Line* op Broadway in première ging, kwam *The New York Times* met de kop: 'Kunnen Shakespeare, Ibsen, Shaw en Pinero Joseph Papp redden?' De stad had aan zijn voeten moeten liggen, maar hij lag onder vuur.

Trelawny was niet gewoon maar een bekend verhaal: het was een bekend verhaal ín een bekend verhaal. Pinero schreef het stuk aan het eind van de jaren negentig van de negentiende eeuw, maar situeerde het verhaal dertig jaar eerder. Volgens de auteur moest het toneelstuk 'tot in het kleinste detail de modus van de vroege jaren zestig volgen; de periode, qua kledingstijl, van hoepelrokken en heupbroeken... Er zou geen poging moeten worden gedaan de verbeelding van zulke modes te veranderen om ze minder vreemd te maken, zelfs minder grotesk, voor het moderne oog. Integendeel, er zou een poging moeten worden gedaan om juist elk kenmerk dat op dit moment misschien vreemd en bizar lijkt, te reproduceren of misschien te accentueren.'[193] Niets kon er verder van Papps visie af staan.

En daar zat hij dan. Het was al laat, maar hij kon niet weg van zijn werk, omdat hij moest wachten tot de een of andere volslagen onbekende die aan Yale was opgeleid – een van Brústeins mensen – zou komen lezen voor de rol van de bevallige maar kordate Imogen Parrott. En ze was een uur te laat.

Op dezelfde dag dat *The New York Times* zijn onheilspellende kop over Joseph Papp had gepubliceerd, kwam Meryl aan bij het Eugene O'Neill Theater Center in Waterford, Connecticut. Het O'Neill was in 1964 opgericht op het landgoed van de familie Hammond*, een lommerrijk gebied van bijna veertig hectare, niet ver van waar Eugene O'Neill zijn zomers had doorgebracht. Het jaar daarop werd daar de National Playwrights Conference gevestigd, dat een forum voor toneelschrijvers bood om ver weg van de kritische blik van New York te kunnen werken. In 1977 zou Wendy Wasserstein daar *Uncommon Women and Others* ontwikkelen. *The New York Times* noemde het 'Tryout town, USA'.[194]

Voor jonge acteurs als Meryl Streep, Joe Grifasi en Christopher Lloyd leek het wel een theaterzomerkamp. Ze renden van toneelstuk

---

* Noot van de vertalers: Hammond was een grootgrondbezitter door wie O'Neill van zijn landgoed werd afgejaagd, en later is dat landgoed opgekocht om het theater er neer te zetten.

naar toneelstuk, oefenden onder rode beuken en brachten hun vrije uren door op het strand. Lloyd was de enige acteur die een auto had, een rode Triumph cabriolet. Ze sliepen in de buurt in het Connecticut College, in een slaapzaal die liefdevol 'De nor' werd genoemd, en die Grifasi later omschreef als 'smaakvol ingericht met glanzend geglazuurde B-2-blokken, zeegroen nepleer met een appliqué van sigarettenbrandgaten, en voor elke kamer een wonderlijk bevlekte lakenset en een sober protestants kussen met de zachtheid van een matse'.[195]

Meryl was dol op de buitenlucht en de freewheelende sfeer van het O'Neill, met zijn 'bonte, eigenzinnige stelletje'[196]. Je had de geleerde Arthur Ballet, die doordrenkt was met dure Franse zonnebrandolie. Je had Edith Oliver, de theaterrecensente van *The New Yorker* en vroedvrouw van toneelstukken; een 'oud vrouwtje met een glimlach zo breed als het strand'. George C. White, de oprichter van het O'Neill, had de leiding in een wit linnen pak. Van hun uitbundige avondmaaltijden vol goede gesprekken op het glooiende gazon kon ze 'vanaf de andere kant van de baai over het water de lichtjes van het amusementspark zien schitteren, het andere pretpark waar niemand tijd voor had om het te bezoeken omdat we van onze eigen kant ook de hemel verlichtten'.

Meryl zou in vier weken in vijf toneelstukken spelen; het soort spervuur aan improviserend acteren dat ze had geperfectioneerd bij het Yale Cabaret. Er was geen tijd om te veel na te denken over keuzes voor personages: kies gewoon iets uit en ga ervoor. In *Marco Polo*, een komedie voor kinderen, speelden zij en Grifo een Truffaldino-tweeling*, capriolen uithalend als een stelletje amateuracrobaten. 'Als mensen Meryl in dat eerste toneelstuk zagen, beseften ze dat ze niet gewoon maar weer een stel aantrekkelijke jukbeenderen met een maffe achternaam was,' herinnert Grifasi zich. 'Niemand verwacht dat een knap meisje zo grappig of gestoord is, maar het is wel waar dat anderen Meryl altijd knapper vinden dan ze zichzelf vindt.'

---

* Noot van de vertalers: De Truffaldino's waren een soort harlekijnen uit de Italiaanse komedietraditie.

De aantrekkelijkste titel van dat jaar was *Isadora Duncan Sleeps with the Russian Navy* van de Amerikaanse toneelschrijver Jeff Wanshel. Meryl speelde Isadora, de danseres die beroemd is geworden doordat ze overleed toen haar lange, wapperende sjaal vast kwam te zitten in een wiel van de auto waarin ze meereed. Het enige rekwisiet dat Meryl had, was de sjaal, die ze gebruikte om haar vele minnaars te verleiden voordat ze er uiteindelijk zelf door werd gewurgd. Ze hadden vijf dagen om het toneelstuk te repeteren en Meryl kon niet tegelijkertijd de sjaal gebruiken en het script vasthouden. Daarom leerde ze het hele stuk uit haar hoofd, tot grote verbazing van haar medeacteurs. (Een 'saaie' prestatie[197], als je het haar vroeg.)

Op een zeldzame avond vrij gingen zij en Grifo naar de bioscoop om de onvermijdelijke kaskraker van dat jaar, *Jaws*, te zien. Het was de perfecte afleiding in hun zorgeloze zomer, de laatste die ze zouden hebben voordat de entertainmentindustrie hen met huid en haar zou opslokken; of net als een moordlustige haai een akelige hap uit hen zou nemen. De volgende dag sprong Meryl in de Long Island Sound en plonsde er dramatisch rond, alsof ze de grote witte haai uitdaagde om aan te vallen. Onder de ondergaande zon zwommen zij en Grifo naar een boei die in de verte dobberde. Ze draaide zich om naar hem en vertrouwde hem toe: 'Ik ga trouwen en een hoop kinderen krijgen tegen de tijd dat ik vijfendertig ben.'

Daarna zwommen ze terug.

Drie weken nadat ze was begonnen, kreeg Meryl een telefoontje dat haar vredige zomer op zijn kop zette. Ze was uitgenodigd voor een vervolgauditie voor *Trelawny of the 'Wells'* bij het Lincoln Center. Wanneer kon ze in New York zijn? Haar schema bij het O'Neill was propvol, maar het lukte haar het Public ervan te overtuigen speciaal voor haar een aparte afspraak voor een auditie te maken. Ze zou als de bliksem naar de stad en weer terug moeten gaan.

Zij en Grifo leenden een auto en raceten over de snelweg.[198] Terwijl Meryl reed en sigaretten aanstak, hield Grifo het script vast en las hij haar tekst voor. Met de handen strak om het stuur zegde ze met 135 kilometer per uur kalm haar stukken op terwijl hij haar haar toneelaanwijzingen gaf, met z'n tweeën gehuld in een Marlboro-wolk.

Toen ze langs New Haven reden, stelde Grifo zich de kop van *Variety* voor: 'Dode acteurs, dromen aan diggelen als doek met topsnelheid daalt'.

Tegen de tijd dat ze – levend en wel – Lafayette Street inreden, zag ze het niet meer zitten. Ze waren zo absurd laat. *Ze nemen me niet aan*, dacht ze. *Ik ga wel, maar het heeft toch geen zin meer.*[199] Ze stapte de auto uit terwijl Grifo de motor draaiende hield, als een vluchtauto bij een bankoverval. De lucht was broeierig en ze wilde niet gaan zweten, dus liep ze in plaats van dat ze rende. Niet dat het uitmaakte. Ze was toch verloren.

Maar dat was niet wat Rosemarie Tichler zag. Terwijl ze wanhopig had geprobeerd Papp bezig te houden terwijl de klok doortikte, stond ze op het punt het op te geven toen ze naar buiten stapte en nog één laatste keer de straat in keek. Daar was Meryl Streep, anderhalf uur te laat, maar ze was aan het lópen.

Ze sleurde Meryl naar binnen en stelde haar voor aan Joe. Nadat ze snel haar excuses had aangeboden dat ze zo laat was, begon ze meteen aan de scène; geen tijd te verliezen.

Tichler keek vol ontzag naar haar. Daar stond ze dan, vers van de toneelschool, voor het eerst oog in oog met de man waar de hele theaterwereld in Manhattan om draaide, te laat verschenen voor een vervolgauditie voor een grote rol bij het Lincoln Center. 'Vijfennegentig procent van de actrices zou hysterisch zijn geworden, maar zij... deed het gewoon,'[200] herinnerde Tichler zich.

Toen ze was vertrokken, liet Tichler even een stilte vallen. Toen keerde ze zich naar Papp en zei: 'Dat is het, toch?'

Buiten op de stoep sprong Meryl weer in de auto. Eindelijk haalde ze adem. Ze zouden snel weer terug moeten naar Connecticut.

'Ik heb Joe Papp gezien,' zei ze tegen Grifo.

En?

'Hij vond me goed.'

Ze had gelijk. Meryl Streep had zojuist haar eerste rol op Broadway bemachtigd. En ze was niet eens naar New York verhuisd.

ISABELLA

Vier jaar voordat Woody Allen het romantiseerde in *Manhattan*, was New York vastgeroest. Begrotingsfouten en stedelijk verval hadden een verpeste atmosfeer van neon, viezigheid en misdaad veroorzaakt. Het aantal moorden en overvallen was verdubbeld sinds 1967. Onder burgemeester Abraham Beame stevende de stad op een bankroet af. In juli 1975 brak er een wilde staking uit onder de afvalmedewerkers van de stad en lieten ze het afval zich opstapelen en broeien in de hitte; mensen maakten zich zorgen om de gezondheidsrisico's van vliegen.

Filmmakers als Sidney Lumet en Martin Scorsese vervatten de smerigheid en de corruptie in *Mean Streets*, *Serpico* en *Dog Day Afternoon*, en die laatste beleefde zijn première op 21 september, net toen de benauwde 'hondsdagen' van de zomer overgingen in een rossige herfst. Al snel daarna werd de stad door de federale regering een financiële reddingsoperatie geweigerd, en *The Daily News* kwam met de onsterfelijke kop: 'Ford tegen New York: Val dood'. Als een met vuil besmeurde wees stond New York er alleen voor.

Voor Meryl Streep, die zojuist naar Manhattan was verhuisd, was het dé plek. Ze had een baan op Broadway en een kamer aan West End Avenue, in een appartement dat ze deelde met Theo Westenberger, een bevriende fotografe die ze op Dartmouth had ontmoet. Westenberger zou de eerste vrouw worden die de foto op de omslag van *Newsweek* en *Sports Illustrated* verzorgde. Voorlopig vond ze een ideaal onderwerp in haar kamergenoot, die ze fotografeerde terwijl ze in kimono op een televisie leunde, of met haar benen aan weerszijden van een kruk zat in een jumpsuit met luipaardmotief.

Niet veel later kreeg Meryl haar eigen woning een paar straten verderop, op West 69th Street, in een zijstraat van Central Park West. Het was een ruige buurt – op Amsterdam Avenue werden voortdurend drugsdeals gesloten –, maar het was de eerste keer dat ze in haar eentje woonde, zonder kamergenoten of broers. Hoe gevaarlijk ook, ze vond de stad op een betoverende manier eenzaam.

'Ik kreeg drie rekeningen per maand: de huur, elektriciteit en de telefoon,' herinnerde ze zich. 'Ik had mijn twee broers en een handvol goede vrienden en wat kennissen om mee te praten, en iedereen was alleenstaand. Ik hield een dagboek bij. Ik las drie kranten en *The New*

York Review of Books. Ik las boeken, deed een middagdutje voor een voorstelling en bleef tot twee of drie uur 's nachts met acteurs in acteurscafés praten over acteren.'[201]

En, in tegenstelling tot een groot deel van New York, ze had werk.

Bij haar eerste voordracht van *Trelawny* was ze doodsbenauwd. Het gezelschap was groot, met oudgediende toneelacteurs als Walter Abel, die was geboren in 1898, hetzelfde jaar dat het toneelstuk in première was gegaan. Maar er was ook een jongere groep. Een nerveuze tweeëntwintigjarige schoolverlater van Juilliard genaamd Mandy Patinkin was ook zijn debuut op Broadway aan het maken. Dat gold ook voor een karakteracteur met puilogen, Jeffrey Jones. Op zijn negenentwintigste was de aan Harvard afgestudeerde John Lithgow met zijn smalle gezicht bezig met zijn derde Broadway-stuk. En de titelrol van Miss Rose Trelawny werd vervuld door Mary Beth Hurt, met haar stemmetje als een bij en haar kastanjebruine haar; haar vierde stuk.

Mary Beth was ook negenentwintig en was in 1972 afgestudeerd aan de toneelschool van de New York University. Haar huwelijk met William Hurt, een toneelstudent aan Juilliard, was net voordat ze vaste voet kreeg als professional op de klippen gelopen. In 1973 castte Papp haar in de rol van Celia in *As You Like It* in Central Park, en tijdens repetities raakte ze zo overstuur dat ze zich aanmeldde bij de afdeling Psychiatrie van het Rooseveltziekenhuis. 'Ik dacht dat ik echt gefaald had,' zei ze later, 'dat ik de perfecte echtgenote moest zijn.'[202] Papp belde haar elke dag in het ziekenhuis, met de mededeling: 'We houden de rol zo lang mogelijk voor je vrij. Kom alsjeblieft terug.'

'Als Joe eenmaal van je hield – en het voelde echt als liefde; het voelde niet alsof hij probeerde iemand te gebruiken – hield hij voor altijd van je,' zei Mary Beth. Na drie dagen nam ze zelf ontslag uit het ziekenhuis en kwam ze op als Celia.

Bij de tekstlezing van *Trelawny* stond Meryl te trillen. Op een gegeven moment besefte ze dat haar bovenlip aan het wiebelen was, volledig onafhankelijk van haar onderlip. A.J. Antoon had het Britse toneelstuk nu gesitueerd in het New York van rond de eeuwwisseling, en midden in een van haar regels hoorde ze een bulderende stem: 'Doe eens een zuidelijk accent.'

Het was Joe Papp.

'Ja, meneer,' zei ze, terwijl ze instinctief de manier van praten van Dinah Shore nabootste. ('See the USA in your Chevrolet…'*) En opeens begon haar personage op zijn plek te vallen: een ouder wordende ingénue, die van een zuidelijke belle veranderde in een slimme theatermanager die mensen kon rondcommanderen. Joe had gelijk.

'Het weelderige, wanhopig subtiele geflirt van die stembuigingen zette me aan tot een bepaalde manier van me gedragen en door de ruimte bewegen, een manier van zitten, en bovenal een bewustzijn, omdat een zuidelijk accent een van jezelf bewuste zelfexpressie mogelijk maakt,' zei ze later. 'Je geeft vorm aan de frase. Ik ga er niet te diep op in, maar het was een waardevolle keuze en hij was niet van mij, hij was van hem, en ik weet nog steeds niet hoe hij in hemelsnaam op het idee gekomen is. Dit is de essentie van zijn regie. Hij is direct. Doe het, zegt hij.'[203]

John Lithgow had Meryl een paar maanden eerder ontmoet, bij een tekstlezing van een toneelstuk van een vriend van hem op Harvard; iets over gijzelaars in Appalachia. Hij had 'een bleek, spichtig meisje met lang, steil, maïspluimachtig haar' gezien, met een merkwaardige naam. 'Ze leek nog geen twintig,' herinnerde hij zich. 'Ze was zo verlegen, gereserveerd en bescheiden dat ik niet kon beslissen of ze nu knap of gewoontjes was. De enige keer dat ik haar stem hoorde, was toen ze haar tekst opzegde. Ze had een hoge, ijle stem en een nasaal boerenkinkelaccent. Ze had zo'n gebrek aan theatrale uitstraling dat ik vermoedde dat ze misschien wel helemaal geen actrice was.' Hij vroeg zich af of het toneelstuk zelfs op haar was gebaseerd.

Toen hij haar bij de eerste repetitie van *Trelawny of the 'Wells'* opmerkte, leek ze wel een andere persoon, geanimeerd, gretig en zelfverzekerd mooi. Zoals gewoonlijk liet ze niet merken dat ze zenuwachtig was. 'Ik had mijn hele leven naar acteurs gekeken,' herinnerde hij zich. 'Mij hield je niet zo gemakkelijk voor de gek. Maar toen ik haar een paar maanden eerder bij de tekstlezing van dat toneelstuk

---

* Noot van de vertalers: Dit is een liedje uit een reclame voor Chevrolet dat Dinah Shore zong in een programma dat ze presenteerde.

voor een achterlijke boerentrien had gehouden, was ik of een kippige sukkel geweest, of deze jonge vrouw was een briljante actrice.'[204]

15 oktober 1975: de avond van de première van *Trelawny of the 'Wells'*. Meryl was backstage bij het Vivian Beaumont en wachtte tot ze op moest komen. Haar bovenlip was weer aan het trillen. Ze probeerde ermee op te houden, maar het had geen zin. Ze probeerde niet aan de recensenten te denken die daar in het donker zaten te fronsen. Ze zei tegen zichzelf: *Mijn studentenlening gaat afbetaald worden!*

Michael Tucker, de eenendertigjarige acteur die Tom Wrench speelde, was al op het podium. Ook hij was zenuwachtig. Meryl dacht aan de rondbanjerende, zelfverzekerde vrouw die ze op het punt stond te spelen en ze liep het podium op.

'Zo, Wrench, hoe gaat het?' was haar eerste tekstregel op Broadway.

Ze speelden de scène, een beetje stijfjes. Daarna bleef Tucker met zijn mouw aan een rekwisiet haken, en dat viel op tafel. Meryl ving het op voordat het brak. Ze zette het weer overeind.

'En vanaf dat moment kwam het helemaal goed,' herinnerde ze zich, 'omdat er iets echts was gebeurd, en dat had ons rechtstreeks naar de tafel getrokken, de wereld in. En na al het werk dat we in de repetities hadden verzet, het leven dat we hadden geleid en wie we waren, plaatsten we onszelf gewoon in de tastbare wereld en hup, daar waren we.'[205]

De recensenten dachten er anders over.

'Meneer Antoon heeft het stuk naar het New York van de eeuwwisseling verplaatst. Waarom?' gilde Clive Barnes bijna in *The New York Times* van de ochtend daarop. 'Wat voor nieuwe extra betekenissen krijgt hij daardoor? Probeert hij het relevanter te maken voor het Amerikaanse publiek of gemakkelijker voor Amerikaanse acteurs? Krijgt het daardoor meer betekenis? Of is het gewoon weer een voorbeeld van het vaste voornemen van het Shakespeare Festival om van alles en nog wat te doen zolang het maar anders is? Dit is dwaasheid. En dan ook nog eens symptomatische dwaasheid.'[206]

Walter Kerr ging daar nog overheen in de zondagseditie, onder de kop: '*A Chorus Line* stijgt tot ongekende hoogte, *Trelawny* valt op z'n gat.' 'Zodra de lichten aangaan boven een theaterpension,' schreef hij, 'kakelen de brave lieden die de openingsscène dragen als wilde ganzen door elkaar om ons duidelijk te maken dat er hier iets hilarisch gaande is, of nog gaat komen.' Maar, zo voegde hij eraan toe: 'In de al te opgefokte aanloop komen er maar twee personages bovendrijven: Meryl Streep als een voormalige collega met een glanzende carrière, die is gaan "schitteren" in een ander theater; sarcastisch, nuchter en prachtig uitgedost in een zalmkleurige japon en witte pluimen; en Mary Beth Hurt als Rose Trelawny zelf, die op z'n minst diep bevredigend is om naar te kijken.'[207]

Ongetwijfeld was de voorstelling een flop, in elk geval wat de recensenten betreft. De acteurs waren verbijsterd: het publiek leek zich te vermaken.

Het deprimeerde Meryl niet. Naast Kerrs kus op haar wang had de voorstelling nog meer bijkomende voordelen. Kort voor Thanksgiving kwam filmlegende Gene Kelly langs, en hij begroette de overdonderde spelers backstage. Hij had Tony Randall bij zich, die beroemd was geworden door *The Odd Couple*. Randall vertelde de acteurs dat hij van plan was een nationaal acteergezelschap op te richten en de spelers van *Trelawny* wilde vragen zich erbij aan te sluiten. Het leek een heerlijk idee (ook al zou het pas in 1991 tot stand komen). Toch namen de jonge spelers hem niet helemaal serieus: waarom zouden we op Tony Randall wachten? Ze voelden zich al een repertoiregezelschap. Ze hadden elkaar.

Meryls nieuwe kringetje bevatte onder meer Mary Beth Hurt, met wie ze kleedkamer nummer 4 deelde. 'Het stond er blauw van de rook,' herinnerde Hurt zich. 'Het was leuk. We hebben gelachen. Mandy kwam langs, of Michael Tucker. Iedereen ging bij iedereen langs. De deuren stonden open. Niemand deed ooit de deur dicht tenzij hij of zij zich omkleedde.'

En ze had een nieuwe medewerker: J. Roy Helland, de haarstilist van de productie. Voordat hij de theaterwereld in ging, had Roy, als zoon van een kapper, in Californië een salon geleid en 's avonds bijverdiend met een act waarin hij zich als vrouw verkleedde. De lente daarvoor was hij ingehuurd om Liv Ullman mooi te maken voor de productie door het Lincoln Center van *A Doll's House*. *Trelawny* was zijn tweede Broadway-stuk. Hij was zorgvuldig met krulspelden en pruiken, en hij wist hoe hij onregelmatigheden in het gezicht (zoals een kromme neus) moest verbloemen door op de juiste plekken schmink aan te brengen. Roy was ontsteld toen de toneelknechten backstage posters van naakte vrouwen ophingen, en dus hing hij mooie mannen van de middenpagina's van *Playgirl*[208] op in de pruikenkamer, waar Meryl en Mary Beth vaste klant werden. Roy had hun verteld dat Ullman hem naar Noorwegen probeerde te lokken om haar te stylen voor haar films met Ingmar Bergman. De twee jonge actrices rechtten hun rug en zeiden: 'Nou, als wíj films gaan maken, nemen we jou ook!'[209]

'Hij was niet alleen zomaar een kerel die daarbeneden in het donker de pruiken deed,' herinnerde Jeffrey Jones zich. 'Hij had duidelijk een eigen mening en een goede smaak, en hij besloot onmiddellijk dat zij de persoon was door wie hij zich op sleeptouw wilde laten nemen.'[210] Als Roy naar Meryl keek terwijl ze aan het repeteren was, zag hij bij haar een professionaliteit die vergelijkbaar was met die van Ullman; ze gedroeg zich niet alsof het haar eerste Broadway-stuk was. Hij zag Meryl als een levend doek, iemand die van binnen naar buiten en tegelijkertijd van buiten naar binnen leek te werken. Als haar make-up en haar bijgewerkt moesten worden, drentelde ze naar de pruikenkamer en jodelde ze: 'O, Rooooy!' Al snel deden de andere spelers dat ook.

Meryl Streep kwam naar New York met één doel voor ogen: niet steeds voor eenzelfde soort rol gevraagd worden. Op Yale had ze iedereen gespeeld, van Major Barbara tot een tachtig jaar oude 'translatrix'. In de echte wereld was dat niet zo eenvoudig. 'Vergeet dat idee van een karakteractrice maar. Dit is New Yórk,' zeiden mensen maar steeds tegen haar. 'Als ze een oud vrouwtje nodig hebben, nemen ze een oud vrouwtje; je wordt in een hokje geplaatst, wen er maar aan.'[211] Meer dan eens werd haar verteld dat ze een prachtige Ophelia zou zijn.

Maar ze wilde geen Ophelia spelen. En ze wilde geen ingénue zijn. Ze wilde alles en iedereen zijn. Als ze gewoon kon vasthouden aan dat vermogen om als een carrousel allerlei identiteiten aan te nemen – dat repertoire dat ze zich aan Yale en op het O'Neill meester had gemaakt – dan kon ze het soort actrice zijn dat ze wilde zijn. Als ze meteen uit school in een film of een Broadway-musical was beland, was ze misschien weggezet als een knap blondje. In plaats daarvan deed ze iets wat maar weinig slanke, jonge actrices zouden doen: ze speelde een del van 105 kilo uit Mississippi.

Het gezelschap van het Phoenix Theatre bestond sinds 1953, toen het zijn première beleefde met een toneelstuk met Jessica Tandy in de hoofdrol in een voormalig Jiddisch theater op 2nd Avenue. Sinds die tijd had het, ondanks zijn chronische gebrek aan budget, tientallen voorstellingen geproduceerd, van het Carol Burnett-vehikel *Once Upon a Mattress* tot *The Seagull,* met Montgomery Clift in de hoofdrol. De voorname medeoprichter, T. Edward Hambleton (zijn vrienden noemden hem 'T.'), was niet ideologisch zoals Papp. Zijn leidende principe was: breng goede toneelstukken op de planken.

In 1976 opereerde het Phoenix vanuit het Playhouse, een klein Broadway-theater op West 48th Street. Net als andere theatergezelschappen in de stad organiseerde het een volledig Amerikaans seizoen om het komende tweehonderdjarig bestaan van de Verenigde Staten te vieren. Als eerste stond er een dubbele voorstelling met de twee titanen van Amerikaans toneelschrijven van halverwege de eeuw, Tennessee Williams en Arthur Miller, op het programma. Beide mannen waren in de zestig, en hun reputatie was zo gevestigd dat ze een beetje uit de mode waren geraakt. En toch zou het contrast de avond wat spanning geven: Williams, de uitbundige, gevoelige zuiderling; en Miller, de heldere, pragmatische noorderling.

Toen Meryl de rol zag waar ze voor aan het lezen was, kon ze het nauwelijks geloven. *27 Wagons Full of Cotton* van Williams, dat zich afspeelt op een veranda aan de voorkant van een huis in de Mississippidelta, is een tour de force voor wie Flora speelt, een wellustige, zuidelijke meid met een grote cupmaat en een laag IQ. Flora is getrouwd met de onsmakelijke eigenaar van een katoenzuiveringsbedrijf die haar 'Baby Doll' noemt. Als een concurrerend katoenzuiveringsbedrijf op raadselachtige wijze afbrandt, komt de hoofdinspecteur langs om vragen te stellen. Flora verdenkt haar echtgenoot (die natuurlijk zo schuldig is als de pest) en de hoofdinspecteur verstrikt haar in een wellustig kat-en-muisspel, waarbij hij haar met dwang, dreigementen en seks informatie weet af te troggelen. In *Baby Doll*, de filmbewerking uit 1956 van Elia Kazan, had Carroll Baker de rol onsterfelijk gemaakt als een Lolita-achtige verleidster, waarbij haar seksualiteit praktisch uit haar jurk barstte; heel anders dan het 57 kilo wegende, tengere meisje dat zich Meryl Streep noemde.

Uitgeput na een acht uur durende repetitie van *Trelawny*, kwam Meryl bij de auditie aan in een eenvoudige rok, een blouse en instapschoenen. Ze had een voorraadkast aan tissues bij zich die ze uit de damestoiletten had gehaald, en stelde zich voor aan Arvin Brown, de regisseur. Naast hem zat John Lithgow, die een andere Phoenix-voorstelling regisseerde. Lithgow herinnerde zich wat er vervolgens gebeurde:

'Terwijl ze ontspannen met Arvin over het stuk en het personage praatte, deed ze haar haar los, trok ze andere schoenen aan, haalde ze de panden van haar blouse uit haar rok en begon ze nonchalant tissues in haar beha te stoppen om de omvang van haar boezem te verdubbelen. Lezend met een assistent-toneelmeester begon ze aan een scène uit *27 Wagons Full of Cotton*. Je kon nauwelijks het moment aanwijzen waarop ze uit haar eigen personage dat van Baby Doll binnengleed, maar de transformatie was volledig en adembenemend. Ze was grappig, sexy, prikkelend, dom, kwetsbaar en verdrietig, en al die schakeringen schoten kwikzilverachtig voor onze ogen langs.'[212]

Arvin Brown nam haar onmiddellijk aan. Maar hij moest de transformatie die recht voor zijn ogen had plaatsgevonden niet hebben opgemerkt, want toen de repetities begonnen, keek hij eens goed naar zijn hoofdrolspeelster en raakte hij in paniek. Haar tovertruc had zo goed gewerkt dat hij niet had beseft dat het allemaal een illusie was. 'Ze was zo dun, blond en mooi, en op de een of andere manier had ze me er in de auditie van overtuigd dat ze zo'n echt sletterige, slome *redneck* was,'[213] herinnerde Brown zich. Hij dacht: gaat dit wel werken?

Meryl begon zich ook zorgen te maken. Haar nep-D-cup was niet alleen een manier geweest om de auditieruimte voor het lapje te houden, maar ook zichzelf. Zonder de vele stukken papier die in haar beha waren gepropt, verloor ze haar greep op het personage. 'Laat me even iets proberen,' zei ze tegen Brown.

Ze ging even weg en kwam terug met een slonzige, oude overgooier en borstprotheses. Ze had Baby Doll gevonden; en Brown zag opnieuw een 'wulps mokkel'. Meryl speelde absoluut geen femme fatale, maar haalde de onschuld en de vulgariteit in Flora naar boven. Dat zou met elkaar in tegenspraak hebben moeten zijn, maar dat was niet zo. Net zoals Evert Sprinchorn op Vassar proefde Brown een vleugje rebellie: 'Ik had het gevoel dat ze als het ware tegen de restanten van een vrij conventionele achtergrond aan trapte.'

In januari 1976 kondigde Meryls Baby Doll zich op het podium van het Playhouse aan met een gekrijs in het donker:

'Jaaaaake! Ik ben me witleren tasje kwijt!'[214]

Daarna kwam ze tevoorschijn geklost op hoge hakken en een wijde jurk; een mollige, babbelende halvegare met een stem als een bubbelbad. Tussen haar regels tekst door kirde en kakelde ze, en sloeg ze naar denkbeeldige vliegen. Op een bepaald punt, toen ze met haar benen wijd op de veranda zat, keek ze omlaag naar haar oksel en veegde die af met haar hand. Even later peuterde ze in haar neus en schoot ze weg wat ze er had gevonden. Het was het grappigste en meest groteske wat Meryl had gedaan sinds *The Idiots Karamazov*. Maar net als Constance Garnett kwam haar Flora voort uit een onbeholpen soort menselijkheid.

De *Village Voice* noemde haar:

> ... een lang, gezet, rubensiaans kindvrouwtje; een sexy Baby Snooks*, die rondwankelt op smoezelige, roomkleurige schoenen met hoge hakken, giechelend, babbelend met haar kleinemeisjesstemmetje, nu weer hees en dan weer schril, haar woorden mompelend alsof ze te lui is om ze goed uit te spreken (en

---

* Noot van de vertaler: Baby Snooks is afkomstig uit het radioprogramma *The Baby Snooks Show* en werd gespeeld door comédienne Fanny Brice, die toen ze begon, veertig jaar ouder was dan het ondeugende meisje dat ze neerzette.

toch kun je elk woord verstaan), haar lippen likkend, kleffe glimlachjes lachend, spelend met haar lange, blonde haar, haar borsten in haar armen knuffelend, lui rondhangend en zich wentelend in haar lichaam alsof het een warm bad is. En al deze extravagante details zijn spontaan en naturel, maar evengoed overvloedig; niets is excessief; niets leidt af; alles is onderdeel van Baby Doll. Wat een prestatie![215]

Tot nu toe waren er maar een paar mensen in New York – Rosemarie Tichler, John Lithgow – die de reikwijdte van Meryls talent voor metamorfose kenden. Terwijl haar Baby Doll een gedurfd staaltje fysieke komedie was, kwam de werkelijke schok van *27 Wagons Full of Cotton* pas daarna. Het toneelstuk stond op het programma samen met Arthur Millers *A Memory of Two Mondays*, dat zich afspeelde in een auto-onderdelenpakhuis in het New York van de Depressie. De aanblik en de sfeer was volkomen anders: waar het toneelstuk van Williams overliep van seks en limonade, was het stuk van Miller rauw en industrieel, als een droge martini. Onder de spelers waren Lithgow en Joe Grifasi, met Meryl in de onbeduidende rol van Patricia, een secretaresse.

Maar daarin speelde ze juist haar troefkaart uit. Aan het eind van het stuk van Williams werden de lichten gericht op Flora, die in het maanlicht van Mississippi een slaapliedje voor haar tasje zong. Na de pauze beende ze het podium weer op als Patricia: zwart gewatergolfd haar, nette jurk, hand op haar heup, pronkend met haar broche die ze de avond daarvoor van haar vriend had gekregen. Als op commando was er in het donker een geritsel van papier te horen van theaterbezoekers die door hun programma's bladerden: Zou dit echt dezelfde actrice kunnen zijn?

'Ze speelde niet alleen die twee volslagen uiteenlopende personages,' herinnerde Arvin Brown zich, 'maar ze had ook twee volkomen verschillende uitstralingen gecreëerd. *27 Wagons* was heel loom en zo nu en dan zelfs sloom. En plotseling was er dan die vlaag energie als ze in het tweede toneelstuk met die donkere pruik het podium op liep. Alles was stads, staalhard en snel. Het was gewoon een schok.'

Tennessee Williams en Arthur Miller vermeden het om met elkaar gezien te worden. Ze wisten dat het aan elkaar koppelen van hun toneelstukken onvermijdelijk zou uitlopen op competitie, en ze wilden niet de vraag oproepen wie er de grootste Amerikaanse toneelschrijver was. Dus kwam Miller naar de laatste generale repetitie en Williams naar de première. Toen bij 27 *Wagons* het doek viel, rende Meryl backstage om te transformeren van slonzige boerentrien tot ijzige secretaresse. J. Roy Helland stond haar bij. Hij was haar gevolgd vanuit het Lincoln Center en had haar geholpen de twee concurrerende looks uit te denken. In de hal greep Williams Arvin Brown in zijn kraag om hem te vertellen hoe verbluft hij was over Meryls optreden.

'Het is nooit eerder zo gespeeld!' zei hij maar steeds, waarbij Brown ervan uitging dat hij haar naïviteit bedoelde; heel anders dan de berekenende, pruilende seksbom die Carroll Baker in de film had gespeeld.

Brown glipte de kleedkamer in om Meryl over de euforie van de toneelschrijver te vertellen. Na de voorstelling zou hij Williams backstage brengen zodat hij haar persoonlijk kon prijzen. Maar Williams zou nooit komen opdagen op de afgesproken ontmoetingsplek. Tegen de tijd dat de spelers werden teruggeroepen voor *A Memory of Two Mondays*, was hij verdwenen.

Niemand wist waarom tot de volgende dag, toen de regisseur een verontschuldigend telefoontje van Williams' agent kreeg. Dit was er gebeurd: Meryl had een understudy die Fiddle Viracola heette, en die door haar ronde gezicht en lijpe persoonlijkheid van nature een Baby Doll was. Viracola had een bizarre hobby: ze stapte op beroemdheden af en vroeg hun om een tekening van een kikker voor haar te maken. Bij de generale repetitie had ze Arthur Miller benaderd en hem gevraagd om een kikker voor haar verzameling.

Op de avond van de première was Williams de hal ingelopen om Brown te ontmoeten toen een vrouw hem belaagde en iets naar hem riep over een kikker. De toneelschrijver raakte in paniek en rende naar buiten om een taxi aan te houden. Het lukte hem niet meer om backstage te gaan om Meryl te vertellen hoe geweldig hij haar Baby Doll vond.

Ondanks haar vorderingen zag Meryl zichzelf nog steeds niet als een filmster, en dat deed de rest van de wereld ook niet. Of zo leek het op een middag, toen ze tegenover Dino De Laurentiis zat, de Italiaanse filmproducer die onder alles van Fellini's *La Strada* tot *Serpico* op zijn naam had staan. De Laurentiis was bezig met de rolbezetting voor een remake van *King Kong*, en Meryl was naar de auditie gekomen voor de rol die beroemd was gemaakt door Fay Wray: het meisje dat het hart van de grote gorilla voor zich wint.

De Laurentiis bekeek haar van top tot teen door dikke, vierkante brillenglazen. Vanuit zijn kantoor boven op het Gulf and Western Building, aan Columbus Circle, kon je heel Manhattan zien. Hij was in de vijftig, met strak achterovergekamd peper-en-zouthaar. Zijn zoon, Federico, had Meryl in een toneelstuk gezien en haar binnengebracht. Maar wat de jonge De Laurentiis ook in haar zag, de oudere zag het absoluut niet.

'*Che brutta!*' zei de vader tegen de zoon, en in het Italiaans zei hij vervolgens: 'Wat is dit lelijk! Waarom heb je dit naar me toe gebracht?'

Meryl was verbijsterd. Hij had geen idee dat ze aan Vassar Italiaans had gestudeerd.

'*Mi dispiace molto,*' zei ze terug, tot verbazing van de producer. 'Het spijt me heel erg dat ik niet zo mooi ben als ik zou moeten zijn. Maar dit is wat u krijgt.'[216]

Ze was zelfs nog bozer dan ze liet merken. Niet alleen noemde hij haar lelijk; hij ging er ook van uit dat ze dom was. Welke actrice, laat staan een Amerikaanse, en ook nog eens blond, zou er nou ooit een vreemde taal kunnen begrijpen?

Ze stond op om te vertrekken. Dit was precies waar ze bang voor was in de filmbusiness: de obsessie met uiterlijk, met séks. Tuurlijk, ze was op zoek naar een kans, maar ze had zichzelf beloofd dat ze geen troep zou doen. En dit was troep.

Toen ze had gehoord dat Jessica Lange de rol had gekregen, was ze niet verongelijkt. Zo graag had ze het niet gewild, om eerlijk te zijn. Ze wist toch dat ze er niet goed in zou zijn geweest. Laat iemand anders maar boven op het Empire State Building tegen een aap staan gillen. Ze wilden een 'filmster', en dat was ze niet.

Ze was te *brutta*.

Haar hart lag bij het theater. Na de triomf met 27 *Wagons Full of Cotton* bleef ze bij het Phoenix voor nog een toneelstuk dat voorjaar: *Secret Service*, een melodrama over de Burgeroorlog door William Gillette. Haar oude vriend Grifo was ook een van de spelers. En dat gold ook voor haar medespelers van *Trelawny*, John Lithgow en Mary Beth Hurt.

Het toneelstuk was een thriller uit 1895; niet echt een openbaring, maar het was leuk om Edith Varney te spelen, een zuidelijke belle uit Richmond die valt voor een spion van de Noordelijken, met kanonnen die bulderen op de achtergrond. In haar geruite rok en bonnet speelden zij en de zijn snor omkrullende Lithgow liefdesscènes die zelfs in *Gone with the Wind* overdreven zouden hebben geleken:

'Wat zal het zijn: liefde en vaarwel?'

'O nee, alleen het eerste! En dat elke dag, elk uur, elke minuut, tot we elkaar weer zien!'[217]

Het was op het randje van camp, en de acteurs kwamen er nooit helemaal achter met hoeveel ironie ze hun scènes precies moesten spelen. Maar de jonge spelers van het Phoenix wilden gewoon samenwerken, aan wat dan ook. Er werd een hecht ensemble gevormd, zowel op de planken als erbuiten: de pittige, schrille Mary Beth; de kwajongensachtige Joe Grifasi; de over zijn kin strijkende John Lithgow; en Meryl, de blanke blondine uit de burgerklasse die zo'n beetje alles kon. Na de voorstelling gingen ze wat drinken bij Joe Allen, en dan fietsten ze samen naar huis naar de Upper West Side, alsof ze zo uit de film *Jules et Jim* naar New York waren overgeplaatst. Ze voelden zich, zoals Mary Beth het zich herinnerde, als 'prinsen van de stad'.

Meryl teerde nog steeds op het succes van 27 *Wagons* en *A Memory of Two Mondays*. 'Die twee toneelstukken in het Phoenix Theatre leverden me, samen met *Trelawny*, meer aandacht op dan welke drie andere toneelstukken ook die ik op Broadway had kunnen doen in drie jaar waarin ik drie blondines speelde,'[218] zei ze later. Ze won haar eerste professionele theaterprijs, de Theatre World Award, en werd genomineerd voor een Drama Desk. Daarna, in eind maart – minder dan een jaar nadat ze van de toneelschool was gekomen – werd ze genomineerd voor een Tony Award voor de dubbele voorstelling in het Phoenix. Ze moest het opnemen tegen haar eigen medespeelster Mary Beth, die genomineerd was voor *Trelawny*.

Op 18 april, een paar dagen nadat *Secret Service* in het Playhouse in première was gegaan, marcheerden de beide actrices het Shubert Theater binnen voor de ceremonie. Backstage zaten de zwaargewichten van de entertainmentwereld: Jane Fonda, Jerry Lewis, Richard Burton. Op het podium stond de kale set van *A Chorus Line*, dat genomineerd was voor bijna elke muzikale categorie. De spelers ervan openden de ceremonie met het toen al iconische openingslied: 'I Hope I Get It'. Voor de genomineerden in het publiek was het een toepasselijke gedachte.

Het was Eerste Paasdag. Mary Beth kwam opdagen met een oversized bril en haar rode bob, haar handelsmerk. Meryl had nog steeds de pijpenkrullen van de Burgeroorlog die over haar voorhoofd vielen. Zittend in het publiek voelde ze zich 'zwaar ongemakkelijk'.[219] Tijdens de reclames kon ze de genomineerden hun lippen voelen likken. Het voelde allemaal zo onnozel aan.

En ja hoor, *A Chorus Line* sleepte alles binnen en won in de helft van de achttien prijscategorieën. Tegen de tijd dat het *Chicago* en *Pacific Overtures* had verslagen als Beste musical, leek het orkest 'What I Did for Love' wel als een lus te spelen. Niemand kon het nu nog ontkennen: Joe Papp had iets onstuitbaars in handen.

Alan Arkin kwam naar voren om de prijs voor Beste vrouwelijke bijrol uit te reiken. Toen hij Meryls naam oplas, werden haar lippen gespannen. Maar hij werd gewonnen door Shirley Knight, voor *Kennedy's Children*. Zowel Meryl als Mary Beth gingen met lege handen naar huis. Toen ze de volgende dinsdag weer naar het werk gingen, was dat terug naar Richmond, Virginia, in 1864.

Bij de generale repetitie voor *Trelawny of the 'Wells'* had Joe Papp cryptisch tegen haar opgemerkt: 'Misschien heb ik wel iets voor je.' En toen ging op kerstavond 1975 de telefoon.

'Wat zou je ervan vinden om in het park Isabella te spelen in *Measure for Measure?*' vroeg de producer. 'En misschien Katherine in *Henry V?*'

Meryl begreep het niet zo goed. Had hij zijn onderscheidingsvermogen verloren? Ze wist dat hij zijn favorieten had, en iedereen die tot Joe's kring van vertrouwelingen werd toegelaten, had werk voor het leven, net als bij een Japans bedrijf. Maar Isabella? Was dat niet de hoofdrol?

'Wat ik zo geweldig aan hem vond, was dat hij me als gelijke behandelde,' zei ze. 'Al vanaf het begin, toen ik die onbekende, volslagen onwetende toneelstudent was, lang voordat ik er klaar voor was, liet hij me al toe tot het gesprek als een gelijke.'[220] Ze waren op dezelfde dag jarig, 22 juni, en ze hadden het gevoel dat ze kosmisch verbonden waren.

'Hij was volkomen overtuigd van me,' herinnerde ze zich, 'maar ergens in mijn achterhoofd was ik aan het gillen: "Wauw! Wauw! Kijk nou eens! Wauw!"'

De winter ging over in de lente en ze reed overal heen op haar fiets. Naar Downtown Manhattan, naar het Public, waar ze *Measure for Measure* repeteerde. Naar Uptown Manhattan, naar het Lincoln Center, waar Papp *Henry V* aan het repeteren was. Op een dag in mei zette ze haar fiets neer in de garderobe bij Café des Artistes, op West 67th Street, twee straten van haar nieuwe appartement vandaan. Ze was een beetje vroeg en liep rond door de gelambriseerde eetzaal, starend naar de pastorale muurschilderingen van bosnimfen die vrolijk naakt ronddansten. De bomen eromheen hadden iets van Bernardsville in zich; het oude Bernardsville, van toen ze een bazig klein meisje was. Nu werden er snelwegen gebouwd en was de plek helemaal veranderd. Bovendien was haar vader zojuist met pensioen gegaan, en hij en Mary Wolf gingen verhuizen naar Mason's Island, in Mystic, Connecticut.

Naar de maatstaven van iedere willekeurige acteur was haar eerste seizoen in New York betoverend geweest: een rits Broadway-stukken, een nominatie voor een Tony en, binnenkort, twee rollen bij Shakespeare in the Park. Bovendien was er een paar dagen daarvoor een telefoontje gekomen.

Zij: 'Zou je naar Londen willen komen?'

Meryl: 'Ja, hoor.' (Stilte.) 'Waarvoor?'

Het antwoord was een auditie voor *Julia*, een film gebaseerd op een hoofdstuk uit Lillian Hellmans memoires *Pentimento*. Het verhaal (van twijfelachtig waarheidsgehalte) ging over een jeugdvriendin van de toneelschrijfster, die altijd meer durfde dan zij. Julia wordt een antinazistische activiste en schakelt Lillian in om geld te smokkelen naar verzetsmedewerkers in Rusland. In tegenstelling tot *King Kong* was dit het soort film waar Meryl zichzelf in zag: een verhaal over vrouwenvriendschap en moed; dat wil zeggen, geen troep. Jane Fonda speelde Lillian. De regisseur, Fred Zinnemann, dacht erover om een onbekende de rol van Julia te laten spelen.

Voorlopig kon Meryl niet ophouden met staren naar het vliegticket naar Londen: 620 dollar.

'Toen ik op Yale zat, kregen mensen met een aanvullende beurs zoals ik 2,50 dollar per uur als we op het podium stonden,' zei ze tegen een verslaggever van de *Village Voice* die Terry Curtis Fox heette, en met wie ze voor de lunch bij Café des Artistes had afgesproken. Het was haar eerste professionele interview. 'Vóór dit jaar had ik het meeste verdiend door als serveerster te werken. 620 dollar. En dat alleen al voor een audítie. Het is krankzinnig.'[221]

En nog iets: ze had geen paspoort. Ze had er nooit een nodig gehad.

Meryl was diep verwikkeld in de repetities voor *Henry V*. Papps visie was eenvoudig: hoe groter, hoe beter. In de haven kwamen historische schepen samen voor het komende tweehonderdjarig bestaan van de VS, als een vloot geesten. Papp zou de pracht en praal herscheppen in Central Park, waar hij de Slag bij Agincourt opzette als een bloedige reprise van de slagen bij Lexington en Concord, waarmee de Amerikaanse Onafhankelijkheidsoorlog was begonnen. Het succes van *A Chorus Line* had hem wat respijt van zijn cashflowproblemen gegeven, maar de producer was nog steeds wanhopig en tegen beter weten in bezig te proberen iets van het Lincoln Center te maken. Hij moet de woorden van de getergde koning hebben begrepen:

> Wat eindeloze zielenrust, waarvan
> De eenvoudige kan genieten, derft een koning![222]

Op Meryl kwam hij onverschrokken over. 'Hij stuift er recht op af: laat de recensenten ons maar vergelijken met de Britten en ons aan stukken scheuren,' zei ze stralend tegen Fox. 'Hij is van plan het hele podium open te laten gaan en brandende pijlen in het meer te schieten.' In de rol van de Franse prinses Katherine zou ze niet op het podium staan tijdens de extravagante serie gevechten. 'Ik zou zo graag willen dat ik in die scènes zat,' zei ze gretig.

Ze kregen de rekening en liepen naar de deur. Ze pakte haar fiets uit de garderobe, gooide haar rugzak om en reed naar het Rockefeller Center om een paspoort te regelen. De zesentwintigjarige actrice kwam op Fox over als een personage uit een film: het sterretje in opkomst, het nieuwe gezicht. Evengoed zou hij schrijven: 'Meryl Streep heeft iets van een killer.'

Vanuit haar appartement op 69th Street was Central Park minder dan een straat verderop. Met de fiets was ze al snel bij het Delacorte, de openluchtoase die Joe Papp had gebouwd. Een paar stappen verder en ze stond op het podium, met Belvedere Castle, het namaakkasteel van Central Park, op de achtergrond als een duur decor erbovenuit torenend, met de midzomerhemel uitgestrekt en heet boven zich. Daarna zouden de gevechten beginnen.

Papp had een enorme cast verzameld: zestig acteurs, velen van hen pasgeleden afgestudeerd aan de toneelschool en wachtend op een doorbraak. De meesten hadden auditie gedaan bij het Public, in het theater waar *A Chorus Line* was ontstaan voordat het naar Broadway was verhuisd. De witte streep waar de koorleden hadden gestaan, liep nog steeds over het podium.

'Ze lieten een flinke groep van ons binnenkomen en op die witte streep staan,' herinnerde Tony Simotes, een van de spelers die auditie deden, zich. 'Plotseling begon Joe te praten over de voorstelling en wat hij van de voorstelling verwachtte. Gewoon even de achtergrond ervan bespreken. En hij zegt: "O, trouwens, jullie hebben allemaal een rol." Hij bleef doorpraten en wij hadden allemaal zoiets van: "Wat?" We begonnen allemaal te gillen en te joelen, en elkaar te omhelzen.'[223]

Met een eeuwige sigaar in zijn mondhoek hanteerde Papp zijn

macht als de scepter van een koning. 'Bouw een toren voor me,' zei hij dan, en een zwerm timmerlieden kwam het podium op rennen met hamers en timmerhout. Eén keer ging hij voor de spelers staan touwtjespringen om te laten zien dat hij nog steeds vitaal was.

Een paar dagen na het begin ontsloeg hij de man die de proloog voordroeg ('Had ik een muze nu van vuur, die naar/De klaarste hemel der verbeelding klom!'[224]) en verving hem door Michael Moriarty. Op dat moment had Moriarty als Broadway-acteur al een Tony gewonnen. Van onder aan het podium genoot Meryl van zijn dreigende invalshoek op de proloog. Het was, zoals ze later zei: 'de eerste keer dat ik besefte dat je alles, maar dan ook alles, uit Shakespeare kunt halen. Michael vond elke schunnige regel en haalde die eruit zodat wij ervan konden genieten, en het was ondeugend en wijs.'[225]

De twee acteurs hadden iets gemeen, afgezien van hun rendez-vous in *The Playboy of Seville* op het podium vijf jaar eerder. Ze waren de enige leden van het gezelschap die niet doodsbenauwd leken te zijn voor de regisseur.

'Michael Moriarty werd niet warm of koud van Joseph Papp, wat nogal cool was,' herinnerde een lid van het gezelschap zich. 'Hij zei gewoon: "O, wil je dat ik dat speel? Goed, dan doe ik dat." Veel mensen op de set voelden zich echt door hem geïntimideerd. Maar wat mij opviel, was dat Meryl Streep gewoon haar arm om hem heen sloeg en hem behandelde alsof ze een oude vriendin van hem was.'[226]

Ze begon zelfs als hem te klinken in interviews. Toen *The New York Times* het Delacorte bezocht en haar vroeg of ze jaloers was op de Shakespearetraining die de Britten hadden gekregen, haalde ze haar schouders op en zei ze: 'Ik ben jaloers op de weelde aan ervaring waar ze op kunnen bogen, maar wij hebben in Amerika een andere traditie die net zo sterk is. Dat heeft te maken met hart en lef.'[227] Hart en lef: een specialiteit van Papp.

Als Katherine had ze maar twee scènes, maar die waren wel kleine *coups de théâtre*. De ene was geheel in het Frans, want daarin leert de prinses de Engelse woorden voor de lichaamsdelen, waarbij ze van 'the elbow' 'de bilbow' maakt. Later komt ze terug met een belachelijke hoofdtooi en palmt ze de Engelse koning in. 'Het was gewoon één lichte, heerlijke karakterschets, en ze zweefde erdoorheen,' herinnerde Rosemarie Tichler zich. 'Je ziet die arme koning omturnen en verliefd raken. En terwijl hij verliefd raakt, raakt ook het publiek verliefd.'

Werken in Central Park was magisch. Tegen drie uur 's middags stonden er drommen New Yorkers in de rij buiten het Delacorte, voor gratis kaartjes. (Papp week nooit af van de prijs, zelfs niet toen de stad hem smeekte om toch ten minste een dollar te vragen.) Tegen de wijzers van de klok in slingerend[228] naar de softbalvelden op de Great Lawn, het grote grasveld midden in Central Park, werd de rij zelf een soort shakespeariaanse scène, waarin de knotsgekke energie van de stad naar buiten kwam. Op een middag in juli stond er een conservatief geklede vrouw met rechtenstudieboeken achter een jongen in een T-shirt van Hobie's Surfing Shop, terwijl een troubadour in kleding uit de tijd van Elizabeth II madrigalen zong met een accent uit het middenwesten, voor kwartjes en dubbeltjes. Vlakbij concurreerde een hotdogverkoper met een falafelkarretje, terwijl een man in een paars shirt en paarse spijkerbroek met een paarse fiets iedereen die het maar horen wilde, vertelde: 'Je ziet me niet echt. Je hallucineert. Je denkt dat je paars ziet omdat dat de kleur is van de magische paddenstoel.'

Rond vijven deelde het personeel vouchers uit die konden worden ingewisseld voor kaartjes, en 1800 gelukvogels zouden het amfitheater binnenstromen voor de voorstelling van acht uur. Toen Michael Moriarty naar buiten kwam en de muze van vuur aanriep, stond de zon nog stralend aan de hemel. Tegen het einde van het vijfde bedrijf, als Henry Katherine kust, werd de scène verlicht door de maan. 's Avonds veranderde het park in een oord van rovers en aanranders, en het legertje acteurs wist dat ze met elkaar naar buiten moest lopen als een zichzelf beschermende meute. En dan was Meryl weer terug in haar hal, terug in haar lift en terug in het appartement dat ze helemaal voor zichzelf had.

Vier dagen nadat *Henry V* was afgelopen, ging *Measure for Measure* in première in het Delacorte. Tien minuten voor de eerste voorstelling kreeg een man in het publiek een hartaanval. Een ambulance reed haastig met hem naar het Rooseveltziekenhuis, maar hij was overleden bij aankomst. Om acht uur begon het te regenen en de toneelmeester legde de voorstelling twintig minuten stil. Ze wisten het einde van het eerste bedrijf te bereiken voordat de stortbui intenser werd. Uiteindelijk werd de voorstelling afgelast, en iedereen ging drijfnat naar huis.

Zelfs bij droog weer was het toneelstuk een uitdaging. Noch een tragedie, noch een komedie, is *Measure for Measure* een van Shakespeares ambigue 'probleemspelen'. De plot berust op een moreel dilemma: Wenen is een verderfelijk oord van bordelen, syfilis en zonde geworden. The Duke (de hertog) (gespeeld door de vijfendertigjarige Sam Waterston) laat zijn strikte plaatsvervanger, Angelo, de troep opruimen. Om mensen angst voor de wet in te boezemen, veroordeelt Angelo een jongeman die Claudio heet, ter dood wegens ontucht. Claudio's zus, Isabella, staat op het punt in te treden in het klooster als ze het nieuws hoort. Ze smeekt om genade bij Angelo, die gek wordt van wellust. Hij reageert met een oneerbaar voorstel: als je met me naar bed gaat, spaar ik het leven van je broer. Ondanks haar broers smeekbeden, weigert Isabella, en ze zegt tegen zichzelf:

... Sterf dan, broer.
Leef, Isabella, vlekkeloos en rein,
Dierbaarder dan een broer moet kuisheid zijn.[229]

Deze regel zorgt er meestal voor dat het publiek naar adem hapt.

'De rol is prachtig, maar er zitten zo veel haken en ogen aan,' zei Meryl destijds. 'Allereerst is het erg moeilijk voor een publiek uit 1976 om zomaar te geloven dat de zuiverheid van de ziel het enige belangrijke is voor Isabella. Dat gaat er maar moeilijk bij hen in.'[230] *Tuurlijk, die Angelo is een varken*, denken de meeste mensen. *Maar kom op, hé, het gaat wel om het leven van je broer! Ga nou gewoon naar bed met die kerel!*

Meryl was vastbesloten Isabella's waarheid te vinden, om haar dilemma realistisch te maken, ook al was het publiek tegen haar gericht; dezelfde horde als waarmee ze te maken zou krijgen bij *Kramer vs. Kramer*. Kon ze mensen overhalen de kant van een fanatische non te kiezen? 'Mannen hebben Isabella altijd verworpen, door de hele geschiedenis heen,' zei ze tijdens repetities, al verwachtingsvol vooruitkijkend. Haar gepensioneerde vader diepte al het leesmateriaal op dat hij over het toneelstuk kon vinden. 'Hij is echt heel erg geleerd,'[231] schepte Meryl op.

Een van de redenen dat Papp voor *Measure for Measure* had gekozen, was dat er een begerenswaardige rol voor Meryl Streep in zat, maar de actualiteit van de plot speelde waarschijnlijk ook mee. In Shakespeares Wenen is de corruptie, perversiteit en schaamteloosheid wijdverbreid, en de New Yorkers die het bijna-bankroet van de stad hadden meegemaakt, konden zich erin inleven. Ondertussen had het hele land een lesje geleerd over officiële kwijtscheldingen, zoals Isabella die voor Claudio zoekt. Twee jaar eerder had president Gerald Ford gratie verleend aan Richard Nixon voor diens misdaden rond Watergate en nu betaalde hij daarvoor een hoge tol in zijn verkiezingsstrijd tegen Jimmy Carter. Overal waar je keek, was iemand in de wandelgangen van de macht een schimmige deal in achterkamertjes aan het maken, of stortte een stad in onder het gewicht van zijn eigen smerigheid.

De regisseur, John Pasquin, zag een Wenen voor zich dat New York voor zou spiegelen aan de New Yorkers. Santo Loquasto's decor zag eruit als een metrostation, of als de herentoiletten buiten het theater: allemaal ziekelijk witte tegels, waar je de urine bijna kon ruiken, tegen een skyline van geschilderde demonen. Terwijl Angelo en zijn ambtenaren sneren uitdeelden vanaf een verhoogde wandelweg, kwamen de pooiers en hoeren van Wenen op vanuit een valluik, alsof ze uit de onderwereld opstegen. Het was alsof de beau monde van Park Avenue het schorem van Times Square tegenkwam, de in tweeën gedeelde stad die Papp had geprobeerd te verenigen in zijn theaters.

Meryl las het lange, duizelingwekkende toneelstuk steeds maar weer. Gekleed in een wit habijt had ze alleen haar gezicht en haar stem om mee te werken. En in het park, blootgesteld aan de elementen, kon haar nauwgezette karakterisering gemakkelijk uit koers worden geblazen. Op een avond, tijdens het hoogtepunt van haar grote monoloog – 'I'll tell him yet of Angelo's request/And fit his mind to death, for his soul's rest' (Ik deel hem Angelo's verlangen mede/Dan is zijn ziel gericht op de eeuw'ge vrede)'²³² – raasde er wat klonk als een Concorde boven hun hoofd, en ze moest 'his soul's rest' gillen. 'Het is bespottelijk,' zei ze spoedig daarna, 'maar het vergde heel veel van me. Ik zet zorgvuldig een personage en een motief neer, en dan komt er iets langs wat niet eens hoort te kunnen, en verpest het.'²³³

Maar er gebeurde nog iets anders met Meryl Streep, iets waar ze zelfs nog minder controle over had dan vliegtuigen die over Manhattan scheurden. In haar scènes met de eenenveertigjarige acteur die Angelo speelde, kon iedereen het zien: het aantrekken en afstoten van karakters, de heilige en de zondaar met elkaar verstrengeld in een strijd van seks en dood. De vonken sloegen eraf. Ze staarde in de koolzwarte ogen van haar tegenspeler, en zijn vaalgele gezicht verried een klaaglijke droefheid. Hij gaf haar vuur, zij antwoordde met ijspegels:

Angelo:
In duidelijke taal: ik heb je lief.
Isabella:
Mijn broer hield van Julia, en u zegt
Dat hij daarvoor moet sterven.
Angelo:
Hij zal niet sterven als je van me houdt.²³⁴

Meryls understudy, Judith Light, keek elke avond naar de scènes tussen Isabella en Angelo, en onthield de grote lijnen van Meryls optreden voor het geval ze ooit op zou moeten. (Dat hoefde ze niet.) 'Het was hun dynamiek die de productie droeg, en hen tweeën samen iets zien ontwikkelen was ongelooflijk elektrisch geladen,' herinnerde Light zich. 'Je kon zien dat er iets ontstond en dat ze zichzelf toestond om ook door hem opgetild te worden.'²³⁵

Michael Feingold, Meryls oude vriend van Yale, zag het ook. 'De lichamelijke aantrekkingskracht tussen hen was heel echt,' zei hij. 'En het idee om een Isabella-Angelo-relatie te beginnen terwijl dat aanwezig was, niet alleen in de tekst van de acteurs maar ook in hun eigen leven… Dat zet overal een extra spanning op, en die kreeg ze, ook al zat ze in het habijt van een non.'²³⁶

Zelfs de recensent van *The New York Times*, Mel Gussow, pikte dat op: 'Miss Streep,' schreef hij, 'die vaak is gecast als stevigere, rijpere vrouwen, speelt Isabella niet om de zoetheid en de onschuld. Er zit wijsheid achter haar schijnbare naïviteit. We voelen het seksuele touwtrekken aan tussen haar en Angelo, en ze maakt ons ook bewust van de ontluikende gevoelens van zelfbewustzijn en macht van het personage.'[237]

Hij kende nog niet de helft van het verhaal.

Als *Measure for Measure* gaat over een non die haar principes plaatst boven het leven van haar broer, is het een probleemstuk. Maar deze *Measure for Measure* ging over een man en een vrouw die vochten tegen hun onbevredigde seksualiteit, die uitspraken deden en ze tegelijkertijd ter discussie stelden, hun idealen verraden door hun onbedwingbare verlangen. Het is Isabella's zuiverheid die Angelo in vuur en vlam zet, zoals de hoeren van Wenen dat nooit zouden kunnen doen. De twee spelers waren bijna net zo'n bespottelijk stel als hun personages: de ijsprinses en de rare snuiter. En toch leek iedereen, zowel op als voor het podium, de vonk te voelen die ze overbrachten.

Op de avond van de première glipten Meryl en haar Angelo weg van het acteursfeestje. Ze kwamen terecht in de Empire Diner in Chelsea, een goedkope eettent opgesierd met zilver en zwart art-decomotief, met een miniatuurversie van het Empire State Building op het dak. Ze aten en praatten, en tegen de tijd dat ze thuiskwam, was het vijf uur 's ochtends. Ze kon niet slapen.

De volgende ochtend stond ze op om een verslaggever naar boven te laten komen naar haar appartement. Terwijl ze praatten, en sinaasappelsap dronken en croissants aten, waren haar ogen bloeddoorlopen, en haar gezicht onopgemaakt. Ook al was ze vragen aan het beantwoorden over haar buitengewone eerste jaar na de toneelschool, haar gedachten gingen steeds maar weer naar John Cazale. Die man had iets. Iets.

Ze hoorde zichzelf zeggen: 'Ik heb zo'n geluk gehad sinds ik in de stad ben komen wonen…'[238]

Fredo

De tijd bewoog zich anders voor John Cazale. Alles ging langzamer. Hij was niet traag van begrip, absoluut niet. Maar hij was nauwgezet, soms op het gekmakende af. Zelfs over eenvoudige klusjes kon hij uren doen. Al zijn vrienden wisten van zijn traagheid af. Ze werden er soms gek van.

Zijn vriend Marvin Starkman: 'We hadden een huis op het platteland, en John kwam best vaak langs. Als zijn auto voor die van mij reed en we kwamen bij een tolhokje, stopte hij en keek of de naam of het nummer van de man erin aan de buitenkant stond. Dan keek hij die vent aan, zorgde ervoor dat hij wist met wie hij sprak, pakte een kwartje of wat het ook was, en zei. "Alsjeblieft." Ik bedoel, je zat je op te vreten in de auto achter hem.'[239]

Robyn Goodman, die getrouwd was met zijn vriend Walter McGinn: 'We kregen een kleurentelevisie. Dat was iets heel nieuws, en we waren allemaal opgewonden. Walter belde John en zei: 'Kom hierheen om me te helpen, we gaan hem aansluiten.' En John zei: 'Oké, laten we ervoor zorgen dat de kleur helemaal goed is.' Dat was om een uur of tien 's avonds. Ik ging rond middernacht naar bed en toen waren ze nog steeds aan het werk. Ik geloof dat ze bijna de hele nacht bezig zijn geweest dat ding goed af te stemmen.'[240]

De toneelschrijver Israel Horovitz: 'We moesten hem een sleutel van het theater geven, zo lang deed hij erover zijn make-up eraf te halen. Dan gingen we naar het restaurant bij Astor Place, en hadden we daar met hem afgesproken. We zouden allemaal gaan eten, en dan waren we al klaar voor hij er was. Hij was gewoon de langzaamste man die ik ooit heb gekend.'²⁴¹

Zijn vriend Al Pacino: 'Je gaat met hem eten, weet je wel, en dan was je klaar – je had afgewassen, alles afgemaakt, en je lag al in bed – voor hij zijn bord halfleeg had. En dan haalde hij nog eens een sigaar tevoorschijn. Die stak hij dan aan, keek ernaar, proefde eraan. En dan éíndelijk rookte hij hem.'²⁴²

John bewoog zich alsof hij alle tijd van de wereld had.

Zo was hij ook met personages. Regisseurs noemden hem 'De man van twintig vragen'*, omdat hij maar niet ophield vragen te stellen tijdens de repetities. Voordat hij iets kon doen, moest hij alles weten. Hij probeerde één ding op wel duizend manieren; er waren zo veel mogelijkheden. Marvin Starkman plaagde hem altijd: 'Jezus, ik wil wedden dat voorspel bij jou vijf uur duurt.'

Niemand in de filmwereld zag er zo uit als hij: een schriel lijf, een enorme neus, een voorhoofd zo hoog als een voorgevel, in tweeën gedeeld door een kloppende ader. Als John zijn diepliggende ogen ergens op richtte, kon hij net zo gewond en wanhopig kijken als een stervende hond.

'Het was alsof hij van een andere planeet kwam,' zei Robyn Goodman. 'Hij had zo veel diepte en oprechtheid in zich. Hij had geen greintje valsheid, niet als persoon en niet als acteur. En hij ervoer de wereld op een heel diepgevoelde manier.'

John was langzaam omdat alles hem fascineerde. Hij hield van zijn Datsun. Hij hield van de film *Ladri di Biciclette*. Hij hield van Cubaanse sigaren, die hij verwoed rookte. 'John had een kinderlijke nieuwsgierigheid en die was niet voorgewend,' zei Starkman. 'Als je hem niet kende, zou je zeggen: "Wat is dit voor onzin?" Maar het was geen onzin.'

Hij en Walter McGinn (John noemde hem Speedy) zagen een keer een parkeermeter op de stoep liggen. Ze besloten hem mee te nemen naar het huis van John en uit elkaar te halen zodat ze konden zien hoe

---

* Noot van de vertalers: Twenty Questions is een gezelschapsspel.

hij werkte. Iemand moest hen hebben aangegeven, want de politie kwam en arresteerde hem. Hij bracht de nacht in de cel door.

'Mijn god, hoe was dat?' vroeg Starkman toen hij eruit kwam.

'Nou, ik heb er een paar vrienden gemaakt,' zei John. 'En ik ben erachter gekomen hoe je twee vuurtjes kan krijgen van één lucifer.'

Zijn personages hadden diezelfde kinderlijke onschuld, maar er was altijd een zekere melancholie op de achtergrond. 'Er zat een onderstroom van droefheid aan hem,' zei zijn broer, Stephen. 'Ik weet niet hoe ik dat uit moet leggen.'[243] Hij en Walter praatten soms uren over acteren, terwijl Robyn Goodman toekeek. 'Ze waren er allebei heel erg van doordrongen dat in de kern van elk personage een bepaalde pijn zat,' herinnerde ze zich. 'Je kon zien dat ze allebei een heel klein beetje beschadigd waren, en dat gebruikten voor hun kunst.'

Pijn was ook wat zijn meest tot de verbeelding sprekende personage, Fredo Corleone, karakteriseerde in *The Godfather* en *The Godfather: Part II*. Het is er wanneer hij in dronken toestand probeert de vriendin van zijn broer, Kay, te versieren op de bruiloft van zijn zus. Het is er wanneer hij in zijn mosterdgele pak en met zijn pilotenzonnebril de grote jongen speelt, met meisjes en drank in Las Vegas. En het is er in het botenhuis in Tahoe, als het allemaal op stormachtige wijze aan de oppervlakte komt.

Michael
Ik heb altijd voor je gezorgd, Fredo.

Fredo:
Voor me gezorgd? Je bent mijn kleine broertje en je zorgt voor *míj*? Heb je daar wel eens over nagedacht? Heb je daar óóit wel eens over nagedacht? Stuur Fredo maar om dit te doen, stuur Fredo maar om dat te doen. Laat Fredo een of andere Mickey Mouse-nachtclub weet ik waar runnen. Stuur Fredo om iemand op te halen op de luchthaven. Ik ben je oudere broer, Mike, en ik ben overgeslagen![244]

De meeste acteurs zouden er een moord voor doen om Sonny of Michael Corleone te spelen, de machobroers die de misdaadorganisatie van de familie leiden. Welke jonge man wil er niet een dapper of eigenwijs of sterk personage spelen? Maar John was als de B-kant van Amerikaanse mannelijkheid. Zonder een spier te vertrekken of te overdrijven kon hij zwakheid, lafheid, schaamte of angst spelen. John kon van het zwarte schaap het mooiste deel van de film van maken; tenminste, als je erop lette. De meeste mensen die de bioscoop uit kwamen nadat ze zijn films hadden gezien, praatten over Al Pacino of Robert De Niro of Gene Hackman, de mannen die de getroebleerde helden speelden. Maar als je de moeite nam om hem op te merken, kon John Cazale je hart breken.

Het begon met muziek. Als kind verafgoodden John en zijn broertje Toscanini. Ze brachten uren door met luisteren naar de opwind-Victrola: het *Eerste* en *Tweede Brandenburgse Concert* van Bach, de *Nocturnes* van Debussy, Wagners ouvertures voor *Die Meistersinger von Nürnberg* en *Parsifal*. Ze draaiden hun elpees van Haydns *Symfonie nr. 99* grijs – totdat Stephen, die twee jaar jonger was, op het vierde deel ging zitten en het in stukken brak. 'Hij was razend,' zei Stephen. 'Hij stompte me heel vaak. Mijn armen waren soms bont en blauw van zijn stompen.'[245]

Ze hadden hun muziekobsessie geërfd van hun tante Kitty, die hen meenam naar concerten en musea in New York. Zij had het van hun oma, Nonna, die in huis flarden van Italiaanse opera's zong. In haar jeugd had Nonna in een textielfabriek gewerkt waar jute werd gemaakt, en ze deed vol trots de armbewegingen na die ze voortdurend achter het weefgetouw had herhaald. Haar kleinzoons deden de beweging achter haar rug na en giechelden dan.

Hoewel hij een hoofdrol speelde in hét filmepos over de Italiaans-Amerikaanse immigratie, toonde John maar weinig interesse in zijn erfgoed. Stephen zou later de familiegeschiedenis ontrafelen, een waargebeurde versie van *The Godfather: Part II*, maar dan zonder de maffia. Hun grootvader, Giovanni Casale, werd geboren in Genua en kwam op 27 september 1868 per boot aan in New York – zestien jaar oud, zo arm als een kerkrat, en vrijwel volledig analfabeet. Zestien jaar later, om redenen die niet meer te achterhalen zijn, tekende hij zijn naturalisatiepapieren met 'Giovanni Cazale'[246], met een 'z'; de naam die zijn kinderen en kleinkinderen zouden dragen. Tegen die tijd werkte hij als fruitverkoper en rondreizende scharensliep. Met zijn vrouw, Annie, verhuisde hij naar Revere, een stad aan zee vlak bij Boston, en met twee partners opende hij het eerste hotel van de stad. Terwijl Revere een bruisende badplaats werd, kocht Giovanni meer onroerend goed. Net als Vito Corleone had hij een nieuw leven opgebouwd in een nieuw land en runde hij zijn eigen bedrijf. Alleen waren er hierbij geen in rivieren gedumpte lijken bij betrokken.

Giovanni en Annie hadden een dochter, Catherine, die John en Stephen kenden als tante Kitty. Een andere dochter, Elvira, stierf op jonge leeftijd. Toen kwam de tweeling, John en Charles, die te vroeg werden geboren. Annie smeerde hen in met olijfolie en hield hen warm in de oven; ze overleefden het. De broers werden allebei steenkolenverkopers, en ze hielden ervan om op paarden te wedden op de paardenrenbaan van Suffolk Downs. John, de oudste van de tweeling, trouwde met een Iers katholiek meisje, en ze kregen drie kinderen. John Cazale werd in 1935 geboren als het middelste kind, een verlegen joch dat de Red Sox, het beroemde honkbalteam uit Boston, en de legendarische Red Sox-speler Ted Williams aanbad.

Toen John vijf was en Stephen drie, verhuisde het gezin naar een andere plaats in de buurt van Boston, Winchester. Hun ouders stuurden hen naar afzonderlijke kostscholen: John naar Buxton, in Williamstown, Massachusetts, en Stephen naar Woodstock County School, in Vermont. John was stil en teruggetrokken, en niemand had het zien aankomen toen hij aankondigde dat hij zich had aangesloten bij de toneelclub van de school. 'Ik was net zo verbaasd als iedereen toen hij zich realiseerde dat hij bij het toneel wilde,' zei Stephen. 'Het was iets wat totaal niet bij hem leek te passen.'

Als tiener werkte John als koerier voor Standard Oil. Een van zijn collega-koeriers was Al Pacino, die vijf jaar jonger was. John ging later toneel studeren aan de Universiteit van Boston, waar hij Marvin Starkman en Walter McGinn ontmoette. Ze waren alle drie idolaat van hun acteerdocent Peter Kass, die zijn studenten pushte om hun eigen duisternis te benutten, om niet weg te lopen voor pijn maar het in een personage op te sporen. (Het was dezelfde les als die waar Meryl zich tegen verzette in haar eerste jaar op Yale.) John bleef in Boston en acteerde in het Charles Playhouse, terwijl hij een parttimebaantje had als taxichauffeur. Alweer: die traagheid. 'Hij liet mensen niet midden op straat uitstappen,' zei Starkman. 'Hij reed helemaal tot aan de stoeprand. Hij hield het portier open voor mensen, hij kwam de auto uit. Hij was de perfecte man om taxichauffeur te zijn.'

Hij verhuisde naar New York en vond een flat in een gebouw zonder lift in het zuidelijk deel van de Upper West Side in Manhattan. 'Hij was vreselijk slecht in het huishouden,' herinnerde Stephen zich. De broers spraken nonsenslatijn met elkaar, en een zwijnenstal (een *pigpen* in het Engels) was een 'porcus pennus'.

Toen John voor het eerst zijn flat liet zien aan Stephen, riep hij uit: 'Welkom in het Porcus Hilton.' Een deel van de rommel kwam van zijn geïmproviseerde donkere kamer; hij verdiende geld met het fotograferen van beeldhouwwerken voor galeriebrochures, en van promotieportretten van zijn acteursvrienden. Fotografie paste bij zijn dwangmatige karakter: hij paste altijd heel nauwgezet de belichting op de beeldhouwwerken aan om ervoor te zorgen dat ze er echt driedimensionaal uitzagen en niet plat. Sommige van de foto's waren gewoon voor hemzelf: landschappen in de Berkshires, een heuvelrug in het westen van Connecticut en Massachusetts, of studies van tante Kitty aan haar piano.

Acteerbaantjes waren schaars. Starkman, die reclamespotjes produceerde, probeerde werk voor hem te regelen, maar het antwoord was altijd een variant op 'te etnisch'. Het beste wat hij voor hem kon regelen was een televisiespotje voor New York Telephone, waarin John een indiaans opperhoofd speelde. Dus maakten hij en Marvin maar hun eigen films. In 1962 namen ze een kluchtige korte film op die *The American Way* heette, waarin John een anarchist speelt die het maar niet voor elkaar krijgt om iets op te blazen. Er waren al glimpen te zien van zijn tegenstrijdige verschijning op het witte doek: komisch maar tegelijk droevig, gevaarlijk maar tegelijk onhandig. Buiten het witte doek was het gevaar afwezig, maar zijn onschuld was zo oprecht dat het hem uit netelige situaties wist te redden. Op een zondagochtend was hij een keer op weg naar het huis van Starkman om de opna-

'De meisjes trapten er niet in,' zei ze over haar personage van de middelbare school. 'Die mochten me niet; ze roken het van een kilometer afstand, het acteren.'

Op de *junior prom* met Mike Booth.

Als Miss Julie op Vassar in december 1969. Het was het eerste serieuze toneelstuk dat ze ooit zag, en zij speelde de hoofdrol erin.

Haar doorbraakrol op de Yale School of Drama, de tachtigjarige 'translatrix' Constance Garnett in *The Idiots Karamazov*. Christopher Durang, rechts knielend, speelde Aljosja.

Haar debuut op Broadway, in *Trelawny of the 'Wells'*.

Als Hallelujah Lil in *Happy End*.

'We voelen het seksuele touwtrekken aan tussen haar en Angelo,' schreef de recensent van *The New York Times* over haar vertolking van Isabella in *Measure for Measure*, tegenover John Cazale.

Met Cazale op het feestje ter ere van de vijfenzeventigste verjaardag van Lee Strasberg. 'Dat mannetje zorgde ervoor dat alles betekenis kreeg,' zei ze later. 'Zo'n goed beoordelingsvermogen, zulke heldere gedachten.'

Boven: tijdens de opnamen van *The Deer Hunter* met Michael Cimino en Robert De Niro.

Onder: met Chuck Aspegren, De Niro en Cazale, in de bruiloftsscène die wel eeuwig door leek te gaan. Cazale heeft niet lang genoeg geleefd om de film te kunnen zien. Alle vijf films waarin hij een rol had, werden genomineerd voor een Oscar voor Beste film. Zelf werd hij nooit genomineerd.

Boven: 'Ik denk dat hij mijn personage echt haatte,' zei ze over Woody Allen, die haar in *Manhattan* castte als zijn ex-vrouw.

Onder: Germaine Greer lezend, backstage bij *The Taming of the Shrew*.

Boven: Joanna verlaat Ted, in de openingsscène van *Kramer vs. Kramer*.
Onder: Teds advocaat vraagt: 'Was u een mislukking in die ene belangrijkste relatie in uw leven?'

Boven: ontmoeting met de koningin van Engeland bij een koninklijke voorvertoning van *Kramer vs. Kramer*.
Onder: een poging om een momentje van privacy te delen met Don Gummer, wat niet lukt.

mes van die dag te beginnen, waarbij hij een nepdoos TNT onder zijn arm had. Een politieman hield hem staande en zei: 'Hé, kom eens hier. Waar ga je naartoe?'

John keek hem niet-begrijpend aan en zei: 'Ik ga naar Marvins huis.'

'O, oké,' zei de agent, en liet hem weer gaan.[247]

Zijn doorbraak kwam in de vorm van twee toneelstukken van Israel Horovitz. Toen Horovitz toneel studeerde in Engeland, zag hij een paar hooligans een Indiase student met een tulband op mishandelen. Het incident vormde de inspiratie voor *The Indian Wants the Bronx*, dat hij op het toneel bracht toen hij weer terug was in New York. Als leider van de hooligans nam hij Al Pacino, een onbekende acteur die hij had gezien in een toneelstuk in iemands woonkamer. Voor de rol van zijn slachtoffer – nu Gupta, een bange vader die verdwaald is in New York en probeert zijn zoon te bellen in een telefooncel – koos hij een Indiase acteur. Maar de man had niet veel acteerervaring en stak elke keer om onverklaarbare reden zijn hand op als hij een regel had. 'Het werd een toneelstuk over de hand van die vent,' herinnerde Horovitz zich.

Pacino, die helemaal gericht was op method acting, kon zich niet concentreren. Ze moesten de Indiër vervangen, en Israel kende John Cazale al, omdat hij was opgegroeid in een stadje in de buurt van waar John was opgegroeid. Gupta's dialoog was helemaal in het Hindi, en John en Israel worstelden met de vraag of niet een Italiaan de rol zou moeten spelen. Uiteindelijk ging John akkoord. Het toneelstuk werd uitgevoerd in Provincetown, op het uiterste puntje van Cape Cod, en toen Pacino aankwam in het huis waar iedereen logeerde, stak zijn co-ster zijn hoofd om de deur van de slaapkamer. Pacino herkende het gezicht van jaren daarvoor, toen hij werkte voor Standard Oil.

'Jij weer,' zei Pacino. 'Ik ken jou.'[248]

In januari 1968 verhuisde het stuk naar New York, naar het Astor Place Theatre. Het kreeg meteen enthousiaste kritieken, omdat het de rauwe, energetische agressie van de straat karakteriseerde, en het bracht de toneelscène van Downtown Manhattan in alle staten. Horovitz, Pacino en Cazale wonnen alle drie een Obie Award. Die zomer brachten ze het stuk naar het Spoleto Festival in Italië. Tussen de voorstellingen door verzamelde John het gezelschap op het hoofdplein en ging hun voor in zes-stemmige harmoniezang. Ze spraken geen Italiaans, dus zongen ze de woorden die ze oplazen van de toeristenplattegronden: 'Piazza del Duomo! Spoleto! Spoleto!'

Een ander stuk van Horowitz gaf John het steuntje in de rug waar hij zo op had gewacht. *Line* was het soort minimalistisch experiment van het eind van de jaren zestig dat de gangbare ideeën over wat precies een toneelstuk vormt, op de kop zette. Er was geen decor en nauwelijks een plot. Het enige wat je nodig had, was vijf acteurs die in een wachtrij stonden: vier mannen en één vrouw. Waar ze op wachten wordt nooit uitgelegd. In de loop van het toneelstuk maken ze ruzie, plegen ze ontucht en houden ze elkaar voor de gek zodat ze kunnen voordringen: een hobbesiaanse staat van zijn voor verfijnde New Yorkers, die niet naar een wachtrij kunnen kijken zonder zich af te vragen of ze er niet ook tussen horen te staan.

John speelde Dolan, een zelfverklaarde 'Mr. Nice Guy', die desalniettemin bijna een ander personage wurgt. Op een gegeven moment beschrijft Dolan zijn 'Under*dog*-filosofie', die ook van toepassing zou kunnen zijn op Johns benadering van het toneelspel, of tenminste het effect ervan:

'Iedereen wil de eerste zijn, toch? ... Nou kun je dat heel duidelijk laten zien. Je springt er gewoon tussen als een kind en roept wat en schept er tegen iedereen over op dat je de eerste bent. Of dat je het verdient om de eerste te zijn. Wat ik bedoel is dat je je een beetje op de achtergrond houdt... De makkelijkste manier om een hond in zijn ballen te trappen, is als je onder hem ligt. Laat hem maar een tijdje over je heen lopen. Goed mikken, en...'[249]

Line ging in het najaar van 1967 in première in het La MaMa Theater in East Village. Vier jaar later werd het opnieuw tot leven gebracht in het Theater de Lys, op Christopher Street, met in de hoofdrollen Cazale en Richard Dreyfuss, in diens Off-Broadway*-debuut.

---

* Noot van de vertalers: *Off-Broadway* is een aanduiding voor kleinschalige theaterproducties in New York van tussen de 500 en 100 zitplaatsen, vergeleken met de grote theaterproducties van Broadway.

Op een avond nodigde Dreyfuss Francis Ford Coppola en diens castingdirector, Fred Roos, uit, die voorbereidingen aan het treffen waren voor *The Godfather*. Toen ze Cazale op het toneel zagen, zei Roos onmiddellijk: 'Dat is Fredo.'[250]

'De tweede zoon, Frederico, die meestal Fred of Fredo genoemd werd, was een zoon waar iedere Italiaan de heiligen om smeekte,' schreef Mario Puzo in zijn roman *De Peetvader*. 'Plichtsgetrouw, loyaal en altijd ten dienste van zijn vader, woonde hij op dertigjarige leeftijd nog steeds bij zijn ouders. Hij was klein en dik, niet knap, maar hij had hetzelfde cupidogezicht als de overigen in het gezin, de krullende haardos boven een rond gezicht en de zinnelijk gewelfde lippen.'[251]

John Cazale was niet klein of dik, en hij had al helemaal geen krullende haardos. Maar voor Coppola en Roos had hij het uiterlijk van iemand die altijd was overgeslagen. Coppola, die een broer en een zus had die het hadden gemaakt (de auteur August Coppola en de actrice Talia Shire, die Connie Corleone speelde), had een zwak voor Fredo. 'In een Italiaanse familie, of in elk geval in mijn familie, zijn er altijd broers die worden beschouwd als, nou ja, als minder getalenteerd dan de anderen,' zei de regisseur. 'Daar wordt altijd een beetje de draak mee gestoken. Misschien behoorde ik een bepaalde periode wel tot die categorie, ik weet het niet. Ik had in elk geval ooms die gekleineerd werden. Ik geloof dat Italianen die uit die kleinestadsmentaliteit komen, heel hard voor zichzelf zijn en heel wreed tegen degenen die niet helemaal in de wieg gelegd zijn voor hetzelfde niveau als de uitblinkende broers of ooms.'[252]

John werd herenigd met Al Pacino, die Michael Corleone speelde. Maar pas echt opwindend was dat hij kwam te acteren naast Marlon Brando, als zijn vader Vito. Brando was de onomstreden gigant van het Amerikaanse film-acteren, en de jongere acteurs – Pacino, Cazale, James Caan, Robert Duvall – adoreerden hem zoals de gebroeders Corleone hun vader, de *capo*, adoreren. 'Brando was onze held,' zei Marvin Starkman. 'We gingen naar *On the Waterfront*, *A Streetcar Named Desire*, al die vroege films, alsof je naar een masterclass ging. We aanbaden hem. John mocht werken met Brando, en hij stond helemaal in vuur en vlam.'

Het werd tijd om de scène te filmen waarin Vito op straat voor de fruitwinkel wordt neergeschoten, en Fredo met zijn pistool staat te klungelen terwijl de mannen die zijn vader wilden vermoorden, wegkomen. Terwijl de Godfather bloedend in de goot ligt, buigt Fredo zich hysterisch over hem heen, nadat hij zijn vader op de ergst mogelijke manier in de steek heeft gelaten. Coppola filmde Brando terwijl die speelde dat hij halfdood in de goot lag, en draaide toen de camera om voor het shot met Johns reactie. 'Brando had zo'n hoge pet op van John dat hij opnieuw in de goot ging liggen, zodat John tegenover hem kon acteren,' zei Starkman. 'Dat was wel ongeveer het grootste compliment dat je kon krijgen.'

The Godfather werd in maart 1972 uitgebracht, toen Meryl Streep nog optrad in skihotels in Vermont. Hij werd genomineerd voor elf Oscars, en won de prijs voor Beste film en Beste acteur, voor Marlon Brando, die de indiaanse activiste Sacheen Littlefeather stuurde om de prijs op te halen. Al Pacino, James Caan en Robert Duvall waren allemaal genomineerd in de categorie Beste bijrol. John was niet genomineerd.

Bemoedigd door het succes van *The Godfather* draaide Coppola een thriller over afluisterpraktijken die *The Conversation* heette, met in de hoofdrol Gene Hackman als 'de beste afluisteraar van de West Coast'.[253] John speelde zijn assistent, Stan, een nieuwsgierige technicus met een koptelefoon op en een bril met dikke glazen. Opnieuw boorde John de zwakheden van zijn personage aan – zijn onvolwassenheid, zijn bemoeizucht – en bezielde die met kinderlijke tederheid. De film werd genomineerd voor drie Oscars, waaronder die voor Beste film. John werd niet genomineerd.

In *The Godfather: Part II* bracht Coppola Fredo's zelfverachting tot een hoogtepunt. Met zijn geruite pak en zijn potloodsnorretje was Fredo een sociabele en machteloze man, die niet eens zijn dronken vrouw op de dansvloer in bedwang kon houden. Nadat Fredo samenzweert in een mislukte aanslag op het leven van zijn broer, wordt hij verteerd door schuldgevoel en angst. In Johns meest iconische filmmoment zoent Michael Fredo op zijn wangen en vertelt hij hem: 'Ik weet dat jij het was, Fredo. Je hebt mijn hart gebroken. Je hebt mijn hart gebroken.'[254]

Fredo's verraad van Michael, en Michaels beslissing om hem te vermoorden, vormen de kern van de film, en geven John meer te doen op het witte doek dan ooit tevoren. *The Godfather: Part II* werd genomineerd voor elf Oscars, waaronder die voor Beste film, die hij won. Al Pacino werd genomineerd voor Beste acteur. Robert De Niro, Michael V. Gazzo en Lee Strasberg dongen naar de prijs voor Beste mannelijke bijrol, die werd gewonnen door De Niro. John werd niet genomineerd.

Ondanks zijn Fredo-achtige talent om overgeslagen te worden, werd Johns gave met elke film complexer, en zijn vermogen om de psychische wonden van een personage aan de oppervlakte te brengen, werd steeds hartverscheurender. Tegelijkertijd oogde hij steeds ziekelijker en ging zijn vitaliteit tegelijk met zijn haargrens achteruit. Een keer was hij in de zomer in Starkmans huis in de Catskill Mountains, toen hij ziek werd op de braderie. 'We moeten terug naar de stad,' drong hij aan. Marvin en zijn vrouw reden hem terug, waarbij elke hobbel en elk hard geluid een kwelling was.

Ze haastten zich naar het Rooseveltziekenhuis, waar chronische pancreatitis bij John werd vastgesteld. Toen Marvin weer bij hem op bezoek kwam, lag hij aan allemaal slangetjes en kon hij nauwelijks praten. Aan de muur hing een glazen pot die zich vulde met waterige, groene gal uit zijn maag. 'Het was gewoon afschuwelijk,' herinnerde Starkman zich. 'Toen ik wegging, dacht ik bij mezelf: Wat kunnen we voor die arme kerel doen?' De artsen zeiden tegen John dat hij onmiddellijk moest stoppen met drinken, of dat de alcohol anders zijn alvleesklier op zou eten.

Op de een of andere manier was zijn bleekheid alleen maar bevorderlijk voor zijn bijzondere verschijning op het witte doek. 'Er ligt een soort moreel verval besloten in Fredo, dat volledig te wijten is aan het feit dat Cazale, in vergelijking tot de eerste film, er steeds meer uit is gaan zien als een geest,' merkte recensent David Thomson op. 'Hij is magerder, zijn ogen meer aangezet, en zijn voorhoofd steekt verder naar voren.'[255]

Tegen die tijd had de bloei van de filmindustrie van het eind van de jaren zestig de deur opengezet voor acteurs die excentriek, etnisch, of regelrecht buitenissig waren. Afgezien van Warren Beatty en Robert Redford hadden hoofdrolspelers nu een olijfkleurige huid zoals Al Pacino, of ze waren schlemielig zoals Dustin Hoffman, of zwart zoals Sidney Poitier, of ze hadden duivelsogen zoals Jack Nicholson. Filmsterren zagen er steeds minder uit als idolen en steeds meer als mensen die je op straat zou kunnen tegenkomen. Zelfs Robert De Niro, de nieuwe vaandeldrager van de viriliteit van het witte doek, was Italiaans. Johns asgrijze gezicht en zonderlinge energie, die hem ooit hadden buitengesloten van televisiereclames, waren nu zijn sterke punten.

Hij had zelfs een vreemdsoortige, seksuele aantrekkingskracht. John was het schoolvoorbeeld van het Franse begrip *jolie laide*, oftewel 'mooi van lelijkheid'. Het was een concept dat Hollywood net begon te begrijpen (waar het mannen betrof tenminste). Zoals Horovitz graag zei: hij zag eruit als Franciscus van Assisi, maar hij leek nooit een gebrek aan mooie vriendinnetjes te hebben, onder wie actrices Verna Bloom en Ann Wedgeworth, zijn co-ster in *Line*. Geen van zijn vrienden wist hoe hij het deed. 'Hij had altijd vriendinnetjes,' zei Starkman. 'Hij had sommige van de mooiste vriendinnen die je maar kon vinden, en uiteindelijk maakten velen van hen het uit [met hem] vanwege de slakkengang waarmee hij alles deed.'

Toen zijn carrière van de grond begon te komen, kreeg hij iets met een roodharige actrice uit Texas die Patricia heette. Patricia was een koele schoonheid die haar grote doorbraak nog niet had beleefd. Sommige vrienden van John bemerkten bij haar een opportunistisch trekje, maar hij was smoorverliefd. Misschien op haar aandringen verhuisde hij uit zijn wanordelijke flat in de Upper West Side, waar vorige vriendinnetjes gillend waren weggerend, en telde een groot deel van het geld dat hij met *The Godfather* had verdiend neer voor een loft in Downtown Manhattan, op Franklin Street. Het was een voormalig pakhuis, met een brandtrap, een lift en een laadplatform van traanplaat aan de straatzijde. De buurt, die van oudsher een industriebuurt was, stond aan de vooravond van een grote transformatie, nu kunstenaars en experimentele theatergezelschappen gebouwen overnamen die daarvoor eigendom waren geweest van scheepsbevoorraders. New Yorkers zouden het niet lang daarna kennen als Tribeca. Voorlopig was het nog Niemandsland.

Toen John de plek voor het eerst zag, van de vloer tot het plafond volgestouwd met blikken tomaten, kon hij het niet geloven. *Dat moeten sterke vloeren zijn*, dacht hij.

'Weet je wat een nummer-10-blik is?' vroeg hij aan Marvin. 'Heb je die grote blikken tomaat weleens gezien? Ik bedoel een echt blik, ongeveer zo groot; die zijn zwáár!'[256]

Toen de blikken eenmaal weg waren, was het een en al kale stenen muren en open ruimte. John haalde houten planken en hamers. Hij en Patricia zouden pioniers zijn, die een nestje bouwden in een voorraadruimte.

Maar het zou niet lang duren. Patricia vertrok naar Californië en liet John achter met het appartement helemaal voor hem alleen.

Intussen had Pacino getekend voor Sidney Lumets nieuwe film, *Dog Day Afternoon*. Die was gebaseerd op een waargebeurd incident, waarbij een pechvogel van een crimineel een bank in Brooklyn overviel om de geslachtsveranderingsoperatie van zijn minnaar te bekostigen. Terwijl de man en zijn sidekick proberen de gijzelaars in bedwang te houden, krioelt het buiten van de politie en de toeschouwers, als een pervers soort straattheater. Pacino smeekte Lumet om John te bekijken voor de rol van Sal, de sidekick, ook al leek hij absoluut niet op de echte persoon. Met tegenzin stemde Lumet toe. John had ongeveer twee zinnen voorgelezen toen de regisseur zei: 'Hij is voor jou.'[257]

Johns verschijning als Sal was zijn meest bizarre tot dan toe. Met zijn vettige haar dat nu halverwege zijn schedel begon en tot op zijn schouders hing, zag hij eruit als een kruising tussen een beatnik en een gier. Als hij met zijn machinegeweer zwaaide, zag hij er, anders dan Pacino's Sonny, uit als iemand die het eventueel ook daadwerkelijk zou gebruiken. En toch was zijn optreden nog steeds doorspekt met droefheid, alsof zelfs Sal, de banken berovende misdadiger, ooit een verwaarloosd jongetje was geweest.

Pacino stond er versteld van hoe John zich wist op te laden door wild te improviseren tot de camera's begonnen te draaien. Op een gegeven moment waren ze een scène aan het schieten waarin de twee schurken hun ontsnapping plannen. Alles is binnen een mum van tijd in het honderd aan het lopen: de gijzelaars moeten plassen, de politie staat buiten, en de hele operatie is een reusachtig circus geworden. Sonny zegt tegen Sal dat als ze ooit uit deze puinhoop ontsnappen, ze de stad zullen moeten verlaten. Is er een bepaald land waar hij naartoe zou willen vluchten?

Sal denkt even na en antwoordt: 'Wyoming.'

Op de set moest Lumet gauw zijn lachen inslikken, anders zou hij de take verpesten. Hetzelfde gold voor Pacino. In het script had Sal daar geen tekst. Uiteraard haalde 'Wyoming' de eindversie.[258]

Dog Day Afternoon werd genomineerd voor zes Oscars, waaronder die voor Beste film, en won de prijs voor het scenario. Al Pacino werd genomineerd voor Beste acteur, en Chris Sarandon, als Sonny's minnaar, werd genomineerd voor Beste mannelijke bijrol. John werd niet genomineerd.

Terwijl ze *Dog Day Afternoon* opnamen, acteerde Pacino in een workshop van een toneelstuk, *The Resistible Rise of Alberto Ui* van Brecht. Hij verzamelde een cast om zich heen, onder wie John, en vond een plek om te repeteren: Joseph Papps Public Theater. Papp had Pacino in 1968 ontmoet, toen hij hem ontsloeg bij een toneelstuk omdat hij zat te mompelen. Nu steunde hij het hartstochtelijke project van de acteur maar al te graag, en betaalde de dertigkoppige cast om weken achter elkaar te repeteren, zonder de garantie dat er een uiteindelijke productie zou komen. Papp vond het niet erg; het was genoeg om Pacino een proefterrein te verschaffen.

Maar hij merkte wel John Cazale op, die misschien wel precies de juiste dreigingskracht had voor *Measure for Measure*, waarvoor hij acteurs aan het casten was voor Shakespeare in the Park van die zomer. Papp had Sam Waterston de keus gegeven tussen Angelo of de hertog, en Waterston koos de hertog. Dus nodigde de producer John uit om auditie te doen voor Angelo.[259]

De avond voor de auditie ging John naar het huis van Walter McGinn en Robyn Goodman, op de hoek van 86th Street en Riverside Drive. Hij was zenuwachtig; hij had nog niet veel Shakespeare gedaan. Om de zaak nog erger te maken, zou hij auditie doen met de hoofdrolspeelster tegenover zich, een jonge, pas afgestudeerde studente van de toneelschool die bij het project inbegrepen was; Papp liep met haar weg. Als hij de rol wilde, zou hij indruk moeten maken op Meryl Streep.

Walter, die in *Henry V* had gespeeld, kende haar een beetje. John bestookte hem met vragen; over het stuk, over de rol, en vooral over de actrice die Isabella zou spelen. 'Walter verzekerde hem dat Meryl goed zou reageren op een echte acteurs-acteur,' zei Goodman. 'En dat was John.'

De volgende dag ging John naar binnen en las hij zijn scène uit *Measure for Measure*. 'Ik weet nog hoe intens John was,' zei Goodman, 'en hoe bang hij was, en dat hij meteen erna belde om te zeggen dat hij dacht dat het goed was gegaan. Je weet wel, het had beter gekund... Hij was nooit tevreden met zijn werk.'

Maar hij had Joe Papp tevredengesteld, en, wat even belangrijk was, Meryl Streep. Hij kreeg de rol.

In de repetitieruimte was John meestal op zichzelf. Dan zat hij tijdens pauzes bij het raam en lurkte hij aan sigaren. 'Dit zijn Cubaanse sigaren die ik heb geïmporteerd,' zei hij tegen zijn medespelers. 'Rook je?'[260]

Shakespeares Angelo was een stijve, dominante engerd; heel anders dan de zwakkelingen die John had gespeeld: Fredo, of Stan, of zelfs de met een geweer zwaaiende Sal. Maar was dat wel echt zo? Opnieuw ging John op zoek naar de pijn, en vond die ook.

'Hij bracht het dreigende aan. Hij bracht de pijn,' zei Rosemarie Tichler. 'De pijn was echter geen zwakte, maar boosheid. Er lag boosheid onder. En als je erin prikte, viel hij niet uit elkaar. Dan werd hij gevaarlijk.'[261]

Als castingdirector wist ze dat de juiste mengeling van spelers een verrassende nieuwe onderliggende structuur aan een stuk kon geven. In de botsing van karakters die *Measure for Measure* was, kwam John met iets op de proppen wat niet helemaal in de tekst stond. Zijn Angelo was de jongen die nooit het meisje kreeg, de loser die in een hoekje zat terwijl alle anderen feestvierden op de dansvloer. Daarom maakte hij een eind aan de bordelen van Wenen. Daarom veroordeelde hij Claudio ter dood wegens ontucht. Daarom begeerde hij de pure en onschuldige Isabella zo koortsachtig. Ze was iedere mooie vrouw die hem nooit een blik waardig gunde.

> ... Nooit kon een slet
> Met al haar kunst, natuur en dubb'le macht
> Mijn zinnen prikkelen. Maar dit deugdzaam meisje
> Verknecht mij. Eens, als ik verliefde dwaasheid zag,
> Schudde ik mijn hoofd met een verbaasde lach.[262]

En dus zaten John Cazale en Meryl Streep op de avond van de première in de Empire Diner, nadat ze hun eigen spelersfeestje waren ontvlucht, en praatten en lachten tot vijf uur 's ochtends, terwijl de opkomende zon net op de spiegelwanden, op de koffiekopjes, op de barkrukken en op haar citroengele haar begon te schijnen. John had iets absoluut wonderbaarlijks ontdekt. Zij was beter dan een Datsun. Ze was beter dan een Cubaanse sigaar. Ze was beter dan twee vuurtjes halen uit één lucifer. Ze was iemand die het waard was om de hele nacht voor op te blijven, als een kleurentelevisie; maar dan nog beter, want haar kleuren waren zo oneindig dat je ze nooit allemaal goed kon afstellen.

Hij vertelde zijn vriend Al Pacino: 'O, man. Ik heb de geweldigste actrice in de hele wereldgeschiedenis ontmoet.'[263]

Hij is gewoon verliefd, dacht Pacino. *Hoe goed kan ze nou zijn?*

Die hele augustus lang waren de metro's in New York behangen met geïllustreerde affiches van John Cazale en Meryl Streep: Meryl in haar witte habijt, haar lippen van elkaar en haar ogen neergeslagen alsof ze in gedachten verzonken was; John die van achter haar naar haar keek, met een hunkerende blik en een opgetrokken wenkbrauw. De gedachtenbelletjes die uit hun hoofd opstijgen, komen samen tot een grote wolk, met daarin de woorden 'Measure for Measure'.

John was gek van verliefdheid. 'Vanaf het moment dat hij in dat stuk speelde, praatte hij alleen nog maar over haar,' zei Marvin Starkman.

'Walter zei tegen me: "Volgens mij is hij verliefd aan het worden op Meryl,"' herinnerde Robyn Goodman zich. 'En ik zei: "Ik hoop dat zij verliefd wordt op hem." Tegen de tijd dat het stuk in première ging, waren ze dolverliefd op elkaar.' Als ze naar hen keek, vroeg Robyn zich af of ze wel vaak genoeg met haar eigen echtgenoot vrijde; zo explosief waren John en Meryl. Toen ze bij het theater aankwamen, zei Goodman, 'had ze helemaal gesprongen lippen van het zoenen'.

Meryl was betoverd door dit vreemde, tedere, havikachtige schepsel, dat een bepaalde greep op haar had die ze niet helemaal kon verklaren. 'Ik had nog nooit iemand zoals hij ontmoet,' zei ze later. 'Zo specifiek als hij was, zijn versie van menselijkheid en zijn nieuwsgierigheid naar mensen, zijn begaanheid met mensen.'[264]

Acteren was de taal die ze met elkaar gemeen hadden. 'We praatten eindeloos over het proces, en hij was monomaan over het werk,' herinnerde Meryl zich. John dacht na over zijn personages, en dan verwierp hij die ideeën weer. Hij maakte ze open en bestudeerde ze als een parkeermeter, nooit tevreden met de voor de hand liggende of gemakkelijkste keuze. 'Ik denk dat ik waarschijnlijk lichtzinniger was en eerder bereid het eerste idee dat in me opkwam te nemen,' zei ze. 'En dan zei hij: "Er zijn nog een heleboel andere mogelijkheden."'[265]

Op een avond na de voorstelling stelde John Meryl voor aan zijn broer, Stephen, die musicoloog was geworden. Om redenen die geen van de broers zich kon herinneren, hadden ze elkaar altijd bij hun bijnaam genoemd: Stephen was Jake, John was Bobo.

'Meryl,' zei John trots, 'ga eens met Jake praten! Hij spreekt Italiaans.'

Stephen en Meryl voerden al haperend en stuntelend een gesprek in het Italiaans, tot ze het opgaf en lachend uitriep: 'Ik kan het niet! Ik kan het niet!' Stephen was gecharmeerd.[266]

Op het podium van het Delacorte speelden ze avond na avond bij maanlicht hoezeer ze zich heimelijk tot elkaar aangetrokken voelden. Buiten het podium was die aantrekkingskracht niet verboden, maar hij was absoluut onconventioneel. Nooit was Meryl gevallen voor iemand die zo buitenissig was. Naast elkaar accentueerden ze op de een of andere manier elkaars onvolkomenheden: haar gevorkte neus, zijn bolvormige voorhoofd. Zijn bleke huid, haar dicht bij elkaar staande ogen. Ze zagen eruit als twee exotische vogels, of als de portretten van Piero della Francesca van de hertog en de hertogin van Urbino.

'Ze waren geweldig om naar te kijken, want ze zagen er een beetje gek uit, allebei,' zei Israel Horovitz. 'Ze waren mooi op hun eigen manier, maar het was een heel vreemd stel. Mensen draaiden hun hoofd om nog eens naar hen te kijken, maar niet omdat ze dachten: "Wauw, wat is ze mooi!"' Hij was heel anders dan haar eerdere vriendjes: de aantrekkelijke Bruce of de potige Bob of de knappe Phil of zelfs de peinzende Mike Booth. Misschien had ze geen behoefte meer aan een droomprins om haar ervan te verzekeren dat ze mooi was. Je kon niet zeggen dat zij en John 'er goed uitzagen' samen, maar je kon je ogen niet van hen afhouden.

Overal waar ze naartoe gingen, draaiden mensen hun autoraampjes omlaag en riepen ze: 'Hé, Fredo!' 'Hij verkeerde absoluut in tweestrijd over het hele idee van beroemd zijn,' zei zijn broer. 'Ik geloof niet dat hij echt wist hoe hij ermee om moest gaan, of dat hij dat zelfs maar wilde.' De *Godfather*-films hadden hem herkenbaar gemaakt, maar ze hadden hem niet rijk gemaakt. Als hij en Meryl naar Little Italy gingen, weigerden de restauranteigenaren hun te laten betalen. Dus gingen ze de hele tijd naar Little Italy, waar ze gratis pasta en caprese aten, hun avonden en buiken vol 'Hé, Fredo'.

'Dat mannetje zorgde ervoor dat alles betekenis kreeg,' zei ze later. 'Zo'n goed beoordelingsvermogen, zulke heldere gedachten. Voor mij vooral, vast als ik zit aan allerlei soorten menselijke zwakheden. "Dit heb je niet nodig," zei hij dan, "dat heb je niet nodig."'[267] Maar tegelijk was John Meryls poort naar de elite van de acteurswereld; in november ging ze met hem mee naar het feestje ter ere van de vijfenzeventigste verjaardag van de legendarische acteerdocent Lee Strasberg in het Pierre-hotel, waar op de gastenlijst onder anderen Al Pacino, Celeste Holm en Ellen Burstyn stonden.

De romance ontwikkelde zich al net zo snel als John traag was, en het duurde niet lang voordat Meryl bij hem introk in de loft op Franklin Street. Nu zouden ze samen pioniers zijn en een deel van Manhattan ontdekken dat zichzelf nog nauwelijks had ontdekt. Ze ondervond al snel wat Johns eerdere vriendinnetjes voor haar hadden ondervonden. 'Hij nam overal de tijd voor,' herinnerde ze zich. 'Het kostte hem echt heel veel tijd om het huis uit te gaan, om de auto op slot te doen.'[268] John besloot een keer een kamer te behangen. Het kostte hem drie weken.

Maar ze vond het niet erg. Laat de tijd maar zo langzaam gaan als stroop. Ze waren gelukkig.

Een paar weken na Meryls auditie voor *Julia* gaf Fred Zinneman de titelrol aan Vanessa Redgrave; niet bepaald een onbekende. Hij bood Meryl een klein rolletje aan als Lillian Hellmans roddelachtige vriendin Anne Marie. Maar hij had al te veel blondines in de film: Zou ze willen overwegen een pruik te dragen? Natuurlijk, zei Meryl tegen hem. Ze zou alles doen.

In het najaar vloog ze naar Londen om haar scènes te filmen. Het was de eerste keer dat ze zou acteren in een film – in gezelschap van Jane Fonda en Vanessa Redgrave nog wel. Net als bij die eerste vlucht per vliegtuig uit Bernardsville werd haar wereld weer een stukje groter.

Op haar eerste dag op de set kreeg ze een uitbarsting van netelroos. Ten eerste zag ze er vreselijk uit: de krullende zwarte pruik die ze had gekregen zorgde ervoor dat ze er nors uitzag, en haar kostuums bestonden uit allemaal absurde hoeden, bontjassen en rode jurken uit die bepaalde periode. De scène was een feestje voor Lillian Hellman in Sardi's, het restaurant in het theaterdistrict dat in Londen was nagebouwd. Meryl bereidde zich plichtsgetrouw voor, zoals ze zou doen als het Shakespeare was, maar toen ze aankwam, werd haar een herschreven scenario overhandigd. Haar paniek bleek duidelijk uit de rode vlekken onder haar hals, die de mensen van de make-up verwoed wegplamuurden.

Wat het meest intimiderende was: haar scènes waren allemaal met Jane Fonda. Op haar achtendertigste was er geen actrice die zo prominent of omstreden was als zij. Haar dagen als stoeipoes *Barbarella* lagen achter haar. Evenals 'Hanoi Jane'. Met *Fun with Dick and Jane* had ze haar status als mainstreamster weer opgeëist, en nu gebruikte ze haar invloed om sociaal bewogen projecten te cultiveren zoals *Julia*, waarin ze dapper nazi's te slim af is.

Meryl werd naar Fonda toe gebracht om haar te ontmoeten. 'Ze had zo'n alertheid dat het bijna wel leek alsof ze een dier in het wild was,' herinnerde Meryl zich, 'een soort helderblauwe oplettendheid voor alles om haar heen die ontzettend intimiderend was, en die me het gevoel gaf alsof ik overal bultjes had en uit New Jersey kwam, wat ook zo is.'[269]

Ze repeteerden het een keer, en Fonda moedigde haar aan om te improviseren. Bij de eerste take verfraaide ze het een beetje. Het leek goed te werken. Bij de tweede take voelde ze zich stoutmoedig en dacht ze: *Ik ga iets anders proberen!*

Fonda leunde naar haar toe en zei tegen haar: 'Kijk eens naar beneden.'

'Wat?'

'Daar.' Fonda wees omlaag. 'Die groene tape op de vloer. Dat ben jij. Dat is je merkteken. En als je erop landt, zul je in het licht staan, en kom je in de film.'

Ze was dankbaar voor de hulp – die kon ze wel gebruiken –, maar ze merkte ook op hoe Fonda met haar roem omging. Het leek wel alsof de helft van wat Jane Fonda deed, bestond uit het in stand houden van het Jane Fonda zijn, in plaats van acteren. 'Ik bewonder Jane Fonda,' zei Meryl niet lang daarna. 'Maar ik zou niet altijd bezig willen zijn om me onder te dompelen... in het bezig zijn met mij...'[270]

Ze was al evenzeer onder de indruk van Vanessa Redgrave. Ze hadden geen scènes samen, maar ze maakten wel samen een autorit. Meryl was bang dat ze niets zou weten uit te brengen, maar gelukkig praatte Redgrave de hele tijd over politiek en Leon Trotski.[271] Meryl wist niet veel van Trotski, maar ze wist wel iets over Redgrave: dit was het soort filmactrice dat het waard was om tegen op te zien, iemand die leidde vanuit haar overtuigingen en nooit zwichtte voor verwachtingen.

Op vrije dagen bracht ze haar tijd door met John Glover, die haar broer speelde. Ze hadden geen van beiden veel te doen, dus vermaakten ze zich in de bar onder haar hotel, in Zuid-Kensington. (Meryl bewaarde haar dagloon in een koffer in haar kamer, tot ze op een dag terugkwam en zag dat het allemaal gestolen was.) Of ze gingen naar Harrods, waar Meryl het accent van de winkelmeisjes bestudeerde. Ze was vastbesloten de Engelse uitspraak van *actually* onder de knie te krijgen.[272]

Op andere dagen zocht ze Glover op in het huis waar hij verbleef. Tijdens overvloedige zelfgekookte diners speelden de acteurs en hun gastheer en -vrouw een spel dat Adverbs ('Bijwoorden') heette: wie aan de beurt was, moest zich gedragen als het woord dat hij of zij uitbeeldde, en de andere spelers moesten raden welk woord het was. Toen het Meryls beurt was, deed ze alsof ze 's ochtends wakker werd en uit het raam keek.

Iedereen gilde het woord meteen: 'Prachtig!'[273]

Halverwege kwam Cazale over om haar op te zoeken. De omgang met de andere acteurs was plotseling afgelopen: zij en John waren weer terug in hun eigen alles-verterende universum. Toen ze terugkeerden in New York, kwam John erachter dat zijn agent had geprobeerd hem te bereiken. Er was een aanbod om een tv-film te doen over de zwarte lijst van Hollywood*. Niemand had hem kunnen vinden, en de rol ging aan zijn neus voorbij. 'Wat bedoel je, je kon me niet vinden?' zei John, met een zeldzame woede. Ze wisten dat hij naar Engeland ging, en hij en Meryl hadden het geld nodig.[274]

Toen *Julia* het najaar daarop uitkwam, was Meryl al net zo kwaad. Niet alleen zag ze er afgrijselijk uit met haar gewatergolfde zwarte pruik; de helft van haar rol was eruit gesneden, en de tekst van een van de verdwenen scènes was overgebracht naar haar mond in een andere scène. Fred Zinnemann stuurde haar een briefje met een verontschuldiging.

Ik heb een vreselijke fout gemaakt, dacht Meryl. *Geen films meer.*[275]

---

* Noot van de vertalers: De zwarte lijst van Hollywood bestond uit alle regisseurs, scriptschrijvers en acteurs die vanwege hun politieke overtuigingen niet meer in de filmindustrie mochten werken. De lijst werd opgesteld in 1947 en bleef tot ver in de jaren vijftig van kracht.

Joe Papp was wild om zich heen aan het slaan in het Lincoln Center. Als een coach van een honkbalteam dat op verlies staat, bleef hij maar van strategie veranderen, maar niets beklijfde: uitdagende nieuwe toneelstukken, beschaafde klassiekers. Uiteindelijk kwam er plotseling een idee voor een hybride in hem op: klassieke stukken paren aan experimentele regisseurs, die ze op grootse schaal radicaal zouden kunnen omgooien. 'Je kunt de klassieken niet meer op een conventionele manier doen,' zei hij. 'Dan word je van alle kanten belaagd.'[276]

Hij nam Richard Foreman, de excentrieke oprichter van het Ontological-Hysteric Theater, aan om *Threepenny Opera* te regisseren. De voorstelling, die in het voorjaar van 1976 in première ging, was een controversieel succes. Terwijl *Measure for Measure* liep in het Delacorte, hield Papp een trio hits tegelijk in de lucht: *Threepenny Opera* in het Vivian Beaumont, het op Broadway gerichte *for colored girls*, en *A Chorus Line*, dat meer dan 140.000 dollar per week opleverde in het Shubert. Maar op de een of andere manier was het niet genoeg. Ondanks het feit dat het steeds volle zalen had, boekte het Lincoln Center een verlies van 1,2 miljoen dollar.

Te midden van alle ophef waren er ten minste twee mensen die Papp aan het werk wilde houden: John Cazale en Meryl Streep. John en Al Pacino wilden graag weer samenwerken, en ze praatten erover om in het Public een dubbele voorstelling te doen van Strindbergs *Creditors* en *The Local Stigmatic* van Heathcote Williams. Meryl zou intussen helpen 1977 in te luiden in het Beaumont, in een nieuwe uitvoering van *The Cherry Orchard* (*De kersentuin*) van Tsjechov, geregisseerd door Andrei Șerban.

De in Roemenië geboren, drieëndertigjarige Șerban werkte in La MaMa toen Papp hem ontdekte. Șerban vond de Off-Off-Broadway-wereld[*] amateuristisch, en hij gaf de voorkeur aan de discipline van de Oost-Europese avant-garde. Meryl zag zijn onbuigzaamheid als een aansporing. 'Zo kun je pas echt werken,' zei ze voor de repetities begonnen, 'als een regisseur precies weet welke concepten hij wil. Ik

---

[*] Noot van de vertalers: *Off-Off-Broadway* is de aanduiding voor theaters in New York die kleiner zijn dan 100 zitplaatsen.

heb een hekel aan "relaxte" regisseurs. Ik zou het waarschijnlijk slecht doen in Californië.'[277]

Şerbans *The Cherry Orchard* gooide het gewichtige psychologisch realisme van de meeste van Tsjechovs producties overboord en ging op zoek naar, in zijn eigen woorden, 'iets veel lichters en iets wat dichter bij de veranderlijkheid van het echte leven ligt'.[278] Tsjechov had *The Cherry Orchard* de verleidelijke omschrijving 'komedie' meegegeven, maar die omschrijving had Stanislavski genegeerd toen hij in 1904 de première regisseerde, tot woede van de schrijver. Şerban wilde Stanislavski trotseren en *The Cherry Orchard* weer in ere herstellen als een onstuimige klucht.

Hij zou worden bijgestaan door Elizabeth Swados, een wispelturige zesentwintigjarige componiste die vaak in La MaMa met Şerban samenwerkte. Şerban, Swados en Foreman waren essentieel voor Papps laatste wanhopige plan om het raadsel van het Vivian Beaumont op te lossen. Voor de rol van Madame Ranjevskaja legde Papp de zestigjarige sterspeelster Irene Worth vast. Meryl had haar het seizoen daarvoor gezien, in een hervertoning op Broadway van Tennessee Williams' *Sweet Bird of Youth*, en had niet veel later in verrukking verklaard dat 'je alle andere personages in het stuk, de decors, alles, weg had kunnen halen, en dan had je nog elk thema van het stuk begrepen'.[279]

In de aanloop naar de Tony Awards hadden Meryl en Mary Beth Hurt een prijsuitreikingsontbijt bijgewoond in het Regency Hotel. Toen de jonge actrices aankwamen, bood Arvin Brown aan om Meryl voor te stellen aan juffrouw Worth, die was genomineerd voor Beste toneelactrice. Helemaal zenuwachtig om zo'n grote ster te ontmoeten, trokken zij en Mary Beth zich terug in de vrouwentoiletten om sigaretten te roken, tot Arvin op de deur klopte: 'Kom er eens uit – ik heb Irene hier.'

Meryl sloop naar buiten en werd afgeleverd bij Irene Worth.

De beroemde toneelspeelster bekeek Meryl van top tot teen en vroeg: 'Wat heb je voor plannen in december?'

'Werkloos zijn, denk ik,' stamelde ze.

'Mooi,' zei Worth. 'Denk maar eens over *The Cherry Orchard*.'[280]

Dat deed ze. Haar respect voor Worth – of om precies te zijn, voor Papp – was genoeg om haar de rol van Doenjasja, het kamermeisje, te laten aanvaarden. Het was maar een kleine rol, een rol die ze anders misschien zou hebben afgewezen. 'Iedereen had het over die geweldige jonge actrice, en velen waren verbaasd dat ze zo'n kleine rol had geaccepteerd in *The Cherry Orchard*, terwijl ze best al een hoofdrol in een Broadway-stuk aangeboden had kunnen krijgen,' herinnerde Şerban zich. 'Maar zij besloot dat ze nog steeds wilde leren door naar de ouderen te kijken, in dit geval van de beroemde Irene Worth die Ranjevskaja speelde. Ik herinner me dat Meryl zelfs als ze niet was gebeld naar de repetities kwam, en rustig aan de zijkant ging zitten breien en elk detail van Irenes unieke techniek in zich opnam, helemaal gefascineerd.'

Papp had een sterrencast verzameld, waaronder Mary Beth Hurt als Anja en de levendige Porto Ricaanse acteur Raúl Juliá (een van Papps opvallende vondsten) als Lopachin. Hij zag het gezelschap van *The Cherry Orchard* voor zich als de kern van een Amerikaans klassiek toneelgezelschap, het soort waar Tony Randall ook van droomde. Meryl en Mary Beth deelden kleedkamer nummer 18. J. Roy Helland was er weer om de pruiken te verzorgen, en hij maakte voor Meryl een maf, stralenkroonachtig opgestoken kapsel.

De start van de repetities was ongemakkelijk. Şerban kende Meryl alleen van *27 Wagons Full of Cotton*, en toen ze de eerste dag binnenkwam, keek hij naar haar en begon hij te steigeren. 'Je bent niet dik!' gromde hij met zijn vette Roemeense accent. '*No fat, no funny!*'[281] Vanaf dat moment werd het een gespannen affaire. Şerban had een hekel aan het concept van 'stijl' en zei tegen de cast dat hij wilde dat er 'simpel' geacteerd zou worden. Maar wat hield dat in? Meryl vroeg aan hem: was 'simpel' niet zelf ook een stijl?

Frustrerender waren de improvisatieoefeningen die Şerban tijdens de repetities leidde. In een ervan liet hij de toneelmeesters de tekst oplezen terwijl de spelers de handelingen uitbeeldden. In een andere liet hij hen een niet-bestaand vijfde bedrijf bedenken voor nadat het stuk is afgelopen. Irene Worth omarmde Şerban methodes, waarbij ze op een bepaald moment een zwaan in de aanval nadeed. Maar Meryl was ongeduldig. Misschien was ze er niet gelukkig mee dat ze het dienstmeisje speelde, of misschien deden de improvisatiespelletjes haar denken aan die nare eerste dagen op Yale. Haar irritatie kwam tot een uitbarsting tijdens een oefening waarin ze Doenjasja's wrevel uitspeelde, die tegen die tijd één geworden leek te zijn met die van zichzelf.

'Ik heb nog nooit zo'n boze improvisatie uit iemand zien komen als die Meryl deed toen haar werd gevraagd te improviseren hoe deze persoon, dit dienstmeisje, haar leven zag,' herinnerde Mary Beth zich. 'Ze kroop over de vloer, spugend en rochelend. Die meid was echt boos op Andrei Şerban.'[282]

Maar Şerban was tevreden. 'Ze kende geen angst,' herinnerde hij zich. 'Men is gewoonlijk bang om zich buiten de norm te plaatsen van wat algemeen wordt aanvaard als de standaard zware methode om de "Russen" te spelen: een kunstmatige, sentimentele manier om mee te voelen met het personage, maar Meryl was alleen maar geïnteresseerd in wat op het moment zelf van waarde en geldig was. Geen enkele methode kon haar daarbij helpen, behalve de pure ontdekking die tijdens de improvisatie tot leven kwam.'

Şerban moedigde Meryls 'Lucille Ball-neigingen' aan. Op haar beurt ontwikkelde ze een vlekkeloze imitatie van Şerban, waarbij ze brulde: 'Vallen op grond errrg, errrg grrappig.'[283] Tegen de tijd dat het stuk in première ging, op 17 februari 1977, had ze een opmerkelijke visie op Doenjasja gevonden: een sexy, uitzinnige, stuntelige matroesjkapop die elke keer op haar gat op de grond viel als ze opkwam.

Net als in *27 Wagons* was haar talent voor fysieke komedie evident, maar in *The Cherry Orchard* nog meer, want daarin speelde ze puur voor de slapstick. Toen Jasja de butler haar in het eerste bedrijf kuste, viel ze flauw en brak ze een theekopje. Toen hij haar in het vierde bedrijf verliet, wierp ze hem tegen de grond. Een groot deel van het tweede bedrijf bracht ze door met haar lange onderbroek om haar enkels.

Uiteraard waren de recensenten verdeeld over Şerbans clowneske versie van *The Cherry Orchard*. In *The New Leader* noemde John Simon het 'grof' en 'vulgair', eraan toevoegend: 'We zijn niet geïnteresseerd in de waarheid zoals een Roemeense onbenul die net komt kijken hem ziet. We zijn geïnteresseerd in de waarheid zoals de grote meester Tsjechov hem zag.'[284] Maar Clive Barnes, van *The New York Times*, was lyrisch: 'Het is een feest van genialiteit, zoals het schoonmaken van een schitterend schilderij, een frisse uiteenzetting van een oude filosofie... Het ministerie van Buitenlandse Zaken zou het meteen naar zijn spirituele thuis moeten sturen: het Moskouse Kunsttheater.'[285]

Het publiek was al net zo verdeeld. Een toeschouwer schreef aan Papp en Şerban: 'Ik geloof dat als deze afgrijselijke productie in Rusland uitgevoerd was, jullie beiden en misschien ook meneer Juliá voor het vuurpeloton zouden hebben gestaan.'[286] Een ander opperde, in een brief aan *The New York Times*, dat het stuk hertiteld zou moeten worden tot 'The Wild Cherry Orchard'. Sommigen vonden dat Meryl schaamteloos de schijnwerpers voor zich opeiste. Toen Papp aan abonnees schreef over zijn 'respect en bewondering' voor Şerban, stuurde een van de ontvangers die brief terug met aantekeningen in blauw in de kantlijn: 'U maakt toch een geintje!? Onmogelijk! Kunt u een productie begrijpen waarin de dienstmeid de opvallendste speler is?'

Toen *The Cherry Orchard* een maand liep, bereikte Meryl een stille mijlpaal: haar debuut als filmactrice. *Julia* was nog niet uitgebracht, dus viel de eer te beurt aan een televisiefilm die *The Deadliest Season* heette, over de ruige wereld van het professionele ijshockey.

Michael Moriarty had de rol van een ijshockeyspeler uit Wisconsin die onder druk stond om zijn agressie op het ijs op te voeren. Hij geeft een maat van hem in het team van de tegenstander een bodycheck, en de man wordt naar het ziekenhuis gebracht met een gescheurde milt. Als de vriend overlijdt, wordt Moriarty aangeklaagd wegens doodslag. Johns vriend Walter McGinn speelde de officier van justitie. Meryl was Moriarty's echtgenote, die wanhopig graag wil geloven dat haar man onschuldig is. De rol was een variatie op Adrian uit *Rocky*, die werd uitgebracht in november 1976, dezelfde maand als waarin *The Deadliest Season* werd gefilmd.

Meryl had de rol gekregen op aanraden van castingdirector Cis

Corman. Toen de regisseur, Robert Markowitz, haar auditie zag doen, ging hij terug naar de scriptschrijver en zei hij dat hij haar scènes moest uitbouwen. Veel van de dialoog was tussen de ijshockeyspeler en zijn advocaat, maar Markowitz wilde een deel van die actie verschuiven naar de man en zijn echtgenote. 'Ze was een soort middelpuntvliedende kracht,'[287] herinnerde Markowitz zich.

Op de set in Hartford was Meryl zenuwachtig. Moriarty zag dat ze voortdurend met haar haar zat te spelen of op haar nagels beet. Ze gaf haar personage eenzelfde stel nerveuze tics: op haar lip bijten, op haar hand kauwen en met haar ogen rollen. Ze nam een plat Wisconsin-accent aan ('Maybe I'll take some *cawffee* out') en een milde vorm van ongemak die goed aansloot bij Moriarty's rol als goeiige reus met een gespleten persoonlijkheid. In een bepaalde scène liet ze zich op een hotelbed zakken en zei tegen hem: 'Als ik je in een wedstrijd de bal zag slaan en bodychecks zag uitdelen, raakte ik altijd opgewonden. Ik kon niet wachten om thuis met je naar bed te gaan. Ik weet niet, vanavond was het anders.'[288]

Het was niet bepaald Tennessee Williams, en Meryl was er normaal gesproken niet happig op om iemands vrouw of vriendin te spelen. Maar het personage had haar eigen soort waardigheid, zoals ze haar echtgenoot met het geweld op het ijs confronteerde. Zoals de regisseur het zag: 'Ze was geen onderworpen echtgenote, want ze confronteerde hem met wat de kern vormde van wat hij deed.'

Het nieuws van haar talenten verspreidde zich. Terwijl *The Deadliest Season* nog werd gemonteerd, kwamen drie vooraanstaande filmers naar het materiaal kijken: Miloš Forman, die onlangs *One Flew Over the Cuckoo's Nest* had gemaakt; Louis Malle, die niet lang daarna *Pretty Baby* zou regisseren; en de in Tsjechoslowakije geboren regisseur Karel Reisz, die vier jaar daarna *The French Lieutenant's Woman* zou maken. Meryls prestatie maakte bovendien indruk op de producer van de televisiespecial, Herbert Brodkin, die tegelijkertijd voorbereidingen aan het treffen was voor de miniserie *Holocaust*.

The Deadliest Season werd warm ontvangen toen hij op 16 maart 1977 op CBS werd uitgezonden. Twee weken later reed Walter McGinn voor zonsopkomst door Hollywood en stortte hij van een klif vlak bij

Mulholland Drive. Hij was veertig jaar oud. Robyn Goodman had een echtgenoot verloren, en John Cazale had een van zijn beste vrienden verloren. Er had zich een donkere wolk samengepakt boven hun wereldje, maar voor Meryl en John moest het ergste nog komen.

Drie dagen na de laatste voorstelling van *The Cherry Orchard* in het Lincoln Center werd aangekondigd dat Meryl de vervangster was van Shirley Knight in *Happy End*. Niets kon minder toepasselijk getiteld zijn dan deze productie van het Chelsea Theater. Er rustte een vloek op de voorstelling.

Al vanaf het begin waren er problemen. Michael Posnick, die de musical van Brecht en Weill in het Yale Repertory had geregisseerd, deed een heropvoering ervan op de Brooklyn Academy of Music (BAM), waar het Chelsea Theater een onderkomen had gevonden. Christopher Lloyd speelde een gangster uit Chicago, Bill Cracker. Shirley Knight, die Meryl en Mary Beth het jaar daarvoor had verslagen voor de Tony Awards, speelde Hallelujah Lil, een meisje van het Leger des Heils dat hem probeert te bekeren; de rol die Meryl in New Haven met maar één middag bedenktijd had overgenomen.

Posnick was betrekkelijk onervaren, en de temperamentvolle Knight had hem helemaal in de tang. Wat de zaken er niet beter op maakte, was dat ze geen al te beste zangeres was, en de dirigent wist nooit wanneer ze in zou vallen. 'De liedjes gingen de ene en de toneelaanwijzingen de andere kant op,' zei Michael Feingold, die het script had bewerkt. Op een avond draaide Knight zich na haar eerste liedje om naar het orkest en zei: 'Ik vond het niet goed hoe ik dat deed. Ik geloof dat ik het nog een keer doe.' De tweede poging was niet veel beter.

Er brak chaos uit. Eén speelster stampte luttele seconden voor de eerste voorvertoning het podium op en tierde dat er een fout stond in haar biografie. Een andere speler duwde een medespeler van een ruim een meter hoog stootbord tijdens het nummer 'Brother, Give Yourself a Shove' (Broeder, geef jezelf een duw). Twee van de gangsters die voortdurend ruzie maakten, kwamen samen opgesloten te zitten in een kleedkamer. En Christopher Lloyd had een extreme aanval van zenuwen. 'Diep vanbinnen,' herinnerde hij zich, 'voelde ik dat deze productie een ramp was.'[289]

Toen de voorstelling bijna klaar was voor Broadway, uitte hij zijn zorgen tegen de artistiek directeur van het Chelsea Theater, Robert Kalfin. Overweldigd door zijn hoofdrolspeelster nam Posnick ontslag op hetzelfde moment dat hij ontslagen werd. Toen nam Kalfin het over als regisseur en ontsloeg hij prompt Shirley Knight. Dat was het moment dat Joe Grifasi, die Broeder Hannibal Jackson speelde, een suggestie deed. Meryl Streep kende de rol al van Yale. Waarom vroegen ze haar niet?

Opnieuw studeerde Meryl de rol van Hallelujah Lil onder tijdsdruk in. Met haar met kohl omrande ogen, bolhoed en gele krullenpruik zag ze eruit als een gestoorde felgekleurde pop, of een figurant uit *A Clockwork Orange*. 'Ze heeft de voorstelling gered,' zei Christopher Lloyd.

Maar de vloek van *Happy End* duurde voort. Twee dagen voor de première in de BAM kwam Lloyd tijdens een vechtscène op het podium ten val en ontwrichtte hij zijn knie. Hij kreeg te horen dat hij geopereerd zou moeten worden. De première op Broadway werd uitgesteld en Lloyd werd vervangen door zijn *understudy*, Bob Gunton. Tegelijkertijd veranderde Kalfin het script, waarmee hij zich de woede van Feingold op de hals haalde en de erfgenamen van Brecht tegen zich in het harnas joeg.

Alsof dat nog niet genoeg was, kreeg Bob Gunton rodehond. Op een dinsdag om één uur 's middags stonden de spelers in de rij om gammaglobuline-injecties te krijgen om te voorkomen dat de infectie zich verder zou verspreiden. Die avond keerde Christopher Lloyd terug met zijn been van zijn heup tot zijn enkel in het gips, verdwaasd van de pijnstillers, en werd hij de understudy van zijn understudy. 'Toen ik mijn mond opendeed om mijn eerste liedje te zingen, zat ik een octaaf te hoog,' herinnerde hij zich. 'Het was een marteling. Maar Meryl was er, en zij had een geweldige manier van plagen en loltrappen.'

Intussen waren John Cazales plannen voor een dubbele opvoering met Al Pacino in het water gevallen, nu Al een hoofdrol had op Broadway in *The Basic Training of Pavlo Hummel*. Nog rouwend om Walter McGinn had John een passend alternatief gevonden: Andrei Şerbans opvoering van Aeschylus' *Agamemnon*, met muziek van Elizabeth Swados. John zou Agamemnon en Aegisthus spelen. Het zou twee weken na de laatste opvoering van *The Cherry Orchard* in het Vivian Beaumont in première gaan, waarmee de reeks producties van Şerban werd voortgezet.

Eind april 1977 waren Meryl en John allebei bezig met repetities voor afzonderlijke voorstellingen op Broadway. In mei zou ze de hoofdrol hebben in *Happy End* dat hinkend op weg was naar het Martin Beck Theater, terwijl John twintig straten noordelijker de titelrol speelde in *Agamemnon*. 's Avonds zouden de schijnwerpers van Broadway op hen gericht zijn.

Er was maar één probleem: John Cazale hoestte bloed op.

Linda

De rouwenden zijn bijeengekomen op een begraafplaats op de top van een heuvel. Het is november: kale bomen, grijze luchten vol rook van de naburige staalfabrieken. Een priester zwaait met een wierookvat en zingt een lijkzang. Meryl Streep draait haar hoofd naar links en ziet, door een dikke, zwarte sluier, Robert De Niro. Ze bekijkt aandachtig zijn gezicht; hij ziet er volkomen verloren uit. Ze kijkt naar haar voeten in het verdorde gras. Het verdriet in de lucht is bedekt met een laag ongeloof. Niemand had gedacht dat het zo zou aflopen, en zij al helemaal niet.

Een voor een naderen ze de kist. Meryl legt een witte bloem neer met een lange steel, en ziet eruit als een vrouw van wie de onschuld uit elkaar is gescheurd, haar grote liefde neergemaaid voordat hij ooit tot bloei kon komen. Ze slaat een kruisje en volgt De Niro naar de auto's. Ze draait zich niet om, en daardoor ziet ze het bleke, besnorde gezicht van John Cazale niet. Hij is de laatste die een bloem neerlegt, en de laatste die vertrekt.

Als je het kader een paar centimeter vergroot, zie je dat de bomen vol in het blad staan en het gras groen is. Een enorm stuk zomer dat een klein stukje bruine herfst omgeeft, als een omgekeerde oase. Het is de set van The Deer Hunter. *De kist is leeg.*

Happy End kwam eindelijk op Broadway, of het nu wel of niet vervloekt was. Ondanks een hoeveelheid rampen die niet had misstaan in een huis waar het spookt, had het één onbetwistbaar pluspunt: Meryl, die de rol van Hallelujah Lil in drie middagen opnieuw had ingestudeerd. Evengoed was er niet veel tijd, en op de dag dat het decor in het Martin Beck werd geladen, was iedereen gespannen. De spelers hadden één kans om een doorloop van de voorstelling te doen. En Meryl was nergens te bekennen.

In Uptown Manhattan was *Agamemnon* aan de laatste voorstelling van zijn eerste week van voorvertoningen toe, en ook bij dat toneelstuk ontbrak de ster. Op 3 mei 1977 schreef de toneelmeester in zijn dagelijkse verslag: 'John Cazale was het grootste gedeelte van de dag niet aanwezig omdat hij medische tests moest ondergaan, dus speelde Jamil Agamemnon.'[290]

Het was duidelijk geworden dat er iets ernstigs aan de hand was met John. Meryl had 'verontrustende symptomen'[291] opgemerkt, en op haar aandringen had hij ermee ingestemd naar een dokter te gaan; de voorvertoningen konden haar gestolen worden. Maar de twee acteurs kenden totaal de weg niet in de medische wereld van Manhattan, waar de artsenpraktijken aan Park Avenue wekenlang volgeboekt konden zijn. Gelukkig kenden ze iemand die invloed had, misschien wel de enige persoon in het theater in Downtown Manhattan die met een telefoontje alles kon krijgen wat hij wilde: Joseph Papp.

Hoezeer hij ook op de proef werd gesteld door zijn opgezwollen theaterimperium, Papp zou alles opzijzetten om een acteur of een toneelschrijver in nood te helpen. Mary Beth Hurt had dat aan den lijve ondervonden, toen hij haar uit de psychiatrische afdeling van het Rooseveltziekenhuis redde. Voor Meryl en John zou hij niet minder doen. Hij zorgde ervoor dat ze zijn huisarts, William Hitzig, konden bezoeken in diens praktijk in de Upper East Side.

De in Oostenrijk geboren Dr. Hitzig, die al over de zeventig was, had een vriendelijke uitstraling die in tegenspraak leek te zijn met zijn grote invloed. Naast Papp had hij als patiënten onder meer keizer Haile Selassie van Ethiopië en de Indiase staatsman V.K. Krishna Menon. Hij had de sleutel tot de stad Hiroshima gekregen nadat hij meer dan twintig vrouwen had behandeld die door de atoombom waren verminkt, en later vloog hij naar Polen om te zorgen voor overlevenden van de medische experimenten van de nazi's. Ondanks zijn wereldwijde humanitaire inspanningen was hij ook een van de weinige artsen in New York die huisbezoeken aflegde.[292]

Als Dr. Hitzig al een uitspatting had, was het zijn antieke Rolls-Royce, die, zoals Gail Papp zich herinnerde, 'een of andere krankzinnige kleur, citroengeel of zo'[293] had. Op verzoek van Papp stemde Hitzig ermee in om zijn chauffeur John en Meryl te laten ophalen, en de hele dag door werden ze rondgereden langs wat wel iedere kankerspecialist in de stad leek. Het was wrang ironisch: daar zaten ze dan, als twee filmsterren die bij een première aankomen, maar elk gevoel van luxe werd weggevaagd door de sluimerende angst.

John meldde zich de volgende avond ziek voor *Agamemnon*. En ook de avond daarop. Die eerste week van mei verliep in een waas van medische onderzoeken, in en uit de Rolls-Royce van Dr. Hitzig springend, terwijl Joe Papp beschikbaar stond om ervoor te zorgen dat ze vorstelijk werden behandeld. 'Hij liet ons inschrijven in het ziekenhuis, zat urenlang in de stoel en wachtte op de uitslagen van de tests,' herinnerde Meryl zich. 'Hij stelde de vragen waarvoor wij te overstuur of te onwetend waren om ze te vragen.'[294] Daarna zou Joe Papp niet meer de man zijn die Meryl haar eerste baan in New York gaf. Hij zou Papa Joe zijn, de enige baas van wie ze ooit hield.

Na een paar uitputtende dagen gingen Meryl en John in het kantoor van Dr. Hitzig zitten, samen met Joe en Gail Papp. Niets aan de vriendelijke houding van de arts verried de afschuwelijke diagnose: John leed aan een vergevorderd stadium van longkanker, en zou onmiddellijk moeten beginnen met bestralen. 'Hij maakte het nieuws aan hem bekend op zijn manier, een strohalm van hoop voor de toekomst uithoudend, hoewel er in feite geen enkele hoop was,' herinnerde Gail Papp zich. 'De kanker was door zijn hele lichaam uitgezaaid.' Het was het soort nieuws, zei ze, dat je het gevoel geeft 'alsof je ter plekke dood neervalt'.

John zweeg. Heel even deed Meryl dat ook. Maar ze was niet iemand die het opgaf, en zeker niet iemand die zich overgaf aan wanhoop. Misschien was het gewoon het bovennatuurlijke gevoel van zelfverzekerdheid dat ze zichzelf kon wijsmaken dat ze het had, of tenminste kon uitstralen. Maar op dat moment boorde Meryl een enorme bron van volharding aan en besloot ze dat, als het aan haar lag, John zou blijven leven.

Ze keek op en zei: 'Goed. Waar zullen we gaan eten?'

Net als Agamemnon, die uit de Trojaanse oorlog naar huis terugkeert om daar vervolgens vermoord te worden door koningin Klytaimnestra, had John Cazale een vreselijk lot toebedeeld gekregen. Met Meryl aan zijn arm liep hij op 6 mei mokkend het Vivian Beaumont in en nam de regisseur, Andrei Șerban, apart. Hij kon niet verdergaan met de productie. Die avond stond er in het verslag van de toneelmeester eenvoudig: 'Na vanavond zal Jamil Zakkai Agamemnon en Aegisthus spelen.'[295]

Meryl keerde terug naar *Happy End*, in een bepaald opzicht het meest recente slachtoffer van de vloek. Als ze al werd overweldigd door de chaos backstage of de zich thuis voltrekkende tragedie, dan liet ze daar niets van merken: haar medeacteurs zagen niets anders dan koppige professionaliteit. Op een keer nam ze John en de spelers mee naar Manganaro's, het ouderwetse, Italiaanse eettentje op 9th Avenue, beroemd om zijn hangende salami's en gehaktballetjes in marinarasaus. Het was Johns lievelingsrestaurant, vertelde Meryl tegen haar medespelers, met een stalen grijns op haar gezicht.[296]

Als John backstage langskwam, was iedereen die op de hoogte was, verbijsterd dat hij nog steeds Cubaanse sigaren rookte. Meryl had haar eigen kleedkamer rookvrij verklaard, en dus ging John naar de kleedkamer van haar co-ster Grayson Hall, die de officieuze rooksalon van het gezelschap was geworden. Christopher Lloyd, die nog steeds van zijn heup tot zijn enkel in het gips zat, merkte hoe sterk Meryl was. 'Ze straalde een soort harde liefde uit,' zei hij. 'Ze liet hem zich niet als een zieke gedragen.'[297]

Maar de werkelijkheid werd moeilijk te negeren, vooral voor John. Toen zijn broer Stephen in de loft langskwam en hoorde: 'Ze hebben een vlekje op mijn long gevonden,' wist hij instinctief dat het een verloren zaak was. Hij ging naar buiten naar Johns brandtrap en begon hevig te snikken. Het enige wat John kon zeggen, was: 'Heb jij er ooit over gedacht om te stoppen met roken?'[298] Niet lang daarna gingen ze met z'n drieën lunchen in Chinatown. Stephen was geschokt toen John bij de stoeprand stil bleef staan, zich vooroverboog en bloed in de goot spoog.

Hun vrienden hielden hoop, of probeerden dat te hebben. Robyn Goodman, die nog steeds bezig was te wennen aan het leven als jonge weduwe, dacht bij zichzelf: John ziet er altijd ziek uit. Hoe erg kan het nou zijn? Al Pacino zat in de wachtkamer toen John naar binnen ging voor zijn behandeling, maar de houding van de patiënt was altijd een variatie op: 'We komen er wel bovenop!'[299] John herhaalde dat standpunt, als een bezwering, tegen Israel Horovitz, zijn optimisme alleen onderbrekend om zich hardop af te vragen: 'Zullen ze me laten werken?'

Avond na avond zong Meryl in het Martin Beck haar vermoeide solo 'Surabaya Johnny', Hallelujah Lils verhaal over een liefdesrelatie op afstand, met een pijprokende schurk uit het Oosten. In het lied volgt ze hem naar de Punjab, van de rivier tot aan de zee, tot hij haar in de steek laat. Met haar eigen artiesteningang-Johnny die op het veldbed in haar kleedkamer lag, gaf Meryl elke regel een weemoedige scherpte:

Surabaya Johnny, why'm I feeling so blue?
You have no heart, Johnny, and I still love you so...[300]

In juni van dat jaar dong *Happy End* mee naar een Tony Award voor Beste musical. De producers vroegen aan Meryl of ze 'Surabaya Johnny' live in de uitzending wilde uitvoeren. Ze keek hen aan en zei: 'Nee, daar heb ik niet genoeg zelfvertrouwen voor,' op een zo zelfverzekerde manier dat het antwoord in tegenspraak met zichzelf leek. Hoe dan ook, Christopher Lloyd voerde, op krukken, een ander lied uit, en de voorstelling verloor het van *Annie*.[301]

Tegen die tijd waren Meryl en John hun volgende zet aan het plannen, een die weinig te maken had met artsen en bestraling, en alles met wat hen in eerste instantie bij elkaar had gebracht: acteren. Zolang John er de kracht voor had, zouden ze een deel van zichzelf geven aan het enige wat ze heilig achtten, en dat was doen alsof. Ze zouden samen schitteren in een film.

The Deer Hunter zou voor altijd omgeven blijven door een bepaalde mythische sfeer. Zelfs op het moment dat de film al op weg was naar de Oscaruitreikingen, moest een arbitrage van het Writers Guild of America* nog de ingewikkelde lijst van scriptschrijvers ervan uitzoeken. Het feit dat het ontstaan ervan zo ondoorzichtig was, was een voorbode van de diepere mysteries die de film zouden gaan achtervolgen, zoals: Werd er in Vietnam werkelijk Russische roulette gespeeld? Doet dat ertoe? Is het zelfs wel een Vietnamfilm, of eerder een overpeinzing over verheven thema's als vriendschap en mannelijkheid? Is het een anti-oorlogs- of juist fascistische propaganda? Een meesterwerk of een rommeltje?

Midden in de mist, en heel vaak aan de bron ervan, stond regisseur Michael Cimino, een man die later de neiging had tot aforistische uitspraken als 'Als ik een grapje maak, ben ik serieus, en als ik serieus ben, maak ik een grapje' en 'Ik ben niet wie ik ben, en ik ben wie ik niet ben'.[302] Cimino was klein en had een zachte stem. Hij had een klompneus, hangwangen en bol haar, en zag er totaal niet uit als een gedistingeerde filmregisseur. Zijn verschijning mocht dan bescheiden zijn, zijn ego was grenzeloos: hij beweerde ooit dat hij een artistiek wonderkind was geweest, 'zoals Michelangelo, die een volmaakte cirkel kon tekenen toen hij vijf was'.[303] Over zijn familie vertelde hij weinig. Hij was opgegroeid in New York en was zijn carrière begonnen met het maken van reclamespotjes voor panty's van L'eggs en voor United Airlines, voordat hij in 1974 Clint Eastwood regisseerde in *Thunderbolt and Lightfoot*.

Twee jaar later werd Cimino benaderd door de Britse producer Michael Deeley, van EMI Films. Deeley wilde dat hij naar een script zou kijken dat hij nog had liggen, geschreven door Quinn Redeker en Lou Garfinkle. Redeker had het gebaseerd op een grote middenpagina-

---

* Noot van de vertalers: Het Writers Guild of America is de belangenvereniging van Amerikaanse scriptschrijvers.

foto die hij twintig jaar geleden in een tijdschrift had gezien, waarop een man stond die Russische roulette speelde met een Smith & Wesson-revolver. Hij en Garfinkle werkten het beeld uit tot een avonturenverhaal over twee mannen die zich aansluiten bij een Russisch-roulette-circuit. Een jaar later, en circa eenentwintig kladversies verder was de locatie telkens veranderd: South Dakota, de Bahama's. Tegen de tijd dat het script bij Deeley terechtkwam, die het voor 19.000 dollar kocht, speelde het zich af in Vietnam en heette het *The Man Who Came to Play*.[304]

Amerika was nog maar net begonnen rekenschap af te leggen voor de catastrofe van de Vietnamoorlog, maar Michael Deeley liet zich niet afschrikken, zelfs niet nadat vijf grote studio's op verschillende manieren hadden gezegd: 'Het is te vroeg.' Bovendien was de echte insteek niet Vietnam, maar de schokkende scènes van het Russische roulette dat door de Amerikaanse krijgsgevangenen werd gespeeld. Wel vond Deeley dat het verhaal het nodig had dat de personages verder werden uitgediept, en hij ging op zoek naar een schrijver-regisseur die het script meer inhoud kon geven. Dat was dus Michael Cimino. Toen Deeley hem ontmoette, vond hij dat Cimino 'gematigd' overkwam, of dat in elk geval had laten zien bij Clint Eastwood, met wie je geen ruzie moet zoeken.

Of Cimino zichzelf zo zag, is een andere zaak. Na het matige succes van *Thunderbolt and Lightfoot* was hij er klaar voor om zich aan te sluiten bij de lichting pionierende regisseurs die New Hollywood vormgaven: eigenzinnige regisseurs als Martin Scorsese, Peter Bogdanovich en Francis Ford Coppola, die de Amerikaanse film een schok hadden gegeven door de spannende inventiviteit van de Europese filmhuisfilms te importeren. Films als *Bonnie and Clyde*, *Easy Rider* en *Midnight Cowboy* hadden een creatieve revolutie ingeluid die vast in de handen van de regisseurs lag, die steeds meer macht hadden over de begroting en de toon van films.

Deeley en Cimino ontmoetten elkaar voor lunches in de daktuin van EMI in Beverly Hills, waar ze met elkaar eens werden dat er enige achtergrond bij de personages nodig was, misschien twintig minuten aan het begin. Enige tijd nadat Cimino weer was weggegaan, ontdekte

Deeley dat de regisseur een schrijver in dienst had genomen die Deric Washburn heette, zonder dat aan Deeley te melden. Het was een waarschuwingsteken: een kleintje, maar de eerste in een reeks die Deeley ertoe aanzette te gaan twijfelen aan alles wat hij ooit over Cimino had gedacht. 'Het enige wat ik kan zeggen,' zei de producer later, 'is dat van mijn standpunt uit bezien, hij in veel verschillende opzichten nogal eigenaardig overkwam, en een ervan was dat hij er soms moeite mee had de waarheid te vertellen.'[305]

Washburn, die door het Writers Guild als enige scriptschrijver zou worden aangemerkt (Redeker en Garfinkle kregen, naast Washburn en Cimino, wel enige erkenning voor het verhaal), herinnerde zich Cimino als 'heel erg op zijn hoede'.[306] De uitzondering daarop waren de drie dagen die ze in Cimino's huis in Los Angeles doorbrachten, waar ze *The Man Who Came To Play* veranderden in iets wat beslist van henzelf was, namelijk *The Deer Hunter*.

'Het stroomde er gewoon uit,' zei Washburn. 'We waren een team waarin we elkaar voortdurend aflosten. We hadden een opzet, dialogen en personages. We hadden het hele geval in drie dagen voor elkaar! Dat is me nooit meer gebeurd. Ik ging dus zitten en begon te schrijven. Ik geloof dat het drie weken duurde. En elke avond stuurde Cimino een assistent om de pagina's op te halen. Ik had er natuurlijk geen kopieën van, wat later nog aan de orde zou komen, want toen het script klaar was, stond mijn naam er niet op.'

Washburn maakte dagen van twintig uur. Toen hij klaar was, nam Cimino hem mee naar een goedkoop restaurant achter de Sunset Strip, samen met zijn assistent-producer en sidekick, Joann Carelli. Toen ze klaar waren met eten, keek Carelli hem aan en zei, aldus Washburn: 'Zo, Deric, het is tijd om op te rotten.'[307] De volgende dag stapte Washburn op het vliegtuig en pakte hij zijn leven in Manhattan als timmerman weer op.

In het script dat Cimino vervolgens aan EMI leverde, was bijna niets meer over van *The Man Who Came to Play*. Het speelde zich af in de industriestad Clairton, Pennsylvania. De oorspronkelijke hoofdrolspeler was in drieën verdeeld, alle drie staalarbeiders van Russische oorsprong. De film zou een drieledige structuur krijgen. In het eerste bedrijf bereiden de zorgeloze jongemannen uit Clairton zich erop voor naar de oorlog te gaan. In het tweede bedrijf worden ze geconfronteerd met de groene hel van Vietnam, waar gevangenisbewakers hen dwingen om Russische roulette te spelen. Het derde bedrijf, terug in Clairton, laat de verwoestende nasleep ervan zien. Michael, het nobele slachtoffer, keert ongedeerd, maar vervreemd terug. Steven komt terug zonder benen. En Nick wordt een zombie die aan shellshock lijdt, gedoemd om Russische roulette te spelen in een goktent in Saigon, totdat een kogel uiteindelijk een eind aan het lijden maakt.

Deeleys zakenpartner Barry Spikings herinnerde zich dat hij in het vliegtuig zat met Cimino, die zich tot hem wendde en zei: 'Weet je waar dat Russisch-roulettegedoe voor staat? Het is eigenlijk een metafoor voor wat we met onze jonge mannen doen door ze naar Vietnam te sturen.'[308] Uiteindelijk had het scenario niet zozeer te maken met oorlogspolitiek als wel met de diepgang van mannenvriendschappen. Recensenten zouden later opmerken dat de regisseur en zijn hoofdrolspeler dezelfde voornaam hadden: Michael. Veelzeggender nog was de achternaam van het personage, Vronsky, geleend van *Anna Karenina*; misschien een aanwijzing voor Cimino's tolstojaanse gevoel voor schaal. Hij had het probleem met de uitdieping van de personages opgelost door middel van een luidruchtige bruiloft in het eerste bedrijf, voor Steven en zijn vriendin Angela. In het script nam het zevenenhalve bladzijde in beslag.

'Michael, dit zou weleens een flinke dobber voor ons kunnen worden,' zou Spikings zeggen.

'O, nee hoor, het wordt een eitje, verzekerde Cimino hem. 'We hebben het in een paar dagen gepiept.'

Te midden van de kameraadschap van de mannen plaatsten Cimino en Washburn een vrouw: Linda, een caissière van de supermarkt, die verscheurd wordt tussen haar verloving met Nick en de diepere aantrekkingskracht van Michael. Omschreven in het script als 'een kwetsbaar poppetje met een betoverend mooi gezichtje',[309] was ze niet zozeer een volledig ontwikkeld personage maar eerder het archetypische meisje dat thuis op je wacht, de Penelope die aan het eind van een moderne Odyssee wacht.

Omdat ze wisten dat een film over Vietnam niet gemakkelijk te verkopen zou zijn, had EMI een ster nodig om de rol van Michael Vronsky te spelen. Afgezien van het feit dat hij duidelijk niet Russisch was, had Robert De Niro niet verleidelijker kunnen zijn. Zijn rollen in *Mean Streets*, *The Godfather Part II* en *Taxi Driver* hadden zijn naam gevestigd als de ruige held van New Hollywood. EMI betaalde de vraagprijs van 1,5 miljoen dollar en plaatste toen een paginagrote advertentie in het blad *Variety*, waarin ze hun slimme zet aankondigden, met De Niro afgebeeld met zonnebril en met een geweer in zijn hand.[310]

Cimino en De Niro begonnen te scouten naar acteurs, om de rolbezetting compleet te maken. In een staalfabriek in Gary, Indiana, kregen ze een rondleiding van de potige voorman, Chuck Aspegren, en lijfden hem daarna in om Axel te spelen, de stevig drinkende schavuit van de groep. Terug in New York kreeg De Niro de vierendertigjarige Christopher Walken te pakken, die kort daarvoor op Broadway de tegenspeler was geweest van Irene Worth in *Sweet Bird of Youth*, om Nick te spelen. Hij zag John Savage in *American Buffalo* en dacht dat hij perfect zou zijn voor Steven, de bruidegom van wie de benen werden geamputeerd. En in het Vivian Beaumont zag hij Meryl Streep, als de steeds op haar gat vallende Doenjasja in *The Cherry Orchard*. De rol leek absoluut niet op die van de bedeesde Linda, maar toen Cimino haar een paar weken later toevallig 'Surabaya Johnny' zag zingen in *Happy End* in de BAM, kreeg ze het aanbod.

Films stonden niet hoog op haar ambitielijst, en ze had tegen zichzelf gezegd dat ze geen ingénue zou zijn. Linda, zou ze zeggen, was 'de vergeten persoon in het script en ook in het leven van de andere personages'.[311] De rol van het vriendinnetje, de blondine in de driehoeksverhouding; dat was de rol van iemand anders, de droom van iemand anders. In plaats van 'het helemaal te maken als een of ander sterretje',[312] had Meryl haar ontluikende toneelcarrière zo gepland dat ze precies het tegenovergestelde zou bereiken. In minder dan twee jaar was ze een non, een Franse prinses, een zuidelijke snol, een Manhattanse secretaresse, een belle uit de Burgeroorlog, een stuntelige Russische dienstmeid en een kruisvaarder voor het Leger des Heils geweest; en dan hebben we het nog niet gehad over de opeenhoping van rollen die ze op Yale had gespeeld. Linda de caissière zou dat allemaal kunnen uitvlakken.

'Ze hadden een meisje voor tussen twee jongens nodig,' zei ze later, 'en dat was ik.'[313]

Maar er was een andere aantrekkingskracht aan *The Deer Hunter*, een die belangrijker was dan haar zorgen om het feit dat ze getypecast zou worden: er zat een rol in voor John Cazale. Stanley de staalarbeider was de grappenmaker van de groep, het mislukte 'alfamannetje'[314] (in Cimino's samenvatting) die zijn maatjes op de zenuwen werkt met zijn goedkope plaagstoten en roddels. Hij was de man die zich opdoft in de spiegel ondanks zijn terugtrekkende haarlijn, die er twintig dollar om verwedt dat de *quarterback* van de Eagles een jurk draagt. Net als Fredo Corleone was hij de zwakkeling in een broederverbond, die snel geneigd was te compenseren met een ordinair vriendinnetje of een defensieve, hatelijke opmerking, altijd een komisch gevecht leverend met zijn achterblijvende mannelijkheid.

Volgens Cimino wilde John de kans krijgen om naast De Niro te spelen. Maar hij was huiverig de rol te accepteren, om redenen die hij in eerste instantie niet duidelijk maakte. Uiteindelijk stapte hij op Cimino af om te vertellen dat hij longkanker had en bestraald werd. Als de regisseur het risico niet wilde nemen, zou hij dat begrijpen. Verbijsterd zei Cimino tegen hem dat ze zouden doorgaan zoals gepland. De acteurs waren verplicht zich medisch te laten keuren voor de opnamen; John vroeg zich af wat hij moest zeggen. 'Vertel de waarheid,' zei Cimino tegen hem.[315] Ze zouden allemaal met ingehouden adem afwachten.

Eind juni zouden de opnames voor *The Deer Hunter* van start gaan, precies op het moment dat Meryl haar serie voorstellingen van *Happy Days* aan het afronden was. Er gingen weken voorbij zonder een woord over de keuring, en toen kreeg Cimino de dag voor de opnamen een overstuur telefoontje van een leidinggevende bij EMI, waarschijnlijk Michael Deeley. De studio moest de film verzekeren, en opeens werd de afschuwelijke realiteit van Johns gezondheid een kwestie van dollars en centen. Volgens Cimino zeiden 'die imbecielen van EMI'[316] tegen hem dat hij John moest ontslaan. De regisseur sprong uit zijn vel. 'Ik heb hem gezegd dat hij gestoord was,' zei Cimino later. 'Ik heb tegen hem gezegd dat we die ochtend zouden gaan filmen en dat dit het bedrijf te gronde zou richten. Ik kreeg te horen dat tenzij ik John loosde, hij de film zou stopzetten. Het was afschuwelijk. Ik heb uren aan de telefoon zitten schreeuwen, gillen en ruziemaken.'[317]

Barry Spikings en Michael Deeley ontkennen allebei dat EMI ooit heeft geëist dat John werd ontslagen. 'Er was geen sprake van dat we hem zouden laten gaan,' zei Deeley. 'Hij was Meryl Streeps geliefde en was aan ons voorgesteld door Robert De Niro, en beiden zouden erg boos zijn geweest.' Het medische advies dat ze kregen, gaf aan dat John geen 'crisispunt' zou bereiken totdat zijn werk aan de film was afgerond.[318] Ze zouden de opnamen in een andere volgorde maken om zijn scènes er het eerst op te zetten. Evengoed vond Deeley het verstandig om een plan B te hebben. Hij vroeg Cimino een reservescène te bedenken waarin het verdwijnen van Stan werd verklaard, zodat er geen afgeronde opnamen zouden worden verpest voor het geval John overleed.

Dit veroorzaakte weer een ontploffing. Volgens het verhaal van Cimino vond de regisseur het verzoek zo ongepast dat hij een psychiater raadpleegde. Dit had niets meer met films maken te maken. *Ik hou ermee op*, dacht hij. *Ik kan dit niet. Het is niet de moeite waard, om zo over leven en dood te moeten praten.*[319] Uiteindelijk stemde hij erin toe de alternatieve scène te schrijven, 'een of ander vreselijk stuk rotzooi'[320] dat hij niet van plan was te gebruiken. Hij smeet de telefoon vol walging neer.

Maar nog steeds was er de kwestie van de verzekering. Jaren later kwam het verhaal naar buiten dat Robert De Niro met zijn eigen geld borg stond voor de verzekeringspolis voor de deelname van John. Het was naar analogie met de loyaliteit die wordt weergegeven in *The Deer Hunter*, waarin Michael zweert dat hij Nick niet in de rimboe van Vietnam zal achterlaten. In het openbaar zou De Niro terughoudend doen over het geld van de verzekering, met vage uitspraken als: 'Hij was er erger aan toe dan we dachten, maar ik wilde hem gewoon in de film hebben.'[321]

Maar zowel Deeley als Spikings houden vol dat dit nooit is gebeurd. 'Wie zou de begunstigde dan zijn?' vroeg Deeley. 'Niet EMI, want EMI was er niet bij betrokken dat hij werd verzekerd. We konden geen verzekering krijgen. Waarom zou iemand denken dat Robert De Niro een streepje voor heeft in de verzekeringsbranche?' Ondanks dat alles was Meryl Streep zo overtuigd van de grootmoedigheid van De Niro dat ze tientallen jaren later het verhaal nog eens vertelde.[322] Zoals bijna alles wat met *The Deer Hunter* te maken had, kreeg het de bijklank van een legende.

Als John onverzekerd zou blijven, zoals volgens de producers het geval was, moest iedereen gewoon maar bidden dat zijn gezondheid het zo lang zou volhouden dat zijn scènes konden worden afgerond. Volgens Savage werd aan de acteurs gevraagd een overeenkomst te tekenen waarin ze beloofden geen juridische stappen te ondernemen als John tijdens het filmen zou overlijden.[323]

Nu kwam het op de tijd aan. Hoe langer het filmen duurde, hoe ingewikkelder het zou worden om zijn scènes heen te monteren als het onuitsprekelijke gebeurde. Het maken van *The Deer Hunter* werd zelf een soort Russische roulette, waarbij elke ronde rushes van de dag een verse kogel in de kamer was.

Twee figuren lopen arm in arm door de hoofdstraat van Clairton, Pennsylvania. De man is een commando in uniform, de vrouw draagt een helderblauwe jas. Op de stadsbewoners die voorbijlopen, komen ze over als een gelukkig stelletje dat over de stoffige boulevard wandelt. Maar hun gezichten zijn gespannen, en ze maken zelden oogcontact. Als er iemand op straat stil blijft staan om de man te begroeten, kijkt de vrouw vluchtig in een etalage om haar haar bij te werken.

'Cut!'

Meryl haalde haar arm uit die van Robert De Niro. Het was de eerste opnamedag van *The Deer Hunter*, en alles was in de verkeerde volgorde. De scène waarin Michael en Linda samen in Clairton op straat lopen, kwam uit het derde bedrijf van het verhaal, na Vietnam. Ze zouden alles wat er daarvoor was gebeurd erbij moeten fantaseren: de flirterige blikken door de zaal waar de bruiloft werd gehouden, de aarzelende thuiskomst. Dat zouden ze allemaal later filmen.

Bovendien was dit Clairton niet. Het werkelijke stadje paste niet in Michael Cimino's visie van zíjn mythische dorpje in het midden van de Verenigde Staten. In plaats daarvan had hij stukjes en beetjes van zeven verschillende stadjes bij elkaar geflanst in de hoek van het centrale gebied waar Ohio, Pennsylvania en West Virginia bij elkaar komen. Het Clairton van de film zou een combinatie zijn van plaatsen als Weirton, Duquesne, Steubenville en Follansbee. In Cleveland had hij zelf de Sint Theodosius uitgezocht, een historische, Russisch-orthodoxe kathedraal, voor de huwelijksceremonie. In Mingo Junction, Ohio, richtte hij Welsh's Lounge, een café verderop in de straat van de staalfabriek, opnieuw in om als de plaatselijke kroeg te dienen.

Waar de acteurs en de crew ook maar neerstreken alsof het een reizend circus was, haastten de plaatselijke kranten zich naar het tafereel, en publiceerden ze koppen af als: 'Burgers van Mingo dolenthousiast over film'[324] en 'Filmmakers laten hier contant geld achter, geen vervuiling'[325]. Alleen Lloyd Fuge, burgemeester van het echte Clairton, Pennsylvania, leek voorzichtig, toen hij de *Herald-Star* van Steubenville vertelde: 'Er wordt gezegd dat de aard van de scènes die daar worden geschoten onze stad geen goed zouden doen.'[326] Waarschijnlijk had hij gelijk. Het Clairton uit Cimino's verbeelding was een grijze plek, met stoffige winkeluithangborden en schoorstenen die de lucht verstikten met rook.

Het script vereiste een kleurloze november: het hertenjachtseizoen. Maar toen de crew alles opstelde in de Rust Belt*, was het daar een van de heetste zomers ooit gemeten. Zodra de rolbezetting en de financieringen rond waren, wisten de filmmakers dat ze snel aan het werk moesten gaan, en de tikkende tijdbom van John Cazales gezondheid zorgde ervoor dat het zelfs nog gevaarlijker werd om op de herfst te wachten. In plaats daarvan rukten ze de blaadjes van de bomen, spuit-

---

* Noot van de vertalers: De *Rust Belt* is een gebied in het noordoosten van de Verenigde Staten dat het zwaartepunt van de zware industrie vormde.

verfden ze het groene gras bruin en strooiden ze dode bladeren op de grond. Het was niet zo vreemd dat de burgers van Mingo Junction zich afvroegen waarom de bomen bij de Slovak Citizens Club eind juni kaal waren geworden.

Ook de hitte speelde de acteurs parten. Zelfs in bloedheet weer van 32 graden droegen de acteurs flanellen overhemden en wollen mutsen, terwijl de crew korte broeken droeg. Na elke take vervingen ze hun met zweet doorweekte kleren door een droog stel. George Dzundza, die de barkeeper speelde, droeg nepbakkebaarden die voortdurend van zijn gezicht zakten. Meryl hield een föhn binnen handbereik, om ervoor te zorgen dat haar haar niet inzakte voor de camera.

In Mingo Junction waren er niet veel mensen die haar opmerkten; in tegenstelling tot De Niro, die niet door Commercial Street kon lopen zonder dat zijn foto in de *Herald-Star* van Steubenville verscheen. Ze bracht de loze uren tussen de opnamen door met het breien van truien, net als haar personage. Zodra ze kon, verkende ze het stadje. Bij de kledingzaak van Weisberger kocht ze een sjaal en babbelde ze met de eigenaar. De winkeleigenaar vond het heerlijk om een gesprek te voeren met een filmactrice, en had niet in de gaten dat ze aan het werk was, dat ze het tempo en de details van het leven aan de rivier de Ohio in zich aan het opnemen was.[327]

Meryl had nog steeds haar twijfels over Linda, en die hield ze niet voor zich. Toen *The New York Times* naar de stad kwam om een stuk te schrijven over 'De Vietnamfilm die Amerika niet afkraakt', was ze verbazingwekkend openhartig.

'Linda is in wezen de visie van een man op een vrouw,' zei ze. 'Ze is extreem passief, ze is heel stil, ze is iemand die voortdurend kwetsbaar is. Ze is iemand die altijd een traan in haar ogen heeft, maar een onbreekbare geest bezit, iemand die veel geeft om mensen, maar nooit gedeprimeerd is. Iemand die veel door iedereen wordt overvleugeld, maar die daar nooit kwaad om wordt.'[328]

Toen ze verderging, wond ze er geen doekjes om: 'Met andere woorden: ze staat echt ver af van mijn eigen instincten. Ik ben zelf heel erg een vechter. Daarom is dit erg moeilijk voor me. Ik wil haar uit haar dwangbuis scheuren, maar natuurlijk kan ik die mogelijkheid niet eens laten zien. Ik heb de neiging te denken dat ze iemand is die later een van die miljoenen neurotische huisvrouwen wordt. Maar dit is een mannenfilm, het gaat niet over Linda's problemen. Ik denk dat ze vanuit het verhaal gezien een geweldig lieve persoon is.'

Voor een totaal onbekende actrice die aan haar eerste grote filmrol werkt, was het ongekend stoutmoedig om zulke klachten aan *The New York Times* toe te vertrouwen.

Maar Linda was niet haar belangrijkste zorg; dat was John. Op de set hield ze hem nauwlettend in de gaten, en ze zorgde ervoor dat hij zich niet te veel inspande. Hij was zwak en dat was hem aan te zien. Onder zijn flanellen overhemd zat een getatoeëerd merktekentje op zijn borst, gemaakt door de bestralingstechnici, als het dradenkruis in het vizier van een jachtgeweer. De meeste acteurs wisten wat hem te wachten stond, hoewel niemand er echt over praatte. Misschien had Meryl hem er eindelijk van overtuigd te stoppen met roken, en nu vermaande hij iedereen die een sigaret opstak. 'Zodra hij het zag, kwam hij achter ons staan, pakte hem af en maakte hem uit, en schreeuwde tegen ons,' herinnerde John Savage zich. 'Hij stelde mensen op hun gemak door hen om de oren te slaan met kritiek, met humor. Het kwam neer op: "Als je blijft roken, ga je dood. Daar moet je niet mee rotzooien!"'

Die eerste paar weken stampte Cimino het laatste, derde bedrijf uit de grond, de sombere scènes van na Vietnam. In Duquesne, Pennsylvania, bouwde hij een weilandje om tot een begraafplaats, waar ze de begrafenis van het personage van Christopher Walken opnamen. Toen ze klaar waren, gaven ze het aan de plaatselijke kinderen om als honkbalveld te gebruiken. In Welsh's Bar filmden ze de onuitwisbare finale, waarin de rouwenden een treurige weergave van 'God Bless America' zingen. Meryl en John zaten naast elkaar, zingend over bergen, prairies en oceanen die wit waren van het schuim.

Nu hij het tragische einde van de film had geschoten, ging Cimino terug naar het luidruchtige begin. Inmiddels hadden de acteurs een ontspannen kameraadschap met elkaar ontwikkeld, die de zorgeloze toon ten goede kwam. Cimino wilde dat die scènes aanvoelden als amateurfilmpjes, alsof het publiek naar fragmenten van zijn eigen verleden keek. Hij had zich grote moeite getroost de acteurs te doordringen met een gevoel van authenticiteit, door zelfs de rijbewijzen van Pennsylvania die de mannen in hun zak hadden, na te maken.

De kern van het eerste bedrijf was het huwelijksfeest, dat Cimino voor zich zag als een rijkelijk gedetailleerde, doorwrochte scène; heel anders dan de snelle inleiding die Michael Deeley in gedachten had. Cimino was eens getuige geweest bij net zo'n Russisch-orthodox huwelijk, en zijn doel was de scène als een documentaire te filmen, met zo veel mogelijk realistische elementen. In die geest zou de locatie Lemko Hall in Cleveland zijn, een balzaal waar de Slavische gemeenschap uit die buurt haar feesten vierde.

Drie dagen lang kregen de acteurs les van een lerares die Olga Gaydos heette, in Russische volksdansen als de koroboesjka en de trojka, de dans van de drie hengsten.[329] Meryl en haar medebruidsmeisje Mary Ann Haenel draaiden rondjes aan weerszijden van John, lachend om zijn twee linkervoeten. 'Zo is het wel genoeg,' zei hij, een beetje geërgerd. Opeens kwam dan iedereen bezorgd om hem heen staan: 'Gaat het wel?' 'Moet je even pauzeren?'[330]

Zodra ze konden, stal het stel wat privémomenten. 'Ze praatten rustig met elkaar,' herinnerde Mary Ann Haenel zich. 'Ze hadden hun hoofden bij elkaar. Ze liepen samen. Ze zagen er gelukkig uit. Maar zo nu en dan zag je dan die blik die ze elkaar gaven; dat was een intense blik.'

De wereld van Clairton was slechts achtergrondgeluid bij Johns gezondheidsproblemen. 'In een film spelen was als het kleinste onderdeel van het riskante deel van dat landschap van ons leven,' herinnerde Meryl zich. 'Ik bedoel: het was echt zwaar, en niemand wist eigenlijk of die protocollen zouden werken. En we hadden altijd echt veel hoop dat alles goed zou komen.'[331]

Op 3 augustus begon Cimino, terwijl ze al weken achterlagen op schema, eindelijk met de opname van een van de mafste, bezopenste, lángste huwelijksfeesten in de geschiedenis van de film. Buiten Lemko Hall was de straat afgesloten voor verkeer en volgepropt met vrachtwagens en generatoren. Binnen waren de ramen zwart afgedekt, zodat het in de zaal eeuwig nacht bleef. Reusachtige middelbareschoolportretten van Savage, Walken en De Niro hingen aan de muren, samen met banieren waarop de jongens succes werd gewenst in Vietnam. De bar achter in de zaal werd de hele dag opengehouden, zodat iedereen de tijd kon doorbrengen met het spelen van gin rummy, en misschien een fles Rolling Rock-bier naar binnen kon klokken. Uiteraard vond Cimino het niet erg als de acteurs bezopen waren. Des te beter.[332]

De filmmakers hadden advertenties gezet voor figuranten uit de gemeenschap, en hadden zo'n tweehonderd bruiloftsgasten uit drie verschillende parochies ingehuurd. Ze kregen vijfentwintig dollar per dag; twee dollar extra als ze kwamen opdraven met een ingepakte geschenkdoos.[333] Er werd hun verteld dat ze hun geschenken achter in de zaal moesten achterlaten, waar de dozen tot aan het plafond reikten. Net voordat ze gingen filmen, kwam de assistent-regisseur naar Cimino toe en zei ongelovig: 'Michael, iedereen heeft een cadeau meegenomen!'

'Nou, daar hebben we toch ook om gevraagd?' zei de regisseur.

'Je begrijpt het niet.' In de dozen zaten broodroosters, keukenmachines, bestek en serviesgoed. De buurtgenoten hadden echte cadeaus meegenomen, alsof ze een echte bruiloft bijwoonden.[334]

Het feest begon elke ochtend om halfacht en ging door tot negen of tien uur 's avonds. Iedereen was moe, beduusd en blij. Cimino legde de chaos vast met een antropologische nieuwsgierigheid en greep alleen maar in om hier en daar een moment te choreograferen. Op een gegeven moment danst het personage van John met een bruidsmeisje, en de bandleider, gespeeld door Joe Grifasi, tikt hem af. Als John merkt dat hij haar bij haar achterwerk grijpt, springt hij op en trekt hij hen uit elkaar, richt zich dan tot de vrouw en slaat haar op haar wang. Cimino zegt dat zijn oom hetzelfde had gedaan bij een trouwerij in de familie.[335]

Andere feestgedruismomenten ontstonden spontaan. Een oude man die zich tegoed doet aan gevulde kool. Christopher Walken die over een pul bier springt. Chuck Aspegren die een bruidsmeisje naar de garderobe sleurt terwijl ze hem afranselt met een paraplu. Tijdens één opname was De Niro zo uitgeput terwijl hij John met zich meedroeg om een groepsfoto te maken dat hij zijn evenwicht verloor en beide mannen op de vloer stortten. Cimino hield de opname: hij was op zoek naar ongelukjes, niet naar elegantie.

Meryl ging mee in de joligheid, tenminste als de camera op haar was gericht. Toen De Niro haar ronddraaide op de dansvloer, brak ze in duizelig gegiechel uit. Toen ze het boeket opving, gilde ze van blijdschap. Ze had misschien geen hoge dunk van haar personage, maar ze had een manier gevonden om haar te spelen. 'Ik dacht aan alle meisjes van mijn middelbare school die wáchtten tot er dingen met hen zouden gebeuren,' zei ze later. 'Linda wacht tot er een man komt die voor haar zal zorgen. Als het deze man niet is, dan een andere man: ze wacht tot een man haar leven laat gebeuren.'[336]

In wezen speelde ze het personage dat ze op de middelbare school had geperfectioneerd: de giechelende, plooibare, achter de jongens aan jagende cheerleader. In haar wijd uitstaande roze jurk met strik kanaliseerde ze dat vergeten meisje, dat wist dat de beste manier om een tweede afspraakje met een American-footballspeler van Bernards Highschool te krijgen was door alle meningen te laten varen; als Michael Vronsky aan Linda vraagt welk bier ze het liefste heeft, haalt ze haar schouders op en zegt ze: 'Maakt niet uit.' Meryl merkte dat ze dat personage had 'opgeslagen' en haar naar believen tot leven kon wekken.[337] Alleen was ze nu uiteraard zelfverzekerd genoeg om haar te verbannen zodra de camera's niet meer draaiden.

In plaats van de cheerleadersploeg had ze haar medebruidsmeisjes, Mary Ann Haenel, Mindy Kaplan en Amy Wright. Op een dag werden de vier rusteloos tijdens een pauze. Meryl ging kijken waardoor er vertraging was ontstaan en kwam terug met de mededeling dat de filmvoorraad op was. (Cimino, die elk moment probeerde vast te leggen, joeg er kilometers van doorheen.) Een voordeel ervan was dat iemand haar had laten zien hoe ze een vlieg moest doden; er was er al de hele dag een door de kleedkamer aan het zoemen geweest. Meryl liet de meiden zien wat je moest doen: in je handen klappen net bóven de vlieg, en dan vliegt hij op zodat je hem dood kunt slaan. Toen ze het probeerde, vloog de vlieg op en ontkwam hij, waarna hij een toevluchtsoord vond in het decolleté van Amy Wright. De vrouwen gilden en bulderden van het lachen terwijl ze als een gek haar petticoat optilde om hem eruit te laten.[338]

Uiteindelijk, na heel lange tijd, vond Cimino het welletjes, en de bruiloft die eeuwig leek te duren, kwam ten slotte tot een einde. De banieren werden neergehaald. De gevulde kool ging de vuilnisbak in. De figuranten kregen hun vergoeding van die dag en verdwenen. En zo ook Meryl, John, Christopher Walken en Robert De Niro. Nu de zaal griezelig leeg was, zag Cimino een man uit de buurt op het podium zitten, met een halfleeg glas bier. Hij was stilletjes aan het huilen.

'Wat is er aan de hand?' vroeg de regisseur hem.

Door zijn tranen heen zei de man: 'Het was zo'n prachtige bruiloft.'[339]

Tegen de tijd dat *The Deer Hunter* uit de Rust Belt vertrok, had Meryl haar scènes als Linda achter de rug. Maar Cazale had de jachtscènes nog, waarin de vrijgezellen met een kater bij het ochtendgloren de bergen in trekken. Cimino behandelde deze scènes met een mythisch-poëtische eerbied, en liet De Niro's voettocht door de mist vergezeld gaan van het geluid van een engelachtig koor. Uiteraard had Meryl erop kunnen wijzen dat deze hemelse jachttrip alleen voor de jongens was, en dat er voor een meisje als Linda geen plaats was bij de heilige verbintenis tussen man en natuur.

Het was het einde van de zomer, en er lag nergens sneeuw in de bergen van het noordoosten. Dus liet Cimino de acteurs naar de andere kant van het land vliegen, naar de Cascades, in de staat Washington. In zijn rol als Stan was het nogmaals Cazales taak om de grappenmaker te spelen, en de aangever, te midden van alle bravoure. Op een bergweg stapt hij uit de Cadillac in een verkreukelde smoking en een belachelijke bontmuts. Hij is zijn jachtlaarzen vergeten – zoals altijd – en De Niro's Michael Vronsky weigert hem die van hem te laten lenen. 'Dit is dit,' legt Michael uit.

'Wat moet dat in godsnaam nou weer betekenen?' grauwt Stan tegen hem. '"Dit is dit." Ik bedoel, is dat een hoop nichterige onzin of is dat een nichterige...'

Stan pakt de laarzen toch en Michael kijkt hem kwaad aan, met zijn geweer in de hand. 'Wat?' reageert Stan. 'Ga je me neerschieten? Nou? Hier.'[340]

Bij dat laatste woord doet John Cazale zijn smokingoverhemd een beetje open, waarbij hij een stukje huid blootlegt. Hij had gekozen voor de plek waar het dradenkruis op zijn borst was getatoeëerd tijdens de bestraling. Het was, zoals Cimino later zei: 'een of andere vreemde voorafschaduwing van zijn eigen dood'.[341]

De crew bouwde een huisje tussen twee bergtoppen, waar de jongens bijeenkwamen om een scène op te nemen van de tweede jachttrip, nadat Michael is teruggekeerd uit Vietnam. Stan draagt nu overal een armzalig revolvertje met zich mee, en na enige milde provocatie grijpt Michael het ding en dreigt hij Stan ermee door het hoofd te schieten. Op dat moment zien we hoe ver weg hij echt is, hoe de hel van de oorlog hem van zijn oude makkers heeft afgescheiden. Op het laatste moment richt hij het vuurwapen omhoog en schiet hij in het plafond.

De Niro, die ter voorbereiding alles had bestudeerd, van getuigenissen van krijgsgevangenen tot jachtgidsen, vond dat de scène beter tot zijn recht zou komen als er een echte kogel in het geweer zat. 'Ben je nou helemaal gek?' zei Cimino. De Niro stond erop dat ze het aan John zouden vragen.

'John, Robert zou dit willen spelen met een echte kogel in het geweer,' zei de regisseur.

Cazale keek naar hem en knipperde met zijn ogen.

'Oké,' zei hij, 'maar ik moet het geweer eerst controleren.'

Voor elke opname was John een halfuur bezig met het onderzoeken van het geweer om er zeker van te zijn dat de kogel niet op de verkeerde plek zat, waarmee hij iedereen gek maakte: alweer die traagheid. Waarom had hij hiermee ingestemd? Hij was al maandenlang bezig zijn eigen sterfelijkheid onder ogen te zien. En toch vond hij niets spannender dan de elektrische lading tussen twee acteurs.

Die dagen in de bergen waren majestueus, maar gekweld. Elke keer als de mist optrok, liet Cimino het alarm afgaan en dan haastte iedereen zich naar zijn plek, omdat ze wisten dat de zon elk ogenblik weer weg zou kunnen gaan. Maar voor John Cazale werkte de tijd anders. Tussen de opnamen door zag Cimino hem aan de bergbloemen ruiken.

Het enige wat Meryl wilde, was bij John zijn, maar het lot trok haar twee kanten op. Aan de ene kant: de zwaarbevochten weg naar zijn herstel. De andere: showbusiness, waar er steeds meer vraag naar haar was.

Herbert Brodkin, de producer van *The Deadliest Season*, had haar voor zijn volgende project ingehuurd, de negen uur durende televisieminiserie *Holocaust*. De serie zou het verhaal vertellen van één Duitse familie die naar alle windstreken was uitgewaaierd door de opkomst van de nazi's. In omvang en ernst was het gemodelleerd naar *Roots*, de epische miniserie van het televisienetwerk ABC over de lotgevallen van de Afro-Amerikanen, die in januari van dat jaar werd uitgezonden en daarbij nooit eerder behaalde kijkcijfers kreeg. In de hoop het netwerk NBC zijn eigen prestigieuze kaskraker te geven, huurde Brodkin Marvin Chomsky in, een van de regisseurs van *Roots*, om *Holocaust* in zijn geheel te filmen.

Meryl nam de opdracht aan om één reden: geld. Ze had stilletjes geholpen mee te betalen aan Johns ziektekosten, en na *The Deer Hunter* wist geen van beiden wanneer hij weer zou kunnen werken. Ze had verwacht dat John met haar mee zou gaan naar Oostenrijk, maar toen het zover was, was hij gewoon te zwak.

Eind augustus vloog ze in haar eentje naar Wenen. Oostenrijk was 'niet-aflatend Oostenrijks', zei ze later. 'Het materiaal was niet-aflatend somber. Mijn personage was niet-aflatend nobel.'[342] Ze speelde Inga Helms Weiss, een Duitse vrouw van goede komaf die in een Joodse familie trouwt, de ramp die zou volgen niet voorziend. Haar echtgenoot, Karl, gespeeld door James Woods, is schilder en de zoon van een vooraanstaande Berlijnse arts. Opgepakt voor een 'routineondervraging' wordt Karl naar Theresienstadt gestuurd, dat de nazi's presenteerden als een 'modelkamp' voor propagandadoeleinden. Daar sluit hij zich aan bij een groep kunstenaars die samenspannen om tekeningen van hun werkelijke omstandigheden de buitenwereld in te smokkelen.

Net als Linda vertegenwoordigde Inga een ideaal: de 'goede arische' omstander die één front vormt met de Joden tegen het verraad van de nazi's. In één misselijkmakende scène staat ze een SS-officier toe haar te onteren zodat Karl van zijn taken in de steengroeve wordt ontheven en haar brieven aan hem worden bezorgd. ('Ik heb dingen moeten doen om deze brieven bij jou te krijgen,' schrijft ze, 'maar mijn liefde voor jou is onsterfelijk.'[343]) Aan het eind komt ze uit vrije wil naar zijn atelier in Theresienstadt toe, nadat ze haar vrijheid heeft opgeofferd om bij haar echtgenoot te zijn.

Wenen was 'buitengewoon mooi en benauwend',[344] schreef ze op 29 augustus 1977 op een ansichtkaart aan Joe Papp. Ze was in vervoering door de kunstzinnige erfenis van de stad, maar ontsteld door de nog steeds voortdurende aanwezigheid van het nazisme in Wenen. De stad ging om negen uur dicht; soms waren er twee verschillende filmhuizen die op dezelfde avond films over Hitler vertoonden. Ook ontging het haar niet dat Wenen het decor was van *Measure for Measure*. Het was nog maar een jaar geleden dat zij en John die scènes hadden gespeeld. Ze vertelde Joe dat ze het 'gedruis' van New York miste.

In *Holocaust* werd Meryl herenigd met Michael Moriarty, die met psychopathisch genoegen de übernazi Erik Dorf speelde. Ze deed niet veel onderzoek, behalve dan dat ze *The Anatomy of Human Destructiveness* van Erich Fromm las. Maar de hartverscheurende geschiedenis die ze uitbeeldde, was overal om haar heen zichtbaar. Filmen op locatie bij het concentratiekamp Mauthausen was 'te veel voor me', herinnert ze zich. Om de hoek was er een kroeg, en als de oude soldaten dronken genoeg werden, en het laat genoeg was, haalden ze hun souvenirs aan de oorlog tevoorschijn; dat was erg vreemd en verknipt. Ik werd helemaal gek; en John was ziek en ik wilde bij hem zijn.'[345]

Het filmen werd steeds maar weer verlengd; ze had het gevoel alsof ze tweeënhalve maand in de gevangenis zat.[346] Marvin Chomsky zag hoe graag Meryl ergens anders wilde zijn, en hij wist ook waarom. 'Misschien had ze wel associaties gelegd tussen de mogelijkheid dat ze John zou verliezen en het personage van haar echtgenoot,' zei hij. 'Hoe ze dat gebruikte, was hoe ze dat gebruikte. Ik vroeg niets, ik stelde niets voor. Ik wilde geen misbruik maken van de hartstocht die ze in haar privéleven had. Ze wilde vertrouwen op professionele hartstocht. Dat was meer dan genoeg.' Verbijsterd door haar vermogens, vroeg hij haar tussen takes door: 'Meryl, zeg eens: waar haal je het vandaan?' Ze antwoordde bedeesd: 'Och, Marvin...'[347]

Haar opgewekte professionaliteit maskeerde een inwendige ongedurigheid, maar was toch een verademing, gezien het onderwerp. Op de dagen dat ze in de gaskamers van Mauthausen waren, brak er op de set gekibbel uit. 'De reden daarvoor was dat we ons zo afschuwelijk voelden op zo'n plek en we de neiging hadden het af te reageren op de mensen met wie we werkten, terwijl onze woede in feite tegen de nazi's was gericht,' constateerde James Woods niet lang daarna. 'In zo'n situatie – en daar waren er veel van – was Meryl degene die altijd precies het juiste ding kon zeggen om de spanning weg te laten vloeien.'[348]

Blanche Baker, de twintigjarige die Meryls schoonzus speelde, had veel ontzag voor de oudere actrice, die op haar achtentwintigste heel wereldwijs leek. Ondanks het feit dat ze de dochter was van een Auschwitz-overlevende (regisseur Jack Garfein), was Blanche minder geïnteresseerd in de wreedheden dan in flirten met Joseph Bottoms, die haar broer speelde. Als ze een dag vrij hadden, gingen zij en Meryl naar Weense bakkerijen en bestelden ze gebakjes *mit Schlag* (met slagroom). Meryl nam Blanche in vertrouwen over haar zieke vriend thuis; voor haar leek het allemaal heel volwassen.

Blanche was opgegroeid in de showbusiness: haar peetvader was Lee Strasberg en haar moeder was de actrice Carroll Baker, die Tennessee Williams' Baby Doll op het witte doek had vereeuwigd. Toch zag de ontvankelijke Blanche Meryl als het toonbeeld van serieus acteren, en deed ze haar best haar te imiteren. Voordat er 'Actie' klonk, nam Meryl altijd een rustig moment om zich even af te zonderen en zich te concentreren; Blanche begon hetzelfde te doen. In Meryls scenario stonden overal aantekeningen in de kantlijn gekrabbeld; Blanche begon ook aantekeningen op haar scenario te schrijven. Als meisje had ze beeldhouwkunst gestudeerd, en Meryls nauwkeurige aantekeningen deden haar denken aan de schetsen van een beeldhouwer.[349]

Meryl bracht haar laatste drie weken op de set door met het aftellen van de uren, slapeloos wachtend op de dageraad onder 'dat stomme donzen dekbed'[350] op haar bed. Ze bleef geen moment langer in Oostenrijk dan noodzakelijk was. 'Ze kon niet wachten om haar allerlaatste scène te doen en dan weer terug te zoeven, het land uit,' herinnerde Chomsky zich. 'Ik bedoel, ik geloof dat we niet eens even afscheid hebben genomen.' Toen ze in New York terugkwam, liep John mank. Hij was er erger aan toe dan ooit.

Een tijdje zag niemand Meryl. En ook zag niemand John. Aanbiedingen voor rollen kwamen en gingen. Vrienden belden naar de loft voor John, en dan nam Meryl op.
'Hij gaat eigenlijk net slapen. Misschien een andere keer...'
Klik.
Ze kwamen maar heel weinig buiten, en dat kostte dan veel moeite. Eén keer zag Meryls oude klasgenoot van Yale Albert Innaurato hen in een eettentje op Barrow Street, en stond versteld toen hij zag dat Meryl John ondersteunde terwijl ze naar het tafeltje liepen. 'Het was een kant van haar die ik nooit had verwacht te zien,'[351] zei hij.

Op uitstapjes naar het Memorial Sloan Kettering Cancer Center, merkten artsen Johns onverschrokken metgezel op. Toen een chirurg een opmerking maakte over haar karakteristieke schoonheid, zei John dat het een voorbeeld was van de natuur op zijn best: 'Een die ik zo lang mogelijk hoop te blijven zien.'[352]

Haar vastberadenheid overtuigde iedereen; konden ze dan niet zien dat ze uit alle macht acteerde? Zoals ze haar acteerleraar van Yale, Bobby Lewis, schreef: 'Mijn vrijer is vreselijk ziek en ligt soms, zoals ook nu weer, in het ziekenhuis. Hij wordt geweldig verzorgd en ik probeer niet handenwringend om hem heen te staan, maar ik maak me voortdurend zorgen en doe de hele tijd net alsof ik opgewekt ben, wat geestelijk, lichamelijk en emotioneel uitputtender is dan al het wérk dat ik ooit heb gedaan. Ik heb godzijdank sinds oktober níét gewerkt, of anders zou ik niet weten hoe ik het had overleefd.'[353]

Johns longkanker was uitgezaaid naar zijn botten en hij werd elke dag zwakker, wat Meryl toeschreef aan de chemotherapie. De uiterlijkheden van haar oude leven leken nu triviaal; de enige rol waarvoor ze tijd had, was die van verpleegster. Ondanks hun problemen hechtte Meryl veel waarde aan die tijd, als de afleidingen van de showbusiness ver weg waren en zij tweeën alleen met elkaar waren, de intimiteit van heel dicht bij elkaar zijn delend. 'Ik was zo dicht bij hem,' zei ze, 'dat ik de aftakeling niet opmerkte.'[354]

De maanden verstreken: 1977 ging over in 1978. In januari werd de stad bedekt door ijskoude sneeuw en regen, en kwamen honderdduizenden mensen zonder stroom te zitten. Twee weken later viel er 33 centimeter sneeuw; de grootste sneeuwstorm van het decennium. De metropool had pasgeleden een stroomstoring doorstaan en een aantal moorden door een seriemoordenaar die zich Son of Sam noemde, en was niet in staat de bergen stuifsneeuw en afval in de straten op te ruimen. Om de paar dagen kondigde de stad een 'sneeuwalarm' af; een uitspraak die zo vaak werd gebruikt dat hij geen betekenis meer had.[355]

Op Valentijnsdag viel er nog vier centimeter bij. Vanaf hun brandtrap zagen John en Meryl dat Franklin Street helemaal wit was. Het zou geen romantisch plaatje zijn. Bedolven onder de sneeuw waren viezigheid, vuilniszakken en gaten in het wegdek. De stad was ziek tot op het bot.

De productie van *The Deer Hunter* verplaatste zich nu zonder Meryl naar Thailand, Cimino's vervanging voor Vietnam. De film had de begroting overschreden, en het tijdschema was uit het raam gegooid. De bruiloftsscène, die allesbehalve eenvoudig was, had heel veel tijd en geld opgeslokt, en dat baarde de leidinggevenden bij EMI zorgen. Barry Spikings nam de regisseur mee op een wandeling langs het meer.

'Michael,' vroeg hij, 'doe je wel je best?'

Cimino verzekerde hem dat dat zo was.

Filmen in Thailand was niet alleen duur, maar ook gevaarlijk. Het ministerie van Buitenlandse Zaken had de filmmakers gewaarschuwd dat ze weg moesten blijven uit het land, dat werd geregeerd door een rechtse junta. Aan de grens met Birma, waar het krioelde van de gewapende opstandelingen, verbleven Cimino en zijn acteurs in hutten met strodaken en aten ze groene cobra's, waarvan werd gezegd dat ze de viriliteit verhoogden.

Cimino wilde dat de scènes in Vietnam dezelfde cinéma-véritéstijl hadden als die in Clairton. Hij huurde ter plaatse mensen in die geen acteurs waren om de Vietnamezen te spelen die de jongens gevangen hadden genomen. In de rol van krijgsgevangenen droegen De Niro, Walken en Savage elke dag dezelfde kleren. Ze schoren zich niet en gingen niet onder de douche. Ze sliepen in hun uniforms. Ze 'stonken een uur in de wind', schepte Cimino op. Tijdens een scène in een ondergedompelde tijgerkooi begon een rat aan Savage' gezicht te knabbelen. Dat nam Cimino in de film op.[356]

Er heerste een strikte militaire avondklok, en daarom stelde de crew om twee uur 's ochtends op geheime locaties de set op, terwijl CIA-agenten toezicht hielden. (Cimino nam hen ook op in de film.) Ze mochten negatieven exporteren maar de prints niet weer terug invoeren, dus maakten ze de opnamen zonder ze terug te zien, zonder gebruik te kunnen maken van rushes. Spikings was ernaartoe komen vliegen om de productie te overzien, en zijn voorman was generaal Kriangsak Chomanan, de opperbevelhebber van de Koninklijke Thaise Strijdkrachten. Midden in de opnamen riep hij Spikings naar Bangkok en vroeg hij vriendelijk of hij de wapens, helikopters en de bewapende personeelsbusjes terug mocht hebben die hij hun had geleend, omdat hij dat weekend een militaire coup wilde gaan plegen. Hij beloofde Spikings dat ze dinsdag alles weer terug zouden krijgen.[357]

De verraderlijkste scène was de ontsnapping met de helikopter, opgenomen op de rivier de Kwai. (Cimino vond de connectie met David Lean prachtig.) Het water was ijskoud, vol slangen en zoutwaterkrokodillen, en het rivierbootverkeer had de bamboe onder water tot dodelijke speren vermalen. Voor de scène moesten De Niro en Savage zich dertig meter omlaag uit de helikopter in de stromende rivier storten. De stuntmannen weigerden het te doen.

'Wij doen het wel,' zei De Niro. 'De acteurs zelf.'

'Weet dan wel dat je niet verzekerd bent,' zei Spikings tegen hem.

'Wie gaat het dan aan de verzekeringsmensen vertellen?' vroeg De Niro.[358]

Savage en De Niro klommen op een tijdelijke stalen oversteekplaats, die de crew op een gammele touwbrug had laten lijken. Toen de helikopter erbij kwam, bleef hij met het landingsgestel haken onder de kabel die dertig ton kon houden en die de brug omhooghield. De heli kantelde en gierde, terwijl De Niro als een gek het landingsgestel probeerde los te maken. Terwijl de piloot in dialect in een radio krijste, stak Cimino, die in gevechtstenue in de helikopter zat, zijn hand uit naar die van De Niro, wetend dat de tollende rotors hen heel goed zouden kunnen omgooien en hem, zijn sterren en zijn halve crew doden.

De helikopter brak los en draaide daarbij de brug ondersteboven. De camera's draaiden nog steeds terwijl hij wegvloog, met De Niro en Savage bungelend boven de rivier.

'Michael, moeten we ons laten vallen?' schreeuwde Savage naar zijn scènepartner, nog steeds de naam van zijn personage gebruikend.

'Jezus, Savage,' brulde De Niro, 'we zijn niet meer aan het acteren! We zitten niet in die klotefilm!'[359]

Ze lieten zich een voor een in de van krokodillen vergeven, ijskoude rivier met scherpe punten vallen. Even later kwamen ze boven; nog steeds in de scène en, net als hun personages, verbijsterd dat ze nog in leven waren.

'Meryl! Hoi!'

Die stem zou ze uit duizenden hebben herkend: de uitgelaten, zangerige hoge stem van Wendy Wasserstein. Op haar zevenentwintigste was ze nog steeds de warme, onverzorgde, onzekere vrouw die Meryl zich herinnerde van de kostuumdiensten. En nu belde ze haar op voor een gunst.

Tweeënhalf jaar nadat ze was afgestudeerd, waren Meryls klasgenoten van Yale naam aan het maken in de theaterwereld. Christopher Durang en Sigourney Weaver hadden hun dolle samenwerking voortgezet met *Das Lusitania Songspiel*, een Brecht-Weillparodie die werd opgevoerd op Vandam Street. Albert Innaurato's *Gemini* werd geproduceerd bij Playwrights Horizons, ook met Weaver. En William Ivey Long stond op het punt kostuums voor zijn eerste Broadway-show te ontwerpen, het begin van een carrière waarin hij vele Tony Awards zou winnen.

Nu was Wasserstein aan de beurt. In de zomer van 1977 was ze naar het O'Neill gegaan om in een workshop *Uncommon Women and Others* uit te werken, het toneelstuk waaraan ze op Yale was begonnen. Het Phoenix bracht het dat najaar op de planken in de Upper East

Side. De volledig uit vrouwen bestaande bezetting, van wie de personages waren gebaseerd op Wendy's klasgenoten op Mount Holyoke, bevatte opkomende talenten als Jill Eikenberry en Swoosie Kurtz. De dertigjarige actrice Glenn Close speelde Leilah, de rusteloze muurbloem die ernaar verlangt af te studeren en antropologisch onderzoek te gaan doen in Irak.

Met *Uncommon Women* had Wendy de gemengde gevoelens van haar generatie ten opzichte van de Tweede feministische golf, en de torenhoge beloften die er niet door werden ingelost, tot drama bewerkt. In de scènes met flashbacks naar de studietijd kwebbelen de meiden over Nietzsche en penisnijd en dat ze het allemaal 'godverdomme helemaal voor elkaar' zullen hebben tegen de tijd dat ze dertig worden. Als ze zes jaar later weer bij elkaar zijn, zitten ze in therapie of werken ze voor een verzekeringsmaatschappij of zijn ze zwanger, en zijn ze ervan overtuigd dat ze het allemaal godverdomme helemaal voor elkaar zullen hebben als ze veertig zijn. Of misschien vijfenveertig.[360]

Tijdens de looptijd van drie weken oogstte het stuk goede kritieken en kreeg Wasserstein haar eerste voorproefje van publieke erkenning. Tegen de tijd dat het toneelstuk werd beëindigd, op 4 december 1977, was het door televisienetwerk Thirteen/WNET uitgekozen om uitgezonden te worden op de publieke, educatieve zender PBS, als onderdeel van de serie 'Great Performances'. (*Secret Service*, het drama over de Burgeroorlog waarin Meryl en John Lithgow speelden, was er de winter daarvoor op uitgezonden.) De Off-Broadway-cast zou worden herenigd voor de verfilming, met één uitzondering: Glenn Close moest opdraven voor een try-out in Buffalo van *The Crucifer of Blood*, een Sherlock Holmes-toneelstuk dat bestemd was voor Broadway. Wendy had snel een vervanger nodig. Ze belde Meryl.

Leilah was een van de kleinste rollen van het toneelstuk, en het zou zeker niets bijdragen aan Meryls carrière. Maar Wendy vroeg om een gunst, en het zou maar voor een paar dagen zijn. Ze zei ja. Maar ze zou John mee moeten nemen.

Een paar weken na het begin van 1978 ondernam Meryl de reis naar Hartford, Connecticut, waar het toneelstuk in een televisiestudio werd opgenomen. (Voor PBS werd 'godverdomme helemaal voor elkaar' in 'helemaal voor elkaar' veranderd.) John bleef meestal in het hotel. Steven Robman, die het toneelstuk regisseerde en de opnames mede regisseerde, herinnerde zich Meryl van haar eerste jaar aan Yale, toen ze in zijn productie van *The Lower Depths* zat. Haar zelfverzekerde houding was hem altijd al opgevallen, maar nu ging deze gepaard aan een camera-ervaring die groter was dan die van hem.[361] Bij het filmen van een scène met Ellen Parker stopte ze even en zei ze: 'Steve, hebben we nu een camera op Ellens gezicht? Het is echt een goede reactie, en het lijkt me dat je die er wel op wilt hebben.'[362] Het leek wel een herhaling van *Julia*, waarbij Meryl nu de wijze scènepartner was die Jane Fonda voor haar was geweest.

Meryls visie op de rol was passend verloren en smachtend. Haar interpretatie week niet veel af van die van Close: beiden waren hoekige schoonheden die het lukte om Leilahs verlangen naar eenzaamheid aan te boren. Maar Robman zag het grote verschil in hun opvoeding erdoorheen schijnen. Close was opgegroeid in een vrijstaand stenen huis in Greenwich, Connecticut, als dochter van een chirurg. 'Dat was voor mij het verschil,' zei Robman. 'Hoe kijkt een aristocratisch meisje aan tegen geïsoleerd zijn op deze manier, vergeleken met een meisje dat wenste dat ze homecoming-koningin was?' Het was de eerste van vele keren dat de actrices met elkaar vergeleken zouden worden.

Februari ging over in maart en de sneeuw bleef New York teisteren, met lagen aangekoekte smurrie die de straten bedekten. Omdat alle mechanische vegers defect waren, was de stad machteloos tegen de aanslag. Toen de sneeuw eindelijk begon te dooien, kwamen er stoepen tevoorschijn die bedekt waren met slijmerig puin dat daar twee maanden begraven had gelegen. Tribeca stonk naar rottend afval.

Meryls broer Third was bij de loft langsgegaan, in de hoop op goed nieuws over John, die nu te ziek was om de woning te verlaten. Meestal pareerde Meryl zijn bezorgdheid op opgewekte toon: 'Het gaat prima met ons!'

En toen reageerde ze op een dag anders. 'Het gaat niet zo goed met hem.'[363]

Het was voor het eerst dat ze een glimp van een gebrek aan hoop had laten zien. Het was de dag waarop John Cazale voor de laatste keer in het Memorial Sloan Kettering werd opgenomen.

Meryl bleef dag en nacht waken in het ziekenhuis, terwijl John in zijn keurige witte bed leek weg te kwijnen. Ze hield de stemming erin met het enige elixer dat ze had: optreden. Ze vulde de kamer met komische stemmetjes en las hem de sportpagina voor in de briljante stijl van sportverslaggever Warner Wolf.[364]

Als er vrienden op bezoek kwamen, zagen ze niet hoe moe, maar alleen hoe sterk Meryl was. 'Ze zorgde voor hem alsof er niemand anders op de wereld was,' zei Joe Papp. 'Ze bleef hem steunen, als hij erbij was en ook als hij er niet bij was. Ze liet nooit merken dat ze dacht dat hij het niet zou overleven. Hij wist dat hij doodging, zoals een man die stervende is dat weet.' Desondanks 'gaf ze hem enorm veel hoop'.[365]

Tientallen jaren later zou Al Pacino zeggen: 'Toen ik die meid daar bij hem zag, dacht ik: er gaat niets boven wat zij doet. Ik bedoel, dat is het gewoon voor mij. Hoe geweldig ze ook is in al haar werk, dat is waar ik aan denk als ik aan haar denk.'[366]

Rond drie uur in de ochtend van 12 maart 1978 sloot John zijn ogen. 'Hij is niet meer,' zei de arts. Maar Meryl was er niet klaar voor om dat te horen, laat staan het te geloven. Wat er vervolgens gebeurde, was volgens sommigen toppunt van alle standvastige hoop die Meryl de afgelopen tien maanden in stand had gehouden. Ze beukte snikkend op zijn borst, en voor een kort, verontrustend moment, deed John zijn ogen open.

'Het is oké, Meryl,' zei hij zwakjes. 'Het is oké...'[367]

Wat had hem teruggebracht? En laatste stroom bloed naar de hersenen? Haar pure wilskracht? Wat het ook was, het duurde maar een seconde of twee. Daarna sloot John Cazale zijn ogen opnieuw. Hij was tweeënveertig.

Meryl belde zijn broer, waarbij ze hem wakker maakte.

'John is er niet meer,' zei ze tegen hem.

'O god,' zei Stephen.

Ze barstte in tranen uit. 'Ik heb het geprobeerd.'

Ze keerde in shocktoestand terug naar de loft. In de daaropvolgende dagen merkte ze dat ze niet in staat was een herdenking te helpen organiseren of zelfs 'de trap te nemen'[368]. Ze zwierf van kamer naar kamer in Johns appartement, dat een vloer had die zo sterk was dat hij stapels tomatenblikken kon houden. Opeens leek dat niet sterk genoeg meer.

Ze slaapwandelde door de herdenkingsdienst, waar sterren van het theater en de film eer bewezen aan hun eeuwig onderschatte collega. Israel Horovitz schreef in zijn grafrede:

> John Cazale komt maar één keer in een mensenleven voor. Hij was een uitvinding, een bescheiden perfectie. Het is geen wonder dat zijn vrienden zo'n woede voelen als ze wakker worden en erachter komen dat Cazale slaapt naast koningen en raadsheren, naast Booth en Kean, naast Jimmy Dean, naast Bernhardt, Guitry en Duse, naast Stanislavsky, naast Groucho, Benny en Allen. Hij zal snel vrienden maken waar hij nu is. Het is zo gemakkelijk om van hem te houden.
>
> John Cazales lichaam heeft hem in de steek gelaten. Dat zal zijn ziel niet doen. Zijn hele leven zal zich steeds maar weer afspelen als een film, in onze filmhuizen, in onze dromen. Hij laat ons, zijn liefdevolle publiek, een herinnering na aan zijn geweldige kalmte, zijn rustige afwachtendheid, zijn voorliefde voor verheven muziek, zijn voorliefde voor platvloerse grappen, de absurde bosrand die zijn haarlijn was, de schijf watermeloen die zijn glimlach was.
>
> Hij is onvergetelijk.[369]

Meryl was 'emotioneel afgepeigerd'[370]. 'Het was een zelfzuchtige periode, een periode van herstel voor mij, van proberen te bevatten wat er in mijn leven was gebeurd,' herinnerde ze zich. 'Ik wilde een plek vinden waar ik het voor eeuwig met me mee kon blijven dragen en desalniettemin kon functioneren.'

Na de herdenkingsdienst pakte ze wat spulletjes en ging ze naar Canada om in het huis van een vriend op het platteland te logeren. In haar eentje ging ze schetsen. Dezelfde beelden bleven maar terugkeren, alsof het levende dingen waren die erdoorheen probeerden te breken. Soms tekende ze Joseph Papp, de man die tijdens deze hele beproeving haar hand had vastgehouden, en die nu haar onvoorwaardelijke loyaliteit had.[371]

Maar voornamelijk tekende ze John, als de vrouw van de 'French lieutenant' die haar verre geliefde schetste. Ze wilde gewoon zijn gezicht zien.

Michael Cimino had drie maanden nodig om alleen al alle materiaal te bekijken dat hij had geschoten, en hij werkte er dertien tot veertien uur per dag aan. Met editor Peter Zinner begon hij erin te snoeien, en er een film uit te hakken. Op een nacht hield hij om drie uur 's ochtends op met dubben en leverde een ruwe versie aan EMI. Die was drieënhalf uur lang.

Tegen die tijd was Michael Deeley, de directeur van EMI Films, Cimino gaan beschouwen als 'bedrieglijk' en 'zelfzuchtig'[372]. De film, die een begroting had gehad van 8,5 miljoen dollar, had 13 miljoen dollar gekost. De uitdieping van de personages waar hij om had gevraagd, was uitgelopen tot een extra uur. Met een film van drie uur zou er een kwart van de potentiële inkomsten verloren gaan, omdat hij slechts een beperkt aantal keren per dag in de bioscopen zou kunnen worden vertoond. Toch waren Deeley en Barry Spikings enthousiast over de ruwe versie, want ze voelden de rauwe kracht ervan aan.

Maar toen ze een voorvertoning van de film hielden voor hun Amerikaanse partners bij Universal, kreeg hij een onmiskenbaar lauwe reactie. De mannen in pak waren geschokt door het geweld in de film, en vooral door de lengte ervan. Zelfs Cimino gaf toe dat de voorvertoning een 'ramp' was. Hij herinnerde zich dat toen De Niro het hert schoot, een van de leidinggevenden uitriep: 'Dat is het! Nu zijn we het publiek kwijt! Het is helemaal afgelopen!'[373] Nog een ander, Sid Sheinberg, begon het 'The Deer Hunter and the Hunter and the Hunter'[374] te noemen. Ze wilden dat de film met een uur werd ingekort. Waarom zou je niet beginnen met die bruiloftsscène?

Cimino weigerde zijn epos in te krimpen, omdat hij ervan overtuigd was dat de donkere magie van de film in de 'schaduwen' ervan lag. EMI dreigde hem van zijn eigen film af te halen. 'Ik vertelde hun dat ik alles zou doen wat ik kon,' zei hij. 'Ik haalde dingen uit de film en stopte ze er weer in. Het idee dat ik eraf gehaald zou worden en dat iemand anders het van me over zou nemen, maakte me letterlijk ziek.'[375] Hij ging elke avond naar bed met hoofdpijn en werd dan wakker met nog steeds een bonkend hoofd. Hij begon aan te komen. 'Ik was bereid alles op alles te zetten om te verhinderen dat deze film van me afgepakt en verknoeid werd.'

Universal stemde ermee in om twee verschillende versies te testen: een aangepaste versie, die ze in Cleveland zouden laten zien, en Cimino's langere versie, die ze in Chicago zouden laten zien. Volgens Cimino maakte hij zich zo veel zorgen dat het publiek in Cleveland goed zou vinden wat ze zagen, dat hij de operateur omkocht om de film halverwege te laten vastlopen. De versie van drie uur won.[376]

Meryl bekeek de film steeds maar weer, in een voorvertoningszaal op 6th Avenue, zes keer in totaal. Ze schermde altijd haar ogen af tijdens de martelscènes, maar op de een of andere manier was het minder moeilijk om naar John te kijken.[377] Terwijl het scherm voor haar flikkerde, zag ze alle sluwe en malle menselijke stempels die hij op zijn laatste optreden had gedrukt:

John die een kruis slaat in de kerk.

John die met zijn voet tikt terwijl de bruid door het gangpad loopt.

John die kijkt of zijn gulp wel dicht is terwijl de gasten van de bruiloft poseren voor een foto.

John die achter de pasgetrouwden aan rent, rijst gooiend als een jongen die een honkbal werpt.

Johns verweerde profiel, half in de schaduw, terwijl de barkeeper een nocturne van Chopin speelt.

John die bij het welkomthuisfeestje van Michael Vronsky tegen Meryl zegt: 'Ik weet dat Nick binnenkort weer thuiskomt. Ik ken Nick. Hij zal ook weer terugkomen.'

John die naar zijn bleke spiegelbeeld kijkt in het raampje van de Cadillac, zijn boord rechttrekt en verklaart: 'Prachtig.'

Op een zondagochtend kwam Johns broer Stephen Meryl tegen in de voorvertoningszaal. Ze wachtten met spanning tot de film begon te draaien. 'Wanneer gaat het nou eens begínnen?' mopperde Meryl met geveinsd ongeduld. Ze leunden achterover en keken naar de film. Toen hij die avond thuiskwam, nam Stephen een fles wodka mee naar bed.[378]

Meryl had nauwelijks gewerkt gedurende de vijf maanden waarin ze voor John had gezorgd. Nu was haar agenda deprimerend leeg. 'Ik wil niet ophouden met het steeds opnieuw afspelen van het verleden; dat is het enige wat je nog hebt van iemand die dood is,' zei ze op dat moment, 'maar ik hoop wel dat ik door te werken wat afleiding vind.'[379] Ze was er klaar voor om uit de loopgraven te klimmen en weer te gaan acteren.

Gelukkig was er een aanbod voor een film: *The Senator*, een politieke verhandeling geschreven door Alan Alda, de beminnelijke ster van *M*A*S*H*. Alda zou de senator Joe Tynan spelen, een principiële man die van het rechte pad wordt gelokt door achterkamertjespolitiek en overspel. Meryl kreeg de rol van zijn maîtresse aangeboden, een arbeidsadvocate uit Louisiana met een bruisend seksleven en de kennis van een ingewijde van hoe het er in Washington aan toe gaat. 'Als ik iets wil, zorg ik ervoor dat ik het krijg,' zegt ze tegen Joe Tynan. 'Net als jij.'[380]

Met andere woorden, ze was alles wat Linda de caissière niet was: een onbeschaamd onafhankelijke 'moderne vrouw'[381], zoals Meryl haar omschreef. Als uitgesproken feminist en voorvechter van het Equal Rights Amendment*, had Alda de smerigheid van de politiek van dichtbij meegemaakt. Toen hij in Illinois campagne voerde voor de invoering van het amendement, zag hij een wetgever van de staat tegen een vrouwelijke lobbyist zeggen dat hij zou overwegen vóór te stemmen terwijl hij haar een sleutel voor zijn hotelkamer gaf.[382] Alda had niet de blinde vlekken die Meryl was tegengekomen bij andere mannelijke collega's, die vrouwelijke personages in globale archetypen

---

* Noot van de vertalers: Het Equal Rights Amendment was een amendementsvoorstel dat de gelijke rechten van vrouwen in de grondwet had moeten verzekeren. Het is er nooit doorgekomen.

probeerden te proppen. Als haar hart niet zo zwaar was geweest, was het een spannende kans geweest.

De regisseur, Jerry Schatzberg, zocht haar op in Johns loft. Hij voelde de droefheid van de plek, maar ze spraken niet over de reden daarvoor. Hij vertelde haar dat hij op zoek was naar een vleugje zuidelijkheid, maar geen al te sterk accent.[383] Meryl nam dezelfde lijzige manier van praten van Dinah Shore die ze in *Trelawny of the 'Wells'* had gebruikt. Daarna, vier desoriënterende weken na het overlijden van John, pakte ze een tas in en ging ze naar Baltimore.

Net als bij *Holocaust* maskeerde haar opgewekte aanwezigheid een doffe pijn. 'Ik heb die film op de automatische piloot gemaakt,' zei ze niet lang daarna. Werk was een afleiding, geen troost: 'Voor sommige dingen bestaat geen troost.'[384] In overeenstemming met haar personage hield ze het luchtig. Rip Torn, haar voormalige co-ster in *The Father* in het Yale Repertory Theatre, had een bijrol als rokkenjagende wetgever. Schatzberg was met Meryl aan haar kostuum aan het werken en vertelde haar dat hij straks een afspraak had met Rip. 'O,' zei ze, 'zeg maar tegen hem dat hij niet zo'n klier moet zijn!'[385]

Ze werd ook herenigd met Blanche Baker, haar schoonzuster uit *Holocaust*, die Joe Tynans tienerdochter speelde. Baker had een grote huilscène met Alda, en ze beging de fout om bij het *mastershot* al tranen met tuiten te huilen. Daarna hield iedereen op om te gaan lunchen. Toen ze terugkwam voor haar close-up, voelde ze zich leeggetrokken. Meryl zag dat de jonge actrice in paniek raakte, en speelde opnieuw de rol van grote zus. 'Het is er wel,' verzekerde ze haar. 'Je moet er gewoon op vertrouwen. Wees gewoon specifieker.'[386]

Ze paste dezelfde basistechniek toe op zichzelf, en Schatzberg was tevreden met de resultaten. 'De scènes met haar waren zo geweldig,' zei hij, 'dat toen de film afgelopen was, ik een probleem had, omdat ik het idee had dat ze zo goed was dat Joe Tynan er misschien wél met haar vandoor had moeten gaan. Dus moest ik een manier verzinnen om haar personage wat te temperen zodat hij teruggaat naar zijn vrouw.'

Bij het Maryland State House, in Annapolis, rekruteerde Schatzberg plaatselijke politici om senatoren en congresleden te spelen. Eén afgevaardigde had de indruk dat de film over een senator ging die een affaire had met zijn secretaresse. 'Ik ben eigenlijk zijn advocate,' zei Meryl toen ze dat hoorde, en ze voegde eraan toe: 'Dat is wel veelzeggend, hè?'[387]

Tijdens de opnames botsten Schatzberg en Alda voortdurend met elkaar over het script. Alda wilde dat de acteurs zich hielden aan de dialoog die hij had geschreven, terwijl hij zelf vrijelijk improviseerde. Barbara Harris, die zijn vrouw speelde, klaagde erover bij Schatzberg: 'Elke keer dat hij zíjn dialoog wil veranderen, doet hij dat.'[388]

Meryl onttrok zich aan het gekibbel en deed haar scènes op haar sloffen, waarbij het mooie van de automatische piloot is dat je niet te veel betrokken raakt. Alda, zei ze later, 'was de liefste en begrijpendste persoon die je je voor kunt stellen',[389] gezien de timing. Maar ze maakte zich zorgen over hun pikante slaapkamerscènes. Afgezien van de melancholieke liefdesscènes met De Niro in *The Deer Hunter*, had ze nooit sexy hoeven spelen voor de camera. De opmerking van Dino de Laurentiis, *'che brutta'*, spookte misschien nog steeds door haar hoofd. Hoe het ook zij, ze voelde zich niet zo dartel.

'Het is een scène die heel veel plezier en enorm veel seksuele energie vereist,' zei John Lithgow niet veel later, 'en in die tijd, net nadat John Cazale was overleden, was Meryl niet in de stemming voor beide. En ze voelde zich beschaamd over de scène. Ze zei dat ze zou zweten tot ze drijfnat was van schaamte.'[390]

Schatzberg haalde zo min mogelijk crewleden naar de hotelkamer in Baltimore, om gestaar te voorkomen. Meryl gleed samen met Alda onder de lakens. De camera's draaiden. In hun postcoïtale roes pakte ze een biertje, goot het over Joe Tynans kruis, gluurde onder de dekens en zei lijzig: 'Het is waar, dingen trekken inderdaad samen bij kou!'[391]

Toen was het voorbij. 'Ze beschouwde de film als een soort test, een test waarvoor ze moest slagen,' zei Alda later. 'Ze was vastbesloten niet te bezwijken.'[392]

Halverwege de opnames werd *Holocaust* uitgezonden op NBC. De onophoudelijk gehypete uitzending duurde vier avonden, van 16 tot en met 19 april. Zo'n 120 miljoen Amerikanen keken ernaar; meer dan de helft van de bevolking van de Verenigde Staten. Voor het eerst werd Meryl Streeps gezicht wereldwijd gezien, door gezinnen die zich om de televisie hadden geschaard.

Het was onvermijdelijk dat de uitzending verdeeldheid opriep. Op de eerste dag van zijn uitzending publiceerde Elie Wiesel, die sinds de publicatie van *Nacht* 's werelds meest erkende Holocaustoverlevende was geworden, een vernietigende beoordeling in *The New York Times*, en noemde de serie 'onwaar, aanstootgevend en goedkoop'. Naast een foto van Meryl die worstelde met ss-officieren, schreef hij: 'Het probeert het onvoorstelbare te laten zien. Het verandert een ontologische gebeurtenis in een soap. Wat de bedoelingen ook zijn geweest, het resultaat is schokkend.'[393]

Onder de vele brieven met reacties op die van Wiesel was er een van Joe Papp, die toegaf dat de 'Errol Flynn-heroïek' tenenkrommend was. Toch, zo stelde hij, 'was het acteerwerk eerste klas. Terwijl uur na uur verstreek waren de acteurs, van wie ik er velen persoonlijk ken, geen acteurs of mijn vrienden meer. Het waren Joden en nazi's.'[394]

In Duitsland, waar het woord 'holocaust' niet wijdverbreid was, was de impact kolossaal. Meer dan twintig miljoen West-Duitsers zagen de uitzending, en daarvan omschreven velen zichzelf in een officieel onderzoek als 'diep geschokt'. In Meryls blonde Inga zagen ze een model van verheven rechtschapenheid dat het waard was om na te streven. De uitzending zette een nationaal debat in gang dat werd gevoerd in kranten, op scholen, in opbelprogramma's en in de wandelgangen van de regering. In Bonn bereidde de Bundestag zich voor op een debat over de verjaringswet voor nazioorlogsmisdadigers, van wie er velen zich nog steeds verborgen hielden. In de weken na de uitzending schoot de publieke steun voor het voortzetten van de vervolgingen omhoog van 15 naar 39 procent. Zes maanden later stemde de Bundestag met 255 tegen 222 voor om de verjaringswet af te schaffen, waardoor de deur werd opengezet naar meer rechtszaken en een nationale afrekening.[395]

Voor Meryl, die was verwikkeld in kleine tragedies in plaats van historische, moet dit alles onpeilbaar ver van haar bed hebben gevoeld. Maar de verandering in haar dagelijkse bestaan was tastbaar. Toen ze op een woensdag in mei door Annapolis zwierf, met een ruime spijkerbroek en een slecht bijpassende tweed blazer, werd ze benaderd door fans met eenvoudige camera's. Voordat *Holocaust* werd uitgezonden, had ze in Maryland onopgemerkt in restaurants gegeten; tenzij ze misschien naast Alan Alda zat. Nu stapten mensen op háár af.[396]

Die eerste kennismaking met roem was 'iets surrealistisch', zei ze destijds. Terug in New York reed ze op haar fiets door Chelsea toen een paar jongens in een Volkswagen tegen haar riepen: 'Hé, Holocaust!' Meryl huiverde. 'Onvoorstelbaar, hè?' zei ze niet lang daarna. 'Het is absurd dat die episode uit de geschiedenis kan worden gereduceerd tot iets wat mensen uit autoraampjes naar een actrice schreeuwen.'[397]

In september won ze een Emmy voor Vrouwelijke hoofdrol in een miniserie. Ze woonde de ceremonie niet bij. Het beeldje werd een paar maanden later bezorgd, in een doos. Het stond in haar werkkamer, 'neergezet als een object' tussen foto's van vrienden: beweginloos. 'Ik wilde dat ik er een groot belang aan kon hechten,' zei ze destijds, maar het eerbetoon had 'geen blijvende invloed'.[398]

De dag na de Emmy's kwam er in warenhuis Bloomingdale's een vrouw naar haar toe die zei: 'Heeft er iemand ooit tegen u gezegd dat u precies lijkt op Meryl hoe-heet-ze-ook-alweer?'

'Nee,' antwoordde ze, 'nog nooit.'[399]

Universal had een plan: ze zouden *The Deer Hunter* in première laten gaan in één bioscoop in Los Angeles en één New York, en er dan na een week weer mee stoppen. Op die manier zou hij in aanmerking komen voor de Oscars, wat publiciteit trekken tijdens zijn uitverkochte looptijd en dan in februari wijdverbreid in première gaan, zodra de belangstelling van het publiek was doorgesijpeld.

De gok werkte. Op 15 december beschreef Vincent Canby de film als 'een grote, ongemakkelijke, krankzinnig ambitieuze, soms adembenemende film die net zo dicht in de buurt van een populair epos komt als alle andere films over dit land sinds *The Godfather*'.[400] *Time* echode die lofzang: 'Net als de Vietnamoorlog zelf ontketent *The Deer Hunter* heel veel verschillende passies, maar weigert hij de catharsis te leveren die het leed vergoedt.'[401]

Maar er was een tegenreactie in de maak. Aanvoerder van de aanval was Pauline Kael van *The New Yorker*, die afkeurend met de tong klakte over het thema van 'de mystieke band van mannelijke kameraadschap', die een afspiegeling leek van 'het celibaat van Americanfootballspelers voor de grote wedstrijd'. Nog vernietigender was haar oordeel over de Vietnamese folteraars, geportretteerd in 'de standaard ondoorgrondelijke-Oosterse-slechteriken-stijl van de Japanners in films over de Tweede Wereldoorlog'. Ze schreef: 'De indruk die een kijker krijgt, is dat als we daar al foute dingen hebben gedaan, we die meedogenloos maar op onpersoonlijke wijze hebben gedaan; de Vietcong waren wreed en sadistisch. De film lijkt te zeggen dat de Amerikanen geen keuze hadden, maar dat de Vietcong er lol in had.'[402]

Er waren niet veel recensenten die de psychologische kracht van de film konden ontkennen, of de hartverscheurende afschildering van de oorlog en de nasleep ervan. Maar hoe kritischer ernaar werd gekeken, hoe meer vragen er bleven knagen. Dwong de Vietcong Amerikaanse soldaten écht om Russische roulette te spelen? Zat er niet iets homoerotisch aan die jachttripjes met uitsluitend mannen? En hoe zat het met die laatste vertolking van 'God Bless America'? Was die ironisch bedoeld? Of dodelijk ernstig?

Een andere Vietnamfilm, *Coming Home* van Hal Ashby, stond er lijnrecht tegenover. Beide films bevatten een veteraan die aan een rolstoel was gekluisterd en een vrouw tussen twee militairen. Maar de politiek van *Coming Home* was expliciet anti-oorlog, en de liberale geloofsbrieven ervan waren synoniem met de ster van de film, Jane Fonda. Na *Julia* had Fonda Meryl overal rond Hollywood gehypet, en had ze zelfs geprobeerd een rol voor haar te vinden in *Coming Home*, maar hun roosters werkten niet mee. Als de vrouw van een militair die door de geschiedenis op de schouder werd getikt, verpersoonlijkte Fonda opnieuw een politiek geweten. Terwijl haar echtgenoot (Bruce Dern), een man als een soort tinnen soldaatje, aan het vechten is, vindt ze een diepere band met een aan beide benen verlamde pacifist gespeeld door Jon Voight, die aan het eind van de film lezingen geeft aan middelbareschoolkinderen over de onzinnigheid van de oorlog.

Terwijl *The Deer Hunter* mensen liet zien die de weg kwijtraakten, en ook elkaar, ging *Coming Home* over het vinden van verbondenheid en een doel; politieke verwantschap tegenover spirituele ontevredenheid. Fonda's personage wacht in tegenstelling tot Linda niet tot een man haar komt redden: ze wordt vrijwilligster bij een veteranenziekenhuis, radicaliseert en bereikt, met Voights hulp, haar eerste orgasme. Het onverbloemde liberalisme van *Coming Home* leek een onbewust conservatisme bloot te leggen in *The Deer Hunter*, hoewel het niet dezelfde draagwijdte, gruwelen en ambiguïteit als die film leek te hebben.

Op 20 februari 1979 werd de krachtmeting officieel. *The Deer Hunter* werd genomineerd voor negen Oscars, *Coming Home* voor acht. Ze streden om Beste film, samen met *Heaven Can Wait*, *Midnight Express* en *An Unmarried Woman*. Robert De Niro nam het op tegen Jon Voight voor Beste acteur, met Christopher Walken die concurreerde met Bruce Dern om Beste mannelijke bijrol.

John Cazale was niet genomineerd. Maar hij had een stille mijlpaal bereikt: van de vijf films waarin hij had gespeeld, waren alle films genomineerd voor Beste film. En hoewel hij niet zo lang leefde dat hij het kon meemaken, werd Meryl Streep genomineerd voor haar eerste Oscar, voor de Beste vrouwelijke bijrol.

Naarmate de Oscars dichterbij kwamen, werd het debat over *The Deer Hunter* intenser. In december had Cimino een interview gegeven aan *The New York Times*, waarin hij beweerde dat iedereen die de film op grond van feiten aanviel, 'tegen een fantoom vocht, omdat letterlijke nauwkeurigheid nooit de bedoeling was geweest'. In het artikel werd opgemerkt dat Cimino, die had opgegeven dat hij vijfendertig was, 'in het leger ging rond de tijd van het Tet-offensief in 1968 en als hospitaalsoldaat werd toegewezen aan een commando-eenheid die in Texas trainde, maar nooit naar Vietnam werd gestuurd'.[403]

Michael Deeley was een van de eersten die een wenkbrauw optrokken: zijn verzekeringsgegevens gaven aan dat Cimino bijna veertig was. Thom Mount, de president van Universal, kreeg een telefoontje van een publiciteitsagent van de studio: 'We hebben een probleem.' De verslaggever kon niet bevestigen wat Cimino over zijn militairediensttijd had gezegd en, wat Mount betreft 'was hij net zomin een hospitaalsoldaat bij de commando's als ik een koolraap ben'[404]. (*The New York Times* drukte het evengoed af.) In april publiceerde Vietnam-correspondent Tom Buckley in *Harper's Magazine* een volledige afrekening met wat hij beschouwde als Cimino's vertekeningen. Het Pentagon had hem verteld dat Cimino in 1962 bij de reservisten in dienst was getreden – er was in de verste verte nog geen Tet-offensief te bekennen – en een rustig halfjaar had doorgebracht in New Jersey en Texas.

Wat Buckley dwarszat, waren niet de persoonlijke vertekeningen (die Cimino heftig ontkende), maar de manier waarop ze in de film werden 'weerspiegeld'. De scherpste kritiek leverde hij, net als Kael, op Cimino's portrettering van de Vietnamezen. 'De politieke en morele onderwerpen van de Vietnamoorlog, die al meer dan tien jaar de voornaamste zorg zijn voor dit land, worden volledig genegeerd,' schreef Buckley. 'Daaruit vloeit voort dat de waarheid op z'n minst binnenstebuiten wordt gekeerd. De Noord-Vietnamezen en de Vietcong worden de moordenaars en folteraars, en de Amerikanen hun nobele slachtoffers.'[405]

Maar het erfgoed van *The Deer Hunter* was nog lang niet tot rust gekomen. Jan Scruggs, een voormalige infanteriekorporaal, zag de film op een avond in Maryland. Terug in zijn keuken bleef hij tot drie uur die nacht wakker met een fles whisky, uit zijn slaap gehouden door een stortvloed aan flashbacks. In de jongens van Clairton zag hij de onuitgesproken pijn van een hele generatie soldaten, van wie er sommige terugkeerden en sommige niet. De volgende ochtend vertelde hij zijn vrouw dat hij een visioen had gehad: een monument voor Vietnamveteranen, met daarop de namen van de gevallenen. Het was het begin van een proces van drie jaar dat eindigde met het Vietnam Veterans Memorial, een monument op de National Mall in Washington.[406]

Eén veteraan die het eens was met de kritiek was Mike Booth. Er waren vijf of zes jaar verstreken sinds hij Meryl had gezien, en in die tijd was hij helemaal in zijn studie in Mexico opgegaan. Nadat hij zijn hoofdvak van de kunsten naar filosofie naar Latijns-Amerikaanse studies en uiteindelijk Amerikaanse literatuur had veranderd, studeerde hij af in Santa Cruz, waar hij een vrouw ontmoette en zich met haar verloofde. Op een dag in 1977 nam hij haar mee om *Julia* te zien en trok hij halverwege de film wit weg. 'Dat is mijn oude vriendinnetje van de middelbare school!' zei hij tegen haar.

Nu hij de dertig naderde, verlangde Mike ernaar een geregeld leven te gaan leiden, 'te proberen een normale persoon te zijn in plaats van een vagebond'. Hij nam zijn verloofde mee terug naar het oosten van de Verenigde Staten, naar Newport, Rhode Island. Hij droomde ervan een schrijver te zijn, maar hij wilde een gezin onderhouden, dus nam hij een baan bij zijn vaders verfpigmentbedrijf, in Fall River, Massachusetts. Het had een kantoortje in een oud fabrieksgebouw, en Mike nam er allerlei taken op zich: facturen tikken, vrachtwagens inladen en soms partijen kleur in de fabriek mengen. Aan het eind van de dag was zijn zweterige overall besmeurd met rode en gele pigmenten.

Toen hij Meryl in tijdschriften zag, had hij er bewondering voor dat ze carrière maakte in wat ze graag deed, en dat ze zo goed was. Hij was net getrouwd toen zijn zus tegen hem zei dat hij *The Deer Hunter* niet moest zien, omdat ze dacht dat het 'veel te dichtbij zou komen'. Hij ging toch. Toen hij de Vietcong de jongens uit Clairton gevangen zag houden in onderwater-tijgerkooien, begon hij dat oude vuur weer te voelen dat hem naar Nixons autocolonne had gedreven. 'De communisten hebben zat akelige dingen gedaan,' zei hij later, 'maar voor zover ik het me kan herinneren, gebruikte ónze kant die tijgerkooien.' En Russische roulette? Daar had hij in Vietnam nooit over gehoord.

Maar toen hij in het filmtheater van Newport zat, zag hij nog andere dingen. Hij zag Robert De Niro, op zijn eerste avond terug in Clairton, die het bord met 'Welkom thuis' erop ter ere van hem zag hangen en tegen zijn chauffeur zei dat hij maar door moest rijden. Hij zag Christopher Walken in een militair ziekenhuis in Saigon, starend naar een foto van de jonge vrouw thuis. Hij zag groene jungles schudden van de ontploffingen, stokkende gesprekken met oude vrienden en een fractie van hoe hij zich voelde toen hij thuiskwam in Bernardsville.

En hij zag Meryl.

Meryl die het boeket opvangt.

Meryl die rijst naar de pasgetrouwden slingert.

Meryl die giechelt en rondjes draait op de dansvloer.

Meryl die haar haar in orde brengt in de etalageruit.

Meryl die in tranen uitbarst in het magazijn van de supermarkt, om redenen die ze met geen mogelijkheid kan uitleggen.

Meryl die tegen een afstandelijke Michael Vronsky zegt: 'Kunnen we elkaar niet gewoon... troosten?'

Toen hij naar buiten stapte, de avondlucht van New England in, was Mike flink van zijn stuk. Hij had inderdaad vertekeningen gezien. Maar hij had ook de jonge vrouw gezien aan wie hij ooit die ring met de inscriptie 'JUNIOR PILOT' had gegeven, nu arm in arm met een man in uniform. Alle dingen waar zijn zus hem voor had gewaarschuwd, hadden hem inderdaad geraakt. Maar 'het had hem ook geraakt', herinnerde hij zich, 'omdat ze er zo prachtig uitzag'.[407]

Op 9 april 1979 kwam Meryl aan in het Dorothy Chandler-paviljoen in Los Angeles, waar ze een zwartzijden crêpejurk droeg die ze uit het rek had geplukt bij Bonwit Teller en de avond ervoor zelf had gestreken. ('Ik wilde iets waar mijn moeder zich niet voor zou schamen,'[408] zei ze.) Die week was ze zonder herkend te worden door het Beverly Hills Hotel gelopen. Ze nam zelfs een duik in het zwembad: echt iets voor een groentje, want het was de bedoeling om ernaast te liggen ontspannen, niet om in te zwemmen. Maar Meryl wist weinig af van de Hollywood-etiquette, en het kon haar ook niet schelen. Afgezien van de palmbomen die boven haar hoofd zwiepten, had het net zo goed het gemeentelijk zwembad in Bernardsville kunnen zijn.[409]

Maar nu, terwijl de auto langzaam tot stilstand kwam, hoorde Meryl demonstranten van de actiegroep Vietnam Veterans Against the War, die protesteerden tegen de film waarvoor ze was genomineerd. Sommigen, in gevechtstenue en baretten, zwaaiden met borden waarop stond: 'GEEN OSCARS VOOR RACISME' en 'THE DEER HUNTER IS EEN VERREKTE LEUGEN'. Volgens sommige verslagen werden er stenen naar de limousines gegooid. Tegen het einde van de nacht waren er dertien mensen gearresteerd.[410]

De zaak tegen *The Deer Hunter* was steeds haatdragender geworden. Bij het Internationale Filmfestival van Berlijn hadden de socialistische staten geprotesteerd in solidariteit met het 'heldhaftige volk van Vietnam'. Op een feest bij iemand thuis stapte een oorlogsjournaliste op Barry Spikings af, gaf hem een stomp tegen zijn borst en zei: 'Hoe dúrf je?' Toen Cimino werd geconfronteerd, zei hij steeds dat de personages 'slechts hun alledaagse menselijkheid onderschrijven'[411]. Meryl hield zich vergelijkbaar apolitiek. 'Het laat de waarde zien van mensen in dergelijke plaatsjes,' zei ze. 'Je ziet daar echt het leven in al zijn complexiteit.'[412]

Binnen in de zaal was de spanning gematigd. Noch Michael Deeley noch Deric Washburn sprak nog met Michael Cimino. Toen de uitreiking begon, verwelkomde Johnny Carson, die voor het eerst gastheer was, het publiek met de onsterfelijke uitspraak: 'Ik zie heel veel nieuwe gezichten. Vooral op de oude gezichten.'[413]

Gedurende de drie uur daarna ging *The Deer Hunter* nek aan nek met *Coming Home*, in wat wel een slag om de politieke ziel van Hollywood leek. Jane Fonda won Beste actrice en bracht een deel van haar toespraak in gebarentaal, omdat 'meer dan veertien miljoen mensen doof zijn'. Christopher Walken versloeg Bruce Dern voor Beste mannelijke bijrol. Robert De Niro, die thuis in New York was gebleven, verloor van Jon Voight voor Beste acteur. *Coming Home* won voor het Beste scenario, maar daarna overhandigde Francis Ford Coppola zijn 'landgenoot' Michael Cimino de Oscar voor Beste regisseur. 'Op een moment als dit,' zei Cimino in zijn toespraak, 'is het moeilijk om trots met bescheidenheid te doordringen.'

En in de race tussen Meryl Streep en Penelope Milford van *Coming Home* was de winnares… Maggie Smith, voor *California Suite*. Meryl lachte en klapte sportief.

Aan het eind van de avond – een eindeloze; aan de Oostkust duurde de uitzending tot tien voor halftwee 's nachts – kwam John Wayne het podium op om de Beste film bekend te maken. De Duke zag er onkarakteristiek zwak uit, geveld door de maagkanker die hem twee maanden later het leven zou kosten. Toen hij *The Deer Hunter* als grote winnaar aankondigde, was het applaus, zoals de *Los Angeles*

Times verslag deed, 'respectvol maar verre van donderend'[414], alsof het doortrokken was van spijt van de aankoop.

Op weg naar het persgedeelte trof Michael Cimino in de lift Jane Fonda, die *The Deer Hunter* had bekritiseerd als een 'racistische Pentagonversie van de oorlog',[415] waarna ze toegaf dat ze hem niet had gezien. Beiden hielden hun Oscarbeeldjes vast. Fonda weigerde hem aan te kijken.

Toen de Oscars voorbij waren, ging Michael Cimino terug aan het werk aan zijn volgende film, *The Johnson County War*, die het jaar daarop zou worden uitgebracht als *Heaven's Gate*. John Cazale gleed weg in een postume vergetelheid, voor eeuwig de geest in de machine van New Hollywood. En Meryl Streep, die een begin had gemaakt met wat een recordreeks aan Oscarnominaties zou zijn, keerde terug naar New York met haar echtgenoot.

Joanna

Zes maanden.

Zo lang duurde het. Zes maanden en een paar dagen. Op 12 maart 1978 overleed Meryl Streeps grootste liefde terwijl ze naast zijn bed zat. Eind september was ze getrouwd met een andere man.

Zes maanden waarin Michael Cimino zich een weg door de rushes hakte. Zes maanden waarin *Holocaust* haar gezicht in huiskamers van Hollywood tot Hamburg uitzond. Zes maanden waarin de actrice die nu negenentwintig werd, precies tegelijkertijd drie onuitwisbare rollen zou spelen. Zes maanden waarin ze, afhankelijk van wie je het vroeg, ofwel een emotioneel wrak was, of een virtuoos die het hoogtepunt van haar kunnen bereikte.

Zes maanden om zichzelf weer bij elkaar te rapen na het overlijden van John en aan iets nieuws, iets evenwichtigs en blijvends te beginnen. Maar hoe?

Het begon met geklop op de deur. Een geklop dat niet welkom was.

Ze moest een mengeling van verbijstering en angst hebben gevoeld toen ze de voordeur van de loft op Franklin Street opendeed en een bleke, roodharige Texaanse zag die ze nog nooit eerder had ontmoet. Ongetwijfeld had John haar verteld over de vriendin die haar spullen had gepakt en naar Californië was vertrokken. Of misschien ook niet.

Er waren pas drie weken voorbij sinds John was overleden, en

Meryl liep nog steeds als een zombie met een lege blik door het huis. In elke hoek waren sporen van hem te vinden, en die maakten dat zijn afwezigheid gevoelsmatig niet klopte. Wanneer kwam hij thuis? Omdat ze moeite had met alledaagse taken, was haar broer Third bij haar ingetrokken. Ze zou tenminste niet in haar eentje de dag door hoeven komen. Automatische piloot.

Als om de mist te verdrijven en haar te dwingen de praktische aspecten van het leven weer op te pakken, stond de roodharige vrouw nu voor haar te beweren dat haar naam samen met die van John op de koopakte stond en dat zij, Patricia, het was die aanspraken had op het appartement. Meryl zou het met onmiddellijke ingang moeten verlaten.

Van alle dingen waar ze aan wilde denken, was dit wel het allerlaatste. Niet zozeer het appartement zelf, maar de aanspraak die deze vrouw op Johns woning beweerde te hebben. Hún woning. Hij en Meryl waren minder dan twee jaar samen geweest, maar wat ze hadden doorstaan, leek genoeg gewicht te hebben voor een heel leven. Wat had Patricia werkelijk voor hem betekend? En waarom had hij niets aan deze puinhoop gedaan toen hij nog leefde? In zekere zin was het typisch John, zo gebiologeerd door het heden dat hij blind was voor de toekomst, die nu een geest uit het verleden had doen verschijnen.

En bovendien: waar moest ze dan wonen?

Haar vrienden waren gechoqueerd. 'We gingen er gewoon van uit dat ze daar kon wonen, of dat Patricia misschien afstand zou doen van haar rechten,'[416] zei Robyn Goodman. 'Ik bedoel, echt, als ik het was geweest had ik gezegd: "Meryl, nu is het jouw loft." We dachten allemaal: o, dat komt wel goed. Want wat voor iemand zou Meryl nou op straat zetten?'

Robyn belde Patricia en probeerde haar te overreden. Wilde ze geld? Vraag dan om geld.

Toen smeken niet hielp, probeerde Robyn het met intimidatie: 'Je zult een vreselijk slechte reputatie krijgen, want iedereen is ervan op de hoogte.'

'Iedereen' was hun gemeenschap van acteurs, de mensen die van John en Meryl hielden en niet konden geloven wat er gebeurde. Op een avond zat Robyn in een café dat Charlie's heette toen een Italiaanse acteur die ze allebei kenden naar hen toe kwam.

'Ik hoor dat Meryl moeilijkheden heeft met die Patricia vanwege de loft.'

'Ik probeer ervoor te zorgen dat dat niet gaat gebeuren,' zei Robyn. 'Ik probeer te helpen.'

De acteur boog zich naar haar toe: 'Weet je, ik ken kerels in New Jersey die wel iets aan die meid kunnen doen.'

Robyn knipperde met haar ogen. Werd haar nou een huurmoordenaar aangeboden? Dit begon erg dicht in de buurt te komen van *Godfather*-terrein. 'Nee,' zei ze, enigszins gerustgesteld maar ook een beetje bang. 'Ik geloof niet dat we voor zoiets verantwoordelijk willen zijn.'

Patricia gaf geen krimp.

'Mijn broer zegt dat het waardevol is en dat ik het moet hebben,' zei ze. Haar broer had gelijk; de buurt die steeds meer bekend kwam te staan als Tribeca (hoewel de naam moest wedijveren met aanduidingen als LoCal, Washington Market en SoSo) werd nu al gehypet als het 'internationale artistieke centrum'[417] van de toekomst, en onroerend goed daar zou een goudmijn kunnen blijken.

'Het zal niet goed aflopen voor je,' zei Robyn tegen Patricia, alsof ze een vloek uitsprak.

Meryl hielp het niet veel. Ze was in de rouw. Ze was moe. En nu was ze dakloos.

New Yorkers meten hun leven in appartementen. Het twee-slaapkamerappartement op West End Avenue dat eerste jaar dat ze in de stad woonde. De loft op Franklin Street. De huurflat op 69th Street. Welke zomer was dat? Hoeveel appartementen geleden?

Toen Meryl uit Johns loft werd getrapt, was dat het einde van haar oude leven en het begin van iets wat ze niet had kunnen voorzien. Maar soms schrijven appartementen zelf de volgende hoofdstukken.

Zij en Third begonnen hun spullen in te pakken: een overweldigende taak, en niet alleen in lichamelijk opzicht. Elke doos was een talisman van haar leven met John en bevatte zijn eigen droeve gewicht.

Misschien was het maar het beste om het allemaal uit het zicht te zetten. Third had een vriend in SoHo, ongeveer twee straten verderop, die aanbood te helpen. Hij was beeldhouwer: gespierd, met krullend haar en een lieve glimlach, als Sonny Corleone maar dan lijviger en minder opvliegend. Meryl had hem twee of drie keer ontmoet, maar ze herinnerde zich hem niet.

Zelfs nadat ze met z'n drieën zo veel mogelijk in de opslag hadden gezet, waren er nog dozen over. Ze waren als een kracht die niet in toom gehouden kon worden, een lastige herinnering aan hoe rommelig het allemaal was. De beeldhouwer bood aan de overige bezittingen in zijn atelier op te slaan, op het zuidelijke deel van Broadway.

Toen dat allemaal geregeld was, vertrok Meryl naar Maryland om *The Senator* te filmen. Op een dag kwam Third haar opzoeken op de set, samen met de beeldhouwer. Als ze terugkwam in New York zou ze geen plek hebben om te wonen, dus zei de beeldhouwer dat ze wel in zijn loft kon neerstrijken. Hij stond op het punt een wereldreis te maken met geld van een beurs, dus ze zou het huis helemaal voor zichzelf hebben. Ze nam het aanbod aan.

Toen ze eenmaal alleen was, begon ze na te denken over haar gastheer. Opnieuw woonde ze te midden van de rommel van een afwezige man, al was deze keer het huis vol leven, niet vol dood. Ze was geïntrigeerd door de beeldhouwwerken die in de woning stonden omdat ze niet allemaal in zijn werkruimte pasten: enorme rastervormige gevaarten van hout, kabels en vulpasta.[418]

Ze begon brieven aan hem te schrijven. Antwoorden kwamen uit verafgelegen plaatsen als Nara, in Japan, waar hij de patronen op kamerschermen en vloermatten bestudeerde. In het tweede jaar van zijn studie had meester-beeldhouwer Robert Indiana tegen hem gezegd: 'Als je kunstenaar wilt worden, moet je reizen en de wereld zien.'[419] Nu volgde hij dat advies op en dompelde hij zich onder in de geometrie van het Verre Oosten, die in zijn hoofd zou blijven rondwaren tot het op een dag via zijn handen naar de oppervlakte kwam, net zoals Meryl de gebaren en stembuigingen van mensen in zich opzoog, in de wetenschap dat ze ooit in een personage zouden kunnen opduiken.

Terwijl ze op zijn brieven broedde, omringd door zijn handwerk, kwam Meryl meer te weten over de man die ze maar een handjevol keren had ontmoet. Zijn naam was Don Gummer, en hij was eenendertig. Hij was geboren in Louisville, Kentucky, en opgegroeid in Indiana met vijf broers.[420] Voorwerpen hadden hem altijd aangesproken. Als jongen bouwde hij boomhutten, modelvliegtuigjes en forten. In zijn buurt werden de hele tijd nieuwe huizen gebouwd, en hij speelde uren op bouwplaatsen. Als hij dan thuiskwam, maakte hij zijn eigen gebouwen met zijn montagespeelgoed van Erector.

Hij zat op de kunstacademie in Indianapolis toen Robert Indiana tegen hem zei dat hij de wereld moest gaan zien, dus verhuisde hij in 1966 naar Boston, met niet veel meer dan 200 dollar op zak en een broek aan zijn lijf. Hij was getrouwd met het vriendinnetje dat hij tijdens zijn studie had, maar zij bleef in Indiana wonen en de relatie viel uit elkaar. Terwijl Meryl op Vassar zat en *Miss Julie* ontdekte, zat Don op de Boston Museum School en ontdekte hij de verborgen stem van voorwerpen. Een lezing van de schilder T. Lux Feininger plantte het idee in zijn hoofd dat abstracte vormen expressief konden zijn, een les die werd herhaald door George Rickeys boek *Constructivism*. Hij raakte geobsedeerd door materialen en ruimte, en wat er gebeurde wanneer je die twee samenbracht.

In 1969 vond hij een donker stuk steen dat hem deed denken aan Brancusi's *Vis*. Hij zaagde het in tweeën en hing de twee stukken boven een plaat beton, waarna hij een lapje gras onder de in tweeën gedeelde steen plaatste. Tussen de twee helften hield hij een minuscuul reepje open ruimte over – als de ruimte tussen twee elkaar afstotende magneten, of het schisma in een ziel. Hij noemde het *Separation* (Scheiding).

Het jaar daarop ging hij naar Yale voor de opleiding tot Master of Fine Arts (MFA), waar hij doorging met het maken van installaties op grote schaal. Hij bedekte een hele zaal met droge aarde en stenen, spreidde er gaas overheen en noemde het *Lake* (Meer). Hij ontving zijn graad in 1973, zich niet bewust van de studente aan de toneelschool die even verderop in de straat haar eigen dood improviseerde. In New York nam hij een baan aan als vakbondstimmerman bij de bouw van de Olympic Tower. Het werk sijpelde door in zijn beeldhouwwerken, die begonnen te lijken op uit elkaar gehaalde tafelbladen. Zwaartekracht interesseerde hem. Schaduw interesseerde hem. Toen hij een jaar in New York woonde, werd hij door Richard Serra uitgekozen om zijn eerste solotentoonstelling te organiseren, op Wooster Street. Hij vulde de galerie met een reusachtig, ingewikkeld bouwwerk dat hij *Hidden Clues* (Verborgen Aanwijzingen) noemde.

Dit was allemaal nieuw voor Meryl, een taal die ze niet sprak maar die ze instinctief wel begreep, doordat ook zij iemand was die voortdurend de grondstoffen van het leven steeds anders met elkaar mengde. Aan de andere kant: wat gebeurde hier allemaal eigenlijk precies? Het was pas een paar weken geleden dat John was overleden, en nu zat ze hier in het appartement van een andere man en werden haar gedachten heen en weer geslingerd tussen verdriet en de vitaliteit die door Dons brieven heen brandde.

Hun geflirt in briefvorm bereikte een kritiek punt met het verontrustende nieuws dat Don bij een motorongeluk in Thailand gewond was geraakt. Hij moest het bed houden in het Lanna-ziekenhuis, in Chiang Mai, waar hij uren doorbracht met het maken van schetsen voor een nieuw stuk: een reliëf van geverfd hout, gerangschikt in spitse, rechthoekige patronen zoals die hij had gezien op Tatami-vloermatten.[421] Hij zou het in elkaar zetten als hij terug was in New York, wat nu eerder zou zijn dan verwacht.

Meryl zat met Robyn Goodman in de loft, met een briefje van Don in haar hand. Het was niet echt een liefdesbrief, maar de toon was veranderd. Hij wilde tijd met haar doorbrengen als hij terug was, op een serieuze manier die haar beangstigde. Zoals in haar beste rollen moest het conflict zichtbaar zijn geweest op haar gezicht. Ze werd heen en weer getrokken tussen verlangen en schuldgevoel, verleden en toekomst, verlies en leven. Ze had heel veel maanden voor John gezorgd en haar behoeften ondergeschikt gemaakt aan die van hem, met een vastberaden toewijding die al het andere irrelevant maakte. Nu begon de wereld daarbuiten weer in haar blikveld te komen, en haar ogen hadden zich nog niet goed aangepast. Was het te vroeg? Verried ze John? Zou ze kuis moeten zijn, zoals Isabella? Dat vast niet – maar dit gebeurde allemaal zo snel.

JOANNA

Ze liet de brief aan Robyn zien en zei: 'Volgens mij probeert hij iets te zeggen waar ik nog niet klaar voor ben.'[422]

Robyn wist hoe ze zich voelde. Nadat Walter McGinns auto het jaar daarvoor over de Hollywood Hills was gestort, was ze op haar negenentwintigste weduwe geworden. Een tijdlang durfde ze haar huis niet uit. 'Niemand is er klaar voor om een weduwe te zijn,' zei ze later. 'Niemand van die leeftijd – van onze leeftijd – was er klaar voor. Pas als het jou overkomt, weet je of je er klaar voor bent en of je er goed in bent.'

Toen kreeg Robyn een telefoontje van Joe Papp die, op die goedhartige manier van hem waarop hij mensen beval wat ze moesten doen, haar informeerde dat hij in het Public een rol voor haar had. Tegenspreken was zinloos.

'Joe, ik kan niet…'

'Dit is de datum van de repetitie.'

Robyn had zichzelf gedwongen het huis uit te gaan om het stuk te doen. En toen was het leven weer begonnen. Ze ontmoette iemand en had een affaire met hem, de bezorgde opmerkingen van vrienden negerend die vonden dat het te vroeg was. 'Het is acht maanden geleden!' zei ze. 'Ik bedoel: mag ik alsjeblieft met iemand naar bed gaan?' Het was niet lang daarna dat Joe tegen haar zei dat ze voorbestemd was om producer te worden. In 1979 zou ze medeoprichter worden van het gezelschap Second Stage, dat zijn thuisbasis zou hebben in een theater in de Upper West Side dat het McGinn/Cazale-Theater gedoopt werd.

Het was griezelig geweest, het feit dat John en Walter maar een jaar na elkaar waren overleden en deze twee jonge vrouwen achterlieten om met de pijn in het reine te komen. Maar met de vliegende start die ze had gemaakt om zichzelf te verjongen, wist Robyn dat het slechtste wat Meryl kon doen, was gaan zitten wachten.

'Kijk,' zei Robyn tegen haar. 'Ik had een affaire. Ik ga daar geen oordelen over vellen. Je moet verder met je leven. Als je Don leuk vindt, moet je tijd met hem doorbrengen.'

Het leek zo eenvoudig, maar dat was het niet. Als ze in haar hart ruimte maakte voor Don, zou die moeten bestaan naast de enorme ruimte die ze voor John had gereserveerd.

Toen Don terugkwam, bouwde hij in zijn loft een kamertje voor haar alleen. Plotseling was ze thuis. Ze was met een schok uit de automatische piloot gekomen, op meer dan één manier. Ze was nu, zoals ze zich later herinnerde, 'begerig naar werk'.[423]

Gelukkig was er iemand die al net zo begerig was naar Meryls succes: Sam Cohn, de in de showbizz zeer gerespecteerde agent van ICM. Sinds Yale waren Sheila Robinson en Milton Goldman haar vertegenwoordigers bij het agentschap geweest, voor de afdeling theater. Maar nu haar ster rijzende was in de filmwereld, had ze de aandacht getrokken van Cohn, die de officiële titel 'hoofd van de New Yorkse filmafdeling' had. Dat was een term die de lading maar voor een heel klein deel dekte.

Sinds hij de onderhandelingen had geleid van de fusie waar in 1974 ICM uit was voortgekomen, zwaaide Cohn de scepter over zijn eigen drukke domein, een exclusief agentschap binnen het agentschap. Zijn collega Sue Mengers noemde hem 'agent-regisseur'. Van achter zijn bureau op West 57th Street bekonkelde hij projecten voor de tientallen acteurs, schrijvers en regisseurs die hij vertegenwoordigde, en van wie hij hartstochtelijke trouw terugverwachtte – en kreeg.

Zijn bekwaamheid in het maken van deals was legendarisch. 'Sam komt met meer weg dan wie ik ook ken,'[424] heeft Gerald Schoenfeld, een Broadway-producer, ooit gezegd. 'Hij doet meer wat hij wil doen wanneer hij het wil doen en op de manier waarop hij het wil doen dan wie dan ook, en hij komt ermee weg.'

Maar hij zag er niet uit als een hoge piet. Zijn garderobe bestond uit slobbertruien met V-hals en slechtzittende kakibroeken, en hij had een bril met dikke glazen waar hij ondoorgrondelijk door loenste. Op het eerste gezicht leek hij verlegen, totdat je zijn spreekstem had gehoord, die *The New Yorker* omschreef als 'een zelfverzekerd staccato, net zo onstuitbaar als een zooitje knikkers die van een heuvel af rollen'[425]. Aan het einde van een bespreking in het kantoor van een collega belandde hij altijd op de een of andere manier op de stoel van de gastheer, met zijn voeten op het bureau van de ander.

Net zo berucht als zijn machtsmanipulatie – maar er door mysterieuze lijntjes mee verbonden – waren zijn gewoontes, die weliswaar merkwaardig waren, maar ook onbuigzaam consequent. Ochtend: op het werk aankomen, zijn jas over zijn bureau smijten zodat een assistent hem kan oppakken, en de namen van het handjevol mensen blaffen die hij aan de lijn moest krijgen. Sam Cohn en de telefoon waren een zonderling koppel: volgens één schatting gingen de telefoons in zijn bureau ongeveer tweehonderd keer per dag over, en hij was altijd in gesprek aan een ervan. En toch was hij een van de moeilijkst te bereiken mensen in New York.

'We hadden elke ochtend een lijst die voortdurend werd aangevuld, die de "Onbeantwoorde lijst" werd genoemd,'[426] herinnerde Susan Anderson, achtentwintig jaar lang zijn uitvoerend assistente, zich. 'En hoe verder je omlaagging op de Onbeantwoorde lijst, hoe groter de kans dat je nooit iets van hem zou horen. Want hij was iemand die zó in het heden leefde, dat alleen wat boven aan de Onbeantwoorde lijst stond die dag werd gedaan.' Vrienden grapten dat er op zijn grafsteen zou moeten komen te staan: 'Hier ligt Sam Cohn. Hij belt je nog.'

De lunch gebruikte Cohn zonder uitzondering in de Russian Tea Room, waar hij het eerste zitje aan de rechterkant had. (Het eerste zitje aan de linkerkant was gereserveerd voor Bernard B. Jacobs, het hoofd van de Shubert Organization.) Cohn genoot van het feit dat hij de enige mannelijke klant was die geen jasje aan hoefde. 'O, die man heeft geen jasje aan,' zeiden de andere gasten dan. 'Dat moet Sam Cohn zijn.'

Daarna ging hij terug naar het kantoor, tot kwart voor acht wanneer hij op weg ging naar de opera, of, nog vaker, naar het theater, waar hij dol op was; hij zag ongeveer vijfenzeventig voorstellingen per jaar. Na het slotapplaus ging hij ergens eten, gewoonlijk bij Wally's, waar hij de lendebiefstuk bestelde met paprika en ui. Daar, of tijdens de lunch, sprak hij af met de fijnbesnaarde, energieke harde kern van zijn vrienden, die bijna altijd zijn cliënten waren: Bob Fosse, Roy Scheider, Paddy Chayefsky en Paul Mazursky. 'Het was nooit een op een,' herinnerde Arlene Donovan, die op de literaire afdeling werkte, zich. 'Het was meer iets als een op vijf.'[427]

De volgende ochtend begon hij dan weer aan de gekmakende dagelijkse procedure: telefoontjes ontwijken, deals sluiten. New York (om precies te zijn: Midtown Manhattan) was zijn universum. Hij verachtte Los Angeles, dat hij beschouwde als een culturele woestijn, en bracht er zo weinig tijd door als mogelijk was voor iemand in de filmbusiness. Bij de Oscaruitreikingen, die hij met grote tegenzin bezocht, ging hij *The New York Times* zitten lezen. 'Ik kan niet langer blijven,' zei hij dan, zich haastend om een nachtvlucht te halen. 'Ik ben bang dat ik het dan leuk ga vinden.' Maar dat gebeurde nooit.

Van al Cohns buitenissigheden was de vreemdste wel dat hij papier at. Kranten, lucifersboekjes, scripts: op de een of andere manier eindigden ze opgepropt als balletjes in zijn mond, voor hij de overblijfselen in een asbak deponeerde. Hij huurde een auto op de luchthaven van Los Angeles, en had het bonnetje waarmee hij hem op kon halen al opgegeten voor hij bij de garage was. 'Hij had een keer ergens met me afgesproken,' herinnerde Donovan zich, 'en toen had hij het papiertje opgegeten waarop stond waar hij me zou ontmoeten.' Een andere keer kwam er een cheque met zes nullen binnen voor zijn cliënt Mike Nichols, die wat kunst had verkocht. De cheque moest opnieuw worden uitgeschreven nadat Cohn zonder erbij na te denken de handtekening had verorberd.

In 1978 was Meryl Streep een van de weinigen die door het bastion van Cohns telefoonlijn kon breken. Als dwangmatig theaterbezoeker wist hij al waartoe ze in staat was voordat Hollywood het wist. Anders dan zijn kring van intimi die bestond uit schlemielige mannen van middelbare leeftijd, was zij als een dochter om verzot op te worden. (Met ook nog Robert Brustein en Joe Papp barsttte ze van de Joodse vaderfiguren.) Hij beschouwde de meeste mensen niet als intelligent, maar Meryl was dat wel.

'Hij had ontzag voor haar,' zei Donovan. 'En hij was heel zorgvuldig in het uitzoeken van materiaal voor haar.' Cohn zag Meryl zoals ze zichzelf zag: als een actrice, niet als een sterretje. Maar hij wist ook hoe groot haar carrière kon worden. Het was alleen een kwestie van de juiste projecten kiezen. Geen achenebbisj.

'Ze verdiende niet het soort bedragen dat ze zou hebben gekregen als ze in een blockbuster speelde,' zei Anderson. 'Maar dat was ook nooit het plan. Voor Sam was het plan altijd dat kwaliteit voorop moest staan.'

Op het moment lag er een script op zijn bureau dat nog niet tot spuugpropjes was gekauwd. Het was geschreven door een andere cliënt, Robert Benton, gebaseerd op een roman van Avery Corman, en het heette *Kramer vs. Kramer*.

Totdat Avery Corman elf jaar was, geloofde hij dat zijn vader dood was. In de flat in The Bronx waar hij met zijn moeder en zijn zus woonde, werd er zelden over de man gesproken. Als hij er bij haar op aandrong, zei zijn moeder dat hij was gesneuveld in het Canadese leger. Later veranderde het verhaal in een auto-ongeluk. Avery werd wantrouwend.[428]

Op een dag ergens rond 1947 was hij aan het kaarten met zijn tante en vertelde hij haar dat een paar jongens op school hem hadden gepest met het feit dat hij geen vader had. Dat was een leugen. 'Wil je weten waar je vader is?' vroeg zijn tante, die doof was, in gebarentaal. Ze liet hem zweren het geheim te houden.

'Californië.'

Avery hengelde de waarheid naar buiten door middel van een andere leugen. Hij zei opgewekt tegen zijn moeder: 'Als je vader dood is, moet je je bar mitswa op je twaalfde doen en niet op je dertiende, omdat je in de joodse godsdienst eerder een man moet worden.' Aangezien de jongen op het punt stond twaalf te worden, had ze geen andere keus dan met hem in de woonkamer te gaan zitten en te bekennen dat zijn vader nog leefde.

De details kwamen er allemaal uit: Avery's vader had altijd al moeite gehad om een baantje te houden. Hij was krantenverkoper geweest en was ontslagen. Hij had een schoenenwinkel gehad, maar die ging failliet. Terwijl zijn schulden zich opstapelden, had hij zijn toevlucht genomen tot gokken; Avery's moeder was nog steeds bezig uit zijn naam een incassobureau terug te betalen. Op een gegeven moment, hoorde Avery later, was hij opgepakt voor het beroven van een snoepwinkel. In 1944 had hij een scheiding aangevraagd, waarmee hij Avery's moeder een van de heel weinige gescheiden vrouwen in de buurt maakte. 'Ik heb tegen je gezegd dat hij dood was,' zei ze, 'omdat hij zo goed als dood is.'

Dertig jaar later woonde Corman op East 88th Street met zijn twee zoontjes en zijn vrouw met wie hij tien jaar eerder was getrouwd, Judy Corman. Zijn roman *Oh, God!* was met enige toejuiching ontvangen, vooral nadat er een film van was gemaakt met in de hoofdrol George Burns. Zijn vader had hem een keer gebeld toen Avery zesentwintig was; het gesprek leidde tot niets, en jarenlang deed hij niets. Tegen de tijd dat hij een privédetective had ingehuurd om meer te weten te komen, was zijn vader al zes jaar dood.

Voorlopig concentreerde Avery zich erop de echtgenoot en ouder te zijn die zijn vader nooit geweest was. Toen hij Judy leerde kennen, was ze een uitgeefster van muziekliteratuur, maar nu bleef zij thuis bij de kinderen en nam ze af en toe een klus aan als binnenhuisarchitecte. Ze vond het niet erg dat ze niet fulltime werkte, maar dat was niet de mode. In 1974 sloot ze zich aan bij een bewustwordingsgroep voor vrouwen, een van de vele die opkwamen in woonkamers en souterrains van kerken door het hele land. Elk lid moest spreken over een onderwerp – over allerlei onderwerpen, van borstvoeding tot orgasmes – met als idee erachter om vrouwen te organiseren tot een voor zichzelf opkomende politieke klasse. Judy paste erbij en toch ook niet. Bij een van de bijeenkomsten vroeg ze aan de groep: 'Als we elkaar op een feestje zouden tegenkomen en jullie vroegen me wat ik deed, en ik zei dat ik thuiszat met twee jonge kinderen, wat zouden jullie dan doen?' Een van de vrouwen gaf toe dat ze dan waarschijnlijk met iemand aan de andere kant van de kamer zou gaan praten.

Geïnspireerd door wat ze in de groep had gehoord, stelde Judy een vast rooster in waarin de huishoudelijke verantwoordelijkheden verdeeld werden tussen haar en Avery. Wie boodschappen deed voor het avondeten kookte ook het eten en waste af, wat de ander een ononderbroken vrije avond gaf. Het experiment viel na zes maanden in het water. Hun oudste zoon, Matthew, had weinig benul van welke ouder dienst had en welke niet, en stoorde Avery constant bij het schrijven. Het overgrote deel van de zorg voor de kinderen kwam weer op de schouders van Judy terecht.

JOANNA

Avery begon iets op te merken in de vrouwenbeweging wat hem niet erg aanstond. 'Ik kon sommige holle frasen niet rijmen met mijn eigen persoonlijke ervaring als vader, noch met de persoonlijke ervaringen van veel mannen die ik kende,' zei hij later. 'Het kwam op mij over alsof veel van de feministische retoriek alle mannen op een hoop gooide als een stelletje schurken.'

Avery had het gevoel alsof er een hele categorie onbenoemd bleef: goede vaders. Voor zover hij kon opmaken waren degenen die binnen de feministische beweging het hardst riepen de ongetrouwde vrouwen, die meer recht van spreken hadden om ongelijkheid op het werk aan te pakken dan om te dicteren hoe getrouwde mannen en vrouwen zich thuis zouden moeten gedragen. En dat niet alleen: hij had een paar ogenschijnlijk gelukkige relaties te gronde zien gaan nadat de vrouw haar grieven had gelucht in een bewustwordingsgroep. De vrouw van een van zijn vrienden was zelfs bij haar man weggegaan. 'Ik zag een aantal voorbeelden van wat je "egocentrisme en narcisme in het belang van iemands persoonlijke lotsbestemming" zou kunnen noemen,' herinnerde hij zich.

In deze verontrustende trends zag Avery de ingrediënten voor zijn volgende roman, die een tegenwicht zou vormen voor de 'giftige retoriek' die hij hoorde en die een goed woordje zou doen voor de goede vader. Zijn hoofdpersoon was Ted Kramer, een workaholic van in de dertig uit New York die advertentieruimte verkoopt in mannenbladen. Hij heeft een vrouw, Joanna, en een zoontje, Billy. In de eerste hoofdstukken wordt hun huwelijk afgeschilderd als oppervlakkig gezien tevreden, met enige onderliggende verveling.

Het probleem is Joanna Kramer. Ze wordt omschreven als 'een aantrekkelijke, slanke vrouw met lang, zwart haar, een smalle, elegante neus, grote bruine ogen en met een flinke boezem voor haar tengere gestalte'[429]. Ze komt er al vlug achter dat het moederschap over het algemeen 'saai' is. Ze heeft er genoeg van om met de blokken te spelen of met andere moeders over zindelijkheidstraining te praten. Als ze Ted voorlegt dat ze haar baan bij een reclamebureau misschien wel weer wil oppakken, begint hij te steigeren; na aftrek van de vergoedingen voor de babysitter zouden ze erop áchteruitgaan. Ze begint tennislessen te nemen. De seks met Ted is ongeïnspireerd. Uiteindelijk, na een bladzijde of vijftig, informeert Joanna Ted dat ze 'geen lucht meer krijgt'. Ze gaat bij hem weg, en ze gaat bij Billy weg.

'Feministen zullen me hierom toejuichen,'[430] zegt ze.

'Welke feministen? Ik zie geen feministen,' snauwt hij terug.

Daarna verdwijnt Joanna min of meer. Ted raakt over zijn shock heen, neemt een kindermeisje in dienst en raakt weer gewend aan het leven van een vrijgezel. En wat belangrijker is: hij leert een goede vader te zijn. Het keerpunt komt wanneer Billy valt en zijn gezicht openhaalt. Ted haast zich met hem naar de eerste hulp en blijft dicht bij hem terwijl de dokter de wond hecht. Het jongetje, dat ooit als een vreemde voor Ted was, is nu 'gekoppeld aan zijn zenuwstelsel'[431].

Op dit moment van openbaring doet Joanna het ondenkbare: ze komt terug en zegt tegen Ted dat ze de voogdij wil. Nadat ze in Californië een route van zelfontdekking heeft afgelegd, is ze er nu klaar voor om moeder te zijn. De daaropvolgende strijd om de voogdij, die de roman zijn titel geeft, legt de nare praktijk van echtscheidingsprocedures bloot, en de wonden die mensen elkaar ermee kunnen toebrengen. De rechter kent de voogdij toe aan Joanna, maar in de laatste bladzijden bedenkt ze zich en vertrouwt ze de jongen toe aan de zorgen van zijn vader.

Terwijl Avery de rechtbankscènes schreef die het hoogtepunt van het boek vormen, kreeg Judy longontsteking. Opnieuw opgezadeld met de huishoudelijke werkzaamheden had hij moeite het einde te halen. Toen zijn vrouw het manuscript las, was ze blij dat Joanna niet gedemoniseerd was. 'Dat was mijn voornaamste zorg,'[432] zei ze toen het werd uitgebracht, 'hoe de vrouw afgeschilderd zou worden.' Toch is het in de hartverscheurende laatste hoofdstukken moeilijk om Joanna als iets anders te zien dan een obstakel tussen vader en zoon, die nu een liefhebbende band met elkaar hebben, en geen voorbeeld van het 'narcisme' in haar te zien dat Avery in zijn eigen sociale kring had opgemerkt.

De roman was voorbestemd een gevoelige snaar te raken. Echtscheidingen waren vaste prik in het Amerikaanse leven geworden, en de trendlijn ging alleen maar omhoog. In 1975 overschreed het aantal echtscheidingen in de Verenigde Staten de 1 miljoen per jaar, ruim twee keer zoveel als tien jaar eerder.[433] Toen *Kramer vs. Kramer* werd uitgebracht, namen veel lezers aan dat het het verhaal van Avery's eigen afschuwelijke scheiding was. In feite was hij gelukkig getrouwd en zou hij dat nog zevenendertig jaar blijven, totdat Judy overleed. Wat bijna niemand zich realiseerde – 'the Rosebud'*, noemde hij het – was dat de auteur kind van gescheiden ouders was. Hij was niet Ted Kramer. Hij was Billy Kramer.

Voor *Kramer vs. Kramer* zelfs maar in de boekwinkels lag, viel het manuscript in handen van Richard Fischoff, een jonge leidinggevende in de filmindustrie die net een baan had aangenomen bij producer Stanley Jaffe. Fischoff las het boek in één nacht uit in Palm Springs. Hij vond dat het iets nieuws aanboorde: het verschijnsel van de echtscheiding gezien door de ogen van een vader, waarbij de kant van het verhaal van de man dezelfde 'verscheidenheid, diepte en complexiteit van gevoelens'[434] had als die van de vrouw. Het was het eerste item dat hij bij Jaffe onder de aandacht bracht.

Ted Kramer deed Fischoff denken aan een oudere versie van Benjamin Braddock, het personage dat in *The Graduate* door Dustin Hoffman werd gespeeld. In misschien wel het meest onuitwisbare filmbeeld van de jaren zestig eindigt Benjamin in de film achter in een bus met zijn geliefde Elaine, nadat hij haar heeft gered van het huwelijk dat ze met een ander zou aangaan. Terwijl ze de toekomst tegemoet rijden, verandert hun gezichtsuitdrukking van uitgelatenheid naar twijfel en iets wat op angst lijkt. Hebben ze hier wel goed over nagedacht? Wat ligt er werkelijk in het verschiet? Ted en Joanna Kramer, dacht Fischoff, waren Benjamin en Elaine tien jaar later, nadat hun impulsieve verbintenis van binnenuit is ingestort. De film zou een soort herkenningsteken van een generatie worden, die de babyboomers volgde van de zorgeloosheid van de jongvolwassenheid tot de angst en zorgen van de dertiger. Mensen als de Kramers werden

---

* Noot van de vertalers: 'Rosebud' is een verwijzing naar de film *Citizen Kane*, van Orson Welles en verwijst naar een cruciale jeugdherinnering.

in die tijd nog geen 'yuppies' genoemd, maar de kenmerkende neuroses daarvan waren al aanwezig.

Jaffe had een moeizame scheiding meegemaakt waarbij twee jonge kinderen betrokken waren, dus Fischoff wist dat het boek een snaar zou raken bij hem. Dat gebeurde ook. Wat ze vervolgens nodig hadden, was een regisseur, en Jaffe ging naar Robert Benton. Benton, zoals hij werd genoemd, was een goedhartige en benaderbare man met een wanordelijke witte baard (zijn vriendin Liz Smith noemde hem 'Professor Beer'). Hij was het bekendst als een van de scriptschrijvers van *Bonnie and Clyde*. Jaffe had zijn eerste film als regisseur, *Bad Company*, geproduceerd, en Benton was op dit moment in Duitsland om zijn tweede film, *The Late Show*, te promoten. Hij had *Kramer vs. Kramer* al gelezen en afgewezen, nadat hij het manuscript had gekregen van Arlene Donovan, Avery's agent bij ICM. Anders dan zijn eerdere werk draaide *Kramer vs. Kramer* volledig rond het personage. *Hoe moet ik dat voor elkaar krijgen?* dacht hij. *Er komt niemand in voor met een pistool.*[435]

Benton dacht erover het script te schrijven zodat zijn vriend François Truffaut het kon regisseren, maar de Franse regisseur had nog andere projecten in de pijplijn. Jaffe wilde er haast mee maken, en begon met andere regisseurs te praten. Benton werkte intussen aan een schets voor een *whodunnit* die in de kunstwereld speelt en die *Stab* heette, dat later de Meryl Streep-film *Still of the Night* zou worden. Toen hij het script aan Sam Cohn liet zien, zei de agent tegen hem: 'Dit is afschuwelijk.' (Het smaakte waarschijnlijk ook niet lekker.) Wanhopig op zoek naar een project om te regisseren vroeg Benton aan Jaffe of *Kramer vs. Kramer* nog beschikbaar was. De producer belde hem in Berlijn om hem te vertellen dat dat zo was.

Iedereen zag het idee van een vervolgfilm in de geest van *The Graduate* wel zitten, wat betekende dat de enige mogelijke keuze voor Ted Kramer Dustin Hoffman was. *Midnight Cowboy* en *All the President's Men* hadden van de veertigjarige acteur de neurotische alleskunner van zijn tijd gemaakt, maar nu bevond hij zich op een dieptepunt in zijn leven. Te midden van ruzieachtige ervaringen tijdens het filmen van *Straight Time* en *Agatha*, was hij vastgelopen in rechtszaken en tegenprocessen en had hij besloten de film vaarwel te zeggen en terug te gaan naar het theater, waar hij meer creatieve controle zou hebben. Hij zat midden in een emotionele scheiding van zijn vrouw, Anne Byrne, met wie hij twee dochters had. Zij wilde haar acteer- en danscarrière nastreven; Dustin was ertegen.[436] 'Ik ging scheiden, ik had gefeest met drugs, en ik was in elke betekenis van het woord uitgeput,'[437] zei hij later. In plaats van dat het hem innam voor *Kramer vs. Kramer*, zoals bij Jaffe was gebeurd, stootte de vertrouwdheid van het materiaal hem juist af. Hij stuurde een bericht naar Jaffe en Benton dat het personage niet oprecht klonk: 'niet actief genoeg'.

Benton nam de kritiek ter harte en herschreef het script. In de winter van 1977 vlogen hij en Jaffe naar Londen, waar Dustin nog bezig was met het filmen van *Agatha*. Om vier uur 's middags gingen ze naar de Inn on the Park en troffen ze de acteur alleen aan in de lobby. Benton wist onmiddellijk dat hij nee ging zeggen; anders zou hij hen wel in zijn kamer hebben uitgenodigd. Toen ze plaats wilden nemen om thee te gaan drinken, verontschuldigde de ober zich dat er geen tafels vrij waren. Ze hadden geen andere keus dan naar Dustins suite te gaan, waar de drie mannen meer dan twee uur met elkaar spraken. Benton legde het geval voor, de ene papa tot de andere papa: 'Dit is een film over wat het inhoudt om een vader te zijn.' (Zijn zoon had op de peuterschool gezeten met Dustins oudste dochter.) Tegen het einde van het diner de volgende avond had Dustin ermee ingestemd Ted te spelen.

Terug in New York sprak het trio met elkaar af in een suite in het Carlyle Hotel, waar ze een week doorbrachten met het doorpraten van het script, werkdagen van twaalf uur makend. 'Het leek wel groepstherapie: praten, praten, wetend dat niemand buiten de kamer zou herhalen wat er werd gezegd,'[438] herinnerde Jaffe zich. Met een draaiende taperecorder verloren Benton en Dustin zich in steeds verder uitwaaierende, alternatieve verhaallijnen, totdat Jaffe hen weer terugbracht bij de kern. Bentons doel was het script aan te passen aan Dustin, 'alsof je een pak op maat maakt'. Minder belangrijke personages in de roman – de grootouders, het kindermeisje – vielen weg, waardoor er een strak kamerspel overbleef waarin elk moment ronkte van de emotie. De 'ruggengraat' waar ze het over eens werden, zou Dustin zich herinneren, is: 'wat een scheiding zo pijnlijk maakt, is dat de liefde niet eindigt'[439].

De mannen schreven als vaders en als echtgenoten, als mensen die hadden liefgehad en hadden gefaald, en de scherven hadden opgeraapt. Maar terwijl ze het script naar hun eigen beeld herschiepen, zagen ze de stem van Joanna Kramer over het hoofd, de vrouw die haar kind in de steek laat en hem dan weer opeist om redenen die ze nauwelijks onder woorden kan brengen. In het geval van *Kramer vs. Kramer* sloeg de schaal van dramatische gerechtigheid duidelijk door in het voordeel van Ted. 'We hadden niet veel tijd aan Joanna besteed,' herinnerde Benton zich. 'Nu ik eraan terugdenk, was dat waarschijnlijk omdat Joanna er niet bij was.'

Joe Papp had opnieuw een getraumatiseerde speler van de rand van de afgrond weggeleid door hem of haar een hernieuwd leven op het toneel te bieden. Deze keer was de speler Meryl Streep, en het stuk was *The Taming of the Shrew*, dat hij aankondigde voor het zomerseizoen van 1978 van Shakespeare in the Park. Meryl speelde de feeks.

Het was een stoutmoedige keuze: een grootscheepse oorlog tussen de seksen waarin een man een koppige vrouw omvormt tot gehoorzame echtgenote. In Shakespeares plot mag de zedige Bianca niet trouwen tot er een echtgenoot is gevonden voor haar oudere zus, Katherina, die in heel Padua bekendstaat als een 'ergerlijk, ruzieachtig viswijf'[440]. Petruchio komt binnen om de onhandelbare Katherina het hof te maken, en hij hongert haar uit, houdt haar uit haar slaap en ontvoert haar feitelijk in zijn missie om haar te temmen.

Het was duidelijk dat het stuk op gespannen voet stond met het bewust-geworden New York van 1978. In moderne tijden hadden regisseurs het stuk op alle mogelijke manieren ondermijnd, in een poging wijs te worden uit wat een seksistische tirade leek. Hoe zou een zichzelf respecterende actrice de laatste monoloog, een lofzang op vrouwelijke onderwerping, kunnen uitspreken?

Ik schaam me, als ik de dwaasheid zie der vrouw,
Die strijden wil waar zij om vree moest smeken;
Die heersen wil, besturen en regeren,
Waar zijn slechts dienen moet, beminnen, zwijgen.[441]

Op een dag zat Meryl in een repetitieruimte in het Public Theater, haar rok opgetrokken waardoor er twee rode kniebeschermers zichtbaar werden – bescherming voor Bedrijf II, Scène 1, Katherina's eerste vechtpartij met Petruchio. Naast haar zat haar tegenspeler, Raúl Juliá.

Met zijn fysiek van een flamencodanser en zijn flair van een pauw, kruidde Juliá Shakespeares niet-rijmende dichtregels met prikkelende Latijnse intonaties. 'She swings as sweetly as the nightingale (Ze swingt zo lieflijk als de nachtegaal),' zei hij, een versregel opzeggend. Toen betrapte hij zichzelf op zijn fout – '*Jesu Christ!*' – en sprong hij uit zijn stoel. 'Síngs. She síngs as sweetly as the nightingale (Zíngt. Ze zíngt zo lieflijk als de nachtegaal).'[442]

Voortbordurend op zijn blunder begon Meryl met haar vingers te knippen en op haar stoel te swingen. Toen ze Raúl voor het eerst ontmoette, was ze 'doodsbang'[443] voor zijn enorme ogen, zijn gebaren, zijn glimlach. Zoals ze zou ontdekken, was hij een motor van licht ontvlambare vrolijkheid. Op een gegeven moment legde hij een repetitie midden in een scène stil om te verklaren: 'Die meid is een *acteerfabriek*!'[444] Als er iemand was die op kon tegen zijn levendige machismo en hem lik op stuk kon geven, was het Meryl.

Wat haar betreft, was het stuk prima te rijmen met de vrouwenbeweging, als je het maar zag – en acteerde – vanuit de juiste invalshoek. Ter voorbereiding las ze Germaine Greers *De vrouw als eunuch*, een van de scherpste polemieken van de Tweede feministische golf, waarin werd gesteld dat vrouwen slachtoffer zijn van de door henzelf opgelegde passiviteit, gemuilkorfd door een door mannen beheerste samenleving die eropuit is het vrouwelijke seksuele instinct te onderdrukken. Greer schreef over Katherina en Petruchio: 'Hij wil haar levenslust en haar energie, omdat hij een vrouw wil die het waard is te bezitten. Hij temt haar zoals hij een havik of een temperamentvol paard zou temmen, en zij beloont hem met sterk seksueel getinte liefde en vurige trouw.'[445] Stel je een vrouw als Greer voor die zwicht voor de charmes van Petruchio, die zijn verovering 'mijn waren, mijn dienares' noemt. In welke bochten zou de wil zich daarvoor moeten wringen?

Meryl vond het antwoord tussen de regels. 'Feministen hebben vaak de neiging dit stuk als een vrijbrief voor de man te zien, maar Petruchio geeft eigenlijk heel veel,' zei ze tegen een journalist. 'Het is een verachtelijke verdraaiing van het stuk om hém ooit háár te laten slaan. Dat doet Shakespeare niet, dus waarom zou je het opleggen? Dit is geen sadomasochistische voorstelling. Wat Petruchio doet, is een gevoel van geestdrift en liefde geven aan iemand die vals en boos is. Hij is een van die mannen bij Shakespeare die vanuit een andere stad binnen komen vallen. Die weten altijd meer, doorzien dingen. Hij helpt haar om al die hartstocht van haar op een lieflijker manier te gebruiken.'[446]

Een jaar eerder was haar antwoord misschien anders geweest en haar oordeel over Katherina harder. Maar toen ze het had over 'geven', had ze het over de maanden dat ze aan John Cazales bed had gezeten. 'Daar heb ik iets over geleerd,' ging ze verder. 'Als je echt geeft, ben je helemaal vervuld.' Ze had de behoeften van een man voor die van zichzelf geplaatst, en ze was eruit tevoorschijn gekomen als een vollediger mens – een feministisch principe dat volkomen tegen de intuïtie indruist. Nu zou ze voor een publiek van Manhattaners moeten staan en de vrouwen moeten aansporen om 'je handen onder de voeten van je echtgenoot te plaatsen'.

'Wat ik wil zeggen is dat ik álles zou doen voor deze man,' legde ze uit. 'Kijk, zou het omstreden zijn als dit een moeder was die het over haar zoon had? Dus waarom is opoffering hier dan verkeerd? Dienen is het enige wat belangrijk is aan liefde. Iedereen maakt zich altijd zorgen over "jezelf verliezen"; al dat narcisme. Plicht. Dat is ook al zo'n concept waar we een hekel aan hebben. Er zit een heel nare bijbetekenis van slavernij aan. Maar plicht zou ook een wapenrusting kunnen zijn die je aandoet als je vecht voor je liefde.'

In zekere zin deed Petruchio haar denken aan John, in de manier waarop hij haar had uitgekleed tot alleen de essentiële dingen over waren: 'dit heb je niet nodig', 'dat heb je niet nodig'. In hun donkerste uren bleef alleen het leven dat ze hem gaf over, en 'jezelf verliezen' was niet aan de orde geweest. Die waarheid gidste haar nog altijd als een toorts, niet alleen door Shakespeare maar ook door haar halsbrekende romance met Don Gummer. 's Middags gingen ze naar musea; hij zag vormen, zij zag personages. Of andersom. 'Zij heeft geleerd om naar voorwerpen te kijken en ik heb geleerd om naar mensen te kijken,'[447] zoals Don het iets later verwoordde. Ze hadden een band die gebouwd was op 'een heel diepgeworteld gevoel van vertrouwen', zei hij, net zo stevig en fundamenteel als de betonnen basis van een van zijn sculpturen.

Het was deze Meryl Streep – tegelijkertijd in de rouw en verliefd – die bericht kreeg van Sam Cohn over een mogelijke rol in *Kramer vs. Kramer*. De rol van Joanna was gegeven aan iemand anders: Kate Jackson, de 'slimme' van *Charlie's Angels*. Jackson had de naamsbekendheid en de kristallijnen schoonheid die Columbia Pictures wilde hebben. Maar er kwam een kink in de onderhandelingen toen producer Aaron Spelling om een harde einddatum vroeg, zodat Jackson weer op tijd terug kon naar de productie van *Charlie's Angels*. Het team van *Kramer vs. Kramer* wist dat ze dat niet konden garanderen, en Spelling wilde zijn schema niet veranderen. Jackson was gedwongen zich uit de film terug te trekken, met grote tegenzin.

Volgens Richard Fischoff, die vermeld stond als medeproducer, stuurde de studio een lijst van mogelijke vervangsters, in feite een catalogus van de vrouwelijke sterren van die tijd: Ali MacGraw, Faye Dunaway, zelfs Jane Fonda. Katharine Ross, die Elaine had gespeeld in *The Graduate*, dong uiteraard ook mee. Aangezien *The Deer Hunter* nog steeds werd nabewerkt, betekende de naam Meryl Streep niets voor de West Coast, behalve dat het klonk als een Hollands gebakje. Maar zij en Benton hadden dezelfde agent, en als er iemand wist hoe je een acteur een auditieruimte binnen kon krijgen, was het Sam Cohn wel.

Meryl had Dustin Hoffman al eerder ontmoet, en dat was niet goed bevallen. Toen ze nog op de toneelschool zat, had ze auditie gedaan voor *All Over Town*, een Broadway-stuk dat hij regisseerde. 'Ik ben

Dustin' – *boer* – 'Hoffman,' zei hij, voordat hij zijn hand op haar borst legde, volgens haar. *Wat een vervelend varken*,[448] dacht ze.

Intussen zekerder van zichzelf marcheerde ze de hotelsuite binnen waar Hoffman, Benton en Jaffe naast elkaar zaten. Ze had Avery's roman gelezen en vond Joanna 'een bruut, een prinses, een ezel'[449]. Toen Dustin haar vroeg wat ze van het verhaal vond, vertelde ze het hem in niet mis te verstane bewoordingen. Ze hadden het personage helemaal verkeerd afgeschilderd, beweerde ze. Haar redenen om bij Ted weg te gaan waren te vaag. We zouden moeten kunnen begrijpen waarom ze terugkomt om de voogdij te eisen. Als ze Billy opgeeft in de laatste scène, zou dat moeten zijn in het belang van de jongen, niet dat van zichzelf. Joanna is geen schurk; ze is de weerspiegeling van een echte strijd die vrouwen in het hele land doormaken, en het publiek zou enige sympathie voor haar moeten voelen. Als ze Meryl wilden, zouden ze het script moeten herschrijven.

Het trio was een beetje van hun stuk gebracht, vooral omdat ze haar in eerste instantie niet eens voor de rol van Joanna hadden binnengeroepen. Ze hadden haar in gedachten voor het rolletje van Phyllis, de onenightstand. Op de een of andere manier was dat verkeerd overgekomen. Maar ja, ze leek het personage wel instinctief te begrijpen. Misschien was dit toch hun Joanna?

Dat was tenminste hoe Meryl het zich herinnerde. Het verhaal van de mannen was volkomen anders. 'Het was, hoe je er ook naar keek, de ergste ontmoeting die iemand ooit met iemand anders had gehad,' herinnerde Benton zich. 'Ze zei een paar dingen, niet veel. En ze luisterde gewoon alleen maar. Ze was beleefd en vriendelijk, maar het was... ze was nauwelijks aanwezig.' Dustin zei: 'Ze heeft haar mond niet opengedaan. Ze zat daar maar.'[450]

Toen Meryl de kamer uitliep, was Stanley Jaffe verbijsterd. 'Hoe heet ze? Merle?' vroeg hij, met de opbrengst in gedachten.

Benton draaide zich naar Dustin. Dustin draaide zich naar Benton. 'Dat is Joanna,' zei Dustin. Hij zei het vanwege John Cazale. Hij wist dat ze hem een paar maanden daarvoor had verloren, en te oordelen aan wat hij had gezien, was ze er nog steeds helemaal kapot van. Dat zou het probleem met Joanna oplossen: een actrice die kon putten uit vers verdriet, die zelf midden in de emotionele beroering zat. Het was Meryls zwakte, niet haar kracht, die hem overtuigde.

Benton was het met hem eens. 'Er was iets breekbaars aan haar waardoor we het gevoel kregen dat dit Joanna was, zonder dat het haar meteen neurotisch maakte,' zei hij. 'Meryls Joanna was niet neurotisch, maar ze was wel kwetsbaar, fragiel.' Volgens de regisseur was nooit overwogen haar de rol van Phyllis te geven. Al vanaf het begin ging het om de rol van Joanna.

Het was duidelijk dat er een discrepantie zat tussen wat zij zagen en hoe Meryl zichzelf zag. Was ze een onverschrokken pleitbezorgster die drie machtige mannen weleens even vertelde wat er aan hun script ontbrak? Of was ze een zielig geval bij wie het rauwe verdriet duidelijk van haar gezicht af te lezen viel? Was ze Germaine Greer, of was ze 'nauwelijks aanwezig'? Welke Meryl Streep het ook was die die hotelkamer uit liep, ze kreeg de rol.

De vrouw is en profil, met haar ogen neergeslagen naar het bed van haar kind. Haar kin rust op haar hand, waaraan een gouden trouwring te zien is. Verlicht door het schijnsel van een lamp die bedekt is met een rode zakdoek, is haar gezicht een en al jukbeenderen en schaduwen, een ambivalent clair-obscur. Ze zou zo door kunnen gaan voor een Vermeer.

'Ik hou van je, Billy,' zegt ze.

Ze buigt zich voorover en kust de jongen, en begint dan een tas in te pakken.

Het was de eerste opnamedag voor *Kramer vs. Kramer*, en alle geluid was gedempt in de geluidsstudio van 20th Century Fox op de hoek van 54th Street en 10th Avenue. Robert Benton was zo zenuwachtig dat hij zijn maag hoorde rommelen, waardoor hij nog zenuwachtiger werd, omdat hij bang was dat het geluid in het shot terecht zou komen.

Het jongetje onder de dekens was Justin Henry, een zevenjarige jongen met een schattig gezicht uit Rye, New York. In haar zoektocht naar een kind dat Dustin Hoffmans zoon zou kunnen spelen, had de castingdirector, Shirley Rich, naar honderden jongetjes gekeken. De blonde, engelachtige Justin Henry had Dustin Hoffman niet juist geleken. Hij had een 'beetje gek uitziend kind'[451] gewild dat op hem leek. Maar de lieve, vertrouwelijke manier waarop Justin in screentests met Dustin omging, had hem van gedachten doen veranderen, naast het besef dat Billy Kramer niet op Dustin zou moeten lijken. Hij zou op Meryl moeten lijken: een constant aandenken aan de afwezige Joanna.

Het was niet gemakkelijk geweest om Meryl voorbij de filmbazen te krijgen. Sommige leidinggevenden bij de marketingafdeling van Columbia vonden dat ze niet knap genoeg was. 'Ze vonden haar geen filmster. Ze vonden haar een karakteractrice,' zei Richard Fischoff, waarmee ze precies omschreven hoe Meryl zichzelf zag. Maar ze had haar pleitbezorgers, waaronder Dustin Hoffman en Robert Benton, en dat was genoeg om de bazen voor het blok te zetten.

Ter voorbereiding bladerde Meryl door tijdschriften als *Cosmopolitan* en *Glamour*, het soort tijdschriften dat Joanna zou kunnen lezen. (Meryl had zich sinds de middelbare school niet meer met modebladen beziggehouden.) Allemaal bevatten ze artikelen over werkende moeders, briljante rechters die vijf schattige kinderen grootbrachten. Op dit moment werd er verondersteld dat iedere vrouw het allebei kon: het gevreesde cliché van 'alles hebben'. Maar hoe zat het met de Joanna Kramers, die geen van beide voor elkaar kregen? Meryl belde haar moeder, Mary Wolf, en die vertelde haar: 'Al mijn vriendinnen hebben op een gegeven moment wel hun handen in de lucht willen gooien en weggaan om te kijken of er niet een andere manier was om hun leven te leiden.'[452]

Ze ging in een speeltuin in Central Park zitten en keek naar de moeders van de Upper East Side met hun kinderwagens, allemaal proberend de ander te overtreffen. Terwijl ze de atmosfeer in zich opzoog – gedempte verkeersgeluiden, tsjilpende vogels –, dacht ze na over het 'dilemma van hoe een vrouw te zijn, hoe een moeder te zijn, al het gezwets over "jezelf vinden"'.[453] De meeste van haar vriendinnen waren actrices van eind twintig die geen kinderen hadden, vrouwen op het hoogtepunt van hun carrièrepotentieel, dat paradoxaal genoeg ook het hoogtepunt was van hun potentieel om kinderen te krijgen. Ergens wilde ze dat ze een kind had gekregen toen ze tweeëntwintig was. Dan had ze nu een kind van zeven gehad.[454]

Ze dacht na over Joanna Kramer, die wél een zevenjarige had, en die naar diezelfde supervrouwen in de bladen keek en het gevoel had dat ze het niet kon bolwerken. 'Hoe meer ik erover nadacht,' zei Meryl, 'hoe meer ik een idee kreeg van de gevoelsredenen voor waarom Joanna was vertrokken, de emotionele redenen, de redenen waar geen logica achter zit. Joanna's vader had voor haar gezorgd. Haar opleiding had voor haar gezorgd. En toen had Ted voor haar gezorgd. Plotseling had ze het gevoel alsof ze niet in staat was om voor zichzelf te zorgen.'[455] Met andere woorden: ze leek helemaal niet op Meryl Streep, die zich altijd tot alles in staat had gevoeld.

Terwijl ze op een ochtend haar tanden stond te poetsen, dacht ze aan Margaret Mead, de beroemde antropologe die naar Samoa en Nieuw-Guinea was gereisd.[456] Meryl was haar memoires, *Blackberry Winter*, aan het lezen. De gedachte kwam in haar op dat mensen die van buiten een bepaalde ervaring staan vaak meer inzicht hebben dan degenen die de ervaring zelf ondergaan. Mead had haar eigen instincten gepaard aan de kracht van de observatie en was op iets heel dieps gestoten. Anders dan Joanna Kramer was Meryl geen moeder of echtgenote, en woonde ze niet in de Upper East Side. Maar ze kon er wel heen reizen in haar fantasie, net zoals Mead naar de Zuidelijke Stille Oceaan was gereisd.

'Ik deed *Kramer vs. Kramer* voordat ik kinderen kreeg,' zei ze later. 'Maar de moeder die ik zou worden zat al in me. Mensen zeggen wel. "Als je kinderen krijgt, verandert alles." Maar misschien worden er wel dingen wakker gemaakt die er al zijn. Ik denk dat acteurs dingen wakker kunnen maken die in ons allemaal zitten: het slechte in ons, onze wreedheid, onze goedheid. Acteurs kunnen die dingen gemakkelijker oproepen dan anderen.'[457]

Voordat de opnames begonnen, waren Dustin, Meryl en Justin met een fotograaf naar Central Park gegaan om te poseren voor paradijselijke groepsportretten. Dit waren de foto's die het huishouden van de Kramers zouden sieren, kiekjes van een eens gelukkig gezin. Benton had wijselijk het eerste deel van de roman, met de aanloop naar Joanna's vertrek, weggelaten. De film zou beginnen op de avond dat ze weggaat; de avond waarop in Ted Kramers leven de bom ontploft.

Toen hij de set voor het eerst zag, zei Dustin: 'Mijn personage zou niet in deze flat wonen.'[458] Het hele appartement werd snel heringericht zodat het strookte met wat hij in zijn hoofd had. Anders dan bij de meeste films het geval was, zouden ze de scènes chronologisch filmen, en de reden daarvoor was hun zevenjarige co-ster. Om het verhaal voor Justin echt te maken, vertelden ze hem alleen wat er die dag ging gebeuren, zodat hij het kon erváren in plaats van acteren, wat er onvermijdelijk onecht uit zou zien. Zijn regieaanwijzingen zouden uitsluitend via Dustin worden doorgegeven, om op die manier een band te smeden tussen filmvader en -zoon.

Op de tweede dag gingen ze verder met het filmen van de openingsscène, als Ted achter de hysterische Joanna aan de gang in loopt. Het grootste gedeelte ervan filmden ze 's ochtends, en toen stelden ze na de lunch alles op voor een paar reactieshots. Dustin en Meryl namen hun posities in aan de andere kant van de deur van de flat. Toen gebeurde er iets wat niet alleen Meryl choqueerde, maar iedereen op de set. Vlak voordat ze binnenkwamen, sloeg Dustin haar hard op haar wang, een rode plek achterlatend in de vorm van zijn hand.[459]

Benton hoorde de klap en zag Meryl de hal binnenstormen. *We zijn er geweest*, dacht hij. *De film is er geweest. Hiermee stapt ze naar de acteursvakbond.*

In plaats daarvan ging Meryl verder en deed de scène.

Toen Ted Joanna's trenchcoat vastpakte, smeekte ze hem: 'Dwing me niet daar naar binnen te gaan!'[460] Wat haar betrof had ze Joanna's verdriet ook wel zonder klap in haar gezicht op kunnen roepen, maar Dustin had extra voorzieningen getroffen. En hij was nog niet klaar.

In haar laatste, betraande momenten zegt Joanna tegen Ted dat ze niet meer van hem houdt, en dat ze Billy niet meeneemt. De camera's werden zo opgesteld dat Meryl in de lift werd gefilmd, terwijl Dustin zijn deel buiten beeld acteerde.

Zijn tekst improviserend gaf Dustin haar een ander soort klap in haar gezicht: terwijl hij voor de lift stond, begon hij Meryl te tergen met John Cazale, haar treiterend met opmerkingen over zijn kanker en zijn overlijden. 'Hij was haar aan het sarren en provoceren,' herinnerde Fischoff zich, 'waarbij hij dingen gebruikte die hij wist over haar persoonlijke leven en over John om de reactie te krijgen waarvan hij vónd dat ze die in haar vertolking moest geven.'

Meryl, zei Fischoff, werd 'lijkbleek'. Ze had haar huiswerk gedaan en nagedacht over de rol; ze had er geen behoefte aan dat Dustin haar van alles naar het hoofd slingerde. Het leek precies op wat Alan Miller had gedaan in haar eerste jaar op Yale, toen hij haar pushte om haar eigen pijn te exploiteren voor *Major Barbara*. Zo'n soort actrice was ze niet. Net als Margaret Mead kon ze komen waar ze wilde zijn door middel van verbeeldingskracht en empathie. En als Dustin methodtechnieken zoals emotionele herinnering wilde gebruiken, moest hij ze maar bij zichzelf gebruiken. Niet bij haar.

Ze maakten de scène af en Meryl verliet woedend de studio. Het was dag 2, en *Kramer vs. Kramer* begon nu al te verworden tot Streep vs. Hoffman.

Woody Allen was zijn volgende film aan het maken in schitterend zwart-wit, want dat was hoe hij zijn onderwerp, Manhattan, zag. Met *Annie Hall* en *Interiors* had hij zijn reputatie als kroniekschrijver van de moderne stedelijke neuroot gevestigd: de squashspelers en de therapiezoekers en de namennoemers die hij ontmoette in Elaine's, waar hij tien jaar lang bijna elke avond at.

Op een ochtend kwam Meryl aan op Washington Mews, een omheinde huizenrij, iets ten noorden van Washington Square Park. Ze was daar om twee korte scènes te filmen voor *Manhattan*, waarin ze Woody's ex-vrouw, Jill, speelde. Voor een komedie was de stemming op de set ontzettend serieus: het was niet de bedoeling dat er lol getrapt werd. De regisseur zat in een hoek Tsjechov te lezen. Hij zei heel weinig, zelfs niet tegen de actrice die hij had ingehuurd om hem te kleineren.

Het was maar een kleine rol, die slechts drie dagen werk zou vergen. Dat was trouwens ook alles wat ze had, aangezien ze ook nog in *Kramer vs. Kramer* en *The Taming of the Shrew* moest spelen. Juliet Taylor, van oudsher Woody's castingdirector, herinnerde zich dat ze 'heel, heel veel geluk'[461] had gehad dat ze haar kon krijgen; zo sterk gonsde het van de geruchten rond haar naam, zelfs nu al, terwijl het nog een halfjaar zou duren voor *The Deer Hunter* uitkwam.

Van de keur aan vrouwen in de film was Jill verreweg de minst uitgewerkte: 'meer een schrijversidee dan een personage'[462], volgens Woody's medescriptschrijver, Marshall Brickman. Anders dan de pretentieuze journaliste die werd gespeeld door Diane Keaton, of de minderjarige ingénue gespeeld door Mariel Hemingway, of zelfs het vergeetachtige sloofje gespeeld door Anne Byrne – in het echte leven Dustin Hoffmans van hem vervreemde echtgenote – wordt er over Jill meer (laatdunkend) gesproken dan dat ze te zien is. Nadat ze Woody's personage, Isaac, heeft verlaten voor een andere vrouw, is ze nu bezig een vernietigende biografie over hun relatie te schrijven, *Marriage, Divorce, and Selfhood*, dat niet alleen Isaacs seksuele tekortkomingen onthult, maar ook het feit dat hij huilt tijdens *Gone With the Wind*. Voor Allen, die twee keer was gescheiden, was ze overduidelijk de verpersoonlijking van een bepaalde freudiaanse angst: een vrouw die haar echtgenoot niet slechts één keer castreert, door middel van haar lesbisch-zijn, maar nog een keer door hem in het openbaar te vernederen. 'Ik denk dat hij mijn personage echt haatte,'[463] zei Meryl later.

Taylor, die de casting voor *Julia* had gedaan, had iemand nodig met 'kaliber', die een rijkheid aan een rol kon geven die 'misschien zelfs enigszins onvoldoende uitgewerkt was'. Er was niet veel gelegenheid om dieper te graven. Zoals Woody's gewoonte was, kreeg Meryl haar zes bladzijden pas kort voor de opnames; slechts een handjevol mensen kreeg het hele script te lezen. Bij *Kramer vs. Kramer* moedigde Benton de acteurs aan om te improviseren, waarbij hij zijn eigen script slechts als blauwdruk gebruikte. Bij *Manhattan* leek het script meer op de heilige schrift. 'Woody zei dingen als: "Eh, er staat een komma in die zin,"' zou Meryl zich herinneren. '"Die staat daar met een reden, en misschien moet je het gewoon doen zoals het er staat."'[464]

Toen ze op de set aankwam, stelde ze zich voor aan Karen Ludwig, de vrouw die haar minnares speelde. In de scène die ze op het punt stonden op te nemen, verschijnt Isaac aan haar deur om zijn zoon op te halen en smeekt hij Jill om de biografie niet te publiceren. (Dit is nadat hij haar op straat heeft achtervolgd om haar te smeken niet over hun huwelijk te schrijven.) Jill beschuldigt hem ervan dat hij heeft geprobeerd haar minnares aan te rijden met zijn auto. Op het moment dat ze elkaar ontmoetten, hadden de twee actrices maar enkele ogenblikken om hun filmrelatie vast te stellen.

'Laten we doen alsof we net hartstochtelijk hebben liggen vrijen op de keukentafel,'[465] zei Meryl tegen Ludwig.

'Oké,' zei Ludwig. Ze deed haar ruwe turquoise halsketting af en gaf hem aan Meryl; een geheim teken van hun intimiteit.

Woody stond op uit zijn stoel en riep 'Actie'. Toen was hij 'Isaac', de stuntelende schrijver voor televisie, verliefd op Groucho Marx, Zweedse films en het tweede deel van de *Jupiter*-symfonie, en een ramp waar het andere dingen betrof, vooral vrouwen. Zoals in al haar scènes was het Meryls taak om te blijven bewegen – de tafel afruimen, van kamer tot kamer schrijden – als een chagrijnig vuurvliegje dat Isaac nooit helemaal in zijn net weet te krijgen. Geen van de drie acteurs maakte oogcontact. Maar het erotische geheim dat Meryl met Ludwig had bekokstoofd, zorgde ervoor dat Isaac nog meer een indringer leek, een man die altijd achter een naar hem toegekeerde vrouwenrug aanjoeg.

Ondanks de korte tijd dat ze te zien was, zou Meryl een gedenkwaardig stempel op de film drukken, met haar zijdeachtige haar en haar heen en weer snellende gestalte meer een compositie-element dan een persoon. 'Ik geloof niet dat Woody Allen me zich zelfs maar herinnert,' zei ze twee jaar later. 'Ik ben naar *Manhattan* gaan kijken, en ik had het gevoel alsof ik er niet eens inzat. Ik was tevreden over de film omdat ik er leuk uitzag en omdat ik het een onderhoudende film vond. Maar ik heb slechts drie dagen aan de film gewerkt en ik heb Woody niet leren kennen. Wie leert Woody wel kennen? Hij is nogal een vrouwenversierder, heel erg met zichzelf bezig.'[466]

Ook was ze niet erg onder de indruk van de elegante wereld die Woody ermee had geschapen; nog meer van het 'narcisme' dat ze, net als Avery Corman, overal in de cultuur zag binnensluipen. 'In een bepaald opzicht irriteert de film me, omdat het over allemaal mensen gaat die alleen maar over hun emotionele toestand en hun neurosen aan het praten zijn,' merkte ze toentertijd op. 'Het is jammer, want Woody heeft het potentieel om Amerika's Tsjechov te worden, maar in plaats daarvan zit hij nog steeds gevangen in het type leven van de jetset en verkwist hij zijn talent.'[467]

Tegenover haar aan de andere kant van een met een geruit tafelkleed bedekt tafeltje zat Dustin Hoffman woedend naar Meryl Streep te kijken. De crew had J.G. Melon, een hamburgertent op de hoek van 3rd Avenue en 74th Street, overgenomen. De pagina's voor vandaag: een cruciale scène in *Kramer vs. Kramer*, waarin Joanna Ted vertelt dat ze van plan is hun zoon terug te nemen.

Het waren uiterst moeizame weken geweest, en Benton was in paniek. 'Ik bevond me op onbekend terrein,' zei hij: geen pistolen, geen vogelvrijverklaarden. 'Alle spanning moest komen van de emotie, niet van iets fysieks.' Benton en zijn vrouw hadden plannen gemaakt om na de opnames met hun zoon in Europa te gaan skiën. Maar op twee derde van de opnamen, ervan overtuigd dat hij nooit meer werk zou krijgen, kwam hij thuis en zei hij tegen zijn vrouw: 'Annuleer de reis maar. We moeten zuinig omspringen met het geld dat we hebben.'

Dustin had intussen iedereen helemaal horendol gemaakt. In zijn pogingen elk moment in de film met spanning te vullen, spoorde hij de kwetsbaarheid van de tegenspeler in kwestie op en buitte die uit. In het geval van kleine Justin Henry, die het verhaal dag voor dag beleefde, leverden Dustins methodes een kinderoptreden van ongekende nuance op. Voordat hij een ernstige scène moest spelen, vertelde Dustin hem dat hij zich moest inbeelden dat zijn hond doodging. Voor de aangrijpende scène waarin Billy van het klimrek in de speeltuin valt, moest Justin op de stoep door het nepbloed heen liggen huilen. Wetende dat Justin goede vrienden was geworden met de crew, ging Dustin op zijn hurken bij hem zitten en legde aan hem uit dat filmfamilies maar tijdelijk zijn en dat hij zijn vriendjes waarschijnlijk nooit meer zou zien.

'Zie je Eddie daar?' vroeg Dustin, wijzend op een man van de crew. 'Die zie je misschien nooit meer.'

Justin barstte in tranen uit. Zelfs nadat de scène erop stond, kon hij niet ophouden met snikken.

'Had je het idee dat je het goed deed?' vroeg Dustin aan hem.
'J-ja.'
'Hoe voelt dat – dat je als je een scène doet, echt moet huilen?'
'G-geweldig.'

'Dan ben je een acteur.'[468]

Bij zijn volwassen tegenspelers hadden Dustins tactieken gemengd resultaat. Gail Strickland, de actrice die was ingehuurd om Teds buurvrouw Margaret te spelen, was zo van slag door de intensiteit van hun scènes, dat ze al binnen een paar dagen een nerveus gestotter ontwikkelde. Toen duidelijk werd dat het grootste deel van haar dialoog onbruikbaar zou zijn, werd ze vervangen door Jane Alexander. (De kranten vermeldden 'artistieke meningsverschillen'[469].) Alexander had met Dustin gespeeld in *All the President's Men* en had genoten van zijn 'koortsige' manier van werken. Ze was echter nogal van haar stuk gebracht toen ze tegen Dustin zei dat ze geen zin had om de rushes te bekijken en hij antwoordde: 'Je bent een stomme idioot als je het niet doet.'[470]

En dan had je Meryl nog. Anders dan Strickland was ze niet bezweken toen hij haar zwakke plek had gevonden. Toen haar ernaar werd gevraagd, antwoordde ze dat ze hem zag als een van haar broertjes, zoals hij altijd uitprobeerde hoever hij kon gaan. 'Ik heb nooit een moment van emotie uit haar zien komen, behalve tijdens haar scènes,' zei Benton. Ze zag de film als werk, niet als een psychologisch mijnenveld.

Op dit moment had ze een vraag. Zoals de scène in het restaurant was geschreven, begint Joanna met tegen Ted te zeggen dat ze de voogdij over Billy wil. Dan, als Ted haar de huid vol scheldt, legt ze uit dat ze haar hele leven het gevoel heeft gehad alsof ze 'iemands vrouw of iemands moeder of iemands dochter'[471] was. Nu pas, nadat ze naar Californië is gegaan en een therapeut en een baan heeft gevonden, heeft ze de middelen om voor haar zoon te zorgen.

Zou het niet beter zijn, vroeg Meryl op de set, als Joanna de 'iemands vrouw'-speech uitsprak vóór ze haar intentie om Billy mee te nemen onthulde? Op die manier kon Joanna haar zoektocht naar zichzelf opdienen als een legitieme zoektocht, tenminste zoals het personage het zag. Ze zou het op kalme manier kunnen zeggen, niet vanuit een verdedigende stelling. Benton was het met haar eens dat als de scène werd omgegooid, dat een betere opbouw van het drama zou opleveren.

Maar Dustin was pissig. 'Meryl, kun je niet eens ophouden met het vaandel van het feminisme hooghouden en gewoon *de scène spelen?*'[472] zei hij. Net als Joanna bemoeide ze zich met alles en maakte ze overal een zooitje van. Wat echt was en wat fictie, was vaag geworden. Als Dustin naar de overkant van de tafel keek, zag hij niet gewoon een actrice die een suggestie deed voor een scène, maar zag hij bij vlagen Anne Byrne, zijn toekomstige ex-vrouw. In Joanna Kramer, en in het verlengde daarvan Meryl Streep, zag hij de vrouw die zijn leven tot een hel maakte.

Overigens had Dustin zelf ook een suggestie voor de scène, een die hij geheimhield voor Meryl. Tussen de takes in liep hij naar de cameraman en boog zich naar hem toe, alsof ze een uitbraak uit een gevangenis aan het plannen waren. 'Zie je dat glas daar op tafel?' zei hij, en hij knikte in de richting van zijn glas witte wijn. 'Als ik dat een klap geef voordat ik wegga' – hij beloofde dat hij voorzichtig zou zijn – 'krijg jij dat dan in je shot?'[473]

'Moet je het alleen een beetje naar links zetten,' zei de man uit zijn mondhoek.

Dustin ging weer zitten. 'Actie!'

In de volgende take was Dustins irritatie voelbaar. *'Praat niet op die manier tegen me,'*[474] zegt Ted aan het einde van de scène, zijn vinger heen en weer bewegend voor Joanna's gezicht. Toen, terwijl hij opstond, gaf Dustin een klap tegen het wijnglas waardoor het tegen de muur van het restaurant kapotsloeg, en de inhoud met een oorverdovende klap wegspatte. Meryl sprong op in haar stoel, werkelijk geschrokken. 'De volgende keer dat je dat doet, zou ik het fijn vinden als je me het van tevoren laat weten,'[475] zei ze.

Er zaten scherven glas in haar haar. Alles was door de camera vastgelegd.

'Geachte meneer Papp,' schreef een bewoonster van Jane Street nummer 5:

Verleden week zag ik de voorstelling van het Festival van *The Taming of the Shrew* in Central Park, en ik vond het zo kwetsend dat ik me verplicht voel te protesteren tegen zowel uw keuze van het stuk als tegen de interpretatie ervan.

Op zijn best kan men het alleen maar gevoelloos noemen een toneelstuk op te voeren dat de onderwerping van vrouwen huldigt. Maar om het dan ook nog letterlijk te spelen, zonder enige erkenning van de ontmenselijking en het lijden dat vrouwen is toegebracht door de canon van mannelijke dominantie, is een daad van agressie jegens vrouwen.

Het is met name ironisch dat u er juist dit jaar voor kiest de onderdrukking van vrouwen te huldigen. Slechts een maand of twee geleden ging de politie van New York, onder druk van een rechtszaak aangespannen door mishandelde vrouwen, voor het eerst akkoord om te beginnen de regels tegen mishandeling, geweldpleging en poging tot moord waarbij vrouwen zijn aangevallen door hun echtgenoten, na te leven. Op dit moment, na zes jaar van politieke spelletjes en deals in achterkamertjes, ontzegt dit land vrouwen nog altijd het grondrecht op gelijke bescherming door de wet.

Als discriminatie, verkrachting, uitbuiting en mythes over de inferioriteit van vrouwen slechts overblijfselen waren, zou ik ook kunnen lachen om *The Taming of the Shrew*. Maar ik moet nog altijd vanuit het theater naar mijn huis zien te komen met het openbaar vervoer en op mijn hoede zijn voor mannelijke criminelen die denken dat ik een gemakkelijk slachtoffer ben, of dat ik het heb verdiend, omdat ik een vrouw ben. Ik moet nog altijd mijn geld verdienen in concurrentie met mannen die nooit worden geremd door het idee dat hun ware roeping het opvoeden van kinderen is. Ik moet nog altijd belasting betalen om programma's als die van u te steunen, die mijn onderdrukking tot iets edels verheffen en het cultuur noemen.

Ik heb al mijn vrienden aangespoord deze voorstelling te boycotten, maar hoe meer ik erover nadenk, des te meer begin ik te denken dat we er eigenlijk zouden moeten staan te protesteren.[476]

Augustus 1978. Op het podium van het Delacorte gingen Meryl Streep en Raúl Juliá elkaar te lijf als dichtende gladiatoren, en lieten ze elke avond een heel arsenaal aan humor, woordgrapjes en lichamelijk geweld op elkaar los. Meryl kwam op, met haar rommelige, roodblonde krullen, trok haar kin op, schoof haar rok omhoog, vertrapte een plantje, en jammerde toen en sloeg en spoog Petruchio in zijn gezicht. Raúl, die met zijn zwarte laarzen rondparadeerde, legde haar over zijn knieën, greep haar enkels en kietelde haar voeten, worstelde haar tegen de grond en ging toen op haar zitten alsof ze een krukje was. En dat was nog maar Bedrijf II, Scène 1.

Het was liefde als bloedige sport, en de opgejutte toeschouwers deden enthousiast mee. Toen een bezwete, grauwende Petruchio Katherina in het derde bedrijf 'mijn paard, mijn os, mijn ezel, mijn alles'[477] noemde, barstte er applaus voor hem los, gevolgd door zo hier en daar wat boegeroep, daarna wat gefluit en tot besluit wat zenuwachtig gelach. Op een avond smeet Raúl met een stuk 'schapenvlees' en raakte hij er per ongeluk een vrouw uit het publiek mee ('maar ze was niet gewond,'[478] verklaarde de toneelmeester).

In de pauze ging de strijd tussen de seksen door. 'Niet te geloven hoeveel mensen klapten toen hij dat zei met "mijn paard, mijn ezel"!' zei een jonge vrouw uit het publiek op een avond.

'Die scène is een goede weergave van wat onze relatie nastreeft,' grapte haar vriendje, terwijl de vrouw met haar ogen rolde.[479]

Tijdens één uitvoering volgde een documentairefilmploeg Meryl naar haar kleedkamer, waar ze haar mening gaf over Katherina de Feeks. 'Ze leeft in een heel... een uiterst conventionele samenleving, waar bruiden gekocht en verkocht worden. Het is een samenleving die haar bepérkt,' zei ze, stikkend in de woorden terwijl een kleedster haar korset dichtsnoerde. 'Vinden jullie het korset niet een beetje te strak, meiden?'

Tegen het einde van het vijfde bedrijf was de feeks getemd, of zo zag het er tenminste uit. Katherina's afsluitende monoloog was het moeilijkst te verkopen. Hoe kun je een publiek uit 1978 ervan overtuigen dat echtgenotes hun echtgenoten moeten 'dienen, liefhebben en gehoorzamen'? Was Katherina gewoon weer een gehersenspoelde versie van 'de vrouw als eunuch'? Als Meryl het 'letterlijk speelde', zoals de vrouw uit Jane Street beweerde, zou je dat zeker zo kunnen zien. Maar er was nog iets anders aan de hand. Toen Katherina de dames adviseerde om 'je handen onder de voet van je echtgenoot te leggen', knielde Meryl bij de laars van Petruchio. Maar vervolgens greep Raúl haar hand en kuste die, waarna hij zich naast haar liet zakken en ze een veelbetekenende blik uitwisselden. Was dit nu onderwerping of een bondgenootschap?

'Ik heb hier nogal wat gemengde gevoelens over,' zei een vrouw van rond de dertig op een avond na het slotapplaus. 'Ja! Ik word er misselijk van. Maar ik zeg ook: "O, wat een bofkont," begrijp je wel? En ik word niet goed van mezelf dat ik dat gevoel heb. En het zijn al die gemengde gevoelens waardoor het zo'n geweldig toneelstuk is; en ook zo'n walgelijk toneelstuk.'[480]

Backstage voerden Meryl en Raúl hun eigen stukje op voor de camera's.

Meryl: 'Als je geeft, is dat het grootste geluk dat je kunt voelen.'

Raúl: 'De ultieme bevrediging is dienstbaarheid, wil je dat wel geloven? Dat geldt zowel voor vrouwen als voor mannen.'

Meryl: 'Dat is waar! Waarom is het zo moeilijk om te zeggen, alleen maar omdat je een man bent: "Ik... ik zou alles voor je doen"? Waarom is dat zo moeilijk?'

Terwijl een toneelknecht hun gescheurde kostuums verstelde, ging ze verder: 'Dat is *liefde*. Dat is absolute onbaatzuchtigheid. Dat is waar het zelf verdwijnt in de liefde die je aan die persoon geeft.'

'Precies.'[481]

'Absolute onbaatzuchtigheid' was wat ze die afschuwelijke winter aan het bed van John had geleerd. Vijf maanden later was haar leven net repertoiretoneel voor één vrouw. In Uptown Manhattan was ze Joanna, de moeder die haar zoon in de steek laat. In Downtown Manhattan was ze Jill, de echtgenote die haar echtgenoot voor schut zet. 's Avonds, in Central Park, was ze Katherina, de feeks die getemd moest worden. Joanna, Jill en Katherina: drie vrouwen die zich niet aan de regels houden, die de mannen om hen heen in verwarring, gekoeioneerd en woedend achterlaten.

Bij *Kramer vs. Kramer* begreep Stanley Jaffe maar niet hoe ze zijn film en ook nog eens een toneelstuk kon doen, om nog maar te zwijgen van *Manhattan*. Maar daar had Meryl helemaal geen moeite mee. Op Yale was ze erin getraind tussen rollen te schakelen, en personages op en af te doen als maskers. Als je dat goed doet, beginnen ze met elkaar te praten, als een repertoire van de geest. Als er iemand was die dat begreep, was het Joe Papp wel.

'Joe had geen bezwaar tegen dat schema, zolang ik maar op mijn werk kwam opdagen en elke avond in het park het decor opvrat,' zei Meryl tegen zijn biograaf. 'De filmproducers zaten daarentegen in de zenuwen of ik wel of niet de concentratie en het lichamelijke uithoudingsvermogen had die noodzakelijk waren voor de rol van Joanna Kramer. Joe beschouwde acteurs als werkpaarden, sterk en afschrikwekkend, terwijl er in de filmwereld eerder de neiging bestond ze in de watten te leggen. Zelfs nu nog, als ik op televisie de film kijk en Joanna Kramer zie, denk ik aan haar roodharige alter ego 'Katherina de feeks', die over de eerste vier rijen van het publiek in het Delacorte loopt te spugen en te zweten.'[482]

Ze verscheen op de afgesproken tijd in het Tweed Courthouse[483], het enorme stenen gebouw op Chambers Street nummer 52. Het was genoemd naar William M. Tweed, de baas van Tammany Hall die geld verduisterde van de bouwbegroting, en daar in 1873 voor werd berecht en veroordeeld, in een onvoltooide rechtszaal van datzelfde gebouw. Tegen de tijd dat Meryl Streep er aankwam, was het al lang geleden verbouwd tot gemeentekantoren. Nu zou er nog één hoorzitting plaatsvinden, in de zaak van *Kramer vs. Kramer*.

'We waren allemaal doodmoe,' herinnerde Robert Benton zich. Dustin begon ziek te worden. Alle anderen werden ziek van Dustin. En de scène in de rechtszaal zou bijzonder zwaar worden. Voor elke opname van een getuige die een verklaring aflegde, zou Benton drie of vier *reaction shots* nodig hebben: van Ted, Joanna, de rechter en van de advocaat van de tegenpartij. Het hele gebeuren zou enkele dagen in beslag nemen.

Als eerste in de getuigenbank: Joanna Kramer. Benton had geworsteld met haar verklaring, die hij zag als absoluut cruciaal. Het is de enige kans die ze heeft om haar zaak te bepleiten; niet alleen voor de voogdij van Billy, maar ook voor haar persoonlijke waardigheid en, in het verlengde daarvan, die van vrouwen in het algemeen. Het grootste gedeelte van de film was ze een schim geweest, met de bijbehorende schimmige motieven. Dan vraagt haar advocaat: 'Mevrouw Kramer, kunt u de rechter en de jury vertellen waarom u om de voogdij vraagt?'

Benton had zijn eigen versie van haar antwoord geschreven, een variatie op Shylocks toespraak van 'Als je ons prikt, bloeden we dan niet?' uit *The Merchant of Venice*:

Joanna:
Omdat het mijn kind is... Omdat ik van hem hou. Ik weet dat ik mijn zoon heb achtergelaten, ik weet dat het vreselijk is als je zoiets doet. Geloof me, daar moet ik elke dag van mijn leven mee leven. Maar heb ik, alleen omdat ik een vrouw ben, dan geen recht op dezelfde hoop en dromen als een man? Heb ik dan geen recht op een eigen leven? Is dat zo vreselijk? Is mijn pijn minder, alleen omdat ik een vrouw ben? Zijn mijn gevoelens minder waard? Ik heb mijn kind verlaten; ik weet dat dat niet goed te praten valt. Maar sinds die tijd heb ik hulp gekregen. Ik heb er hard mijn best voor gedaan een evenwichtige mens te worden. Ik vind niet dat ik daarvoor gestraft moet worden. Billy is nog maar zeven. Hij heeft me nodig. Ik zal niet zeggen dat hij zijn vader niet nodig heeft, maar mij heeft hij meer nodig. Ik ben zijn moeder.[484]

Benton was er niet gelukkig mee. Aan het eind van de tweede dag filmen – net nadat Dustin haar had geslagen en haar had getreiterd in de lift – had de regisseur Meryl apart genomen. 'Er is een verweer dat je in de rechtszaal geeft,' zei hij tegen haar, 'maar ik vind het geen vrouwenverweer. Ik denk dat het een man is die probeert een vrouwenverweer te schrijven.' Wilde zij het eens proberen? Meryl zei ja. Daarna liep Benton naar huis en vergat hij prompt dat hij het haar had gevraagd.

Nu, een aantal weken en vele uitgeputte zenuwen later gaf Meryl de regisseur een schrijfblok waarop ze iets had geschreven en zei opgewekt tegen hem: 'Hier heb ik de toespraak die ik van jou moest schrijven.' Ze had hem geschreven op weg terug van Indiana, waar ze Don Gummers ouders had bezocht.

O, waarom heb ik dat gedaan? dacht Benton. Hier had hij geen tijd voor. Nu zou hij haar moeten afwijzen. *Ik zal een vriendin kwijtraken. Ik zal een dag filmen kwijtraken. Ik ga misschien wel een vertolking verpesten.*

Daarna las hij de toespraak en ademde hij uit. Hij was prachtig; maar wel een kwart te lang. Meryl en hij haalden er snel een paar overtollige zinnen uit en lieten het toen uittikken.

Ze ging in de bank staan, met een geelbruine blazer en een bijpassende rok, haar haar in een paardenstaart die over haar linkerschouder lag. Terwijl de camera's draaiden, bracht Meryl haar tekst met de wisselvallige zekerheid van een vrouw die hem zorgvuldig uit haar hoofd had geleerd. In tegenstelling tot Katherina of Jill, of zeker Meryl, staat Joanna altijd op het punt om in te storten, zelfs als ze onthult dat haar nieuwe salaris als sportkledingontwerpster hoger is dan wat Ted verdient.

Toen het tijd werd voor de grote redevoering, sprak Meryl de woorden uit die ze zelf had geschreven:

Joanna:
Omdat hij mijn kind is... En omdat ik van hem hou. Ik weet dat ik mijn zoon heb achtergelaten, ik weet dat het vreselijk is als je zoiets doet. Geloof me, daar moet ik elke dag van mijn leven mee leven. Maar om hem te verlaten moest ik geloven dat dit het enige was wat ik kon doen. En dat dit het beste was voor hem. Ik kon niet meer functioneren in dat huis en ik wist niet wat het alternatief zou gaan zijn. Dus vond ik het geen goed idee om hem met me mee te nemen. Maar sinds die tijd heb ik wat hulp gekregen en heb ik hard mijn best gedaan om een evenwichtig mens te worden. En ik vind niet dat ik daarvoor gestraft moet worden. En ik vind niet dat mijn kleine jongen

gestraft moet worden. Billy is nog maar zeven. Hij heeft me nodig. Ik zal niet zeggen dat hij zijn vader niet nodig heeft. Maar ik ben er echt van overtuigd dat hij mij meer nodig heeft. Ik ben vijfenhalf jaar zijn mammie geweest. En Ted heeft die rol gedurende anderhalf jaar overgenomen. Maar ik weet niet hoe iemand ooit kan geloven dat ik minder aandeel heb in het moeder-zijn over dat jongetje dan meneer Kramer. Ik ben zijn moeder.

Huilerig herhaalde ze: 'Ik ben zijn móéder.' Maar het woord dat Benton helemaal over de streep haalde, was 'mammie'. 'Ik had zoiets nooit kunnen verzinnen,' zei hij. Joanna was niet meer de afstandelijke tennisverslaafde van de roman van Avery Corman, maar had nu een interessant innerlijk leven, vol verlangen, tederheid en spijt.

Benton filmde de toespraak eerst met een *wide shot*, en herinnerde Meryl eraan dat ze haar energie moest bewaren voor de close-up. Maar ze leverde het elke keer met 'dezelfde intensiteit' af, zelfs als de camera's naar Dustin draaiden voor zijn reactie. 'Een deel van het plezier dat ze eraan moet hebben beleefd, was vast dat ze aan Dustin kon laten zien dat ze geen klappen nodig had,' zei de regisseur. 'Ze had op elk willekeurig moment alles kunnen voordragen, en aan iedereen.'

Ze hielden er voor die dag mee op. Toen ze weer terugkeerden naar het Tweed Courthouse, was dat om een van de hartverscheurendste scènes van de film op te nemen: het kruisverhoor van Joanna door Teds advocaat, Shaunessy, met cowboyachtig gebral gespeeld door Howard Duff. Benton had deze scènes bijna woord voor woord aan het boek ontleend, en het doel ervan was duidelijk: om Joanna's zwakke eigenwaarde te slopen op een manier die zelfs Ted harteloos vindt.

Meteen begint Shaunessy Joanna te sarren met vragen: Heeft meneer Kramer u ooit geslagen? Was hij u ontrouw? Dronk hij? Hoeveel minnaars hebt u gehad? Hebt u er nu een? Terwijl Joanna begint te stamelen, geeft hij de genadeslag. Hij leunt over haar heen op zijn wandelstok en vraagt haar 'de langste relatie van haar leven'[485] te noemen. Was dat niet met haar ex-echtgenoot?

'Ja,' mompelt ze.

Had ze dan niet gefaald in de belangrijkste relatie van haar leven? 'Het is niet gelukt,' antwoordde ze zwakjes.

'Niet "het", mevrouw Kramer,' brult hij, terwijl hij een beschuldigende vinger in haar gezicht priemt. 'Ú. Was u een mislukking in die ene belangrijkste relatie in uw leven? Nou, was u dat?' Op dat moment zien we 'de hele mens' die Joanna denkt te zijn voor onze ogen in elkaar storten, gevangen als een zeediertje in een visnet.

Vóór de opname was Dustin naar de getuigenbank gelopen om met Meryl te praten. Hij vond dat ze voor de camera moest instorten, en hij kende de toverspreuk om dat te laten gebeuren: 'John Cazale.' Buiten gehoorsafstand van Benton begon hij die naam in haar oor te fluisteren en de zaadjes van het verdriet te planten, zoals hij dat ook in de liftscène had gedaan. Hij wist dat ze het verlies nog niet had verwerkt. Dat was de reden waarom ze de rol had gekregen. Dat was toch zo?

Nu zwaaide hij met een dikke vinger vlak voor haar gezicht en Meryl hoorde hem zeggen: 'Was je een mislukkeling in de allerbelangrijkste relatie van je leven?' Haar ogen werden waterig. Haar lippen werden gespannen. Dustin had haar opgedragen naar hem te kijken als ze die regel hoorde. Toen ze dat deed, schudde hij even zijn hoofd, alsof hij wilde zeggen: 'Nee, Meryl, je was geen mislukkeling.'[486]

Wie zat er nu precies in de beklaagdenbank? Was het de actrice die in alle staten de hotelkamer was ingestormd en die drie machtige mannen had gezegd dat ze hun scenario moesten herschrijven? Was dat niet wie ze altijd was geweest: zelfverzekerd, overal goed in, het meisje dat drie baantjes kon zwemmen zonder adem te halen? Of had Dustin gelijk? Was ze 'nauwelijks aanwezig', net als Joanna Kramer?

Sinds *Miss Julie* was acteren het enige wat haar nooit in de steek had gelaten. Ze had zich op pure wilskracht door het wespennest van de Yale School of Drama geworsteld. Ze had Constance Garnett in een rolstoel gedaan, Shakespeare in de regen en Tennessee Williams in een dikmakend pak. Ze had in drie dagen de rol van Hallelujah Lil geleerd. Ze had de trojka gedanst en was op haar gat gevallen. Er was maar één probleem dat haar talent niet had kunnen oplossen: ze had er John niet mee in leven gehouden.

Was ze een mislukkeling geweest in de belangrijkste relatie van haar leven? Het was geen eerlijke vraag, maar hij was gesteld, en beantwoord, door Dustin Hoffman. 'Nee,' zei hij, met zijn hoofd schuddend.

Terwijl ze in de getuigenbank haar leven zat te verdedigen, dacht ze toen aan John? Of was ze aan het acteren óndanks de bemoeienissen van Dustin? Ze gaf toe dat ze het verdriet nog steeds bij zich droeg. 'Ik had het niet verwerkt,' zei ze vlak daarna. 'Ik wil het niet verwerken. Wat je ook doet, de pijn zit altijd ergens in een uithoek van je hoofd, en het heeft invloed op alles wat er daarna gebeurt. Johns dood is nog steeds heel erg bij me. Maar, net zoals een kind dat doet, denk ik dat je de pijn kunt assimileren en doorgaan zonder dat je er een obsessie van maakt.'[487]

Ze had nooit geloofd dat acteurs moeten lijden. Met een bijna buitenaardse precisie kon ze elke emotie die ze nodig had, simuleren. Maar als Meryl nu een emotioneel wrak was dat een emotioneel wrak speelde, kon iemand (inclusief zijzelf) dan eigenlijk wel zeggen of ze net deed alsof? Kon ze tegelijkertijd 'echt' en een schijnbeeld zijn?

Toen Benton Meryl een blik opzij zag werpen, zag hij Dustin zijn hoofd schudden. 'Wat was dat? Wat was dat?' zei de regisseur, terwijl hij naar Dustin rende. Onbewust had Dustin een nieuw moment gecreëerd, een die Benton in de scène wilde. Hij draaide de camera's om en liet Meryl opnieuw het verhoor acteren, en deze keer nam hij Dustins reacties op. Nu betekende het hoofdschudden iets anders. Het was Ted Kramer die tegen Joanna Kramer zei: 'Nee, je hebt niet gefaald als echtgenote. Je hebt niet gefaald als moeder.' Onder alle wrok van de gang van zaken in de rechtszaal was het een laatste gebaar van de liefde die ze ooit hadden gehad.

Ze filmden de overige getuigenissen en de rechtbankscène stond erop. Op een gegeven moment tussen de opnamen in, ging Dustin naar de echte rechtbankstenografe die ze hadden ingehuurd om achter de typemachine te zitten.

'Is dit wat je doet?' vroeg hij. 'Echtscheidingen?'

'O, die heb ik jarenlang gedaan,' zei de vrouw, 'maar ik raakte er overspannen van. Ik kon het niet meer. Het was gewoon te pijnlijk.' Ze voegde er vrolijk aan toe: 'Wat ik nu doe, vind ik echt fijn.'

'Wat doe je dan?' vroeg Dustin.
'Moordzaken.'[488]

Op 30 september 1978, een warme nazomerdag, trouwde Meryl Streep met Don Gummer. De anglicaanse ceremonie vond plaats in de tuin van het huis van haar ouders op Mason's Island, voor ongeveer vijftig gasten. Don, die nog steeds aan het herstellen was van zijn motorongeluk, hinkte op krukken door het gangpad. Het was niet zo gek dat sommige van de gasten dachten: Wacht eens even. Wie is die vent?

'Ik maakte me in die tijd zorgen dat het een beetje van de weeromstuit was,' zei Robyn Goodman, ook al had ze het aangemoedigd. Meryl en Don hadden nog maar een paar maanden iets met elkaar. Hoe was het mogelijk dat ze zo zeker van haar zaak was? Was ze echt over John heen? En maakte dat eigenlijk wel iets uit?

Zelfs de moeder van de bruid begreep het niet helemaal. 'Waar is ze toch mee bezig?' vroeg ze op de bruiloft aan Joe Papp. Papp voelde enige 'spanning' tussen moeder en dochter, ondanks de uiterlijke tekenen van kameraadschap. *The Taming of the Shrew* was eerder die maand afgesloten, en hij kon zien dat Meryl 'nog helemaal niet was hersteld' van het overlijden van John.

Maar hij wist dat haar hoofd helder was, want hij had haar aan het werk gezien. In een bepaald opzicht was het allemaal logisch: na alles wat er was gebeurd, bracht ze haar leven weer op orde. 'Ze doet gewoon wat goed voor haar is op dit moment,' zei hij later. 'Ze kan zichzelf heel goed analyseren.' Linkse rakker als hij was, merkte hij op dat ze 'binnen haar eigen klasse' trouwde.[489]

Tien dagen later schreef Meryl, op aandringen van haar moeder, aan Joe en Gail Papp om hen te bedanken voor de klok die ze als huwelijksgeschenk hadden gegeven. 'Wat een enorme steun zijn jullie geweest in die ondraaglijke tijden,' schreef ze aan het stel dat haar en John ooit door de medische doolhof had geloodst. 'Jullie waren er, in de diepten en op de toppen. Nu zijn we voor altijd onuitwisbaar in elkaars leven.'[490]

Een jaar of dertien later, toen hij stervende was aan prostaatkanker, ging Papp op zoek naar een opvolger om het Public te leiden. Zijn eerste keuze was Meryl Streep. Tegen die tijd had ze drie jonge kinderen en woonde ze in Connecticut, en had ze al tien jaar niet meer in een toneelstuk gespeeld. Ze zei onmiddellijk nee, verbijsterd dat Joe haar ooit in staat zou achten tot al het konkelen en fondsen werven. Ze gaf hem een afscheidskus en ging terug naar Connecticut, en voelde zich 'onuitsprekelijk geroerd dat hij mij zou kiezen tot zijn opvolger, stomverbaasd dat hij me zo volkomen verkeerd kon inschatten, en droevig toen ik besefte dat er niemand was, niémand die in zijn voetsporen zou kunnen treden'.[491]

Robert Benton wist vrijwel op het moment dat hij het einde van *Kramer vs. Kramer* filmde dat er iets niet aan klopte. Hij had met het idee gespeeld de film af te sluiten met een herenigde Ted en Billy die door Central Park liepen. De camera *pant* uit om te laten zien dat ze slechts twee van de duizenden ouders en kinderen zijn die genieten van een zonnige middag in New York.

Maar hij besefte al vroeg dat er twee verhalen in de film waren ingebed. Het ene is het verhaal van Teds relatie met Billy, dat wordt opgelost ergens omstreeks de scène van het ongeluk in de speeltuin, als Ted beseft dat er niets boven de liefde voor zijn zoon gaat. Het tweede gaat over Ted en Joanna: kunnen ze, na de brute hoorzitting over de voogdij, ooit samen het co-ouderschap voeren?

Dat is het conflict dat Benton moest oplossen in de laatste scène, die hij in de hal van Teds gebouw situeerde. Het is de dag waarop Joanna Billy komt ophalen, enige tijd nadat ze de strijd om de voogdij heeft gewonnen. Ze drukt op de zoemer van het appartement en vraagt Ted om naar beneden te komen, waar hij haar in haar trenchcoat leunend tegen de muur aantreft. Ze zegt tegen hem dat ze Billy toch niet meeneemt.

Joanna:
Nadat ik was weggegaan... toen ik in Californië was, begon ik na te denken wat voor een moeder ik was dat ik mijn eigen kind in de steek kon laten. Het ging zelfs zover dat ik niemand over Billy kon vertellen; ik kon die blik in hun ogen niet verdragen

als ik zei dat hij niet bij mij woonde. Uiteindelijk leek het het belangrijkste om hier terug te keren en aan Billy en mij en de wereld te bewijzen hoeveel ik van hem hield... en dat heb ik gedaan... en ik heb gewonnen... Maar... het was gewoon weer iets wat 'hoorde'.
(ze begint in te storten)[492]

Dan vraagt Joanna of ze naar boven mag gaan en met Billy mag praten, en beide ouders stappen de lift in. De film eindigt terwijl de deuren dichtgaan met de Kramers erachter, herenigd als ouders, ook al zijn ze dan geen echtgenoten meer.

Ze namen de scène aan het eind van 1978 op, in de hal van een appartementengebouw in Manhattan. Maar toen Benton de film in elkaar zette, zat het einde hem niet lekker. Een van de problemen was de redenering van Joanna. Als ze echt was teruggekomen vanwege de manier waarop mensen in Californië tegen haar aankeken, betekende dit dat ze precies de zichzelf voor de gek houdende narcist was uit Avery's roman, niet de twijfelende, kwetsbare vrouw die Meryl speelde. Het ging veel te veel over háár: haar trots, haar schuldgevoel, haar eindeloze zoektocht naar zelfverwerkelijking.

Het tweede probleem was het laatste shot in de lift. Het zag er veel te veel uit alsof Ted en Joanna weer bij elkaar zouden komen. Dit mocht geen Hollywood-einde zijn, waarbij de bezegelende kus achter de liftdeur aan de verbeelding van het publiek werd overgelaten. Benton wilde er geen twijfel over laten bestaan: ook al gingen de Kramers door met hun leven als ouders, hun huwelijk was absoluut voorbij.

Aan het begin van 1979 riep de regisseur Dustin en Meryl terug voor nieuwe opnamen. Meryl was bezig geweest met repetities voor een nieuw toneelstuk bij het Public dat *Taken in Marriage* heette, een uitsluitend uit vrouwen bestaand ensemblestuk door Thomas Babe. 1978 was voor haar teleurstellend geëindigd. Ze had de hoofdrol gespeeld in de muzikale bewerking van Elizabeth Swados van *Alice's Adventures in Wonderland*. De zevenentwintigjarige Swados was overweldigd door haar regietaken, en vlak voor de voorvertoningen had

Papp de productie getorpedeerd. In plaats daarvan bood hij er tijdens de kerstdagen een concertversie van drie avonden van aan. Meryl speelde niet alleen Alice, maar ook Humpty Dumpty en nog andere ingezetenen van Wonderland. 'Dit is een rijpe actrice die zichzelf opnieuw heeft uitgevonden als een magisch, leeftijdsloos kind,' stond er in de recensie van *The New York Times*. 'Aan het eind van het concert zijn we ervan overtuigd dat Alice lang, blond en schattig is; net als Meryl Streep.'[493]

De hal waar Benton het eerste einde van *Kramer vs. Kramer* had gefilmd, was niet beschikbaar, dus bouwde de crew een replica. Het was een idee van cinematograaf Néstor Almendros geweest om Billy's kamer te schilderen met wolken rondom zijn bed. Die zouden de cocon van een thuis symboliseren en dienen als een herinnering, net als Justin Henry's vlasblonde haar, aan de ontbrekende moeder. In het herschreven einde vormden de wolken de katalysator waardoor Joanna van gedachten veranderde, en het niet meer over haar ging, maar over haar zoon.

> Joanna:
> Ik werd vanochtend wakker... ik moest steeds maar aan Billy denken. En ik dacht eraan hoe hij wakker wordt in zijn kamer met de wolkjes die ik overal heb geschilderd. En ik bedacht dat ik die wolkjes daar ook had moeten schilderen, omdat... hij dan zou denken dat hij thuis wakker werd. Ik kwam hier om mijn zoon mee naar huis te nemen. En toen besefte ik dat hij al thuis is.[494]

Meryl bracht haar regels met een trillende zekerheid, waarbij ze tussen 'wolkjes' en 'daar' even extra ademhaalt om zichzelf moed te geven. In Bentons visie was het nu Joanna die de ultieme heldhaftige daad van de film stelde: de voogdij opgeven, niet óndanks haar liefde voor Billy, maar dankzíj.

Deze keer stapte Joanna in haar eentje de lift in. Op de laatste momenten veegde ze de met tranen vermengde mascara van haar ogen en vraagt ze aan Ted hoe ze eruitziet. 'Geweldig,' zegt hij terwijl de deur tussen hen dichtgaat. Haar woordeloze reactie, die maar een fractie van een seconde duurde, was net zo rijk van structuur als Dustins blik aan het eind van *The Graduate*; zowel gevleid als ongelovig, het gezicht van iemand die zojuist precies op het juiste moment het juiste geschenk heeft gekregen, uit de meest onwaarschijnlijke hoek. Wat heeft de toekomst in petto voor deze vrouw, die tussen kwetsbaarheid en overtuiging in bungelt?

'Toen deze film begon, behoorde hij toe aan Ted Kramer, en aan het eind behoorde hij toe aan allebei,' zei Benton. 'En Dustin kon haar met geen mogelijkheid van haar stuk brengen. Hij kon niets doen om haar van haar stuk te brengen. Ze was er gewoon, en ze was een ongelooflijke kracht.' Toen ze Dustin vertelde dat ze van plan was naar het theater terug te keren, zei hij: 'Jij gaat helemaal nooit meer terug.'

Er was nog iets anders veranderd tussen het eerste en het tweede einde: deze keer was Meryl zwanger. Het was nog niet zover dat je het kon zien, maar het was wel zo dat Joanna's keuze – een voorbode van die van Sophie – opeens onredelijk leek. Ze zei tegen Benton: 'Ik had die rol nu nooit meer kunnen spelen.'

'Dit is het seizoen van Meryl Streep,' schreef Mel Gussow in het najaar van 1978 aan zijn hoofdredacteur bij *The New York Times Magazine*:

> *Op 14 december gaat* The Deer Hunter, *de eerste film waarin ze een rol speelt, in première. Voorlopige berichten erover (ik heb hem nog niet gezien) geven aan dat het een topper is en dat hij grote kans maakt bij de Oscars; dat geldt voor zowel de film als voor haar optreden erin. Hij speelt zich af in de periode van de Vietnamoorlog en ze schittert samen met Robert De Niro en wijlen John Cazale (haar voormalige geliefde; ze is onlangs getrouwd met iemand anders). Meryl speelt ook de titelrol in* Alice in Wonderland *van Liz Swados, dat op dit moment wordt gerepeteerd in het Public Theater en waarvan de voorvertoningen op 27 december beginnen. Dit najaar heeft ze ook* Kramer vs. Kramer *gefilmd, waarin ze de vrouwelijke hoofdrol speelt tegenover Dustin Hoffman, en ook nog in* Manhattan *van Woody Allen.*

JOANNA

> *Vóór haar 'seizoen' was ze duidelijk al de interessantste en oorspronkelijkste actrice op het Amerikaanse podium. Ik zeg dit omdat ik haar carrière vanaf het ontstaan bij het Yale Repertory Theater heb gevolgd, waar ze alles deed van Strindberg tot Christopher Durang en Albert Innaurato. Wat haar bijzonder maakt, is dat, voordat ze een geweldige hoofdrolspeelster werd, ze al een veelzijdig karakterspeler was. Haar opmerkelijkste optreden op Yale was als de tachtigjarige, aan een rolstoel gekluisterde Constance Garnett in een dolle musicalparodie op alle kunsten en literatuur van Durang en Innaurato die* The Idiots Karamazov *heette. Zullen wij als eersten de complete Streep doen?*[495]

Op 13 november 1979, een jaar na het voorstel van Mel Gussow, beviel Meryl van een jongetje van ruim zes pond, dat Don en zij Henry Wolfe Gummer noemden. Hij werd verwacht op Halloween, maar kwam twee weken later, ter wereld gebracht via een keizersnee om een stuitgeboorte te voorkomen. De vader, zo merkte *Variety* op, was een 'amateuracteur'[496].

Ze had de laatste maanden van haar zwangerschap zitten blokken als een student voor een tentamen, terwijl ze de babyboeken *The First Twelve Months of Life* en *Our Bodies, Ourselves* las.[497] Maar ze voelde zich nog steeds onvoorbereid op het moederschap. Toen ze Don de pasgeborene zag vasthouden, voelde het, zo zei ze, als 'het natuurlijkste op de hele wereld'.[498] Ze namen de baby mee naar huis, waar Don een babykamer voor hem had gemaakt. Om verwarring met de andere Henry's in haar familie te voorkomen, gaf ze hem de bijnaam 'Gippy'.

Iedere journalist die nu op zoek ging naar de 'complete Streep' – daar waren er nu veel van – zou bereid moeten zijn het interview even stop te zetten voor de borstvoeding. 'Mijn werk is heel belangrijk geweest,' zei ze tegen een van hen, 'want als je een carrière wilt, heb ik het idee dat je een basis moet opbouwen als je in de twintig bent. Maar we wilden een kind omdat we het gevoel hadden dat niet genoeg mensen in onze vriendenkring kinderen kregen. Vriendinnen van mij van de universiteit, die zeer capabel zijn, stellen het krijgen van kinderen uit tot ze ouder zijn, vanwege hun carrière.'[499]

Ze was die zomer, tijdens haar tweede trimester, dertig geworden. Nu ze hun vrijheid nog hadden, gingen zij en Don aan boord van een cruiseschip naar Frankrijk en reden ze tweeënhalve maand met een huurauto door Europa, waar ze stopten in kleine plaatsjes tussen Parijs en Florence. Ze keerden terug voor de première van *The Senator* in augustus. Omdat Lew Wasserman, de directeur van Universal erop stond, had Alan Alda de titel veranderd in *The Seduction of Joe Tynan*, voor het geval iemand aannam dat de overspelige 'senator' gebaseerd was op Wassermans vriend, Ted Kennedy.[500] De film was een bescheiden succes, met warme recensies. Maar het 'seizoen van Streep', dat begon met haar Oscarnominatie voor *The Deer Hunter* en vervolgd werd met de lancering in april van *Manhattan*, was nu in volle gang.

Robert Benton bracht de tussenliggende maanden door met het afronden van *Kramer vs. Kramer* met zijn editor, Jerry Greenberg. Het begon al minder als een volslagen ramp te voelen. (Jammer dat zijn vrouw die wintersportreis al had afgelast.) Bij voorvertoningen stond hij achter in de zaal naar het publiek te kijken, waar hij op elk geschuif en elk kuchje lette. Hij vroeg zich af hoe een film over een scheiding zou overkomen in het midden van Amerika, en dus hield hij een voorvertoning in Kansas City, Missouri. Hij werd boos toen hij midden in een cruciale scène een man zag opstaan. Hoe kon iemand nú naar het toilet gaan? Hij volgde de man naar buiten. In plaats van naar het toilet te gaan, bleef de man bij een telefooncel staan en belde hij zijn oppas om te vragen hoe het met zijn kind ging.

We zijn binnen, dacht Benton.

De film ging op 19 december 1979 in première. Zoals de producers hadden gehoopt, werd hij niet zozeer als een film als wel als een cultureel referentiepunt ontvangen, een inkijkje in het gebroken Amerikaanse gezin, anno nu. 'Hoewel de film geen antwoorden heeft op de vragen die erin worden gesteld, geeft hij het debat een impuls door onderwerpen te herformuleren in nieuwe en verontrustende termen, of misschien in de oudste termen die er bestaan: via menselijke waarheden die op hinderlijke wijze voor tweeërlei uitleg vatbaar zijn,'[501] schreef Frank Rich in *Time*. Van Vincent Canby in *The New York Times*: '*Kramer vs. Kramer* is een Manhattanfilm, maar lijkt toch een spreekbuis voor een hele generatie Amerikanen uit de middenklasse die aan het eind van de jaren zestig en zeventig volwassen zijn geworden, in oppervlakkige opzichten beschaafd, maar nog steeds in de verwachting dat de beloften die waren gedaan in het vromere tijdperk Eisenhower, zouden worden vervuld.'[502]

Avery Corman was niet betrokken geweest bij de bewerking van zijn roman tot de film. Hij kreeg een ruwe versie te zien, die hij 'enorm krachtig' vond. (Een collega van hem herinnerde zich dat hij 'pissig' was dat er zoveel secundaire personages waren geschrapt.) Kort nadat de film in première was gegaan, nam Avery zijn vrouw en twee zoons mee naar een openbare voorvertoning, bij Loews Tower East op 72nd Street. Hij herinnerde zich: 'Toen de film was afgelopen en de lichten aangingen, en ik rondkeek, zaten er door de hele zaal verspreid groepjes tieners die onbeweeglijk en zwijgzaam in hun stoelen zaten. Ze stonden niet op om weg te gaan. Ze zaten daar maar gewoon. En ik zei tegen mijn vrouw: 'O mijn god. Dat is het geheime publiek voor dit alles: kinderen van gescheiden ouders.'

En ja hoor: het publiek begroette de film met open portemonnee. In het weekend van de première draaide hij in 524 bioscopen, en bracht hij meer dan 5,5 miljoen dollar in het laatje. In de filmwereld die *Star Wars* had voortgebracht, was een huiselijk drama over een mislukt huwelijk niet meer Hollywoods idee van het grote geld. Maar de omzet van *Kramer vs. Kramer* zou in de Verenigde Staten in totaal meer dan 106 miljoen dollar bedragen, waardoor het de grootste verdiener in eigen land van 1979 werd; en daarmee overtrof het zelfs nazaten van *Star Wars*, zoals *Star Trek* en *Alien*, met in de hoofdrol Meryls voormalige klasgenoot Sigourney Weaver.[503]

Het was een film waar mensen om huilden en over debatteerden, een goed gemaakte tranentrekker over een vader en een zoon. Iedereen die een liefdevolle ouder was of er ooit een had gehad, kon zich in dat verhaal vinden. Maar er zat nog een verraderlijker verhaal in verborgen: de schaduwvertelling van Joanna Kramer. Had de film met de waardering voor de band tussen Ted en Billy niet zowel haar als het feminisme verraden? Sommige mensen leken dat te vinden. Gary Arnold van *The Washington Post* vond het 'moeilijk zich aan de conclusie te onttrekken dat die lieve mevrouw Kramer een dom slachtoffer is van de allerzieligste culturele huicheltaal die onlangs in de mode is gekomen'.[504]

Toen schrijfster Barbara Grizzuti Harrison met haar vijftienjarige dochter de bioscoop uitkwam, voelde ze zich een beetje gemanipuleerd. Waarom juichen we de nobele zelfopoffering van Ted Kramer toe, vroeg ze zich af, terwijl hetzelfde als vanzelfsprekend verwacht wordt van vrouwen? Hoe bestaat het dat Joanna een herintredingsbaan krijgt van 31.000 dollar per jaar? Waarom lijkt Ted geen oppas te kunnen inschakelen? En wat moeten we denken van de vage zoektocht van Joanna naar vervulling? 'Ik moet steeds maar aan Joanna denken,' schreef Harrison in het tijdschrift *Ms.*, de vaandeldrager voor het mainstreamfeminisme. 'Staat ze buiten de poorten van het geluk te huilen, of is ze tevreden met haar baan, haar geliefde en zo nu en dan een bezoek aan Billy? Wie ís Joanna, en heeft ze voor niets die achttien maanden in Californië doorgebracht?'[505]

Steeds meer journalisten, om nog maar te zwijgen van het massaal kaartjes kopende publiek, stelden zich een daaraan gerelateerde vraag: Wie is Meryl Streep?

Hier zijn een paar dingen die je misschien zouden interesseren, als je bij *Time*, *People*, *Vogue* of zelfs *Ms.* werkte: Meryl Streep kocht haar tuinbroek op MacDougal Street.[506] Een van haar lievelingskledingstukken was een hawaïjack dat ze al sinds de universiteit had.[507] Ze was gehecht aan pareloorknopjes, at schijfjes appel en zette zelf de vuilnisbak buiten.[508] Als je haar antwoordapparaat belde, kreeg je een opgenomen bericht dat luidde: 'Hallo... eh... als je een bericht wilt achterlaten, wacht dan alsjeblieft op de piep, want... eh... ik weet niet... anders komt dat gedeelte er niet op. Dank je wel.'[509]

Ze vond het heerlijk om naar kunstgaleries te gaan. Ze vond het heerlijk om in de metro te zitten. Ze vond dat alle politici met de metro moesten gaan en gedwongen moesten worden 'de realiteit van het leven'[510] onder ogen te zien. Ze had een duidelijke mening over voorbehoedsmiddelen voor mannen, omdat te veel van haar vriendinnen vruchtbaarheidsproblemen kregen nadat ze het spiraaltje of de pil hadden gebruikt.[511] Ze was voor het eerst op zoek naar een advocaat en een accountant. En ook naar een parttime kinderverzorgster. Ze deed liever toneel dan films, en ze hoopte op een dag Hamlet te spelen. Haar droom was om een Shakespearegezelschap uit sterren samen te stellen, dat door het hele land stukken in roulatie uitvoerde, met acteurs als Al Pacino en Robert De Niro en Mary Beth Hurt. Joe Papp zou ze produceren, en ze zouden naar plekken gaan die 'minder glamour hadden dan Gary'.[512] Als het nu niet zou gebeuren, dan misschien als ze allemaal vijfenvijftig waren.

Ze kreeg niet altijd wat ze wilde. Ze had haar 'voelhoorns' uitgestoken voor *Evita* op Broadway, omdat 'charismatische leiders heel interessant zijn',[513] maar ze was zwanger en de rol ging naar Patti LuPone. Ze werd benaderd over een remake van *The Postman Always Rings Twice*, maar daar kwamen naaktscènes bij kijken, en toen ze vroeg of Jack Nicholson bereid zou zijn dezelfde hoeveelheid naakte huid te laten zien, ging de rol naar Jessica Lange.[514] Ze vond dat mensen die Franse actrices omschreven als 'mysterieus' en 'sexy' omdat ze met een kinderlijk gefluister praatten, 'uit hun nek lulden'[515]. Ze was gek op Bette Davis, Rosalind Russell, Lina Wertmüller en *Amarcord*. Ze bewonderde Zero Mostel omdat hij 'zijn leven op het spel zette voor comedy'.[516] Ze had een hekel aan feestjes; het saaiste op de hele wereld was een avondje Studio 54. Ze keurde de nieuwe, nauwsluitende stijl in de mode af, en gaf de voorkeur aan de groene cowboylaarzen die haar echtgenoot voor kerst voor haar had gekocht.[517]

Ze was, zoals diverse journalisten suggereerden, een van de 'antiingénues' die nu in opkomst waren in Hollywood. Ze was zoals Faye Dunaway, maar minder vampachtig. Jane Fonda, maar minder zelfvoldaan. Jill Clayburgh, maar minder innemend. Diane Keaton, maar minder neurotisch. Ze vormde een terugkeer naar Katharine Hepburn of Carole Lombard. Haar naam klonk als de 'kreet van een vogel'[518]. Ze zag eruit als een 'taps toelopende kaars'[519] of een 'engel van een Vlaamse meester'[520]. Ze leek sprekend op Alesso Baldovinetti's *Portret van een dame in het geel*.[521] Haar jukbeenderen waren 'heel fraai'. Haar neus was 'aristocratisch'. Een woord voor haar lichtblauwe ogen bestond niet eens; misschien 'meryliaanblauw'?[522] Ze was 'meer dan alleen maar een beeldschoon gezicht'. Ze kon je je laten 'vereenzelvigen met Medea'.[523] Haar leven was, zoals ze zelf toegaf, 'een Assepoesterverhaal'.[524] Ze straalde een 'go with the flow'-filosofie[525] uit. Ze had de pest aan warm weer, waardoor ze zich voelde als kaas die in de zon wordt gelegd. Ze was nog nooit zuidelijker geweest dan Alexandria, Virginia.[526]

Eigenlijk had ze geen idee waarom iemand het iets zou kunnen schelen waar ze haar tuinbroek had gekocht, of waarom haar gezicht op de omslag van *Parade*, *Playgirl* en *Ladies' Home Journal* zou moeten staan. De 'buitensporige hype'[527] ontging haar in het gunstigste geval en in het ergste geval ergerde het haar. 'Een tijdlang zag ik alleen maar mezelf of de ayatollah op de omslagen van internationale tijdschriften,' klaagde ze twee jaar later, in een coverstory voor een nationaal tijdschrift (*Time*). Misschien waren Brusteins waarschuwingen over 'Hollywoodpersoonlijkheden' nog blijven hangen, maar ze zag beroemdheid als een onwelkom neveneffect van haar vak. Ook werd het steeds moeilijker voor haar en Don om kunstgaleries te bezoeken.

Als de tijdschriften op de stoep stonden, kon ze charmant en bescheiden zijn, maar soms was ze gewoon ongeduldig. Voor *Vogue* voerde ze bereidwillig cheerleadersplits uit voor de fotograaf. Maar de schrijver die bij de loft aanbelde, voelde zich toch een beetje opdringerig toen Meryl de twee maanden oude Gippy de borst gaf terwijl ze in het bandopnameapparaat klaagde: 'Ik vind het idee dat je het aan je publiek verschuldigd bent, nogal gek. Niemand doet dat verder, behalve gekozen gezagsdragers, en ik ben nooit verkozen, ik heb me nooit ergens voor verkiesbaar gesteld... En het lijkt bizar om te denken dat ik de weinige privacymomenten die ik heb, met andere mensen moet delen.'[528]

Zij en Dustin deden hun best om hun strijd op de set te bagatelliseren, in elk geval waar journalisten bij waren. Maar het resultaat daarvan klonk soms passief-agressief. 'Dustin heeft de grondigheid van een technicus en hij is heel veeleisend, maar hij heeft niet de sterallures waarvan men me had doen geloven dat hij ze had,' vertelde ze tegen *The New York Times*. 'Het is geen ijdelheid. Hij is perfectionistisch wat zijn vak en het structureren van de film betreft, en zijn eigen ego is daar ondergeschikt aan.'[529] Dustin gaf vergelijkbare verkrampte complimenten. 'Ik had de pest aan haar,' zei hij toen de film uitkwam. 'Maar ik respecteerde haar. Uiteindelijk vecht ze niet voor zichzelf, maar voor de scène. Ze houdt voet bij stuk en laat niemand een loopje met haar nemen als ze denkt dat ze gelijk heeft.'[530]

De verliefdheid van de pers kwam tot een hoogtepunt in de eerste week van 1980, toen Meryl op de omslag van *Newsweek* stond. Ze droeg pareloorknopjes, tegen die tijd haar handelsmerk, en een Mona Lisa-glimlach, en daarbij stond in grote, witte letters: 'Een ster voor de jaren tachtig'. Het artikel stelde dat Meryl Streep best eens 'de eerste Amerikaanse vrouw sinds Jane Fonda zou kunnen worden die net zo veel macht heeft, veelzijdig is en impact heeft als mannelijke sterren als Dustin Hoffman, Jack Nicholson, Robert De Niro en Al Pacino.'[531] Ze had nog geen hoofdrol in een film gehad en riep nu al superlatieven op. Toen in 1981 de omslag van *Time* volgde, 'voelde ze helemaal niets'.[532]

Voor haar leek het alsof ze het hoogtepunt, toen ze zich alleen maar op het plezier van acteren kon richten, al voorbij was. Toen ze net begon, besteedde ze tachtig procent van haar tijd aan promotieportretten, audities en cv's, en de andere twintig procent aan haar werk. Nu was het opnieuw tachtig procent aan het randgebeuren, zoals praten met *Newsweek* en *Vogue*. Ergens wenste ze dat ze een 'gemiddeld succesvolle actrice'[533] was gebleven, het soort waar niemand iets over wil weten. Ze zat weer hoog op de homecoming-praalwagen, verbijsterd over hoe ijl de lucht daarboven was. Op de een of andere manier liep het altijd uit op een teleurstelling, alsof iemand anders dan zijzelf haar daar had neergezet.

De ster voor de jaren tachtig bracht de eerste momenten van de jaren tachtig door op een oudjaarsfeestje van Woody Allen. De regisseur, die nog steeds aan *Stardust Memories* werkte, had een balletschool op 75th Street overgenomen, en de oefenstudio's en marmeren wenteltrap werden nu bevolkt door bekende namen. Op de eerste verdieping leunde Bianca Jagger tegen een barre, in gesprek met Andy Warhol. Nog een verdieping hoger danste Kurt Vonnegut op een rode discovloer met zijn vrouw, Jill Krementz, terwijl George Plimpton en Jane

Alexander vanaf de zijkant toekeken. Gloria Vanderbilt kwam vroeg; Mick Jagger was laat. Er waren filmsterren (Lauren Bacall, Bette Midler, Jill Clayburgh) en literaire grootheden (Norman Mailer, Lillian Hellman, Arthur Miller). Ruth Gordon, van *Harold and Maude*, kon je horen zeggen: 'Ik ben verbijsterd dat iemand zo veel mensen ként.'

Eerder op de dag waren er een paar tieners naar binnen geslopen, die net hadden gedaan of ze bij de catering hoorden, en die zwierven nu rond tussen de beau monde en aten van de hapjes. Veel van de gesprekken gingen erover of de gastheer, die bekendstond om zijn verlegenheid, nu dapper of masochistisch was om zo'n overdadig feest te geven. Toen Woody over dat idee hoorde, zei hij met een uitgestreken gezicht: 'Er heerst hier een hele hoop dapperheid.'[534] Boven in de eetkamer vocht Tom Brokaw zich door de menigte heen om met Meryl Streep te praten, die aanwezig was ondanks haar schijnbare twijfels over de gastheer. Op een feest waar iedereen iemand was, veroorzaakte ze nu net zoveel beroering als de rest. Het land der beroemdheden was misschien wel waar ze thuishoorde, maar ze was haar aftocht al aan het beramen.

Zij en Don hadden een stuk land van 37 hectare gevonden in Dutchess County, dat ze hadden gekocht voor ongeveer 140.000 dollar. Er was een gemeubileerd huis met twee verdiepingen, omgeven door vijfduizend kerstbomen. Er was een vrijstaande garage die Don tot atelier kon verbouwen en ze overwogen een windmolen en een zonnepanelensysteem te installeren om zich volledig van de energiebedrijven te bevrijden. Vooral wilden ze een plek waar ze de smerigheid en het lawaai van het centrum van Manhattan konden vermijden, om nog maar te zwijgen van de handtekeningenjagers. Voordat ze Henry had gekregen, zwierf Meryl geregeld door SoHo, peinzend over de interessante personages die zich achter elk raam ophielden. Nu leek het voor de eerste keer lelijk. Er was nergens een plek waar ze de baby mee naartoe kon nemen, en ze voelde zich opgelaten als ze tampons ging kopen bij de drogist. Uiteraard zouden ze het appartement aanhouden, maar in hun beboste oase zouden ze zich voelen als kolonisten in het uitgestrekte grensgebied. In de roes van de beroemdheid was er een soort zelfbeschermingsinstinct ingetreden. Ze zou er behoefte aan hebben het gordijn dicht te trekken om een deel van zichzelf klein, stil en privé te houden.[535]

Toen de klok twaalf uur sloeg in de balletschool, namen Meryl Streep en vrijwel iedere beroemdheid in New York afscheid van de jaren zeventig. Mensen waren al aan het praten over een 'nieuw conservatisme' dat niet alleen in de politiek maar ook in de film zou doordringen. Sommige mensen zagen het in Meryls verfijnde gezicht en haar parelknopjes – 'de dame'[536], zoals *Vogue* haar noemde –, maar dat was voornamelijk projectie. In elk geval kon het nieuwe conservatisme niet erg aanwezig zijn bij Woody Allens oudejaarsfeestje: dit was tenslotte de man die zijn stad in *Annie Hall* vol genegenheid had beschreven als het epicentrum van 'linkse, communistische, Joodse, homoseksuele pornografen'[537].

In februari werd *Kramer vs. Kramer* genomineerd voor negen Oscars, waaronder Beste film (Stanley Jaffe, producer), Beste acteur (Hoffman), Beste regisseur (Benton) en Beste aangepaste scenario (weer Benton). De achtjarige Justin Henry, genomineerd voor Beste mannelijke bijrol, werd de jongste Oscargenomineerde in de geschiedenis. En Meryl zou, samen met Barbara Barrie (*Breaking Away*) en Candice Bergen (*Starting Over*) wedijveren om Beste vrouwelijke bijrol tegen twee van haar co-sterren: Jane Alexander uit *Kramer vs. Kramer* en Mariel Hemingway uit *Manhattan*.

Er was nu geen twijfel meer dat Meryl de hoofdrol in een film kon dragen, en Sam Cohn ging op zoek naar het juiste project; of projecten. Na *Manhattan* en *Kramer vs. Kramer* wilde ze alle rollen spelen, behalve nog weer een hedendaagse New Yorkse. 'Zet mij maar op de maan,'[538] zei ze tegen Cohn; hij bracht haar naar het eind van een stenen pier aan het Kanaal. Halverwege februari werd ze gecontracteerd om de hoofdrol te spelen in *The French Lieutenant's Woman*, een kostuumdrama gebaseerd op de roman van John Fowles, met een scenario van Harold Pinter. Er zou in mei in Dorset worden begonnen met de opnamen. Ze zou twee personages spelen: een mysterieuze victoriaanse sirene en de hedendaagse actrice die haar in een bigbudgetfilm vertolkt.

Tegelijkertijd dong ze mee voor een bewerking voor het witte doek van William Styrons roman *Sophie's Choice*, over een Poolse overlevende van de Holocaust die in Brooklyn woont. Het zou een gevecht worden om de rol te bemachtigen: de regisseur, Alan J. Pakula, had een Tsjechische actrice in gedachten, en Meryl zou hem smeken om zich te bedenken. En al in maart werd haar naam rondgestrooid in verband met een project over de werkneemster van een kerncentrale uit Oklahoma, Karen Silkwood. 1980 was nog maar nauwelijks begonnen en haar volgende drie jaar werk waren al uitgezet; en daarbij haar niche als tragediespeelster die met accenten overweg kon. Het zou lang duren voordat iemand Meryl Streep als grappig zou gaan beschouwen.

Ondertussen was *Kramer vs. Kramer* het prijzenseizoen aan het voltooien. Bij de Golden Globes droeg Meryl haar witzijden bruidsjurk en begon ze melk te lekken tijdens de ceremonie. Ze nam de prijs in ontvangst met een arm over haar borst.[539] De film ging nu in première in bioscopen over de hele wereld, van Zweden tot Japan. Op 17 maart werd hij vertoond tijdens een speciale voorvertoning in Londen in het Odeon Leicester Square, voor een publiek waaronder zich ook Koningin Elizabeth II en Prins Philip bevonden. Meryl vloog erheen, samen met Dustin Hoffman, Robert Benton, Stanley Jaffe en Justin Henry. Ze droeg een lange, witte jurk en een bijpassende blazer met de kraag omhoog. Terwijl Liv Ullman en Peter Sellers toekeken, stak ze een hand uit naar Hare Majesteit, een witte handschoen die een witte handschoen raakte. De koningin leunde naar voren om met Justin te praten. Was dit zijn eerste acteeropdracht?

'Ja,' zei hij tegen haar.

De koningin vroeg hem of ze om de film zou moeten huilen.

'Ja,' antwoordde hij. 'Mijn moeder huilde wel vier keer.'[540]

14 april 1980. Buiten het Dorothy Chandler-paviljoen kwamen de sterren van het nieuwe decennium in stijl aan: Goldie Hawn, Richard Gere, Liza Minnelli en George Hamilton. Onder de filmgoden bevond zich Meryl Streep, een van de weinige vrouwen die geen pailletten droeg. Ze droeg dezelfde witte jurk die ze had gedragen om de koningin in te ontmoeten, maar dan zonder de handschoenen.

Binnen nam ze plaats tussen haar echtgenoot en Sally Field, die genomineerd was voor Beste actrice voor *Norma Rae*. Henry Mancini, die een enorme vlinderstrik droeg, opende de show door het thema uit *Star Trek* te dirigeren. Meryl applaudisseerde toen de directeur van de Academy, Fay Kanin, sprak over het 'glorieuze erfgoed' van het instituut.[541] Ze begon zenuwachtig te worden tijdens Johnny Carsons monoloog, met gevatte opmerkingen over *The Muppet Movie*, Bo Dereks haarvlechten in *10*, de gijzelaarscrisis in Iran, Dolly Partons borstpartij ('Mammary vs. Mammary') en het feit dat drie van de grote films dat jaar over scheiden gingen. 'Het zegt wel iets over de tijd waarin we leven als de enige blijvende relatie die in *La Cage aux Folles* is,' grapte Carson. 'Wie zegt dat er tegenwoordig geen goede vrouwelijke rollen meer worden geschreven?'

Twee heren van Price Waterhouse, die waren belast met het bewaken van de enveloppen, kwamen het podium op en maakten een buiging. Toen kwamen Jack Lemmon en Cloris Leachman naar voren om de eerste prijs van de avond uit te reiken: Beste vrouwelijke bijrol.

Toen ze haar naam hoorde, als laatste onder de genomineerden, wreef Meryl haar handen tegen elkaar en mompelde ze iets in zichzelf. 'En de winnaar is...' zei Leachman, voordat zij de enveloppe aan Lemmon gaf.

'Dank je wel, schat.'

'Alsjeblieft, schat.'

'Meryl Streep in *Kramer vs. Kramer*.'

Door de zaal galmde Vivaldi's *Mandolineconcert in C-majeur*, het thema van de film. Toen ze zich naar het podium haastte, leunde ze naar voren en kuste ze Dustin op de wang. Daarna schreed ze de trap omhoog naar de microfoon en pakte ze haar eerste Oscar aan.

'Potjandorie,' begon ze, terwijl ze omlaag naar het beeldje keek. Ze sprak op kalme toon. 'Ik wil graag Dustin Hoffman en Robert Benton bedanken, aan wie ik... dit te danken heb. Stanley Jaffe, omdat hij me de kans heeft gegeven Joanna te spelen. En Jane Alexander en Justin' – ze blies hem een kushandje toe – 'voor de liefde en ondersteuning tijdens deze heel, heel heerlijke ervaring.'

Voor de mensen in het publiek en voor de miljoenen die thuis zaten te kijken, leek het wel alsof ze een al volledig tot wasdom gekomen ster was, een evenwichtige Venus op de halve schelp. Alleen zij wist hoe onwaarschijnlijk het hele gebeuren was: dat 'filmster' haar functieomschrijving was. Het was nog weer een metamorfose, net als de metamorfose die tien jaar eerder haar koers had uitgezet, toen ze in de geur van nepseringen stond als Miss Julie. Dat ze in slechts tien jaar naar de top van de showbusinessladder was geklommen, was gewoon een weerspiegeling van wat Clint Atkinson toen al had geweten, en wat Joe wist, en wat John wist, en wat misschien zelfs zij wist: dat Meryl Streep het altijd al in zich had gehad.

Na een laatste 'Dank u zeer' hield ze de Oscar omhoog en ging ze links van het podium, voordat Jack Lemmon zo vriendelijk was haar rechtsaf te wijzen.

Vivaldi werd nogmaals gespeeld voor het Beste aangepaste scenario, Beste regisseur en Beste acteur. Dustin Hoffman herhaalde, terwijl hij zijn Oscar uit handen van Jane Fonda in ontvangst nam, nog een keer zijn welbekende minachting voor prijsuitreikingsshows ('Ik ben kritisch geweest op de Academy, en met reden'). Justin Henry verloor van Melvyn Douglas (*Being There*), die eenenzeventig jaar ouder was dan hij, en was zo teleurgesteld dat Christopher Reeve, alias Superman, moest worden opgetrommeld om hem te troosten. Aan het eind van de avond kondigde Charlton Heston de winnaar aan voor Beste film: het was een volledige overwinning voor *Kramer vs. Kramer*.

Meteen na de ceremonie werden de *Kramer*-winnaars een zaaltje binnengeleid waar een stuk of honderd verslaggevers waren. 'Nou, de soap heeft gewonnen,'[542] bulderde Dustin terwijl hij naar binnen liep, hun minachting voor zijnd. Het was duidelijk dat dit niet een typische persconferentie zou worden waarbij vriendelijk de hand werd geschud, en de verslaggevers evenaarden gretig Dustins lichtgeraaktheid. Columniste Rona Barrett merkte op dat veel vrouwen, vooral feministen, 'vonden dat deze film een klap in hun gezicht was'.

'Dat is helemaal niet gezegd,' snauwde Dustin terug. 'Ik kan mensen er niet van weerhouden om te voelen wat ze voelen, maar ik denk niet dat iedereen datzelfde gevoel heeft.'

Terwijl ze ruzieden, sprong Meryl op het podium. 'Hier komt een feministe,' zei ze. 'Ik heb helemaal niet het idee dat dit waar is.' Nu ze het podium beheerste, vervolgde ze: 'Ik heb het gevoel dat de basis van het feminisme iets is wat te maken heeft met het bevrijden van zowél mannen als vrouwen uit voorgeschreven rollen.'

Ze had hetzelfde kunnen zeggen over acteren; of in elk geval haar versie ervan, het soort waarvoor ze zo hard had gevochten om het te bereiken. Ze was niet meer de eerstejaars op de universiteit die dacht dat feminisme iets te maken had met mooie nagels en schoon haar. In feite was het onlosmakelijk verbonden met haar kunst, omdat er voor allebei radicale sprongen van de verbeelding nodig waren. Net als een actrice die haar veelzijdigheid benut, moet Joanna Kramer een beeld van zichzelf vormen als iemand anders dan een echtgenote en een moeder om een 'evenwichtig mens' te worden, hoeveel tekortkomingen ze ook had. Dat was misschien niet duidelijk voor Avery Corman, maar dat was het wel voor Meryl, en de triomf van vanavond leek te onderstrepen dat ze gelijk had.

Ze zou haar personage niet meer door de achterdeur hoeven te smokkelen, de vergeten vrouw in het scenario. In het decennium dat zou volgen, zou ze de films naar zich toe buigen en haar vermogen om de rimpelingen van het bewustzijn te onthullen zo ver uitrekken als het witte doek toestond. Met behulp van Sam Cohn, die tot 1991 haar agent bleef, zou ze het soort gecompliceerde vrouwelijke rollen afdwingen waarvan ze had gedacht dat ze onmogelijk waren in Hollywood: een Deense avonturierster, een dame uit Washington, een zuipschuit uit de Depressietijd, een moordverdachte uit Australië. Na 1981 zou ze het toneel zo goed als opgeven en zou ze alleen voor nu en dan een rol in het Delacorte terugkeren. Deel van de reden daarvoor zouden haar kinderen zijn: nog drie na Henry, genaamd Mamie, Grace en Louisa, die ze zonder enig hiaat in haar cv grootbracht. Haar huwelijk met Don Gummer, dat op het moment zelf bijna impulsief leek, zou een van de langdurigste in Hollywood blijken te zijn.

In latere jaren zou ze haar politieke meningen steviger naar voren brengen, door het Congres aan te sporen om het Equal Rights Amendment weer tot leven te wekken, en door Walt Disney een 'bekrompen seksist' te noemen bij het National Board of Review-gala van 2014. Ze zou boos opmerken dat, van al haar personages, mannen van haar leeftijd – onder wie Bill Clinton – haar altijd vertelden dat hun favoriet Linda was, de plooibare caissière uit *The Deer Hunter*. Geen wonder dat ze zo had geaarzeld de rol aan te nemen; ze wist hoe gemakkelijk de wereld een vrouw in een ingénue kon veranderen. Het was een maatstaf voor hoezeer de tijden waren veranderd, zei ze in 2010, dat mannen eindelijk waren begonnen een ander lievelingspersonage te noemen: Miranda Priestly, de machtsbedreven moderedactrice uit *The Devil Wears Prada*. 'Ze vereenzelvigen zich met Miranda,' beredeneerde ze. 'En ze wilden uit met Linda.'[543]

Maar op dit moment stond ze voor een zaaltje vol verslaggevers, met een Oscar in haar hand, met een eenvoudige uitspraak: 'Hier komt een feministe.'

Iemand vroeg haar: 'Hoe voelt dat nou?'

'Niet te vergelijken,' zei ze. 'Ik probeer jullie vragen te horen boven mijn hartslag uit.' Ze leek misschien kalm, maar dat was allemaal toneel. Eerder, toen ze weer backstage ging na haar acceptatietoespraak, was ze even naar de damestoiletten gegaan om op adem te komen. Haar hoofd tolde. Haar hart bonsde. Na een momentje alleen te zijn geweest, liep ze weer de deur uit, klaar om de grote Hollywoodheisa onder ogen te komen. 'Hé,' hoorde ze een vrouw roepen, 'er heeft hier iemand een Oscar laten liggen!' Op de een of andere manier had ze in haar opwinding het beeldje op de vloer van de toiletten achtergelaten.[544]

Bijrollen

ALAN ALDA – acteur, meest bekend van de langlopende televisieserie *M*A*S*H*. Schrijver en hoofdrolspeler van *The Seduction of Joe Tynan*.

JANE ALEXANDER – theater- en filmactrice en viervoudig genomineerde voor een Oscar, voor haar rollen in *The Great White Hope*, *All the President's Men*, *Kramer vs. Kramer* en *Testament*.

CLINT ATKINSON – Streeps docent toneelkunst op Vassar die haar regisseerde in *Miss Julie* en andere toneelstukken. Hij overleed in 2002.

LINDA ATKINSON – studente aan de Yale School of Drama, lichting 1975.

BLANCHE BAKER – Streeps co-ster in *The Seduction of Joe Tynan* en *Holocaust*, waarvoor ze een Emmy Award won. Speelde later de titelrol in *Lolita* op Broadway.

ROBERT BENTON – Oscar-winnende schrijver en regisseur van *Kramer vs. Kramer*. Ook bekend als medeschrijver van *Bonnie and Clyde* en als de regisseur van *The Late Show*, *Places in the Heart* en *Nobody's Fool*.

MIKE BOOTH – Streeps vriendje op de middelbare school, met wie ze correspondeerde toen ze op Vassar zat en hij in het leger zat in de Vietnamoorlog.

ARVIN BROWN – regisseur van *27 Wagons Full of Cotton* en *A Memory of Two Mondays*. Was heel lang artistiek directeur van het Long Wharf Theatre, in New Haven, Connecticut.

ROBERT BRUSTEIN – decaan van de Yale School of Drama van 1966 tot 1979, en oprichter en directeur van het Yale Repertory Theatre. Later richtte hij het American Repertory Theater op in Cambridge, Massachusetts.

STEPHEN CASALE – broer van John Cazale. Als jonge man veranderde hij zijn achternaam van 'Cazale' weer terug naar de oorspronkelijke Italiaanse spellingswijze.

PHILIP CASNOFF – theater- en televisieacteur die het vriendje was van Streep toen ze op Yale zat.

JOHN CAZALE – theater- en filmacteur die de meeste bekendheid verwierf als Fredo Corleone in *The Godfather* en *The Godfather: Part II*. Andere films van hem zijn onder meer *The Conversation*, *Dog Day Afternoon* en *The Deer Hunter*. Speelde naast Streep een hoofdrol in *Measure for Measure* in 1976 en had een relatie met haar tot zijn dood, in 1978.

MICHAEL CIMINO – Oscar-winnende regisseur van *The Deer Hunter*. Andere films van hem zijn onder meer *Thunderbolt and Lightfoot*, *Year of the Dragon* en *Heaven's Gate*, dat wordt beschouwd als een van de meest desastreuze financiële flops in de filmgeschiedenis.

SAM COHN – talentenscout bij ICM die Streep vertegenwoordigde tot 1991. Cliënten van hem waren onder andere Bob Fosse, Woody Allen, Mike Nichols, Nora Ephron, Robert Benton, Paul Newman en Whoopi Goldberg. Hij overleed in 2009.

AVERY CORMAN – auteur van de romans *Kramer vs. Kramer*, *The Old Neighborhood* en *Oh, God!*

MICHAEL DEELEY – voormalig directeur van EMI Films en producer van *The Deer Hunter*, *Blade Runner* en *The Man Who Fell to Earth*.

CHRISTOPHER DURANG – student toneelschrijven van de lichting 1974 op Yale, waar hij samen met Albert Innaurato *The Idiots Karamazov* schreef. Latere toneelstukken van hem zijn onder andere *Beyond Therapy*, *Sister Mary Ignatius Explains It All for You* en *Vanya and Sonia and Masha and Spike*, dat een Tony Award won.

MICHAEL FEINGOLD – eerste literair manager van het Yale Repertory Theatre, waarvoor hij *Happy End* bewerkte. In 1971 begon hij te schrijven voor *The Village Voice* en van 1983 tot 2013 was hij er de belangrijkste theaterrecensent.

BIJROLLEN

RICHARD FISCHOFF – Co-producer van *Kramer vs. Kramer*.

CONSTANCE GARNETT – Engelse vertaalster die leefde van 1861 tot 1946. Ze was een van de eerste Engelse vertaalsters van Russische klassieken van Tolstoj, Dostojevski en Tsjechov.

ROBYN GOODMAN – Theaterproducer, voormalig actrice en vriendin van John Cazale, via haar overleden echtgenoot, Walter McGinn. Ze was medeoprichtster van het theatergezelschap Second Stage in 1979.

JOE 'GRIFO' GRIFASI – student aan de toneelschool van Yale, van de lichting 1975. Hij stond naast Streep op het toneel in *A Midsummer Night's Dream*, *A Memory of Two Mondays*, *Secret Service* en *Happy End*, en in de films *The Deer Hunter*, *Still of the Night* en *Ironweed*.

DON GUMMER – beeldhouwer en echtgenoot van Meryl Streep.

HENRY WOLFE GUMMER – zoon van Meryl Streep en Don Gummer, bijgenaamd 'Gippy' als baby. Hij is nu acteur en muzikant.

MEL GUSSOW – jarenlang theaterrecensent en cultureel verslaggever voor *The New York Times*. Overleed in 2005.

TOM HAAS – acteerdocent op de Yale School of Drama. Werd later artistiek directeur van het Indiana Repertory Theatre, en overleed in 1991.

J. ROY HELLAND – van oudsher Streeps haarstilist en grimeur. In 2012 won hij een Oscar voor *The Iron Lady*.

LILLIAN HELLMAN – toneelschrijfster, auteur van onder andere *The Children's Hour*, *The Little Foxes* en *Toys in the Attic*. Haar autobiografie *Pentimento* was de inspiratiebron voor *Julia*. Ze overleed in 1984.

JUSTIN HENRY – Voormalig kindacteur die Billy Kramer speelde in *Kramer vs. Kramer*.

ISRAEL HOROVITZ – toneelschrijver en regisseur. John Cazale speelde de hoofdrol in zijn toneelstukken *The Indian Wants the Bronx* en *Line*.

MARY BETH HURT – Streeps co-ster in *Trelawny of the 'Wells'*, *Secret Service* en *The Cherry Orchard*. Ook bekend door de films *Interiors* en *The World According to Garp*.

ALBERT INNAURATO – student toneelschrijven in de eindexamenklas van 1974 op Yale, waar hij samen met Christopher Durang *The*

Idiots Karamazov schreef. Latere toneelstukken van hem zijn onder andere *Gemini* en *Passione*.

STANLEY R. JAFFE – producer van *Kramer vs. Kramer*. Zou later ook nog op de titelrol staan van onder andere *Fatal Attraction*, *The Accused* en *School Ties*.

WALT JONES – student theaterregie op Yale van de lichting 1975. Later schreef en regisseerde hij de Broadwayvoorstelling *The 1940's Radio Hour*.

RAÚL JULIÁ – theater- en filmacteur die naast Streep de hoofdrol speelde in *The Cherry Orchard* en *The Taming of the Shrew*. Bij het filmpubliek bekend als Gomez in *The Addams Family*. Hij overleed in 1994.

PAULINE KAEL – filmrecensente voor *The New Yorker*, die van 1968 tot 1991 voor het tijdschrift schreef. Ze overleed in 2001.

SHIRLEY KNIGHT – actrice die de meeste bekendheid verwierf door haar rollen in *The Dark at the Top of the Stairs* en *Sweet Bird of Youth*, voor welke films ze werd genomineerd voor een Oscar. Vervangen door Streep in *Happy End*.

BOB LEVIN – Streeps vriendje op de universiteit toen ze studeerde aan Vassar en hij de *fullback* was van het American-footballteam van Yale.

CHARLES 'CHUCK' LEVIN – student aan de toneelschool van Yale in de eindexamenklas van 1974. Broer van Bob Levin.

ROBERT 'BOBBY' LEWIS – medeoprichter van de Actors Studio en oorspronkelijk lid van het Group Theatre. Diende later als het hoofd van de toneel- en regieafdelingen van de Yale School of Drama. Hij overleed in 1997.

ESTELLE LIEBLING – invloedrijke zangcoach die leraar was van de adolescente Streep. Ze overleed in 1970.

JOHN LITHGOW – co-ster van Streep in *Trelawny of the 'Wells'*, *A Memory of Two Mondays* en *Secret Service*. Werd later genomineerd voor een Oscar voor zijn rollen in *The World According to Garp* en *Terms of Endearment*.

CHRISTOPHER LLOYD – speelde naast Streep de hoofdrol in *The Possessed* en *A Midsummer Night's Dream* op Yale en in *Happy Days* op

Broadway. Meest bekend om zijn rollen in *Taxi*, *Back to the Future* en *The Addams Family*.

WILLIAM IVEY LONG – student kostuumontwerp op Yale van de lichting 1975. Als kostuumontwerper op Broadway won hij Tony Awards voor *Nine*, *The Producers*, *Hairspray* en nog andere. In 2012 werd hij verkozen tot voorzitter van de American Theatre Wing.

WALTER MCGINN – acteur en studievriend van John Cazale. Hij was getrouwd met Robyn Goodman en overleed in 1977.

KATE MCGREGOR-STEWART – studente aan de toneelschool van Yale van de lichting 1974.

ALLAN MILLER – acteercoach die Streep regisseerde in *Major Barbara* op Yale.

MICHAEL MORIARTY – theater- en filmacteur die naast Streep de hoofdrol had in *The Playboy of Seville*, *Henry V* en *Holocaust*. Later bekend geworden door zijn rol als Benjamin Stone in *Law & Order*.

GAIL MERRIFIELD PAPP – weduwe van Joseph Papp en voormalig hoofd van de afdeling voor toneel-ontwikkeling in het Public Theater.

JOSEPH PAPP – oprichter van het New York Shakespeare Festival, Shakespeare in the Park en het Public Theater, dat herdoopt werd tot Joseph Papp Public Theater na zijn dood in 1991.

RALPH REDPATH – student aan de toneelschool van Yale van de lichting 1975.

ALAN ROSENBERG – student aan de toneelschool van Yale (gestopt met zijn studie). Later bekend geworden door zijn rollen in *Civil Wars*, *L.A. Law* en *Cybill*. Directeur van de Screen Actors Guild (een vakbond voor filmacteurs) van 2005 tot 2009.

JOHN SAVAGE – filmacteur die Steven speelde in *The Deer Hunter*. Ook bekend van *Hair*, *The Onion Field* en *Salvador*.

JERRY SCHATZBERG – regisseur van *The Seduction of Joe Tynan*. Andere films van hem zijn onder meer *The Panic in Needle Park*, *Scarecrow* en *Honeysuckle Rose*.

ANDREI ȘERBAN – Roemeens theaterregisseur die *The Cherry Orchard* en *Agamemnon* regisseerde in het Lincoln Center.

BARRY SPIKINGS – filmproducer, vroeger van British Lion en EMI Films, met onder andere *The Deer Hunter* en *Convoy* op zijn naam.

EVERT SPRINCHORN – voormalig hoofd van de sectie Toneelkunst van Vassar College, nu professor emeritus toneelkunst.

MARVIN STARKMAN – filmmaker en vriend van John Cazale, die hij regisseerde in de korte film *The American Way*.

HARRY STREEP JR. – vader van Meryl Streep. Hij overleed in 2003.

HARRY STREEP III – jongere broer van Meryl Streep, bekend als 'Third'.

MARY WOLF WILKINSON STREEP – moeder van Meryl Streep. Ze overleed in 2001.

ELIZABETH SWADOS – experimenteel theatercomponiste. In haar musical *Alice in Concert* speelde Streep allerlei rollen. Meest bekend van *Runaways* dat in 1978 op Broadway liep.

BRUCE THOMSON – Streeps vriendje in haar laatste jaar op de middelbare school.

ROSEMARIE TICHLER – hoofd van de castingafdeling in het Public Theater van 1975 tot 1991 en daarna de artistiek producer ervan tot 2001.

RIP TORN – speelde samen met Streep de hoofdrol in *The Father* en *The Seduction of Joe Tynan*. Meest bekend van zijn rollen in *Payday*, *Cross Creek* en *The Larry Sanders Show*.

DERIC WASHBURN – scriptschrijver van *The Deer Hunter*.

WENDY WASSERSTEIN – studente toneelschrijven van de lichting 1976 op Yale. Toneelstukken van haar zijn onder andere *Uncommon Women and Others*, *The Sisters Rosensweig* en *The Heidi Chronicles*, dat een Pulitzer-prijs en een Tony Award won. Ze overleed in 2006.

SAM WATERSTON – co-ster van Streep en Cazale in *Measure for Measure*. Later bekend van zijn rollen in *The Killing Fields*, en in *Law & Order* en *The Newsroom*.

SIGOURNEY WEAVER – studente aan de toneelschool van Yale van de lichting 1974, meest bekend van haar rollen in *Alien*, *Working Girl*, *Gorillas in the Mist* en *Avatar*. In 2013 speelde ze de hoofdrol in Christopher Durangs *Vanya and Sonia and Masha and Spike*, dat een Tony Award won.

BIJROLLEN

IRENE WORTH – co-ster van Streep in *The Cherry Orchard* en winnares van drie Tony Awards, voor *Tiny Alice*, *Sweet Bird of Youth* en *Lost in Yonkers*. Ze overleed in 2002.

FRED ZINNEMANN – regisseur van *Julia*; meest bekend van *High Noon*, *From Here to Eternity* en *A Man for All Seasons*. Hij overleed in 1997.

Dankwoord

Mijn dank gaat eerst en vooral uit naar mijn agent, David Kuhn, die me zo'n beetje heeft bevolen om dit boek te schrijven, met die wonderlijke gave van hem waardoor hij weet wat iemand in zich heeft voordat die persoon het zelf weet. Verder gaat mijn dank ook uit naar Becky Sweren, die ervoor heeft gezorgd dat ik het allemaal voor elkaar kreeg.

Mijn dank gaat uit naar mijn fantastische uitgever, Gail Winston, voor haar inzicht, haar visie, en haar eeuwige klasse, en naar iedereen bij HarperCollins, onder wie Sofia Groopman, Beth Silfin, Martin Wilson en Jonathan Burnham.

Ik zou nergens gekomen zijn zonder de vrijgevigheid, zowel qua tijd als qua instelling, van de vele mensen die ik heb geïnterviewd. De research voor dit boek was een strooptocht die me naar allerlei onverwachte plekken voerde, aangespoord door een bonte stoet spirituele gidsen. Ik ben iedereen dank verschuldigd die in een doos in de garage heeft gesnuffeld, een oude foto heeft afgestoft of een oude herinnering (of vele) heeft bovengehaald, alleen maar om me te helpen de puzzelstukjes samen te voegen.

Dank aan de bibliothecarissen en archivisten in het Paley Center for Media (vooral de onvermoeibare Jane Klain), de Robert B. Haas Family Arts Library op Yale University, het Harry Ransom Center op de University of Texas in Austin, het Howard Gotlieb Archival Research Center op Boston University, de Kent State University Libraries, de Bernardsville Public Library Local History Collection, de Cleveland Public Library, de New Haven Free Public Library, de Adriance Memorial Library in Poughkeepsie, de Public Library of Steubenville and Jefferson County, de Margaret Herrick Library in Beverly Hills, en, vooral, de New York Public Library for the Performing Arts. Ik zou erin gaan wonen als dat zou kunnen.

Voor toestemming om materiaal te gebruiken dank ik Christopher Durang, Albert Innaurato, Christopher Lippincott, William Baker, Michael Booth, William Ivey Long, Paul Davis, Israel Horovitz, Robert Marx, Ann Gussow, Robert Brustein, de European American Music Corporation en de Liveright Publishing Corporation.

Voor hun aanmoedigingen, hun wijsheid en hun vriendschap, mijn innige dank aan Natalia Payne, Laura Millendorf, Ben Rimalower en iedereen bij Theaterists, Jesse Oxfeld, Rachel Shukert, Shira Milikowsky, Deb Margolin en de vindingrijke Dan Fishback. Voor hun advies, peptalks en medelijden: Daniel Kurtz-Phelan, Christopher Heaney, Jason Zinoman, James Sanders, Michael Barbaro en Sam Wasson, wiens boek *Fifth Avenue, 5 A.M.* ik overal bij me droeg als een talisman. Dank aan mijn collega's bij *The New Yorker*, met name Rhonda Sherman, Richard Brody, John Lahr, Rebecca Mead, Shauna Lyon, Paul Rudnick, Susan Morrison en David Remnick. Dank aan Molly Mirhashem voor het checken van feiten en aan Ed Cohen voor de tekstredactie. Voor allerlei onontbeerlijke dingen, dank aan Frederik Ernst, Michael Feingold, Barbara De Dubovay, Richard Shepard, Candi Adams, Aimee Bell en Leslee Dart.

Dank ook aan jou, Meryl Streep, voor het feit dat je zo'n fascinerend leven hebt en voor het feit dat je geen substantiële blokkades hebt opgeworpen.

Dank aan mijn familie die me eeuwig is blijven steunen: mijn vader, Richard, mijn zus, Alissa, en mijn moeder, Nancy, die ook is opgegroeid in een voorstadje in de jaren vijftig, lang haar had en in de jaren zestig van folkmuziek hield, in de jaren zeventig naar het vieze oude New York verhuisde, in de jaren tachtig (en tot op heden) het moederschap en een carrière met elkaar combineerde, en wolkjes schilderde in mijn slaapkamer.

DANKWOORD

En, bovenal, mijn liefde en dankbaarheid aan Jaime Donate, die talloze avonden van *Streepiana* heeft verdragen. Alles wat ik het meest waardeer in ons leven, heb jij me gegeven.

Noten

Bij mijn onderzoek naar het jonge leven en de vroege carrière van Meryl Streep ben ik niet alleen geweldig geholpen door de ruim tachtig mensen die zo vriendelijk waren me een interview te geven, maar ook door het werk van interviewers die het privilege hadden gehad haar als opkomende ster te interviewen. Zeer bruikbaar waren met name Mel Gussows aantekeningen en kopieën van zijn profielschets van 4 februari 1979 in *The New York Times Magazine* getiteld 'The Rising Star of Meryl Streep', die beschikbaar zijn in het Harry Ransom Center, The University of Texas in Austin, Series 11, Container 144, in de noten hieronder afgekort als 'MG'.

Ik heb vele gelukkige middagen doorgebracht in de New York Public Library for the Performing Arts, dat niet alleen een heerlijke plek is om te werken, maar ook een rijke bron aan theater- en filmefemera. Iedereen die Meryl Streep wil zien in *27 Wagons Full of Cotton*, *A Memory of Two Mondays*, of *The Taming of the Shrew* hoeft alleen maar het Theatre on Film and Tape Archive te bellen en een afspraak te maken. (Doen!) Met name bruikbaar waren de documenten van het New York Shakespeare Festival in de Billy Rose Theatre Division, hieronder aangegeven met 'NYSF', gevolgd door een boxnummer. Materiaal dat is gevonden in de Robert B. Haas Family Arts Library op Yale University is afgekort als 'HAAS'.

Proloog

1. Catherine Kallon, 'Meryl Streep in Lanvin – 2012 Oscars', www.redcarpet-fashionawards.com, 27 februari 2012.
2. A.O. Scott, 'Polarizing Leader Fades into the Twilight', *The New York Times*, 30 december 2011.
3. Volledige dialoog via Hollyscoop op https://www.youtube.com/watch?v=p72eu8tKlbM.
4. 60ste Golden Globe Awards, 19 januari 2003.
5. 56e Primetime Emmy Awards, 19 september 2003.
6. 64e Golden Globe Awards, 15 januari 2007.
7. 15e Screen Actors Guild Awards, 25 januari 2009.
8. Opmerkingen op het podium bij de 84ste Oscaruitreikingen, 26 februari 2012.
9. William Shakespeare, *Measure for Measure*, tweede bedrijf, tweede scène, in de vertaling van Willy Courteaux, *William Shakespeare: Verzameld werk*. De Bezige Bij, 2007.
10. 'Meryl Streep: Inside the Actors Studio', Bravo TV, 22 november 1998.
11. Pauline Kael, 'The Current Cinema: Tootsie, Gandhi, and Sophie', *The New Yorker*, 27 december 1982.
12. Afstudeertoespraak gehouden door Meryl Streep op Barnard College, 17 mei 2010.
13. Uit de privéverzameling van Michael Booth.

Mary

14. 'Miss Streep Is Crowned', *Bernardsville News*, 10 november 1966.
15. Pauline Kael, 'The Current Cinema: The God-Bless-America Symphony', *The New Yorker*, 18 december 1978.
16. Afstudeertoespraak gehouden door Meryl Streep op Barnard College, 17 mei 2010.
17. Ibid.
18. Streeps afkomst en haar herinneringen aan haar vader en grootouders worden uitvoerig beschreven in *Faces of America: How 12 Extraordinary People Discovered Their Pasts* van Henry Louis Gates, Jr. (New York University Press, New York, 2010), pp. 34-50.
19. *Good Morning America*, ABC, 3 augustus 2009.
20. 'Meryl Streep: Inside the Actors Studio', Bravo TV, 22 november 1998.
21. MG.
22. Paul Gray, 'A Mother Finds Herself', *Time*, 3 december 1979.
23. Ibid.

24 Biografische informatie over Estelle Liebling uit Charlotte Greenspans artikel over Liebling in de Jewish Women's Archive Encyclopedia, www.jwa.org.
25 'Meryl Streep: The *Fresh Air* Interview', National Public Radio, 6 februari 2012.
26 Beverly Sills, *Beverly: An Autobiography*. Bantam Books, Toronto, 1987, p. 41.
27 Gerald Moore, 'Beverly Sills', *Opera Magazine*, december 2006.
28 Gray, 'A Mother Finds Herself'.
29 Afstudeertoespraak gehouden door Meryl Streep op Barnard College, 17 mei 2010.
30 Ibid.
31 Ibid.
32 Gray, 'A Mother Finds Herself'.
33 Debbie Bozacks citaten komen uit een interview door de auteur, 30 april 2014.
34 Streep gaf haar getekende *Bernardian*-jaarboek van 1965 aan Michael Booth, en het is nog altijd in zijn bezit.
35 'Meryl Streep: The *Fresh Air* Interview', 6 februari 2012.
36 Booths herinneringen aan de middelbare school komen uit een interview door de auteur van 10 juli 2014, en uit zijn stuk 'Meryl & Me', *US*, 25 augustus 1986.
37 'An Interview with Meryl Streep', *The Charlie Rose Show*, WNET, 5 november 1999.
38 '… And the Music Lingers On', *The Crimson*, april 1966.
39 Rosemarie Tichler en Barry Jay Kaplan, *Actors at Work*. Faber and Faber, New York, 2007, p. 290.
40 Diane de Dubovay, 'Meryl Streep', *Ladies' Home Journal*, maart 1980.
41 'Meryl Streep: The *Fresh Air* Interview', 6 februari 2012.
42 Afstudeertoespraak gehouden door Meryl Streep op Barnard College, 17 mei 2010.
43 Ibid.
44 'Spotlight: Meryl Streep', *Seventeen*, februari 1977.
45 Getuigenissen van laatstejaars uit *The Bernardian*, 1967.
46 Susan Dworkin, 'Meryl Streep to the Rescue!', *Ms.*, februari 1979.
47 Afstudeertoespraak gehouden door Meryl Streep op Vassar College, 22 mei 1983.

Julie

48 Elizabeth A. Daniels en Clyde Griffen, *Full Steam Ahead in Poughkeepsie: The Story of Coeducation at Vassar, 1966–1974*. Vassar College, Poughkeepsie, 2000, p. 18.
49 Wendy Wasserstein, *Uncommon Women and Others*.

Dramatists Play Service, New York, 1978, p. 36.
50 Ibid., p. 21.
51 Afstudeertoespraak gehouden door Meryl Streep op Vassar College, 22 mei 1983.
52 Deze tekening, en Streeps brieven uit haar eerste jaar, komen uit de privéverzameling van Michael Booth.
53 Afstudeertoespraak gehouden door Meryl Streep op Barnard College, 17 mei 2010.
54 Interview door de auteur met Bob Levin, 16 december 2014. In Kevin Rafferty's documentaire *Harvard Beats Yale 29-29* uit 2008 wordt het hele verhaal over de legendarische American-footballwedstrijd uit 1968 verteld.
55 'Meryl Streep: The *Fresh Air* Interview', National Public Radio, 6 februari 2012.
56 James Joyce, *Een portret van de kunstenaar als jongeman*. De Bezige Bij, Amsterdam, 2009.
57 Al Booths herinneringen komen uit een interview door de auteur van 10 juli 2014.
58 Dit relaas van Vassars overgang naar gemengde educatie komt voor het grootste deel uit Daniels en Griffen, *Full Steam Ahead in Poughkeepsie*.
59 Ibid., p.29.
60 Ibid., pp.34-35.
61 *Vassar Miscellany News*, 4 oktober 1968.
62 Susan Casteras, *Vassar Miscellany News*, 11 oktober 1968.
63 Diane de Dubovay, 'Meryl Streep', *Ladies' Home Journal*, maart 1980.
64 Susan Dworkin, 'Meryl Streep to the Rescue!', *Ms.*, februari 1979.
65 Evert Sprinchorns citaten komen uit een interview door de auteur van 7 april 2014.
66 Uit Evert Sprinchorns vertaling, die werd gebruikt in de voorstelling van Vassar College. Verzameld in Robert Brustein, ed., *Strindberg: Selected Plays and Prose*. Holt, Rinehart and Winston, New York, 1964, p.73.
67 Interview door de auteur met C. Otis Sweezey van 26 september 2014.
68 Interview door de auteur met Judy Ringer van 12 april 2014.
69 Interview door de auteur met Lee Devin van 7 april 2014.
70 'Meryl Streep: Inside the Actors Studio', Bravo TV, 22 november 1998.
71 Michel Bouche, 'Don't Miss "Miss Julie" in Vassar Performance', *Poughkeepsie Journal*, 13 december 1969.
72 In Brustein, ed., *Strindberg: Selected Plays and Prose*, p.99.

73. Ibid., p.61.
74. Daniels en Griffen, *Full Steam Ahead in Poughkeepsie*, pp.124–25.
75. Afstudeertoespraak gehouden door Meryl Streep op Vassar College, 22 mei 1983.
76. In Brustein, ed., *Strindberg: Selected Plays and Prose*, p.85.
77. Behalve waar anders vermeld komen Streeps herinneringen aan Dartmouth uit Mark Bubriski, 'From Vassar (to Hanover) to Hollywood: Meryl Streep's College Years', *The Dartmouth*, 19 mei 2000.
78. Dudleys herinneringen komen uit een interview door de auteur van 5 mei 2014.
79. Afstudeertoespraak gehouden door Meryl Streep op Vassar College, 22 mei 1983.
80. MG.
81. Afstudeertoespraak gehouden door Gloria Steinem op Vassar College, 31 mei 1970.
82. *The Dartmouth*, 19 mei 2000.
83. George Lillo, *The London Merchant*, vierde bedrijf, tweede scène.
84. Debi Erb, 'Meryl Streep Excels in "London Merchant"', *Miscellany News*, 12 maart 1971.
85. Interview door de auteur met Philip LeStrange van 21 mei 2014.
86. Interview door de auteur met Sondra Green van 21 mei 2014.
87. 'Meryl Streep: Inside the Actors Studio', 22 november 1998.
88. In Brustein, ed., *Strindberg: Selected Plays and Prose*, p.95.
89. E-mail aan auteur van Marjorie O'Neill-Butler van 10 juli 2014.
90. Interview door de auteur met Peter Parnell van 28 mei 2014.
91. Interview door de auteur met Peter Maeck van 22 mei 2014.
92. MG.
93. Jack Kroll, 'A Star for the '80s', *Newsweek*, 7 januari 1980.
94. William Shakespeare, *The Merchant of Venice*, vierde bedrijf, eerste scène, in de vertaling van Willy Courteaux, *William Shakespeare: Verzameld werk*. De Bezige Bij, Amsterdam, 2007.
95. Herinnerd door Levin, 16 december 2014.

Constance

96. Christopher Durang, 'New Again: Sigourney Weaver', *Interview*, juli 1988.
97. Kate McGregor-Stewarts citaten komen uit een interview door de auteur van 10 februari 2014.
98. Linda Atkinsons citaten komen uit een interview door de auteur van 22 januari 2014.
99. Hilary de Vries, 'Meryl Acts Up', *Los Angeles Times*, 9 september 1990.

100. Durang, 'New Again: Sigourney Weaver'.
101. Interview door de auteur met Sigourney Weaver van 9 juni 2015.
102. William Ivey Longs citaten komen uit een interview door de auteur van 19 januari 2014.
103. Walt Jones' citaten komen, tenzij anders vermeld, uit een interview door de auteur van 30 januari 2014.
104. Interview door de auteur met Robert Brustein van 14 januari 2014.
105. Robert Brustein, *Making Scenes: A Personal History of the Turbulent Years at Yale 1966–1979*. Random House, New York, 1981, p. 8.
106. Ibid., p. 10.
107. Interview door de auteur met Gordon Rogoff van 16 januari 2014.
108. Brustein, *Making Scenes*, p. 15.
109. Ibid., p. 104.
110. Ibid., p. 90.
111. Thomas Meehan, 'The Yale Faculty Makes the Scene', *The New York Times Magazine*, 7 februari 1971.
112. Klassenroosters en beschrijvingen zijn te vinden in de Yale Repertory Theatre and Yale School of Drama Ephemera Collection, HAAS, Box 16.
113. Rosemarie Tichler en Barry Jay Kaplan, *Actors at Work*. Faber and Faber, New York, 2007, p. 291.
114. Interview door de auteur met Robert Brustein van 14 januari 2014.
115. Steve Rowe's citaten komen uit een interview door de auteur van 16 februari 2014.
116. Alan Rosenbergs citaten komen uit een interview door de auteur van 10 maart 2014.
117. Ralph Redpaths citaten komen uit een interview door de auteur van 13 januari 2014.
118. Jean-Claude van Itallie, vert., *Anton Chekhov's Three Sisters*. Dramatists Play Service, New York 1979, p. 9.
119. Michael Posnicks citaten komen uit een interview door de auteur van 16 januari 2014.
120. Mel Gussow, 'The Rising Star of Meryl Streep', *The New York Times Magazine*, 4 februari 1979.
121. Albert Innaurato's citaten komen uit een interview door de auteur van 10 januari 2014.
122. Michael Feingolds citaten komen uit een interview door de auteur van 11 februari 2014.
123. Brustein, *Making Scenes*, p. 152.
124. MG.
125. Allan Millers citaten komen uit een interview door de auteur van 28 juli 2014.
126. E-mail aan de auteur van Walt Jones van 30 maart 2014.

127. Herinnerd door Miller, 28 juli 2014.
128. MG.
129. Verscheidene andere studenten herinnerden zich ook een 'slachting'. Miller, van zijn kant, kon zich niets herinneren van de evaluatie en zei dat Streep 'een genot om mee te werken' was.
130. Robert Brustein Collection, Howard Gotlieb Archival Research Center op Boston University, Box 34.
131. Brustein, *Making Scenes*, p. 168.
132. Diana Maychick, *Meryl Streep: The Reluctant Superstar*. St. Martin's Press, New York, 1984, p. 37.
133. Herinnerd door Jones, 30 januari 2014.
134. David Rosenthal, 'Meryl Streep Stepping In and Out of Roles', *Rolling Stone*, 15 oktober 1981.
135. Brustein, *Making Scenes*, p. 240.
136. Christopher Durang en Albert Innaurato, *The Idiots Karamazov*. Dramatists Play Service, New York, 1981, p. 22.
137. Herinnerd door Christopher Durang, wiens citaten, tenzij anders vermeld, afkomstig zijn uit een interview door de auteur van 26 september 2014.
138. Rosenthal, 'Meryl Streep Stepping In and Out of Roles'.
139. Herinnerd door Durang, 26 september 2014.
140. Durang en Innaurato, *The Idiots Karamazov*, p. 51.
141. Brustein, *Making Scenes*, p. 188.
142. De gebeurtenissen in dit segment zijn herinnerd door Rosenberg, 10 maart 2014.
143. Herinnerd door Streep in de interviewtapes voor de profielschets van haar door Diane de Dubovay in *Ladies' Home Journal* van maart 1980, beschikbaar gesteld aan de auteur door de familie De Dubovay.
144. Terry Curtis Fox, 'Meryl Streep: Her "I Can't Wait" Jumps Right Out at You', *Village Voice*, 31 mei 1976.
145. Stephen Sondheim geeft zijn visie in zijn boek *Finishing the Hat: Collected Lyrics (1954–1981) with Attendant Comments, Principles, Heresies, Grudges, Whines and Anecdotes*. Knopf, New York, 2010, pp. 285–87. Brustein herinnert zich zijn eigen frustraties en de reacties van de campus op *The Frogs* in *Making Scenes*, pp. 178-82.
146. Aristophanes, Burt Shevelove, Stephen Sondheim, *The Frogs*. Dramatic Publishing Co., Chicago, 1975, p. 8.
147. Mel Gussow, 'Stage: "Frogs" in a Pool', *The New York Times*, 23 mei 1974.
148. Brustein, *Making Scenes*, p. 218.
149. Julie Salamons uitstekende *Wendy and the Lost Boys: The*

149. *Uncommon Life of Wendy Wasserstein*. Penguin Press, New York, 2011, p. 135.
150. Ibid., p. 126.
151. Wendy Wasserstein, *Bachelor Girls*. Knopf, New York, 1990, p. 78.
152. Salamon, *Wendy and the Lost Boys*, p. 177.
153. Herinneringen aan het Summer Cabaret van Walt Jones, 30 januari 2014.
154. Gussow, 'The Rising Star of Meryl Streep'.
155. Ibid.
156. Herinnerd door Feingold, 11 februari 2014.
157. Bruce Weber, 'Elzbieta Czyzewska, 72, Polish Actress Unwelcome in Her Own Country, Dies', *The New York Times*, 18 juni 2010.
158. Haas werd de artistiek directeur van het Indiana Repertory Theatre. Hij overleed in 1991, na tijdens het joggen aangereden te zijn door een busje.
159. Herinnerd door Atkinson, 22 januari 2014.
160. Herinnerd door Long, 19 januari 2014.
161. MG.
162. Mel Gussow, 'Play: "Idiots Karamazov", Zany Musical', *The New York Times*, 11 november 1974.
163. Brustein, *Making Scenes*, p. 190.
164. Ibid., p. 198
165. Herinnerd door Rowe, 16 februari 2014.
166. Brustein, *Making Scenes*, p. 199.
167. Herinnerd door Redpath, 13 januari 2014.
168. Ira Hauptmans dramaturgische logboek van deze productie is te vinden in de Yale School of Drama Production Casebook Collection, HAAS, Box 1.
169. Andrea Stevens, 'Getting Personal about Yale's Drama School', *The New York Times*, 12 november 2000.
170. Ibid.
171. Brustein, *Making Scenes*, p. 199.
172. Stevens, 'Getting Personal about Yale's Drama School'.
173. Brustein, *Making Scenes*, p. 192.
174. Ibid., p. 191.
175. Ibid., p. 194.
176. Robert Marx' dramaturgische logboek van *A Midsummer Night's Dream* is te vinden in de Yale School of Drama Production Casebook Collection, HAAS, Box 1.
177. Brustein, *Making Scenes*, p. 201.
178. Mel Gussow, 'Stage: Haunting Shakespeare "Dream"', *The New York Times*, 15 mei 1975.
179. Jack Kroll, 'A Star for the '80s', *Newsweek*, 7 januari 1980.
180. Robert Brustein Collection, Howard Gotlieb Archival Research Center op Boston University, Box 8.

Isabella

181. Michael Lassell, 'Waiting for That "First Break"', *New Haven Register*, 13 juli 1975.
182. Mel Gussow, 'The Rising Star of Meryl Streep', *The New York Times Magazine*, 4 februari 1979.
183. Susan Dworkin, 'Meryl Streep to the Rescue!', *Ms.*, februari 1979.
184. Tichlers herinneringen komen uit Kenneth Turan en Joseph Papp, *Free For All: Joe Papp, The Public, and the Greatest Theater Story Ever Told*. Doubleday, New York, 2009, pp. 363–64; en uit een interview door de auteur van 25 juni 2014.
185. William Shakespeare, *Henry VI*, eerste bedrijf, vierde scène, in de vertaling van Willy Courteaux, *William Shakespeare: Verzameld werk*. De Bezige Bij, 2007.
186. Terrence McNally, *Whiskey: A One-Act Play*. Dramatists Play Service, New York, 1973, p. 48.
187. Biografische informatie over Joseph Papp is ontleend aan Helen Epsteins onontbeerlijke *Joe Papp: An American Life*. Little, Brown, Boston, 1994. Dit citaat staat op p. 11.
188. Ibid., p. 158
189. Ibid., p. 167.
190. Gail Papps citaten komen uit een interview door de auteur van 19 juni 2014.
191. Epstein, *Joe Papp: An American Life*, p. 345.
192. Ibid., p. 296.
193. Arthur Wing Pinero, *Trelawny of the 'Wells'*. Dramatic Publishing Co., Chicago, 1898, 'A Direction to the Stage Manager'.
194. De geschiedenis van het Eugene O'Neill Theater Center is beschikbaar op de website ervan: www.theoneill.org.
195. Grifasi's herinneringen aan de zomer van 1975 werden uitgesproken in een speech ter ere van Streep bij de O'Neills Monte Cristo Awards, gehouden in New York op 21 april 2014.
196. Jeffrey Sweet, *The O'Neill: The Transformation of Modern American Theater*. Yale University Press, New Haven, 2014; voorwoord door Meryl Streep.
197. Ibid.
198. De versies van Grifasi en Tichler verschillen licht van elkaar; Tichler herinnert zich dat Streep vertraging had met de trein.
199. Rosemarie Tichler en Barry Jay Kaplan, *Actors at Work*. Faber and Faber, New York, 2007, p. 305.

200. Turan en Papp, *Free for All*, p. 363.
201. Afstudeertoespraak gehouden door Meryl Streep op Vassar College, 22 mei 1983.
202. Mary Beth Hurts citaten komen uit een interview door de auteur van 16 juli 2014.
203. Turan en Papp, *Free for All*, p. 364.
204. John Lithgow, *Drama: An Actor's Education*. Harper, New York, 2011, pp. 275–76.
205. Tichler en Kaplan, *Actors at Work*, pp. 305–6.
206. Clive Barnes, 'The Stage: Papp Transplants Pinero's "Trelawny"', *The New York Times*, 16 oktober 1976.
207. Walter Kerr, '"A Chorus Line" Soars, "Trelawny" Falls Flat', *The New York Times*, 26 oktober 1975.
208. Dave Karger, 'Oscars 2012: Love Story', *Entertainment Weekly*, 2 maart 2012.
209. Herinnerd door J. Roy Helland bij 'Extreme Makeover', een paneldiscussie op het New Yorker Festival, gehouden in New York op 11 oktober 2014.
210. Interview door de auteur met Jeffrey Jones van 26 juni 2014.
211. Terry Curtis Fox, 'Meryl Streep: Her "I Can't Wait" Jumps Right Out at You', *Village Voice*, 31 mei 1976.
212. Lithgow, *Drama*, p. 277.
213. Arvin Browns citaten komen uit een interview door de auteur van 8 april 2014.
214. Tennessee Williams, *27 Wagons Full of Cotton: And Other Plays*. New Directions, New York, 1966, p. 3.
215. Julius Novick, 'The Phoenix Rises – Again', *Village Voice*, 9 februari 1976.
216. 'Meryl Streep: The *Fresh Air* Interview', National Public Radio, 6 februari 2012.
217. William Gillette, *Secret Service*. Samuel French, New York, 1898, p. 182.
218. Joan Juliet Buck, 'More of a Woman', *Vogue*, juni 1980.
219. MG.
220. Epstein, *Joe Papp: An American Life*, p. 334.
221. Fox, 'Meryl Streep: Her "I Can't Wait" Jumps Right Out at You'.
222. William Shakespeare, *Henry V*, vierde bedrijf, eerste scène, in de vertaling van Willy Courteaux, *William Shakespeare: Verzameld werk*. De Bezige Bij, 2007.
223. Interview door de auteur met Tony Simotes van 2 mei 2014.
224. William Shakespeare, *Henry V*, eerste bedrijf, proloog, in de vertaling van Willy Courteaux, *William Shakespeare: Verzameld werk*. De Bezige Bij, 2007.
225. Eric Grode, 'The City's Stage, in Rain, Heat and Ribald

Lines', *The New York Times*, 27 mei 2012.
226 Interview door de auteur met Gabriel Gribetz van 23 april 2014.
227 Thomas Lask, 'Rudd, Meryl Streep, Actors to Hilt', *The New York Times*, 19 juni 1976.
228 Deze omschrijving van de rij is afkomstig uit George Vecsey, 'Waiting for Shakespeare', *The New York Times*, 16 juli 1976.
229 Shakespeare, *Measure for Measure*, tweede bedrijf, vierde scène, in de vertaling van Willy Courteaux, *William Shakespeare: Verzameld werk*. De Bezige Bij, 2007.
230 Judy Klemesrud, 'From Yale Drama to "Fanatic Nun"', *The New York Times*, 13 augustus 1976.
231 Fox, 'Meryl Streep: Her "I Can't Wait" Jumps Right Out at You'.
232 Shakespeare, *Measure for Measure*, tweede bedrijf, vierde scène. De vertaling komt uit: Willy Courteaux, *William Shakespeare: Verzameld werk*. De Bezige Bij, Amsterdam, 2007.
233 Klemesrud, 'From Yale Drama to "Fanatic Nun"'.
234 Shakespeare, *Measure for Measure*, tweede bedrijf, vierde scène, in de vertaling van Willy Courteaux, *William Shakespeare: Verzameld werk*. De Bezige Bij, Amsterdam, 2007.
235 Interview door de auteur met Judith Light van 18 juni 2014.
236 Interview door de auteur met Michael Feingold van 11 februari 2014.
237 Mel Gussow, 'Stage: A "Measure" to Test the Mettle of Actors', *The New York Times*, 13 augustus 1976.
238 Klemesrud, 'From Yale Drama to "Fanatic Nun"'.

Fredo

239 Marvin Starkmans citaten komen uit een interview door de auteur van 24 april 2014.
240 Robyn Goodmans citaten komen uit een interview door de auteur van 5 juni 2014.
241 Israel Horovitz' citaten komen uit een interview door de auteur van 17 april 2014.
242 Richard Shepard, reg., *I Knew It Was You: Rediscovering John Cazale*, Oscilloscope Laboratories, 2010.
243 Stephen Casales citaten komen uit een interview door de auteur van 2 april 2014.
244 Francis Ford Coppola, reg., *The Godfather: Part II*, Paramount Pictures, 1974.
245 De details van Cazales stamboom en jeugd komen uit een interview door de auteur

245. met Stephen Casale van 2 april 2014, en uit Clemente Manenti, 'The Making of Americans', *Una Città*, september 2011.
246. Johns broer, Stephen, veranderde zijn eigen naam in 1967 weer terug in 'Casale'.
247. Herinnerd door Starkman, 24 april 2014.
248. Herinnerd door Pacino in *I Knew It Was You* (Shepard, reg.).
249. Israel Horovitz, *Plays: 1*. Methuen Drama, Londen, 2006, p. 64.
250. *I Knew It Was You* (Shepard, reg.).
251. Mario Puzo, *De Peetvader*. De Boekerij, Amsterdam, 2004, p. 15.
252. Francis Ford Coppola, commentaar van de regisseur, *The Godfather: DVD Collection*. Paramount Pictures, 2001.
253. Francis Ford Coppola, reg., *The Conversation*. Paramount Pictures, 1974.
254. *The Godfather: Part II* (Coppola, reg.).
255. Tim Lewis, 'Icon: John Cazale', *British GQ*, januari 2010.
256. Herinnerd door Starkman, 24 april 2014.
257. Sidney Lumet, commentaar van de regisseur, *Dog Day Afternoon*, Warner Home Video, 2006.
258. *Dog Day Afternoon*, Sidney Lumet (reg.), Warner Bros., 1975.
259. Interview door de auteur met Sam Waterston van 26 juni 2015.
260. Interview door de auteur met Tony Simotes van 2 mei 2014.
261. Interview door de auteur met Rosemarie Tichler van 25 juni 2014.
262. William Shakespeare, *Measure for Measure*, tweede bedrijf, tweede scène, in de vertaling van Willy Courteaux, *William Shakespeare: Verzameld werk*. De Bezige Bij, Amsterdam, 2007.
263. *I Knew It Was You* (Shepard, reg.).
264. Ibid.
265. Ibid.
266. Herinnerd door Casale, 2 april 2014.
267. Brock Brower, 'Shakespeare's "Shrew" with No Apologies', *The New York Times*, 6 augustus 1978.
268. *I Knew It Was You* (Shepard, reg.).
269. Uit Streeps speech op 'The 42nd AFI Life Achievement Award: A Tribute to Jane Fonda', gehouden in Los Angeles op 5 juni 2014.
270. Susan Dworkin, 'Meryl Streep to the Rescue!', *Ms.*, februari 1979.

271 Uit Streeps speech op 'An Academy Salute to Vanessa Redgrave', gehouden in Londen op 13 november 2011.
272 Interview door de auteur met John Glover van 7 april 2015.
273 Joan Juliet Buck, 'More of a Woman', *Vogue*, juni 1980.
274 Herinnerd door Starkman, 24 april 2014.
275 'Streep's Debut Turned Her Against Hollywood', WENN, 1 november 2004.
276 Helen Epstein, *Joe Papp: An American Life*. Little, Brown, Boston, 1994, p. 343.
277 Terry Curtis Fox, 'Meryl Streep: Her "I Can't Wait" Jumps Right Out at You', *Village Voice*, 31 mei 1976.
278 Andrei Serbans citaten komen, tenzij anders vermeld, uit een e-mail van Serban aan de auteur van 2 juni 2014.
279 Fox, 'Meryl Streep: Her "I Can't Wait" Jumps Right Out at You'.
280 Diana Maychick, *Meryl Streep: The Reluctant Superstar*. St. Martin's Press, New York, 1984, p. 53.
281 Herinnerd door Michael Feingold, wiens citaten uit een interview door de auteur van 11 februari 2014 komen.
282 Interview door de auteur met Mary Beth Hurt van 16 juli 2014.
283 Mel Gussow, 'The Rising Star of Meryl Streep', *The New York Times Magazine*, 4 februari 1979.
284 John Simon, 'Deadly Revivals', *The New Leader*, 14 maart 1977.
285 Clive Barnes, 'Stage: A "Cherry Orchard" That Celebrates Genius', *The New York Times*, 18 februari 1977.
286 De woedende brieven zijn liefdevol verzameld in NYSF, Box 2-56.
287 Robert Markowitz' citaten komen uit een interview door de auteur van 6 oktober 2014.
288 *The Deadliest Season* (Robert Markowitz, reg.), CBS, 16 maart 1977.
289 Interview door de auteur met Christopher Lloyd van 28 juni 2014. Meer over deze door rampen geteisterde productie is te vinden in Davi Napoleon, *Chelsea on the Edge*. Iowa State University Press, Ames, 1991, pp. 212–16.

Linda

290 NYSF, Box 5-114.
291 Helen Epstein, *Joe Papp: An American Life*. Little, Brown, Boston, 1994, p. 4.
292 Ronald Sullivan, 'Dr. William M. Hitzig, 78, Aided War Victims', *The New York Times*, 30 augustus 1983.

293 Gail Papps citaten komen uit een interview door de auteur van 19 juni 2014.
294 Epstein, *Joe Papp: An American Life*, p. 4.
295 NYSF, Box 5-114.
296 Interview door de auteur met lid van de cast Prudence Wright Holmes van 17 juni 2014.
297 Interview door de auteur met Christopher Lloyd van 28 juni 2014.
298 Interview door de auteur met Stephen Casale van 2 april 2014.
299 Richard Shepard, reg., *I Knew It Was You: Rediscovering John Cazale*. Oscilloscope Laboratories, 2010.
300 Bertolt Brecht, tekst; Kurt Weill, muziek; oorspronkelijk Duits toneelstuk door Dorothy Lane; boek en tekst bewerkt door Michael Feingold, *Happy End: A Melodrama with Songs*. Samuel French, New York, 1982, p. 59.
301 Herinnerd door Holmes, 17 juni 2014.
302 Steve Garbarino, 'Michael Cimino's Final Cut', *Vanity Fair*, maart 2002.
303 Ibid.
304 Dit relaas over de herkomst van *The Deer Hunter* is afkomstig uit een interview door de auteur met Quinn Redeker op 11 november 2014, een interview door de auteur met Michael Deeley op 27 september 2014 en Deeleys boek *Blade Runners, Deer Hunters, and Blowing the Bloody Doors Off*. Pegasus Books, New York, 2009, pp. 130–31.
305 Interview door de auteur met Michael Deeley van 27 september 2014.
306 Deric Washburns citaten komen uit een interview door de auteur van 29 september 2014.
307 Peter Biskind, 'The Vietnam Oscars', *Vanity Fair*, maart 2008.
308 Barry Spikings herinneringen komen, tenzij anders vermeld, uit een interview door de auteur van 26 september 2014.
309 Michael Cimino, *The Deer Hunter*, tweede versie, geschreven met Deric Washburn (20 februari 1977), p. 12. Robert De Niro Papers, Harry Ransom Center, University of Texas in Austin, Series I, Box 44.
310 Deeley, *Blade Runners, Deer Hunters, and Blowing the Bloody Doors Off*, pp. 168–69.
311 Mel Gussow, 'The Rising Star of Meryl Streep', *The New York Times Magazine*, 4 februari 1979.
312 MG.

313 Susan Dworkin, 'Meryl Streep to the Rescue!', *Ms.*, februari 1979.
314 Michael Cimino, commentaar van de regisseur, *The Deer Hunter*, StudioCanal, 2006.
315 Jean Vallely, 'Michael Cimino's Battle to Make a Great Movie', *Esquire*, 2–16 januari 1979.
316 David Gregory, reg., *Realising 'The Deer Hunter': An Interview with Michael Cimino*, Blue Underground, 2003.
317 Vallely, 'Michael Cimino's Battle to Make a Great Movie'.
318 Deeley, *Blade Runners, Deer Hunters, and Blowing the Bloody Doors Off*, p. 170.
319 Vallely, 'Michael Cimino's Battle to Make a Great Movie'.
320 *Realising 'The Deer Hunter'* (Gregory, reg.).
321 *I Knew It Was You* (Shepard, reg.).
322 Zoals ze doet in *I Knew It Was You* (Shepard, reg.).
323 Herinnerd door John Savage, wiens citaten, tenzij anders vermeld, uit een interview door de auteur van 19 september 2014 komen.
324 Herald-Star (Steubenville), 6 juli 1977.
325 *Sunday Plain Dealer* (Cleveland), 31 juli 1977.
326 Steve Weiss, 'Mingo Gets Robbed – No Name in Lights', *Herald-Star*, 1 juli 1977.
327 Dolly Zimber, 'Mingo Citizens Elated by Film', *Herald-Star*, 6 juli 1977.
328 Roger Copeland, 'A Vietnam Movie That Does Not Knock America', The New York Times, 7 augustus 1977.
329 Interview met Olga Gaydos, The Cleveland Memory Project, Cleveland State University Libraries, www.clevelandmemory.org.
330 Herinnerd door Mary Ann Haenel, wier citaten afkomstig zijn uit een interview door de auteur van 21 september 2014.
331 *I Knew It Was You* (Shepard, reg.).
332 Chris Colombi, 'Where's the Glamour?', *Plain Dealer* (Cleveland), 9 december 1977.
333 Donna Chernin, 'Clevelander Finds Extras for Film-Shooting Here', *Plain Dealer*, 22 juli 1977.
334 Cimino, commentaar van de regisseur, *The Deer Hunter*.
335 Ibid.
336 Dworkin, 'Meryl Streep to the Rescue!'
337 Afstudeertoespraak gehouden door Meryl Streep op Barnard College, 17 mei 2010.
338 Herinnerd door Haenel, 21 september 2014.
339 Cimino, commentaar van de regisseur, *The Deer Hunter*.

340 Michael Cimino (reg.), *The Deer Hunter*, Columbia-EMI-Warner/Universal Pictures, 1978.
341 Cimino's relaas over het schieten in de bergen komt uit zijn commentaar van de regisseur voor *The Deer Hunter*.
342 Dworkin, 'Meryl Streep to the Rescue!'
343 Marvin J. Chomsky, reg., *Holocaust*, NBC, 1978.
344 NYSF, Box 1-160. De voorkant van de ansichtkaart is een foto van het Johann Strauss-monument.
345 Dworkin, 'Meryl Streep to the Rescue!'
346 Paul Gray, 'A Mother Finds Herself', *Time*, 3 december 1979.
347 Marvin Chomsky's citaten komen uit een interview door de auteur van 6 november 2014.
348 Jane Hall, 'From Homecoming Queen to "Holocaust"', *TV Guide*, 24 juni 1978.
349 Interview door de auteur met Blanche Baker van 9 oktober 2014.
350 Brock Brower, 'Shakespeare's "Shrew" with No Apologies', *The New York Times*, 6 augustus 1978.
351 Interview door de auteur met Albert Innaurato van 10 januari 2014.
352 William G. Cahan, M.D., *No Stranger to Tears: A Surgeon's Story*. Random House, New York, 1992, p. 264.
353 Ongedateerde brief, Robert Lewis Papers, Kent State University Libraries, Special Collections and Archives, Sub-Series 3B, Box 33.
354 Diane de Dubovay, 'Meryl Streep', *Ladies' Home Journal*, maart 1980.
355 Andy Newman, 'A Couple of Weeks Without Parking Rules? Try a Couple Months', www.nytimes.com, 7 januari 2011.
356 Cimino, commentaar van de regisseur, *The Deer Hunter*.
357 Niet-gepubliceerde herinneringen van Barry Spikings, beschikbaar gesteld aan de auteur.
358 Ibid.
359 Biskind, 'The Vietnam Oscars'.
360 Wendy Wasserstein, *Uncommon Women and Others*. Dramatists Play Service, New York, 1978, p. 33.
361 Herinnerd door Steven Robman, wiens citaten afkomstig zijn uit een interview door de auteur van 21 december 2014.
362 Interview door de auteur met Ellen Parker van 3 december 2014.
363 Gussow, 'The Rising Star of Meryl Streep'.

[364] Brower, 'Shakespeare's "Shrew" with No Apologies'.
[365] MG.
[366] *I Knew It Was You* (Shepard, reg.).
[367] Dit verhaal werd verteld door Israel Horovitz in Tim Lewis, 'Icon: John Cazale', *British GQ*, januari 2010, en ook aan de auteur door een andere vriend van Cazale.
[368] Epstein, *Joe Papp: An American Life*, p. 4.
[369] Israel Horovitz, 'A Eulogy: John Cazale (1936–1978)', *Village Voice*, 27 maart 1978. Gebruikt met instemming van Israel Horovitz.
[370] Gray, 'A Mother Finds Herself'.
[371] Epstein, *Joe Papp: An American Life*, p. 4.
[372] Deeley, *Blade Runners, Deer Hunters, and Blowing the Bloody Doors Off*, p. 178.
[373] *Realising 'The Deer Hunter'* (Gregory, reg.).
[374] Biskind, 'The Vietnam Oscars'.
[375] Vallely, 'Michael Cimino's Battle to Make a Great Movie'.
[376] *Realising 'The Deer Hunter'* (Gregory, reg.). Barry Spikings zei over dit verhaal: 'Ik zou dat omschrijven als artistieke vrijheid.'
[377] MG.
[378] Herinnerd door Casale, 2 april 2014.
[379] Hall, 'From Homecoming Queen to "Holocaust"'.
[380] Jerry Schatzberg, reg., *The Seduction of Joe Tynan*, Universal Pictures, 1979.
[381] MG.
[382] Howard Kissel, 'The Equal Opportunity Politics of Alan Alda', *Chicago Tribune*, 12 augustus 1979.
[383] Jerry Schatzbergs citaten komen uit een interview door de auteur van 6 oktober 2014.
[384] Dworkin, 'Meryl Streep to the Rescue!'
[385] Herinnerd door Schatzberg, 6 oktober 2014.
[386] Herinnerd door Baker, 6 oktober 2014.
[387] Karen Hosler, 'Tinscltown Entourage Reveals Star-Struck City', *Baltimore Sun*, 7 mei 1978.
[388] Herinnerd door Schatzberg, 6 oktober 2014.
[389] Dworkin, 'Meryl Streep to the Rescue!'
[390] Jack Kroll, 'A Star for the '80s', *Newsweek*, 7 januari 1980.
[391] *The Seduction of Joe Tynan* (Schatzberg, reg.).
[392] Kroll, 'A Star for the '80s'.
[393] Elie Wiesel, 'Trivializing the Holocaust: Semi-Fact and Semi-Fiction', *The New York Times*, 16 april 1978.
[394] Joseph Papp, 'The "Holocaust" Controversy Continues',

The New York Times, 30 april 1978.
395. Nicholas Kulish en Souad Mekhennet, 'How Meryl Streep Helped the Nazi Hunters', www.salon.com, 9 mei 2014, uit hun boek *The Eternal Nazi: From Mauthausen to Cairo, the Relentless Pursuit of SS Doctor Aribert Heim*. Doubleday, New York, 2014.
396. Hosler, 'Tinseltown Entourage Reveals Star-Struck City'.
397. Scot Haller, 'Star Treks', *Horizon*, augustus 1978.
398. MG.
399. Tony Scherman, '"Holocaust" Survivor Shoots "Deer Hunter", Shuns Fame', *Feature*, februari 1979.
400. Vincent Canby, 'Blue-Collar Epic', *The New York Times*, 15 december 1978.
401. Frank Rich, 'Cinema: In Hell Without a Map', *Time*, 18 december 1978.
402. Pauline Kael, 'The Current Cinema: The God-Bless-America Symphony', *The New Yorker*, 18 december 1978.
403. Leticia Kent, 'Ready for Vietnam? A Talk with Michael Cimino', *The New York Times*, 10 december 1978. Cimino's latere omgang met de pers lijkt hem te hebben gekrenkt; hij weigerde een interview voor dit boek via zijn medewerkster Joann Carelli, die zei: 'Je hebt deze reactie aan je collega's te danken.'
404. Biskind, 'The Vietnam Oscars'.
405. Tom Buckley, 'Hollywood's War', *Harper's*, april 1979.
406. Mary Vespa en Pat Gallagher, 'His Dream Was to Heal a Nation with the Vietnam Memorial, but Jan Scruggs's Healing Isn't Over Yet', *People*, 30 mei 1988.
407. Michael Booths herinneringen komen uit een interview door de auteur van 10 juli 2014.
408. Bettijane Levine en Timothy Hawkins, 'Oscar: Puttin' on the Glitz', *Los Angeles Times*, 6 april 1979.
409. Janet Maslin, 'At the Movies: Meryl Streep Pauses for Family Matters', *The New York Times*, 24 augustus 1979.
410. Aljean Harmetz, 'Oscar-Winning "Deer Hunter" Is Under Attack as "Racist" Film', *The New York Times*, 26 april 1979.
411. Lance Morrow, 'Viet Nam Comes Home', *Time*, 23 april 1979.
412. Gussow, 'The Rising Star of Meryl Streep'.
413. Opmerkingen vanaf het podium bij de 51ste Oscaruitreikingen, 9 april 1979.
414. Charles Champlin, '"Deer Hunter" – A Life of Its Own',

Los Angeles Times, 11 april 1979.
[415] Morrow, 'Viet Nam Comes Home'. Cimino vertelt het verhaal over zijn ontmoeting in de lift met Fonda in zijn commentaar van de regisseur bij *The Deer Hunter*.

Joanna

[416] Robyn Goodmans citaten komen uit een interview door de auteur van 5 juni 2014.
[417] Grace Glueck, 'Art People: The Name's Only SoSo, But Loft-Rich TriBeCa Is Getting the Action', *The New York Times*, 30 april 1976.
[418] Het verhaal over het appartement wordt verteld in Diane de Dubovay, 'Meryl Streep', *Ladies' Home Journal*, maart 1980.
[419] Donor Highlight, 'Don Gummer', Herron School of Art + Design, www.herron.iupui.edu.
[420] Biografische informatie over Don Gummer is afkomstig uit Irving Sandler, 'Deconstructive Constructivist', *Art in America*, januari 2005.
[421] Label van de galerie, *Nara and Lana*, Indianapolis Museum of Art, www.imamuseum.org.
[422] Herinnerd door Goodman, 5 juni 2014.
[423] Michael Arick, reg., *Finding the Truth: The Making of 'Kramer vs. Kramer'*, Columbia TriStar Home Video, 2001.
[424] Mark Singer, 'Dealmaker', *The New Yorker*, 11 januari 1982. Een heleboel wonderlijke details over Sam Cohn zijn hierin te vinden.
[425] Ibid.
[426] Susan Andersons citaten komen uit een interview door de auteur van 6 oktober 2014.
[427] Arlene Donovans citaten komen uit een interview door de auteur van 22 september 2014.
[428] De details van Avery Cormans jeugd worden verhaald in zijn boek *My Old Neighborhood Remembered: A Memoir*. Barricade Books, Fort Lee, 2014, pp. 5–6, pp. 80–86. Verder komen Cormans herinneringen uit een interview door de auteur van 30 september 2014.
[429] Avery Corman, *Kramer vs. Kramer*. Random House, New York, 1977, p. 6.
[430] Ibid., p. 44.
[431] Ibid., p. 161.
[432] Judy Klemesrud, 'Avery Corman on His Latest Book: A Father's Love Note to His Family', *The New York Times*, 21 oktober 1977. Judy Corman werd later hoofd publiciteit voor Scholastic, Inc., waar ze de publiciteitscampagne voor

verschillende *Harry Potter*-boeken leidde. Ze overleed in 2004.
[433] Keith Love, 'For First Time in U.S., Divorces Pass 1 Million', *The New York Times*, 18 februari 1976.
[434] Richard Fischoffs citaten komen uit een interview door de auteur van 9 november 2014.
[435] Robert Bentons citaten komen, tenzij anders vermeld, uit een interview door de auteur van 15 oktober 2014.
[436] Tony Schwartz, 'Dustin Hoffman Vs. Nearly Everybody', *The New York Times*, 16 december 1979.
[437] Stuart Kemp, 'Dustin Hoffman Breaks Down While Recounting His Past Movie Choices', *Hollywood Reporter*, 16 oktober 2012.
[438] *Finding the Truth* (Arick, reg.).
[439] Ibid.
[440] William Shakespeare, *The Taming of the Shrew*, eerste bedrijf, tweede scène.
[441] Ibid., vijfde bedrijf, tweede scène, in de vertaling van Willy Courteaux, *William Shakespeare: Verzameld werk*. De Bezige Bij, Amsterdam, 2007.
[442] Brock Brower, 'Shakespeare's "Shrew" with No Apologies', *The New York Times*, 6 augustus 1978.
[443] Eric Pace, 'Raul Julia Is Remembered, with All His Panache', *The New York Times*, 7 november 1994.
[444] Interview door de auteur met lid van de cast George Guidall, 12 december 2014.
[445] Germaine Greer, *De vrouw als eunuch*. Meulenhoff, Amsterdam, 2008.
[446] Brower, 'Shakespeare's "Shrew" with No Apologies'. Ze parafraseerde Greer, die in *De vrouw als eunuch* schrijft: 'Katherina's monoloog aan het einde van het toneelstuk is de grootste verdediging van christelijke monogamie die ooit geschreven is. Hij berust op de rol van de echtgenoot als beschermer en vriend, en is geldig omdat Katherina een man heeft die in staat is tot beide, want Petruchio is zowel teder als sterk (het is een verachtelijke verdraaiing van het stuk om hem haar ooit te laten slaan).'
[447] Jack Kroll, 'A Star for the '80s', *Newsweek*, 7 januari 1980.
[448] Ronald Bergan, *Dustin Hoffman*. Virgin, Londen, 1991, p. 137.
[449] Stephen M. Silverman, 'Life Without Mother', *American Film*, juli–augustus 1979.
[450] *Dustin Hoffman: Private Sessions*, A&E, 21 december 2008.

[451] *Finding the Truth* (Arick, reg.).
[452] Susan Dworkin, 'Meryl Streep to the Rescue!', *Ms.*, februari 1979.
[453] MG.
[454] Ibid.
[455] Kroll, 'A Star for the '80s'.
[456] MG.
[457] Ken Burns, 'Meryl Streep', USA *Weekend*, 1 december 2002.
[458] Herinnerd door Fischoff, 9 november 2014.
[459] Zoals verteld door Streep bij *Friday Night with Jonathan Ross*, BBC One, 4 juli 2008, en herinnerd door Fischoff en Benton.
[460] Robert Benton, reg., *Kramer vs. Kramer*, Columbia Pictures, 1979.
[461] Juliet Taylors citaten komen uit een interview door de auteur van 17 november 2014.
[462] E-mail aan auteur van Marshall Brickman van 6 november 2014.
[463] Rachel Abramowitz, 'Streep Fighter', *Premiere*, juni 1997.
[464] *Finding the Truth* (Arick, reg.).
[465] Herinnerd door Karen Ludwig in een interview door de auteur van 16 oktober 2014.
[466] De Dubovay, 'Meryl Streep'.
[467] Ibid.
[468] Herinnerd door Hoffman in *Finding the Truth* (Arick, reg.).
[469] Clarke Taylor, '"Kramer": Love on the Set', *Los Angeles Times*, 12 november 1978.
[470] Interview door de auteur met Jane Alexander van 8 mei 2015.
[471] *Kramer vs. Kramer* (Benton, reg.).
[472] Christian Williams, 'Scenes from the Battle of the Sexes', *The Washington Post*, 17 december 1982.
[473] Herinnerd door Hoffman in *Finding the Truth* (Arick, reg.).
[474] *Kramer vs. Kramer* (Benton, reg.).
[475] Nick Smurthwaite, *The Meryl Streep Story*. Beaufort Books, New York, 1984, p. 53.
[476] NYSF, Box 2-122.
[477] William Shakespeare, *The Taming of the Shrew*, derde bedrijf, tweede scène
[478] NYSF, Box 5-121.
[479] Christopher Dixon, reg., *Kiss Me, Petruchio*, 1981.
[480] Ibid.
[481] Ibid.
[482] Helen Epstein, *Joe Papp: An American Life*. Little, Brown, Boston, 1994, p. 335.
[483] De geschiedenis van het gerechtsgebouw staat op de website ervan op www.nyc.gov.
[484] De eerste versie van de rede staat in het script van de scène, gedateerd op 5 september 1978, aan de auteur ter beschikking gesteld door Richard Fischoff. De tweede is overgeschreven van de uiteindelijke film.

485 *Kramer vs. Kramer* (Benton, reg.).
486 Hoffman vertelt dit verhaal, met enige trots, zelf in *Finding the Truth* (Arick, reg.).
487 De Dubovay, 'Meryl Streep'.
488 Herinnerd door Hoffman in *Finding the Truth* (Arick, reg.).
489 MG.
490 NYSF, Box 1–173.
491 Epstein, *Joe Papp: An American Life*, p. 427. Papps uiteindelijke opvolger was JoAnne Akalaitis. Hij overleed op 31 oktober 1991.
492 Benton, *Kramer vs. Kramer*, script van de scène, 5 september 1978.
493 Mel Gussow, 'Stage: "Alice" Downtown, with Meryl Streep', *The New York Times*, 29 december 1978.
494 Overgeschreven uit de uiteindelijke film.
495 MG.
496 'Births', *Variety*, 28 november 1979.
497 Streep praat over haar voorbereidingen op het moederschap en de reis naar Europa in haar interviewtapes voor de profielschets van haar door Diane de Dubovay in *Ladies' Home Journal* van maart 1980, beschikbaar gesteld aan de auteur door de familie De Dubovay.
498 De Dubovay, 'Meryl Streep'.
499 Ibid.
500 Alan Alda, *Things I Overheard While Talking to Myself*. Random House, New York, 2007, p. 116.
501 Frank Rich, 'Grownups, A Child, Divorce, And Tears', *Time*, 3 december 1979.
502 Vincent Canby, 'Screen: "Kramer vs. Kramer"', *The New York Times*, 19 december 1979.
503 Box Office Mojo.
504 Gary Arnold, '"Kramer vs. Kramer": The Family Divided', *The Washington Post*, 19 december 1979.
505 Barbara Grizzuti Harrison, '"Kramer vs. Kramer": Madonna, Child, and Mensch', *Ms.*, januari 1980.
506 MG.
507 Mel Gussow, 'The Rising Star of Meryl Streep', *The New York Times Magazine*, 4 februari 1979.
508 Joan Juliet Buck, 'More of a Woman', *Vogue*, juni 1980.
509 Paul Gray, 'A Mother Finds Herself', *Time*, 3 december 1979.
510 De Dubovay, 'Meryl Streep'.
511 'Meryl Streep', *People*, 24 december 1979.
512 Tony Scherman, '"Holocaust" Survivor Shoots "Deer Hunter", Shuns Fame', *Feature*, februari 1979.

513 MG.
514 Kroll, 'A Star for the '80s'.
515 MG.
516 Kroll, 'A Star for the '80s'.
517 MG.
518 Buck, 'More of a Woman'.
519 Dworkin, 'Meryl Streep to the Rescue!'
520 'People Are Talking About…', *Vogue*, juli 1979.
521 Buck, 'More of a Woman'.
522 Gray, 'A Mother Finds Herself'.
523 Buck, 'More of a Woman'.
524 Gray, 'A Mother Finds Herself'.
525 De Dubovay, 'Meryl Streep'.
526 MG.
527 John Skow, 'What Makes Meryl Magic', *Time*, 7 september 1981.
528 Buck, 'More of a Woman'.
529 Schwartz, 'Dustin Hoffman Vs. Nearly Everybody'.
530 Kroll, 'A Star for the '80s'.
531 Ibid.
532 Bob Greene, 'Streep', *Esquire*, december 1984.
533 Buck, 'More of a Woman'.
534 De details over het feestje komen uit Charles Champlin, 'An "A" Party for Woody', *Los Angeles Times*, 4 januari 1980.
535 De Dubovay, 'Meryl Streep'.
536 Buck, 'More of a Woman'.
537 Woody Allen, reg., *Annie Hall*, United Artists, 1977.
538 David Rosenthal, 'Meryl Streep Stepping In and Out of Roles', *Rolling Stone*, 15 oktober 1981.
539 Zoals verteld door Streep bij *The Graham Norton Show*, BBC, 9 januari 2015.
540 Beverly Beyette, 'Justin Henry: A Little Speech, Just in Case…', *Los Angeles Times*, 14 april 1980.
541 Opmerkingen vanaf het podium bij de 52ste Oscaruitreikingen, 14 april 1980.
542 De details over de persconferentie komen uit Lee Grant, 'Oscars Backstage: A Predictable Year', *Los Angeles Times*, 15 april 1980, en uit '"Kramer" Family Faces the Hollywood Press', UPI, 15 april 1980.
543 Afstudeertoespraak gehouden door Meryl Streep op Barnard College, 17 mei 2010.
544 'The Crossed Fingers Worked, but Then Meryl Left Her Oscar in the John', *People*, 28 april 1980.

Register

accenten 12
Adaption 13
Adler, Stella 92
Affairs of State 70
After Auschwitz 49
Agamemnon 184, 185, 187
Agatha 246, 247
Alda, Alan 219, 221
Alice's Adventures in Wonderland 274
Alien 279
All Over Town 251
All the President's Men 246, 261
Allen, Woody 131, 257, 258
American Buffalo 194
American Way, The 160
Anatomy of Human Destructiveness, The 207
Angels in America 13
Annie 189
Annie Get Your Gun 25
Annie Hall 257
Ann-Margaret 20

Antoon, A.J. 122, 132
Aristophanes 102
Armstrong, Neil 53
As You Like It 132
Aspegren, Chuck 194, 202
Atkinson, Clint 55-56, 64, 66
Atkinson, Linda 73-74, 81, 119

Baby Doll 138
Bad Company 246
Baker, Blanche 208
Baker, Carroll 138
Balcony, The 101
Basic Training of Pavlo Hummel, The 183
Baudelaire, Charles 49
Beaumont, Vivian 134
Bellow, Saul 101
Bergman, Ingmar 136
Bernardian-jaarboek 33, 37
Black Panthers 44
Blackberry Winter 255
Blanding, Sarah 41

Bocchino, Joann 20
Bogdanovich, Peter 191
Bonnie and Clyde 191, 246
Booth, Mike 23 1-33, 35, 36, 43, 44, 46, 47-49, 52-54, 59-61, 68-69, 226-227
Bozack, Debbie 29, 30, 36, 39
Brando, Marlon 93, 163
Brecht, Bertolt 64, 93, 111, 168
Brewster, Kingman 77
Brothers Karamazov, The 95, 96
  zie ook *Idiots Karamazov, The*
Brown, Arvin 138
Brustein, Robert 76-78, 79, 87, 91-92, 99, 102, 109, 111, 117
Buonopane, Ann 20
Burnett, Carol 137
Burton, Richard 144
Bush, George W. 45
Bye Bye Birdie 29

Caan, James 163
California Suite 229
Camus, Albert 49
Candida 71
Carter, Jimmy 151
Casnoff, Phil 81, 85, 100-101
Castrilli, Sue 21, 30, 34
Cazale, John 15, 16, 155-184, 186-188, 195-206, 209-210, 213-215, 218-219, 225
Chaplin, Charlie 92, 93
Charlie's Angels 251
Chayefsky, Paddy 239

Cherry Orchard (De kersentuin), The 176, 177, 178, 179, 182, 194
Chicago 144
Chomanan, Kriangsak 211
Chomsky, Marvin 207, 208
Chorus Line, A 121, 125, 126, 135, 144, 146, 176
Cimino, Michael 190, 191, 193, 195, 196, 200-202, 205, 210-212, 217, 225-226, 230
Clift, Montgomery 137
Clurman, Harold 92
Cohn, Sam 238-241
Coming Home 224-225, 229
Company 103
Constructivism 235
Conversation, The 164
Coppola, Francis Ford 163, 164, 191
Corman, Avery 241-244, 279
Creditors 176
Crucifer of Blood, The 213
Crystal, Billy 12
Czyewska, Elzbieta 108-109, 112

Deadliest Season, The 180, 181, 206
Death of a Salesman 23
Deerhunter, The 16, 190, 192-206, 210-212, 217-219, 221, 223-226, 227, 228-230, 251, 278, 290
Devil Wears Prada, The 13, 290
Dog Day Afternoon 131, 167-168
Doll's House, A 126, 136
Don Juan 78
Dostojevski, Fjodor 49, 108

Dracula Lives 106
Dreyfuss, Richard 162-163
Druten, John van 70
Durang, Christopher 73, 75, 76, 91, 93, 94, 103, 104
Duvall, Robert 163
Dylan, Bob 26

Earth Spirit 87
Eastwood, Clint 190
Easy Rider 191
Edward II 93
Elizabeth II, koningin 286
Everybody Rides the Carousel 107

Father, The 111, 113, 220
Feingold, Michael 76
Feminine Mystique, The 23
Fiddler on the roof 101
Finn, Peggy 20, 21
Floyds, Eddie 43
Follies 103
Fonda, Jane 20, 144, 146, 173-174, 224, 230
for colored girls who have considered suicide/when the rainbow is enuf 126, 176
Ford, Gerald 151
Fosse, Bob 239
Fowles, John 285
French Lieutenant's Woman, The 15, 18, 181, 285
Friedan, Betty 23, 43
Frogs, The (Kikkers) 102, 104
Fromm, Erich 207

Fun With Dick and Jane 173
Funicello, Annette 25
Funny Girl 88
Funny Thing Happened on the Way to the Forum, A 102

Garfein, Jack 208
Gazzo, Michael V. 165
Geils, John 30
Gemini 212
Genet, Jean 93, 101
Gielgud, John 77
Gillette, William 143
Glass Menagerie, The 95
Gloria 33
Godfather-films, *The* 15, 157, 158, 164, 165, 166, 194
Godspell 81, 85
Gone with the Wind 143
Good Person of Szechwan, The 64
Gordon, Ruth 126
Gorki, Maxim 86
Graduate, The 245, 251, 276
Grease 100
Great Expectations 98
Green, Sondra 67-68
Greer, Germaine 249-250
Group Theatre 92
Guilio Cesare 27
Gummer, Don 11, 13, 14, 16, 235-239, 272, 277, 284
Gummer, Henry Wolfe 23, 277

Haas, Tom 80-81, 85, 86, 87, 96, 98
Hackman, Gene 158, 164

Haile Selassie 186
Hair 121
Hambleton, T. Edward 137
Hamlet 124, 126
Happy Days 77, 195
Happy End 111, 182, 183, 184, 185, 188, 189, 194
Hayes, Helen 67
Heaven Can Wait 225
Heaven's Gate 230
Heidi Chronicles, The 105
Helland, J. Roy 14, 135-136
Heller, Joseph 77
Hellman, Lillian 77, 146
Henry V 144, 145, 146, 149, 169
Henry VI, Part 3 121
Hepburn, Audrey 20
Hepburn, Katherine 92
Hill, Errol 63
Hitzig, dr. William 186-187
Hoffman, Dustin 16, 166, 245, 247, 251, 252-256, 260-262, 266-272, 273-275, 282-283, 288
Holocaust 206, 207, 220, 221-223
Horovitz, Israel 155, 161, 216
Hurt, William 132

Ibsen, Henrik 126
ICM (International Creative Management) 107, 120
Idiots Karamazov, The 95, 100, 103, 109, 139
Indian Wants the Bronx, The 161
Innaurato, Albert 212

Interiors 257
Iron Lady, The 11, 12, 14
Isadora Duncan Sleeps with the Russian Navy 129

Jaws 129
Johnson County War, The 230
Jonze, Spike 13
Joyce, James 46, 47, 49, 69
Julia 146, 173, 174, 175, 180, 214
Jung, Carl 39

Kael, Pauline 17, 20
Kazan, Elia 138
Kelly, Gene 135
Kennedy's Children 144
King Kong 142, 146
Kismet 25
Kramer vs. Kramer 16, 18, 80, 150, 241-248, 251-256, 258, 260-262, 266-272, 273-275, 278, 279, 285, 287-288
Krishna Menon, V.K. 186
Kumet, Sidney 167

La Bohème 26
Ladri di Bicilette 156
Lange, Jessica 142
Last Analysis, The 101
Late Show, The 246
Laurentiis, Dino De 142
Levin, Bob 45, 46, 54, 65
Lewis, Bobby 92, 93, 102, 110
Lewis, Jerry 144
Lewis, Robert 120

Liebling, Estelle 26, 27
Li'l Abner 34
Lillo, George 64
Limits of Growth, The (De grenzen aan de groei) 101
Line 162
Lithgow, John 133, 138, 140
Local Stigmatic, The 176
London Merchant, The 64, 65
Long, William Ivey 74-75, 76, 90, 99, 109, 117
Lower Depths, The 86, 96, 214
Lucci, Susan 11
Lumet, Sidney 131
Lusitania Songspiel, Das 212

M*A*S*H 219
Maids, The 93
Major Barbara 88, 91, 257
Making Scenes 77, 100
Man of La Mancha, The 25
Man Who Came to Play, The 191, 192
Manchester, William 49
Manhattan 131, 257, 259, 266, 278, 285
Mara, Rooney 10
Marchesi, Mathilde 26
Marco Polo 128
Marriage of Bette & Boo, The 106
Mazursky, Paul 239
McGregor-Stewart, Kate 73
McNally, Terrence 121
Mead, Margaret 255
Mean Streets 131, 194

Measure for Measure 15, 144, 145, 149, 150, 151, 153
Memory of Two Mondays, A 140, 141, 143
Merchant of Venice, The 72, 124
method acting 17, 89, 92, 161
Metropolitan Opera 26
Midnight cowboy 191, 246
Midnight Express 225
Midsummer Night's Dream, A 113, 114, 116, 119
Miller, Allan 87-88, 89, 90
Miller, Ann 20
Miller, Arthur 140, 141
Minelli, Liza 108
Miser, The 64, 66
Miss Julie 18, 55, 56-57, 58, 59, 65, 66, 67, 69, 235
Molière 64, 66, 78
Molina, Tirso de 66
Moriarty, Michael 66, 148, 180
Mrs. Warren's Profession 126
Much Ado About Nothing 106
Music Man, The 33

Nacht 222
National Organization for Women 42-43
Nature and Purpose of the Universe, The 94
New Haven Women's Liberation Center 104
New York City Opera 27
Nicholson, Jack 166
1940's Radio Hour, The 107

Niro, Robert de 158, 165, 166, 194, 196, 202, 203, 205, 210, 211-215, 225, 227, 229
Nixon, Richard 60, 65, 151
Norton, Eleanor Holmes 69

Odd Couple, The 135
Oklahoma! 34
Oliver! 25
Olivier, Laurence 27, 124
On the Waterfront 163
Once Upon a Mattress 137
One Flew Over the Cuckoo's Nest 181
O'Neill-Butler 70, 71
Out of Africa 13

Pacific Overtures 144
Pacino, Al 15, 16, 156, 158, 161, 163, 167, 170, 183, 215
Papp, Joseph 15, 120, 122-126, 130, 132, 133, 144-145, 147, 186
Pasquin, John 151
Peer Gynt 126
Peetvader, De 163
Pentimento 146
Pinero, Arthur Wing 122, 127
Playboy of Seville, The 66, 67, 71, 148
Poitier, Sidney 166
portret van de kunstenaar als jongeman, Een 46, 47, 49
Posnick, Michael 182
Possessed, The 108
Pound, Ezra 61

Puzo, Mario 163

Randall, Tony 135
Real Inspector Hound, The 106
Redding, Otis 44
Redford, Robert 166
Redgrave, Lynn 126
Redgrave, Vanessa 174
Reeves, June 20, 21
Resistible Rise of Alberto Ui, The 168
revolutie leven', 'de 63
Reynolds, Debbie 16
Rickey, George 235
Rilke, Rainer Maria 49
Rimbaud, Arthur 49
Robinson, Sheila 107
Rocky 180
Roe vs. Wade 82
Romeo and Juliet 124
Roots 206
Rosenberg, Alan 81-82, 84-85, 86, 88, 90, 100-101, 102
Rubinstein, Richard 49
Russische roulette 190, 191

Sartre, Jean-Paul 49
Savage, John 194, 197, 210, 211-212
Scheider, Roy 239
Scorsese, Martin 131, 191
Seagull, The 137
Secret Service 143, 144, 213
Seduction of Joe Tynan, The 278
Senator, The 219, 234, 278
Șerban, Andrei 176-179, 180

Serpico 131
Shaft of Love, The 111
Shakespeare, William 113, 114, 124, 144, 151, 248
Shange, Ntozake 126
Shaw, George Bernard 71, 88, 126
Shore, Dinah 133, 220
Sills, Beverly 26-27
Simpson, Alan 49-50, 51
Sondheim, Shevelove Stephen 102-103
Sophie's Choice 13, 14, 15, 17, 18, 109, 286
Soul on Ice 44
Sound of Music, The 76
Sousa, John Philip 26
Sprinchorn, Evert 55-56, 57
Steinem, Gloria 63
Still of the Night 246
Stone, Emma 10
Straight Time 246
Strasberg, Lee 92, 165
Streep 111, Harry (Third) 24, 25, 34, 233-234
streep it up', 'to 84, 89
Streetcar named Desire, A 55, 72, 163
Streisand, Barbra 34, 88
Strindberg, August 18, 55, 111, 176
Styron, William 77, 286
Sunrise at Campobello 95
Sweet Bird of Youth 177, 194

Taken in Marriage 274
Taming of the Shrew, The 248, 257, 262-263

Taxi Driver 194
Taylor, Elizabeth 16
Theatre Communications Group 120
Theatre of Revolt, The 77
Thomson, Bruce 36, 37
Three sisters 84, 85, 86
Threepenny Opera 176
Thunderbolt and Lightfoot 190, 191
Tichler, Rosemarie 120-122, 130, 140, 149, 169
Trelawny of the 'Wells' 122, 126-127, 129, 132, 133, 134, 135, 136, 138, 220
Trotski, Leon 174
Tsjechov, Anton 84, 176, 177, 180
27 Wagons full of Cotton 137, 140, 141, 143, 144, 78, 179

Ullman, Liv 126, 135, 136
Uncommon Women and Others 42, 43, 105, 127, 213
Unmarried Woman, An 225

Velveteen Rabbit, The 45
Veterans Memorial 226
Vietcong 47, 48, 191
Vietnam Veterans Against War 228
Village Voice, The 76
Viracola, Fiddle 141
Vivaldi 33
Voice of the Turtle, The 70
voice-overopdracht, eerste professionele 107

Voight, Jon 224, 225, 229
vrouw als eunuch, De 249

Walken, Christopher 194, 200, 202, 210, 225, 227
Wanshel, Jeff 129
Wasserstein, Wendy 42, 73, 74, 104, 105, 127, 212-213
Watergate-schandaal 91, 151
Weaver, Signourey 73, 75, 91, 96, 103, 105, 279
Weaver, Sylvester 75
Wedekind, Frank 87
Whiskey 121
Williams, Heathcote 176

Williams, Margery 45
Williams, Michelle 10
Williams, Tennessee 137, 141, 177
Wings of the Dove, The 27
Winkler, Henry 77
Wizard of Oz, The 98

Yale Repertory Theatre 78
Yale School of Drama 16, 73, 76, 77, 91
'Yale stretch', de 106
Yeats, William Butler 49

zwarte lijst van Hollywood 175

VERANTWOORDING

Fotoverantwoording
Fotokatern (met de klok mee):
Pg. 1: Bernardsville Public Library Local History Collection; C. Otis Sweezey; Michael Booth.
Pg. 2: William Baker, eigendom William Ivey Long; Martha Swope/© Billy Rose Theatre Division, The New York Public Library for the Performing Arts; George E. Joseph/© Billy Rose Theatre Division, The New York Public Library for the Performing Arts.
Pg. 3: Illustratie © Paul Davis; Photofest; Irv Steinberg/Globe Photos, Inc.
Pg. 4: Universal Pictures/ Photofest © Universal Pictures; Mondadori Portfolio/Getty Images.
Pg. 5: United Artists/Photofest © United Artists; Jack Mitchell/ Getty Images.
Pg. 6: Columbia Pictures/Photofest © Columbia Pictures; Columbia Pictures/Photofest © Columbia Pictures.
Pg. 7: Graham Turner/Getty Images; Photo by Art Zelin/Getty Images.
Pg. 8: ABC Photo Archives/ABC via Getty Images.

Citaten
'We're Saving Ourselves for Yale'
Copyright © Hernieuwd 1964, David McCord Lippincott
Copyright © 1946, David McCord Lippincott
Songtekst geciteerd met toestemming van de familie Lippincott.

The Idiots Karamazov
Copyright © 1981 Christopher Durang and Albert Innaurato
Teksten geciteerd met toestemming verleend aan de auteurs.

'Surabaya Johnny' uit *Happy End*
Tekst: Bertolt Brecht. Muziek: Kurt Weill.
Engelse vertaling: Michael Feingold.
© 1972 European American Music Corporation.
© Hernieuwd. Alle rechten voorbehouden. Gebruikt met toestemming.
Oorspronkelijk gepubliceerd in het Duits als 1929 als 'Surabaya-Johnny'.
© 1929 Bertolt-Brecht-Erben / Suhrkamp Verlag.
Geciteerd met toestemming van Liveright Publishing Corporation.

OVER DE AUTEUR

Michael Schulman woont en werkt in Manhattan. Hij publiceert artikelen in *The New Yorker*. Ook is hij redacteur Kunst bij dat blad. Schulman publiceerde verder in *The New York Times*, *The Believer* en diverse andere media.